● 国家社科基金重大招标项目（08&ZD038）资助

中国社会科学院文库
经济研究系列
The Selected Works of CASS
Economics

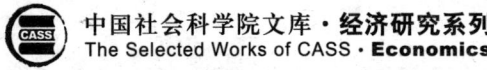

中国社会科学院文库·经济研究系列
The Selected Works of CASS · Economics

构建区域创新体系战略研究
Research on the construction of regional innovation system strategy

黄速建 王 钦 刘建丽 等/著

图书在版编目（CIP）数据

构建区域创新体系战略研究/黄速建，王钦，刘建丽等著. —北京：经济管理出版社，2014.4
ISBN 978-7-5096-3081-5

Ⅰ.①构… Ⅱ.①黄… ②王… ③刘… Ⅲ.①区域经济—技术革新—研究—中国 Ⅳ.①F127

中国版本图书馆 CIP 数据核字（2014）第 075339 号

组稿编辑：张永美
责任编辑：张永美
责任印制：黄章平
责任校对：陈　颖

出版发行：经济管理出版社
　　　　（北京市海淀区北蜂窝 8 号中雅大厦 A 座 11 层　100038）
网　　址：www.E-mp.com.cn
电　　话：（010）51915602
印　　刷：三河市延风印装厂
经　　销：新华书店
开　　本：720mm×1000mm/16
印　　张：20
字　　数：389 千字
版　　次：2014 年 4 月第 1 版　2014 年 4 月第 1 次印刷
书　　号：ISBN 978-7-5096-3081-5
定　　价：68.00 元

·版权所有　翻印必究·
凡购本社图书，如有印装错误，由本社读者服务部负责调换。
联系地址：北京阜外月坛北小街 2 号
电话：（010）68022974　邮编：100836

课题分工

总　论　黄速建　王　钦　刘建丽

第一章　叶振宇

第二章　刘建丽

第三章　黄速建　刘建丽

第四章　肖红军　陆远强

第五章　胡文龙

第六章　刘湘丽　王　欣

第七章　王　欣

第八章　王　钦　肖红军

第九章　王　钦　胡文龙

第十章　叶振宇

第十一章　贺　俊

第十二章　黄速建　贺　俊　刘建丽

目 录

总论：区域创新体系构建战略：理论创新、经验借鉴与适配性政策选择 …… 1
    一、研究思路和逻辑框架 …………………………………………………… 1
    二、内涵界定与理论阐释 …………………………………………………… 2
    三、构建中国特色区域创新体系的现实基础 ……………………………… 7
    四、构建中国特色区域创新体系的指导思想、战略目标与基本原则 …… 10
    五、发达国家构建区域创新体系的经验借鉴 ……………………………… 12
    六、中国特色区域创新体系构建的战略思路与基本路径 ………………… 16

第一章 构建区域创新体系战略的理论述评 ………………………………… 27
    一、区域创新体系的概念及内涵 …………………………………………… 27
    二、特殊的区域创新体系 …………………………………………………… 33
    三、区域创新体系与国家创新体系、国际创新体系的关系 ……………… 36
    四、区域创新体系的若干问题 ……………………………………………… 39
    五、构建区域创新体系原则和模型 ………………………………………… 44
    六、构建区域创新体系战略选择及政策 …………………………………… 48

第二章 区域创新体系的重新界定与政策含义 ……………………………… 51
    一、区域创新体系的本质内涵 ……………………………………………… 51
    二、对中国区域创新体系的有效分类 ……………………………………… 55
    三、区域创新体系的运行机制 ……………………………………………… 57
    四、构建区域创新体系的政策含义 ………………………………………… 61

第三章 中国区域创新体系的现状与特征 …………………………………… 65
    一、中国区域创新体系的发展现状 ………………………………………… 65
    二、中国区域创新体系的特征 ……………………………………………… 70
    三、目前中国区域创新体系建设中的突出问题 …………………………… 74

第四章 构建区域创新体系的基本环境与支撑条件分析 …… 81
一、基本环境与支撑条件的构成要素 …… 81
二、基本环境与支撑条件之基础设施 …… 83
三、基本环境与支撑条件之创新网络 …… 89
四、基本环境与支撑条件之创新资源 …… 96
五、基本环境与支撑条件之市场发展 …… 103
六、基本环境与支撑条件之政策制度 …… 105
七、基本环境与支撑条件之社会文化 …… 113

第五章 英、美市场主导型区域创新体系构建战略 …… 115
一、美国区域创新体系构建战略 …… 115
二、英国区域创新体系构建战略 …… 125
三、英、美市场主导型区域创新体系构建战略对我国的启示 …… 130

第六章 日、韩政府主导型区域创新体系构建战略 …… 133
一、日本区域创新体系构建战略 …… 133
二、韩国区域创新体系构建战略 …… 143
三、日、韩经验对我国的启示 …… 152

第七章 德、意传统工业区的区域创新战略转型 …… 157
一、德国的区域创新战略转型 …… 157
二、意大利的区域创新战略转型 …… 167
三、德、意经验对中国的启示 …… 173

第八章 基于产业集群的区域创新能力评价 …… 179
一、区域创新能力评价的研究综述及研究视角界定 …… 179
二、产业集群创新能力评价的理论基础、概念框架与指标体系 …… 181
三、产业集群创新能力评价的实证研究之一
——2010年对10个典型产业集群的调查评价 …… 186
四、产业集群创新能力评价的实证研究之二
——2011年对10个典型产业集群的调查评价 …… 200

第九章 "内生驱动型"区域创新体系构建战略 ·········· 211

一、"内生驱动型"区域创新体系构建战略的理论分析 ·········· 211
二、长江三角洲地区"内生驱动型"区域创新体系构建战略 ·········· 216
三、浙江玉环水暖阀门产业集群发展与创新体系建设 ·········· 229

第十章 "国资主导型"区域创新体系构建战略 ·········· 241

一、铁西区装备制造产业集群发展与创新体系建设 ·········· 241
二、灵武市羊绒产业集群发展与创新体系建设 ·········· 252

第十一章 "科学基础型"区域创新体系构建战略 ·········· 259

一、北京构建科学基础型区域创新体系的优势 ·········· 259
二、北京科学基础型区域创新体系建设要解决的问题 ·········· 263
三、完善北京科学基础型区域创新体系的思路 ·········· 268
四、完善北京科学基础型区域创新体系的政策措施 ·········· 275

第十二章 国家层面构建区域创新体系的战略构想与政策建议 ·········· 279

一、构建我国区域创新体系的总体战略 ·········· 279
二、我国区域创新体系构建的基本思路 ·········· 281
三、我国区域创新平台建设的基本模式和思路 ·········· 290
四、我国区域创新体系构建的实施路径与政策保障 ·········· 292

参考文献 ·········· 299

总论：区域创新体系构建战略：理论创新、经验借鉴与适配性政策选择

区域创新体系是国家创新体系的组成部分和重要支撑，是带动区域经济结构调整和经济增长方式转变的强大引擎，是各种资源高效集结以促进产业自主创新的重要载体，是我国抢占世界高新技术产业制高点的前沿阵地。走中国特色自主创新道路，需要在全国范围内建成特色鲜明、具备强大产业创新能力的区域创新体系。

当前，在知识经济和全球化的时代背景下，中国的经济发展方式正从粗放型向集约型转变，增长动力正从要素驱动转向创新驱动，区域经济系统面临从生产型向创新型、从科学型向科技型的转变，区域经济正从不均衡发展向区域协调发展转变。与之相适应，中国的创新政策面临从纵向的产业政策、科技政策为主向纵向政策与横向的区域政策相结合的转变，以形成促进区域创新能力成长的必要制度支撑，最终实现国家的创新战略和赶超战略。本书的研究正是基于这样的背景和使命，研究在特定环境和中国特定发展阶段的区域创新体系构建问题。因而，本书对于中国建立"以企业为主体、各创新要素综合发挥作用"的国家创新体系，具有深刻的现实意义和应用价值。

一、研究思路和逻辑框架

本书采取理论研究与现实基础、比较研究与综合考察、实证研究与政策建议相结合的总体框架。这种结构安排既有利于突出本书研究的理论性、前沿性、系统性和综合性，又有利于突出研究的专题性、专业性和指导性，还有利于突出典型地区区域创新体系构建的特殊性、差异性、针对性和可操作性。理论研究与现实基础发挥基础性和指导性作用，总揽全局；比较研究与综合考察是对国外政策的借鉴和中国区域创新情况的总体分析，是一种理论借鉴和理论深化；实证研究

与政策建议则为理论研究提供实践支撑和经验检验,如此形成点、线、面相结合的研究框架。

由于研究问题的复杂性,本书在研究思路上遵循"先分再总"的问题解决逻辑,即先刻画研究问题,分类界定战略情境,再得出战略思路的研究过程。本书在分析区域创新体系研究文献的基础上,对区域创新体系的概念、内涵、类型和政策含义进行归纳和总结,对区域创新政策制定过程中有关区域创新体系边界的界定、区域创新系统的识别以及内部机制的构建等问题进行了详细探讨,明确区域创新体系的本质内涵。从市场发育程度和科技资源禀赋两个维度出发,按照区域创新体系的驱动要素和创新资源配置方式对区域创新体系进行了有效分类;中国区域创新体系的发展现状是构建区域创新战略的现实基础,本书在比较研究和综合考察的部分总结并分析了主要国家的区域创新体系建设经验,是一种理论借鉴和理论深化。在理论和全景考察的基础上,本书进行了案例式的实证研究。研究方式是在建立区域创新能力评价指标体系的基础上,通过实地调查,修正并检验指标体系,提出区域性政策建议。最后,在全书总结的基础上,从国家层面提出了构建区域创新体系的政策建议。本书的框架结构如图0-1所示。

二、内涵界定与理论阐释

(一) 研究背景

自20世纪90年代以来,区域创新体系引起了越来越多学者的关注,成为区域经济和创新经济研究的热点问题。基于研究对象的中观和宏观特质,这一领域的学术研究始终是政策导向的。这就为研究者提出了一个现实的问题:如何通过理论研究解决政策制定者面对的现实问题?从实践角度考察,政策制定者在实际应用中必须考虑以下三个基本问题:第一,什么是区域创新体系以及区域创新体系的边界如何界定?第二,区域创新体系的内部关系和创新机理如何?第三,政策如何作用于创新体系的主体和介质,促进创新过程的实现?这些问题的回答涉及区域界定的复杂性、创新体系本身的复杂性以及国情、区情的差异性,因此,对这些问题的回答总是"情境化"的,很难获得一致认同的概念和体系界定。这就为本书的研究提出了两大创新方向:其一,区域创新体系的本质特征及其识别;其二,中国情境中的区域创新政策制定原则和途径。因此,揭示新环境下区域创新体系的本质特征和创新机理,探讨中国这样的非均衡发展大国在"追赶"

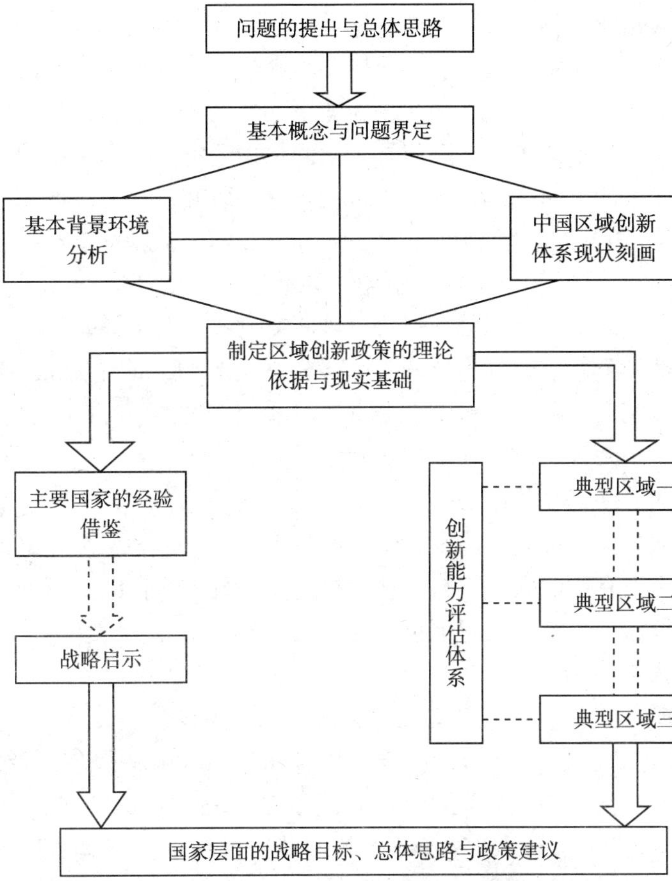

图 0-1 整体研究框架

情境下构建区域创新体系的方向和路径问题,是本书的学术价值所在。

(二) 理论综述与概念廓清

厘清区域创新体系的本质内涵并对区域创新体系进行类型划分,有效把握不同区域创新体系的演化机理,是有效构建区域创新战略、制定适配型区域创新政策的必要前提。

1. 理论溯源

根据 Cooke（1992、1996）的经典定义,区域创新体系主要是由在地理上相互分工与关联的生产企业、研究机构和高等教育机构等构成的区域性组织系统,该系统支持并产生创新。在此基础上,Asheim 和 Isaksen（1997）认为,区域创新系统包括技术—经济结构（生产结构）和政治—制度结构（制度基础）。区域创新体系包括两种类型的主体和它们之间的互动:第一类是区域内的主要产业集群，包括支撑和配套企业；第二类是制度性基础设施，包括研究机构、高等教育机构、技术转移机构、职业培训机构、企业协会和金融机构等，它们对区域创新产生很重要的支撑作用。之后，关于区域创新体系的理论演化主要来自于两大领域，一个是来自演化和技术进步的研究族群，他们根据经济和技术变革的演化理论，将创新定义为复杂的、非线性的社会化过程。这一研究范式强调创新主体的集体学习过程以及各主体之间的合作（Cooke et al., 2000）。另一个研究族群来自于区域科学领域，他们侧重于解释产生创新的社会—制度环境。从区域观来看，创新是一个本地嵌入性的知识创造过程。该研究范式强调地理邻近、空间集聚和区域性的制度环境对知识创造和知识扩散的作用（Kirat 和 Lung, 1999; Asheim 和 Isaksen, 2002）。显然，前者强调主体之间的互动学习，在此意义上，区域创新体系类似于一个自演化的知识创造网络；后者关注区域环境与创新主体以及创新活动之间的关联，在此语境中，区域创新体系是一个附着在特定空间的产业—技术系统。从公共政策视角出发，研究区域创新体系是为了引申出更明确的政策含义，并找到更有效的政策工具。从实践角度来看，综合以上两种研究范式，建立统一的分析框架，有利于以上目标的实现。

2. 概念辨析与内涵界定

综观国内外文献，我们认为，学者们对区域创新体系概念仍然有一些分歧，主要表现为：第一，"区域"是一个比较含糊的名词，既可以理解为"经济区域"，又可以理解为"行政区域"，甚至也有学者将它理解为技术区域或经济学意义上的抽象空间。第二，学者可以基于不同专业背景或视角去定义区域创新体系，所以，我们很难对此概念达成比较一致的共识，也很容易导致概念滥用，从而影响了区域创新体系的理论严谨性。第三，对区域创新体系的结构认识不同。除了经常提及的企业、大学、科研机构、中介组织、政府等创新要素之外，也有学者将创新资源、创新环境等要素纳入进来。第四，对区域创新体系结构和功能认识也有差异。一般而言，技术创新是区域创新体系的主要功能，不过，有学者认为区域创新体系的功能还应该包括知识创新、知识扩散和知识应用（江蕾，2008）。尽管如此，我们从这些文献也可以梳理出区域创新体系的基本内涵包括：第一，具有一定的地域空间；第二，以生产企业、研发机构、高等院校、地方政府机构和服务机构为主要的创新主体；第三，不同创新主体之间通过互动，构成创新系统的组织和空间结构，从而形成一个社会系统；第四，强调制度因素以及治理安排的作用。

我们认为，区域创新体系是基于一定空间结构的社会创新网络，是一个围绕基础架构、制度与创新活动（Infrastructure-Institutions-Innovation activities）的动态三螺旋知识演化系统，我们称之为"3Is"螺旋系统。区域创新体系是群体性技术创新的网络平台，也是推进技术变革和社会变革的制度创新工具。主体—结构、制度—环境、活动—能力三组要素相互依托、互为制约，共同构成了区域创新体系的核心。在此意义上，区域创新体系是一种动态的、开放的网络结构，是一种依附于特定空间资源的产业治理形态，也是一种多种治理方式并存的经济—社会演化系统。区域创新体系的边界与"区域"的定义密切相关。课题组认为，按隐性知识的扩散半径界定区域创新体系边界，对于科学制定区域创新政策具有重要意义。这种界定有助于实践中有效划定区域合作的范围和政策实施的范围。将隐性知识的扩散半径进一步归结为地理距离、文化差距和产业技术特性的影响，可以增强区域创新体系的可识别性。在调研中我们发现，许多以制造业产业集群为主体的创新体系基本上局限于县域之内，但也有一些跨县甚至跨省的产业集群出现，人为的行政边界对创新体系实际上已经形成了阻碍。这些跨行政边界的创新体系，或者由于文化的相似性，或者由于创新活动的关联性或相近性，已经存在或产生了融合发展的内在动力。此时，设立跨区域的协调机构或者调整行政边界对于区域创新效率的提升显得非常必要。我们认为，对区域创新体系内主体数量的多寡进行讨论意义不大。在知识经济社会，创新体系的开放程度越来越高，区域创新体系的边界越来越模糊和弹性化。因而，区域创新体系并不苛求主体的完备性，而只要求创新功能的有效发挥和创新过程的有效组织。

3. 类型划分

对区域创新体系进行有效分类，是有效制定区域创新政策的前提。本研究认为，区域创新体系必然以一定的产业集聚为支撑，只不过赖以支撑的产业集群其网络结构、主导产业类型存在差异而已。作为转型过程中的新兴市场经济国家，中国总体制度环境的特征是市场发育不完善，历史上形成的资源配置较多依赖于非市场力量。在这一背景下，从市场发育程度和科技资源禀赋两个维度出发，按照区域创新体系的驱动要素和创新资源配置方式来看，中国目前的区域创新体系基本上可以分成以下四类：内生驱动型、科学基础型、国资主导型和外资拉动型（如图0-2所示）。而科技资源禀赋充足、市场化程度高的产业集聚区，可以形成完备型创新体系，例如美国硅谷这样的区域。进行基本的类型划分以后，决策者可以根据不同地区的科技基础、市场化程度以及主导产业类型，确定政策的着力点。当然，随着市场经济制度的完善、各地城市功能的转型以及产业结构的升级和产业链条的拓展，各种类型的区域创新体系都有可能向市场化程度高、科技资源丰富、内部互动创新活动频繁的完备型区域创新体系转化。

4. 运行机制

区域创新体系本质上就是要解决区域内各创新主体之间的互动与创新资源的流动问题。区域创新的运行机制包含两个层面：治理层面和知识流动层面。前者

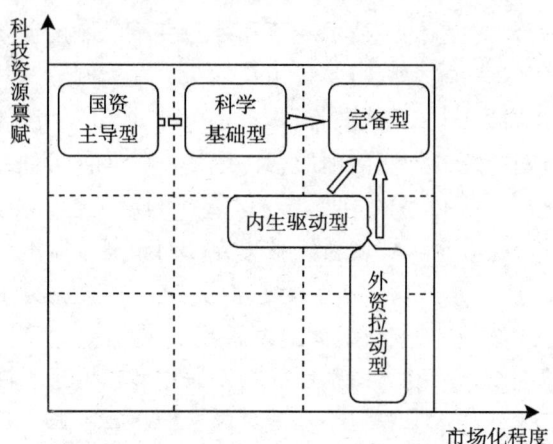

图0-2 中国区域创新体系的类型划分

对应区域创新体系的治理机制，关乎创新资源的配置方式；后者对应区域创新体系的内在驱动机制，关乎创新的过程。两者共同决定了区域创新的效率和效果。治理机制主要包括市场交易机制、产业自组织机制、网络衍生机制、政府合作机制和企业内部化机制。从区域创新体系的本质出发，其动力机制的核心是各类知识在系统内创造、传播和共享的基本途径和方式。综合起来，创新体系内知识创造和传播的动力机制包括学习培训机制、竞争机制、产业化机制和根植性获取。

5. 政策含义

在不同层面，构建区域创新体系具有不同的战略目标。在国家层面，其终极目标是提升国家综合竞争力；在地方层面，其直接目标是提高区域的系统创新能力；而在产业和企业层面，其现实目标是提高自主创新能力。在可操作的层面，构建区域创新体系本质上是要提高区域创新体系的整体创新效率，改进创新效果。区域创新体系优劣的评价标准是区域创新能力的强弱。从区域创新体系的"结构—制度—活动"三螺旋视角出发，可以找到构建区域创新体系的战略支点，解决区域创新政策与区域创新能力耦合的问题。

通过对区域创新体系的内涵和运行机制进行分析可以知晓，区域创新体系既是一个演化体系，又是可以建构的。区域创新效率是群体性创新投入、网络结构和治理方式的函数，着力于任何一个变量，都可以提升区域创新效率。首先，改变基础架构，可以增进区域创新效率。例如，通过打造良好的产业组织形态，提升产业创新效率；通过打造完善的支撑体系，形成创业创新的洼地；通过打造开放网络，引入创新主体，增进区域创新效率。其次，改善网络治理结构，可以大大改善区域创新效率。例如，建立平台式核心治理结构，充分发挥行业自治组织的作用，都可以改变网络治理结构，提高区域创新效率。最后，增加公共创新投入，激励企业创新行为，可以从根本上提高区域创新效率。

三、构建中国特色区域创新体系的现实基础

从国家层面来讲，区域创新体系是国家创新体系的有机组成部分。充满活力的区域创新体系，是国民经济发展的有力支撑和坚实基础。改革开放30多年来，中国的地方经济和产业经济获得了长足的发展。主导产业明确、主体互动频繁、创新环境优越的区域创新体系不断涌现，促进了科技与经济的融合发展。

（一）中国区域创新体系的现状与问题

1. 现状

（1）产业集群成为区域创新体系的主要载体。产业集群是区域创新体系的主要载体。实践证明，集群是知识扩散和技术转移的加速器。在中国经济版图上，珠江三角洲、长江三角洲和环渤海经济圈三大经济增长极已经形成。这种极化的本质是地区创新能力在区域分布上的不均匀，而区域创新能力分布不均主要体现在集群创新能力的差异上。

（2）政府批设的各类产业园区和特色产业基地成为区域创新体系的重要支撑。科技园区是20世纪世界经济与科技发展的创举。从1988年我国在北京中关村建立第一个国家高新区以来的20多年时间里，国家多次批准建立国家高新区，截至2012年10月，国家高新区的数量已经达到106家，在全国形成了合理布局。

（3）一些跨省域、跨县域的区域创新体系和制度安排已经出现。从全国来看，长三角、珠三角、环渤海三个地区已经成为我国最有活力的三个经济增长极，这三大区域是我国自主创新的"高地"，也是推进区域创新体系建设更为积极的区域，一些跨行政区域的制度安排最先从这些地区开始出现。

（4）市场导向的产学研合作广泛存在。经过30年市场化取向的改革，我国市场主导的产学研合作已经广泛存在，产学研合作创新已经成为推进企业创新和区域创新的重要途径。根据合作关系的紧密程度，产学研合作模式主要有三种：第一种是以产权关系为纽带的紧密型产学研合作；第二种是企业与研究机构之间通过有期限的合作契约；第三种是企业与大学、科研院所通过一些地方性平台或相互之间的信用关系，建立人员交流或信息沟通等方面的非正式合作关系。2011年，企业对大学R&D的资助比例为35.3%，资助强度大大高于OECD成员国平均水平。这种情况表明，企业主动寻求大学、科研机构的研发支持在我国已经非

常普遍。

（5）四种源发类型的区域创新体系形成交融发展态势。从市场发育程度和科技资源禀赋两个维度来分析，我国正在发展中的区域创新体系可以依据源发的驱动因素分为四种基本类型：内生驱动型、国资主导型、科学基础型和外资拉动型。随着各地市场化进程的推进和科技资源的再平衡，各地区域创新体系的内在推动力量实际上是向多元化发展的。

表0–1 中国区域创新体系的四种源发类型

	内生驱动型	国资主导型	科学基础型	外资拉动型
市场发育程度	高	较低	中	高
科技资源禀赋	中	高	高	低
主导产业类型	小商品和轻工产品制造	装备制造业、军事工业	软件开发、研发密集型制造业	模块化器件制造
主导产业特征	劳动密集型为主	资金密集型为主	技术密集型为主	劳动密集型为主
示范地区	浙江	东北三省、西部三线地区	北京	广东东莞、江苏昆山

2. 主要特征

（1）我国区域创新体系的主导产业呈现多样性。区域创新体系主导产业的多样性规定了政策工具的多样性和构建路径的差异化。

（2）以产业集群为载体的区域创新体系呈现出明显的县域边界特征。虽然一些跨县域、跨省域的区域协作创新的制度安排已经出现，但从区域创新体系内部主体的交互强度来衡量，我国大部分处于发展过程中的区域创新体系仍然具有鲜明的县域边界特征。

（3）当前国家层面推动区域创新体系建设注重区域平衡发展。目前，除西藏之外，全国31个省、直辖市、自治区都有国家级高新技术产业开发区，这些开发区已成为带动地方经济发展的增长极。国家级高新区在全国的区位布局已基本成型。显然，在国家级高新区的批复方面，国家充分考虑了区域平衡发展的需要。

（4）区域创新体系发展呈现层次性，多数仍处于初级阶段。从区域创新主体的发育程度和创新网络的形态来看，区域创新体系的发展过程大致可以分为四个阶段：创新主体发育阶段、创新联结（Link）形成阶段、创新网络发展阶段和创新系统成熟阶段。区域创新体系发展程度的层次性意味着，不同区域的政府所发挥作用的方式和侧重点应该有所不同。

（5）地方政府在区域创新体系建设中居于关键地位。在当前的制度框架下，我国地方政府在区域创新体系建设中发挥着关键的作用。首先，地方政府是政策传递和执行的关键节点；其次，地方政府是区域创新体系建设的发动者；最后，地方政府是区域公共资源最有效的提供者和创新网络形态的塑造者。

（6）区域创新体系内部联结的社会资本属性明显。区域创新体系根植于特定的社会环境之中，其网络关系不仅受到市场交易行为影响，还受到社会结构和社会关系的制约。在我国差序格局的社会中，各种亲情、人情、关系渗透于市场关系之中，或者代替了市场关系，成为维系区域创新网络中各个主体的重要纽带。

（7）FDI在区域创新体系中占据重要地位，创新网络的国际化程度逐渐提高。即使近年来我国利用外资增长速度趋缓，但外商投资企业仍然在我国产业经济和区域经济发展中扮演着重要角色。

3. 建设中的突出问题

当前，我国区域创新体系建设方兴未艾，在各地政府的推动下，一些特色区域创新体系显现雏形。然而，随着实践的不断发展，一些深层次的问题也逐渐凸显出来，成为区域创新和企业创新的主要障碍。这些问题主要包括：①区域创新体系建设仍然缺乏制度体系支撑。②各区域创新体系在国家创新战略中的定位不清晰。③受到GDP政绩观的影响，地方政府的作用难以发挥。④创新要素在区域内的整合与共享缺乏有效的组织者。⑤区域实体性创新平台匮乏，共性关键技术突破缺乏制度保障。⑥区域科技资源与技术创新能力不匹配。⑦现行科技投入体制不利于区域创新合作网络的形成。⑧区域创新的氛围和文化还没有形成。正确认识这些问题，有助于通过制度创新推动区域创新体系建设，为建设创新型国家提供适配性政策支持。

（二）外部环境与支撑条件

外部环境和支撑条件是影响区域创新体系构建的重要因素。本书构建了区域创新体系基本环境和支撑条件的"1+1+4"的钻石分析模型，认为一个国家的区域创新体系构建应具备以下六个方面的要素条件：硬件要素条件、主体要素条件、资源要素条件、市场要素条件、制度要素条件和文化要素条件，与此相对应的基本环境和支撑条件分别是基础设施、创新网络、创新资源、市场发展、政策制度和社会文化。近年来，在建设创新型国家战略的总体部署下，中国构建区域创新体系的外部环境不断得到优化，支撑条件不断得到强化，切实为加快构建有中国特色的区域创新体系提供了坚实基础和有力保障，具体表现在：从基础设施来看，交通基础设施不断完善，研发基础设施建设取得重要进展，信息基础设施日益发展，为我国构建区域创新体系奠定了良好的硬件基础；从创新网络来看，创新行为主体不断发展壮大，创新中介服务机构快速发展，创新组织形式呈现多样化，为我国构建区域创新体系奠定了良好的组织网络基础；从创新资源来看，创新经费投入力度不断加大，创新型人才队伍建设步伐加快，技术资源开发取得重要突破，为我国构建区域创新体系提供了有力的资源保障；从市场发展来看，创新具有巨大的市场需求空间，市场竞争加剧要求企业加快创新步伐，社会诚信和商务诚信建设推动市场规范化发展，为我国构建区域创新体系提供了良好的市场发展环境；从政策制度来看，先后出台了上百个政策文件，以完善区域创新和自主创新的政策环境，这些政策制度主要涉及三类：第一类是促进区域创新的针对性政策体系，第二类是推动自主创新的系统部署性政策，第三类是促进自主创新的具体政策，它们为我国构建区域创新体系提供了重要的政策制度保障；从社会文化来看，整个社会的创新意识不断增强，创新文化日益浓厚，创业的社会环境明显改善，为我国构建区域创新体系奠定了良好的人文基础和提供了优良的社会环境。

四、构建中国特色区域创新体系的指导思想、战略目标与基本原则

（一）指导思想

当前环境下，构建有中国特色区域创新体系的总体指导思想是：以邓小平理论、"三个代表"重要思想和科学发展观为指导，紧密联系中国"走新型工业化道路"、"建设创新型国家"和"构建和谐社会"三大经济及社会发展目标，创新体制机制，切实实现三大转变：政策导向从提高地区经济总量向提高区域创新能力转变，科技投入从支持环节创新向支持链条创新、网络创新转变，主导产业规划从各地区大而全的产业体系向主体功能明确、特色鲜明的区域创新体系转变。

（二）战略目标

区域创新体系是建设创新型国家的重要支撑。在区域创新体系范畴内，叠加了国家和地方的产业、区域、科技以及各种社会发展政策，因此，区域创新体系的建设目标注定是多元的。从增长角度来看，通过区域创新体系的建设，需要为企业和产业发展提供适合创新的土壤和环境，提升企业和产业的竞争力，进而提高国家竞争力。从结构角度来看，区域创新体系需要解决区域协调发展的问题，其中包括区内协调和区际协调。从政策角度而言，要兼顾效率与公平。从社会发展角度来看，区域创新体系要实现社会和谐，如果企业创新破坏了人居环境，造成了经济系统与社会系统的冲突，则区域创新体系也是不成功的。因此，区域创

新体系的目标是经济增长目标、经济结构目标与社会发展目标的统一。

(三) 基本原则

1. 服从国家创新体系战略目标的原则

区域创新体系是国家创新体系的区域化。国家科技资源布局的"区域根植性"和技术知识溢出的"有限边界性",使国家的自主创新战略目标必然要落实到各具特色的区域创新高地。因此,区域创新体系建设要服从国家创新体系的战略目标。中共十七大报告指出:加快建设国家创新体系,支持基础研究、前沿技术研究、社会公益性技术研究。要贯彻这一战略意图,区域创新体系中政府的引导作用非常重要,因为从盈利角度出发,没有政策的引导和公共财政的补偿,企业不可能自主选择风险过高、不产生市场收益的创新方向。如果通过政策引导,支持研究机构将财政资金用在与企业的前沿技术和社会公益性技术研究合作上,则有可能实现企业创新与民生目标的统一。如果缺乏统一的战略规划和区域协调,很容易出现各区域创新体系背离国家创新体系战略目标的现象。

2. 基于科学发展观的"统筹推进"原则

在原来的非均衡发展模式下,已有的经济增长模式已经难以支撑东部地区的持续发展,某些生态脆弱区处在不当开发、过度开发的状态。以劳动密集型为主、价格优势取胜的"中国制造"产品近年频频遭遇国际贸易壁垒,东部沿海省份发展还面临着生产要素的严重制约。以浙江省为例,根据相关部门预测,全省2010年各项建设用地需求量为14.95万公顷,需要新占用耕地9.49万公顷,而同期国家下达给浙江省的建设占用耕地指标为6.67万公顷,供需缺口达到2.83万公顷。上海市近些年也面临经济转型和产业结构调整的巨大压力,区域发展面临环境和资源的严重制约。珠三角也面对产业结构升级乏力的困局,目前深圳电子工业占工业总产值的60%以上,产业结构单一已经严重制约了深圳的可持续发展。建设区域创新体系以支撑区域经济的可持续发展,将是顺应经济全球化和科技发展趋势的必然选择,已成为各级政府落实协调、全面、可持续的科学发展观的新抓手。区域创新体系建设应正视不同地区的资源与环境承载能力,在全国范围内,以主体功能区的划分为基本依据,统筹区域协调发展。

3. 基于"非均质大国"的"政策适配"原则

发展至今,我国经济、社会发展中的区域性结构矛盾日益突出。老工业基地、中西部地区成为资源的输出者,内生的创新能力比较薄弱,而东部地区在改革开放政策下率先发展之后,面临着产业结构转型升级的艰巨任务。各地产业基础和市场化程度的差异,目前地区(以省为单位)之间进行创新能力静态比较的意义不大。针对不同地区的功能定位,考察各区域创新网络的发育程度和存在的主要问题，然后对症下药，提高区域创新政策与资源、产业基础的适配程度，才是建设区域创新体系的有力之举。例如，根据课题组之前针对山东、浙江中小企业集群的问卷调查显示，接近七成的企业认为区域创新环境改善的首要任务是科技服务平台的建设。这从一定程度上反映了我国区域创新体系由"离散状态"向"系统状态"发展的内在要求。

4. 基于区域创新体系动态演化的"多层次治理"原则

系统的结构、状态、特性、行为和功能等随着时间的推移而发生变化，称为系统的演化。区域创新体系作为一个开放的耗散结构，不断与外界发生知识和物质资源的交换。一旦这种交换停止，系统就会陷入衰退乃至消亡状态。推动区域创新体系从较低的创新水平跃升到较高创新水平的内在动力，源于系统内部积累的知识资本和从外界获取的知识资本。而根据戴维·克雷恩（1999）的观点，知识资本由人力资本、结构资本和关系资本构成，三者相互作用，共同推动区域或组织知识资本的价值增值。按照这一观点，区域创新体系的治理结构主要改变系统的结构资本，进而影响人力资本的流动和关系资本的形成。从政府治理的角度看，区域创新体系是由多个子系统构成的，以长三角区域创新体系内的上海为例，高新技术园区的管委会、各级区政府、上海市政府直至国家部委，随着区域创新体系的演化，各级管理者所扮演的角色、政策组合都应该进行适应性调整，寻求最优化的"多层次治理"。

五、发达国家构建区域创新体系的经验借鉴

（一）英、美市场主导型构建战略

由于资源禀赋、技术条件、市场基础、文化传统等的差异，造就了各国不同的区域创新体系。英、美两国在构建区域创新体系过程中，体现出了明显的"市场主导型"特征。

1. 美国的经验

从全球范围来看，美国是国家区域创新体系发育最为完善且运行效率较高的典型国家。富有创新精神的文化传统，适应自由市场经济的政治体制，规范完善的政策法规体系，科技、研发和教育的高投入，以及能包容多元文化、鼓励自由思考、独立创新的外部社会环境，使美国成为一个创新型科技强国，并形成了当今世界最为全面的国家创新体系。①区域创新驱动因素具有典型的"企业主体

型"特征。企业创新文化"鼓励冒险、宽容失败、勇于创新和不断进取"是核心驱动因素。②美国政府在构建区域创新体系战略中发挥"适当参与"作用。③"区域网络化合作创新"是美国区域创新战略的主要模式。④"以市场为导向、以知识和技术为核心"的创新组织发挥了重要作用。大学、科研机构、科技中介机构和企业等创新组织,通过复杂的网络系统和紧密顺畅的沟通渠道,构成了"以市场为导向、以知识和技术为核心"的创新生态系统。⑤区域创新体系内部各种资源要素具有充分的流动性。⑥区域创新体系具有高度完善的外部环境。

2. 英国的经验

①区域创新战略驱动因素具有典型的"知识带动型"特征。为了鼓励知识创新,英国政府很重视对知识产权的保护。剑桥工业园是英国区域创新体系的典型代表。②以欧盟多级、多层次的区域创新体系为依托,英国按照欧盟区域创新战略要求,结合英国区域经济的特色而提出本国的区域创新体系构建战略。③充分利用比较优势进行区域创新体系构建。④政府在构建区域创新体系的过程中发挥重要作用。英国政府着重于区域创新支撑体系的建设,各地制定了创新激励政策和发展计划,协调本地区科研机构、企业、商会、创业中心、技术中介中心之间的关系;重视区域创新体系(RIS)构建,制定有利于区域创新体系(RIS)发展的政策措施。⑤注重营造构建区域创新体系的良好环境。

3. 启示

英美两国作为当今世界上最成熟发达的市场经济国家,其市场经济发展经历了长期的发展演进阶段,国家创新体系和区域创新体系具有很高的效率。无论是企业主体型的美国,还是知识带动型的英国,尽管其区域创新体系各有特色,但都带有"市场主导型"的共性。总的说来,英美区域创新体系构建战略可以给我们以下几点启示:一是构建区域创新体系要依据竞争优势。比如珠三角和长三角的私有经济比较发达,就可以采用鼓励私人企业进行创新的方法,用税收优惠、土地划拨和专利保护等方式保障其创新收益,以补偿其研发成本和外部性溢出。而在中部地区和北部地区,科研型大学比较多,则可以采用建立大学科技园的方式。二是区域创新体系的重点是培养企业创新能力。不管是英国还是美国,其区域创新的路径选择各异,但区域内企业创新能力的培养都是重点。三是知识和技术是区域创新的核心因素。综观英美两国的区域创新体系,其共同的核心因素就是知识、技术的生产、传播和创新,企业、R&D机构、技术中介、政府、人员和资金围绕这一核心因素相互作用而组成创新网络。四是区域创新体系的建设离不开政府的适当参与。作为区域创新体系的重要部分,政府的作用不可或缺。政府在区域创新体系中的作用主要是提供区域创新环境的制度供给,这是政府"适当参与"的内涵所在。

(二) 日、韩政府主导型区域创新体系构建战略

1. 日本的经验

日本在构建区域创新体系的过程中,政府发挥了相当重要的作用。与西方发达国家相比,日本在技术创新方面属于"后发赶超型"。日本作为实现"跨越式"发展的典范,主要源于其确立了"技术立国"的战略方针,采取了"技术引进—消化吸收—集成创新—原始创新"的区域创新战略,构建了"研发驱动"的区域创新体系,搭建起高效的研发资源配置网络。与此同时,日本政府出台了知识集群和产业集群等激励政策,促进了知识和技术在各创新主体之间的充分流动。

2. 韩国的经验

韩国在构建区域创新体系的过程中采取的是典型的政府主导型战略。韩国各级政府积极鼓励吸引外资和引进高新技术,并非常注重对引进技术的消化、吸收,不断提高企业的技术创新能力,从而实现了从模仿创新向原始创新的过渡。在韩国政府的大力推动下,韩国各地形成了"官产学研协同技术开发"模式,使韩国的区域创新体系取得了突飞猛进的发展。此外,韩国政府还非常重视高等教育与区域之间的互动发展,促使科学基础知识迅速转化为经济利益,创造出了举世瞩目的发展奇迹。

3. 启示

日本和韩国与我国有相似的创新发展背景,都是通过长期的"技术追赶",才逐渐发展成为科技强国。日、韩的区域创新体系构建战略对于我国有很强的借鉴意义。从两国的经验中可以得出以下几点启示:第一,政府要"适当参与"区域创新体系构建。我国中央和地方各级政府应根据各地资源禀赋和创新环境的现实条件,采取有针对性的参与方式和参与程度。同时,也要考虑时间差异,即针对同一区域创新体系的不同发展阶段,发挥政府的"适当参与"作用。第二,区域创新战略要以提升原始创新能力为目标。我国在实施对外开放、招商引资时,要注意引进国外的先进技术而不是落后技术,特别要把产业关联度大、技术进步快的产业作为发展重点,有针对性地选择技术引进方向。在此基础上,要加强对引进技术的消化、吸收,并推动技术的集成创新,始终把提高原始创新能力作为核心目标。第三,通过产业集群促进区域创新网络的形成。企业和政府要有意识地结合区域科技资源优势,形成强有力的产业群体与竞争主体,打造具有较高知名度、掌握核心竞争力的强势品牌,实现区域创新体系的可持续发展。同时,还要积极创造条件,大力促进国际科研机构和跨国公司入驻,促进技术扩散与转移。第四,推动区域创新体系内各主体间的协调互动。区域创新体系的有效运转取决于创新主体之间的相互协调。我国目前最为欠缺的,就是真正能够发挥实效

的公共科技平台和科技中介服务。今后，我国政府应从政策上扶持各类科技中介服务机构及创新服务平台建设，尤其是大力促进民营科技中介机构的发展，改善区域创新的资源配置效率和投融资环境。第五，努力培育适宜创新的市场和制度环境。一方面，我国各级政府必须转变观念，将市场作为推动区域创新和产业发展的主要动力，推动企业成为技术创新的真正主体。另一方面，我国应尽快完善促进创新的制度和政策体系，并且要特别注重加强政策执行效果的评价与改进。

（三）德、意传统工业区的区域创新战略转型

1. 德国的经验

德国很早就在钢铁等工业领域保持着较强的国际竞争力。但是，随着以鲁尔工业区为代表的传统工业的衰败，德国经济和技术发展面临着很大的挑战。此时，实施传统工业区的战略转型成为生存和发展的前提。为此，德国大力发展新兴产业和现代服务业，同时为最大的创新群体中小企业创造良好的创新环境，包括金融支持、人才供给、技术转移等。经过多年的努力，德国的传统工业区焕然一新，实现了产业结构的多样化，使德国再次站上世界创新型国家的舞台。

2. 意大利的经验

与德国的情况类似，意大利的区域创新体系也是以中小企业为主体。在意大利产业区转型过程中逐渐显现出几个明显的趋势，包括：产业区内企业集团化发展模式、生产网络的外向化与国际化发展模式，以及中小企业"一区一业"的专业化发展模式。同时，在意大利的区域创新体系中，多个主体之间形成了协调互补的网络。此外，多样化的中小企业融资体系也是意大利成功转型的重要经验之一。

3. 启示

我国东北老工业基地与德国和意大利具有一定的相似性，它们的经验为我国东北老工业基地改造提供了很好的启示：第一，将结构调整作为传统工业区的转型重点。借鉴德国的经验，在我国东北老工业基地改造过程中，应当把结构调整放在首位。在产业结构调整方面，要积极发挥市场机制的作用，使国有企业和非国有企业在市场上公平竞争、共同发展，并创造条件促进双方合作。在产品结构调整方面，选择经济效益好、发展潜力大的产业重点扶持，同时大力发展相关联的新兴产业，要特别注重传统产业和新兴产业之间的互动。在企业组织结构调整方面，要大力发展民营中小企业，通过调整大、中、小企业之间的关系，建立完整的产业链和价值链。第二，推动区域创新体系的开放性和国际化。我国政府在制定区域创新政策时，不要只是局限于让当地企业受益，而是应当更多地考虑如何吸引外部创新资源，形成区域内和跨区域的信息流动与分工合作。为吸引外商

投资，要重视公共基础设施的建设，为国外投资者创造良好的投资环境。第三，发挥中小企业在区域创新体系中的作用。一方面，要切实解决我国中小企业的融资难问题，可以利用财政资金设立中小企业技术创新基金，还可以通过对创新型中小企业减免税收的方式，支持中小企业从事技术创新活动。另一方面，要建立健全中小企业技术创新的服务体系，主要包括技术创新信息服务系统、技术开发和技术转移机构、科技型小企业的孵化器等。第四，加快构建完善的技术转移体系。与德国的技术转移体系相比，我国的技术转移体系还存在许多不合理之处，如相关机构规模较小，结构松散，缺乏沟通，未能起到企业与科研机构之间的桥梁作用。我国在构建和完善技术转移体系的过程中，不应当仅仅依靠政府单方面的力量，可以学习德国的成功经验，吸引其他各类社会组织的加入，形成一种优势互补。第五，大力发展和完善职业教育体系。德国采取了"双元制"的职业教育制度体系，它把学校与企业、理论与实践、知识与技能有机结合起来，为区域创新体系的发展输送了高质量的专业技术人才。我国职业教育体系的改革与完善，可以重点从以下三个方面入手：首先是进一步加大对职业教育的投入力度；其次是强制扩大职业教育的覆盖面；最后是尽快确立职业教育的重要地位，增加职业教育文凭的含金量。

六、中国特色区域创新体系构建的战略思路与基本路径

（一）构建区域创新能力评估体系——基于创新型产业集群的研究

1. 指标体系的构建

对区域创新能力的评价不仅仅是构建和完善区域创新体系的核心内容，而且是关系整个国家创新体系能否成功建设和有效发挥功能的重要影响因素。本书基于产业集群视角构建了区域创新能力评价体系，并对2010年10个代表性产业集群和2011年10个代表性产业集群进行了调查评价。我们的概念框架依赖于以下7个核心的理论命题：

命题1：创新能力是决定集群持续绩效差异的根本性因素。
命题2：创新是嵌入在经济系统中的，因此创新环境是重要的。
命题3：集群文化和企业的抱负水平是影响集群创新能力的重要因素。
命题4：集群创新能力是在主体的创新活动中形成和加强的。

命题 5：创新环境、创新资源、创新意识和主体活动的协同演进共同决定产业集群的创新能力。

命题 6：集群创新能力是创新主体在一定合作网络中学习能力和机制的体现。

命题 7：以企业合作为基础的集群创新网络有效性决定了产业集群的竞争力。

基于产业集群评价和诊断的研究目标、对产业集群根本问题的识别以及对产业集群 7 个核心命题的理解，我们在"环境—资源—意愿—行为—能力—绩效"这一概念性分析框架的基础上，通过细化和具体化，提出以下产业集群创新能力评价体系，如表 0-2 所示。

表 0–2　产业集群创新能力的概念框架和指标体系

概念	指标	指标含义
创新环境	地方集群政策	享受地方集群政策的企业比重
	风险资金发展水平	引进风险资金的企业比重；对本地风险资金数量正面评价的企业比重
	核心技术人才可获得性	容易获得核心技术人员、技术工人的企业比重
	核心生产设备可获得性	容易获得核心生产设备的企业比重
	市场竞争水平	相同产品生产企业多的企业比重
	产业配套水平	产品配套企业多的企业比重
	高端客户结构	国外客户的比重
创新资源	企业研究开发基础设施	拥有专职研发机构、国家级试验室/技术中心的企业比重
	企业研究开发投入强度	研发投入占销售收入比重增加的企业比重
	企业平均研发投入强度	平均每个企业的研发投入占销售收入比重
	企业技术人员投入强度	本科以上学历技术人员占员工总人数比重增加的企业比重
	企业平均技术人员投入强度	平均每个企业的本科以上学历技术人员占员工总人数比重
	企业熟练技术工人投入强度	5 年以上工龄技术工人占技术工人总人数比重增加的企业比重
	企业平均熟练技术工人投入强度	平均每个企业的 5 年以上工龄技术工人占技术工人总人数比重
创新意识	企业所在区域的创业、创新价值观	创业或创新的动机、意愿程度、社会评价程度
	企业的创业、创新意识	对创业或创新机会的敏感度、挑战精神、知识产权意识
	企业对市场和技术机会的认知度	对技术竞争环境、技术差距的认知度
	企业对利用外部创新资源的认知度	对利用外部创新资源的认知度
创新活动	企业研究开发能力	实施新研究开发项目、申请专利、国家级科研成果的企业比重
	企业平均研究开发水平	实施新产品生产、加工、新商品投入市场、样品上市的企业比重；拥有驰名商标的企业比重
	企业产品开发、商业化能力	企业平均新研究开发/专利申请/国家级科研成果件数
	企业平均产品开发、商业化水平	企业平均新产品生产、加工、商品上市、样品上市、驰名商标件数

续表

概念	指标	指标含义
合作网络	企业所在区域的合作网络基础	知晓以促进合作为业务的专业机构、地方政府合作研发项目、技术信息交流平台或场所、技术交流会、产品展览会的企业比重；未遭遇信用挫折的企业比重
	企业合作创新参与度	与区域内企业在共同开发、交易、提供融资方面有过洽谈的企业比重；在共同开发、产品与服务交易、融资方面有过合作的企业比重；与大学科研机构有过技术咨询、合作研发、技术转移的企业比重；从外部引进人才的企业比重
	企业合作创新深度	平均每个企业与区域内企业在共同开发、交易、提供融资方面的洽谈件数；在共同开发、产品与服务交易、融资方面的合作件数；与大学科研机构进行技术咨询、合作研发、技术转移的件数；从外部引进人才的人数
创新绩效	企业销售收入	过去1年中销售收入增加、并且合作对此有"较大作用"或"稍有作用"的企业比重；过去1年中利润增加、并且合作对此有"较大作用"或"稍有作用"的企业比重
	企业技术水平	过去1年中人均工时收入增加、并且合作对此有"较大作用"或"稍有作用"的企业比重；过去1年中取得合作成果并且合作对此有"较大作用"或"稍有作用"的企业比重

2. 主要研究结论

在此评价指标体系基础上，我们对中国特色产业集群创新能力进行了评估，并得出了一系列结论：从创新意识来看，整体上10个产业集群创新意识得分的差异，主要来自于集群内企业对市场和技术机会的认知度的差异上；传统产业集群的创新意识弱于新兴产业集群的创新意识；产业集群中企业对于利用外部创新资源的认知度低于对于市场和技术机会的认知度。从创新资源来看，提升研发机构的水平是当务之急；提升集群内企业平均技术人员投入强度较为迫切。从合作网络来看，集群内企业合作创新深度不够的问题最为突出；集群内企业同其他企业和大学、科研机构的合作正处于从"接触了解"到"开展合作"的过渡阶段，同大学科研机构的合作创新仍需加强；产业集群的合作网络基础设施已经具备了一定的基础，但促进企业之间和校企之间协调机构的建设还需要加强，政府支持的合作研发项目需要进一步向集群内企业告知。从创新活动来看，传统产业集群内企业研发能力和平均研发水平都弱于新兴产业集群，并具有一定差距。从创新绩效来看，合作创新对促进产业集群内企业销售收入增长和技术水平提升有较大贡献。从创新环境来看，地区集群政策中最为薄弱的是合作研究开发政策和开放公共技术平台政策，其次是组织各种形式的技术交流政策；良好的风险资本环境是集群创新的重要保障；产业集群已经初步形成了核心技术人才的洼地；产业集群中企业核心生产设备较容易获得；传统产业集群内市场竞争更加激烈；传统产业集群比新兴产业集群整体上具有更完备的产品配套。

(二) 典型区域创新体系构建战略

不同类型的区域创新体系，在其发展的不同阶段，其主体知识架构、资源配置渠道、系统治理结构、各种正式制度以及非正式制度都不尽相同，因此，可以选择不同的政策工具，促进区域创新体系的建设和完善。根据图0-2所示的制度四层次模型，在对特定区域进行调研的基础上，收集区域创新能力评价的相关数据，对区域的创新能力进行评价，找到区域创新系统的短板，从制度的四个层次对创新体系进行政策适配。

1."内生驱动型"区域创新体系构建战略

课题组认为，所谓"内生驱动型"区域创新体系，主要是指地区市场发育程度较高，科技资源禀赋中等或以上，以企业家精神为主要特征的经济内生驱动力量较强的区域创新体系。相对来说，此种类型的区域创新体系是一种成熟完备型的区域创新体系：创新体系内部市场化程度较高，资源配置方式主要以市场为主；科技资源禀赋丰富，具有知识和科技创新的良好基础；富有适宜于创新涌现的区域文化，内部互动创新活动频繁；各要素主体素质较高，具有流动顺畅的资源、知识、人才流动机制。本书从创新意识、创新资源、合作网络、创新活动、创新绩效和创新环境六个方面对玉环水暖阀门产业集群创新体系构建的效果进行评价。研究发现，玉环水暖阀门产业集群具有四大独特创新能力：第一，玉环本地特别浓厚的创业、创新文化价值观。第二，高端客户同本地生产制造企业的紧密互动能力。第三，本地化的专用机床和检测设备厂商同生产制造厂商之间的紧密互动能力。第四，领导企业同产业集群内其他企业的紧密互动。集群内初步形成了一些具有"系统集成"特点的领导企业。玉环水暖阀门产业集群创新能力培育具有三大独特机制：第一，地理区位的倒逼压力机制。玉环当地没有任何的资源优势，这种先天资源的劣势就转化为企业持续不断的学习和创新动力。第二，企业的互动学习机制。玉环水暖阀门产业集群发展过程中"干中学"、"用中学"、"专业化分工学习"这三种学习机制都曾发挥主要作用。第三，政府的公共服务机制。玉环当地政府始终以"公共性"和"引导性"作为政府工作的出发点和落脚点。对于玉环水暖阀门产业集群这样的区域创新体系，政策的着力点可以放在三个方面：第一，加强集群"领导企业"的培育和激励工作。第二，为企业同大学科研机构合作创新创造条件。第三，为相关配套企业的生产制造和质量管理能力提升创造条件。

2."国资主导型"区域创新体系构建战略

我国各地区市场化程度不同，单靠市场机制难以让一些地区构建起区域创新体系，因此，有必要在东北、中部、西部等经济欠发达或体制转型困难的地区实施"政策推动型"区域创新体系战略。本书选择了沈阳铁西区装备制造产业集群和宁夏灵武羊绒产业集群的创新升级实践为案例，进行深度剖析，从中找出这类地区实施区域创新体系战略的基本思路和主要做法。

铁西区是我国老工业基地振兴的缩影，当地装备制造产业在辽宁乃至全国都占有重要的地位。在计划经济时期，由于国家集中建设和布局，铁西区成为我国装备制造的重点基地之一，这无疑是本地装备制造产业集群的起步，不过这种布局模式缺少企业间联系而丧失了集聚"创新红利"。到了20世纪90年代末和21世纪初，铁西区装备制造业发展进入极度困难的时期，企业改制、员工下岗、城市老化等问题非常突出。为了走出各种矛盾交织的困境，地方政府争取得到中央支持，大力实施空间置换、企业改制、技术改造等"组合拳"，不仅获取了企业急需的资金，还实现了城市改造翻新。同时，当地政府审时度势，依靠政策推动，大力实施以产业集群为载体的开放型区域创新体系战略，主要做法包括：一是构筑创新协作网络。在政府规划、政策和资金的强有力支持之下，企业和科研单位从过去的封闭创新走向开放创新，在全球寻找创新战略合作伙伴，将外部创新资源整合到以企业为主体的区域创新网络之中。二是以资本为纽带，占据创新战略资源。通过并购重组等方式，对德国、日本、美国等发达国家同行业技术优势企业进行战略性并购，从而扩大或掌握行业自主技术。三是依托核心企业，利用产业链联系，强化技术扩散。如沈阳机床集团、沈阳鼓风机集团、北方重工集团等核心企业通过产业链协作，不断提高配套关联企业的技术水平或改进工艺。四是加大创新载体建设。在依托企业搭建行业技术公共服务平台的同时，当地政府支持企业设立国家重点实验室、工程技术中心等行业领先的技术创新载体，积极参与国际和国家行业技术标准制定。这些做法侧面说明地方政府如何实施政策推动型区域创新体系战略，即依靠地方政府的务实、精干和眼界，加大政策支持，以产业集群为战略对象，积极发挥企业作用，使不同创新主体之间实现融洽协作并形成开放式创新体系。

宁夏灵武羊绒产业集群起步于层次很低的市场，经由地方政府建设产业园区，并通过招商引资引入了几家规模较大的企业，从而奠定了产业集群最初的基础。随着鄂尔多斯羊绒产业的凋敝，灵武羊绒产业承接了产能转移，迅速发展成由数十家企业组成的产业集群。为了促进产业集群创新升级，地方政府加大政策和资金支持，建设技术公共服务平台，成功申请设立国家级高新区，邀请行业专家定期咨询和跟纺织类高校合作培养专业人才，同时鼓励企业建设技术研发中心、专业实验室、创意设计中心等。这些做法充分反映了灵武市依靠政策强力推动区域创新体系战略实施，也使得灵武羊绒产业集群顺利实现了"贸—工—技"

升级。

3. "科学基础型"区域创新体系构建战略

本书以北京为例,分析"科学基础型"的区域创新体系如何发挥其科学资源和人力资本丰富的优势,通过区域创新能力的构建,解决区域创新体系中的"产业化"缺口,将本地的科学资源转化为技术资源和产业资源。研究发现,一方面,北京"科学资源丰富"的现象掩盖了北京市"技术资源相对不足"的事实。2011年,北京全社会研发经费支出占地区生产总值的比重为5.8%,居全国第一。但仅从工业看,2011年,北京市工业规模上企业研发强度(研发投入/销售收入)仅为0.82%,远低于上海和广东0.86%和0.87%的水平,甚至比一般认为以"低、小、散"为主要特点的浙江省0.81%的水平仅仅高0.01个百分点。另一方面,从完整的创新过程看,北京市的区域工业创新体系并不完整,即北京虽然拥有北京生命科学研究所等全国一流的高校和研究机构,但这些科技基础设施主要服务于"国家"创新体系而不是"北京"的区域创新体系,因而,必然造成北京表象上科技资源丰富但实际上科技资源供给与工业发展需求严重脱节的问题。针对这些问题,本书提出,应当通过整合创新和产业化资源,构建具有北京特色的四级产业化支撑体系。鼓励科研机构与企业共建产业化实验室、微工厂和"现代工厂",推进新技术、新工艺在北京的小试和中试,最终形成"实验室和微工厂(小试)、现代工厂(中试)、先进制造基地和母子工厂"的四级产业化体系,使各类产业化主体与北京既有的科学基础共同构成完整的区域创新体系。

(三)国家层面构建区域创新体系的战略构想与政策建议

1. 战略思路

在前面实证和理论分析的基础上,可以提出针对我国区域创新体系建设的战略思路。我们认为,为构建各具地方特色、服务本地经济、连接国家创新体系的区域创新体系,我国的区域创新体系构建,应当从各区域的功能定位和产业创新发展的要求出发,充分考虑国内外产业、技术发展的最新趋势,坚持"协同创新、市场化创新、互动创新、融合创新和开放创新"的总体战略。区域创新体系建设的本质是形成区域创新能力,即不依赖于任何个体的区域层面的创新能力。区域创新能力降低了个体的创新成本和风险,提高了个体创新的可能性和收益能力,从而促使各种创新要素向该区域集中。区域创新能力是一个组合的概念,它包括一系列能力,如网络能力、配套能力、技术扩散及应用能力、新技术产业化能力、创业能力等方面。在区域创新平台的建设过程中,既要根据自身的市场机构和技术资源基础,选择符合本地现实基础的模式,同时也要根据技术创新和产业升级的要求,不断促进平台制度模式的动态变化。通过区域层次的能力提升和平台建设,构建具有多样化、动态性的区域创新生态。

2. 构建中国特色区域创新体系的一般路径选择

走中国特色自主创新道路,就要按照自主创新、重点跨越、支撑发展、引领未来的思路,大力推进制度创新和科技创新,促进各种创新要素在区域空间内合理流动,形成若干特色鲜明的区域创新体系。当前,中国特色区域创新体系建设处在工业化、信息化、城镇化、市场化、国际化的迅速推进过程中,处在全国上下努力实现中华民族伟大复兴的时代征程之中。在我国现有制度和技术基础上,区域创新体系构建的一般路径可以概括为:定中心—促协调—建平台—保投入,即以定位区域创新增长极为突破口,以建立跨区划、跨部门的区域创新协调机制为切入点,以建立共性技术研发和公共科技服务平台为抓手,以改革科技资源投入体制为保障,促进各种官、产、学、研、用的创新资源在区域空间内有效融合,推动区域创新体系从政策引导型向自主发展型转变。

3. 我国区域创新平台建设的基本模式

目前我国的区域共性技术平台的建设模式主要有以下四种:主导企业供给型、技术联盟型、独立的共性技术研发机构型、外部获取型。我们从有利于共性技术创新和扩散的角度出发,从有利于区域共性技术生产和供给的角度提出以下6个评价区域共性技术平台模式的效率评价标准:①投入强度标准:对共性技术研发项目投入资金和人力的积极性。②投资效率标准:使用研发资源的效率。③互补性标准:有利于利用不同主体间知识的互补性。④项目选择标准:在项目的先进性和适用性的选择以及研发过程中投资方向的选择方面,是否有利于区域整体的收益最大化。⑤共享标准:技术成果在区域内扩散的有效性。⑥持续性标准:共性技术研发的连续性包含技术连续性和制度持续性两个方面,前者指的是技术知识在时间上的累积性和互补性,后者指的是制度设计要具有稳定性,如果机会主义等因素导致的制度成本足够高,制度安排就缺乏经济上的持续性,制度持续性是技术连续性的必要条件。其中,前三个标准是有利于共性技术创新的标准,第四、第五个标准是有利于共性技术推广和应用的标准,最后一个标准是有利于实现技术累积、保证共性技术持续供给的标准。

目前国内各地区普遍采用的优势企业供给型和外部获取型的共性技术供给方式,虽然符合我国市场结构相对分散、多数企业技术研发水平落后的现状,因而具有经济上的合理性,但是从多维度的经济效率判断,这两种模式存在诸多效率上的损失——在前一种模式下,优势企业在项目选择上更有利于企业自身私人收益而不是区域社会收益的最大化,共性技术研发过程缺乏本地区企业的充分交流和互动,共性技术扩散受到优势的策略性阻碍;在后一种模式下,由于缺乏技术投资的连续性和制度的持续性,区域创新能力的培育和提升受到制约。因此,无论从共性技术创新还是从共性技术扩散的角度看,优势企业供给型和外部获取型都存在严重的缺陷,我国区域共性技术供给策略需要根据竞争环境的要求逐渐向适合自身条件的技术联盟型或独立研发主体型模式转变。

4. 政策保障

从公共管理角度来看,我国区域创新体系建设的薄弱之处不在于各类政策工具的缺乏,而在于各种政策之间的统合性不够,针对具体运作的制度创新不足,以及政策的适配性有待提高。因此,我们的政策建议主要围绕制度创新的四个层次,而不是具体的政策本身。

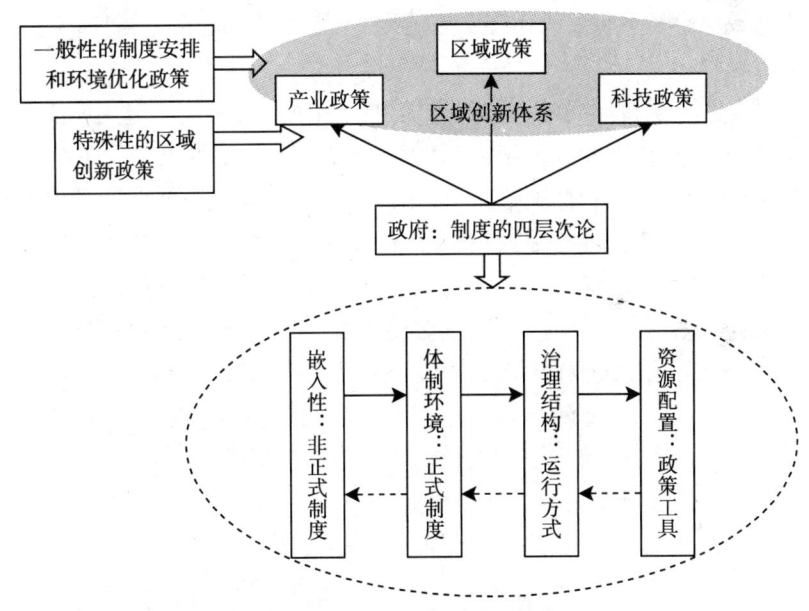

图0-3 促进区域创新的政策体系

(1) 在统筹区域协调发展的框架下,制定区域创新体系建设规划。在国家层面,区域创新体系建设规划可以通过"国家技术地图"的方式,理清知识和技术资源的区位分布以及隐性知识流动的半径,以具备辐射功能的大城市为中心,规划特色创新区域。在具体操作层面,可以将区域创新体系分为两大类:国家战略支撑型区域创新体系和适用性技术主导的区域创新体系,前者主要贯彻国家的技术战略,培植具备比较优势的产业或新兴产业、战略性产业,占领国际技术前沿阵地。后者主要关注就业、民生和现实的市场需求,这一类区域创新体系关乎中小企业的生存和人民生活水平的提高,是经济、社会发展的重要基础,国家应该鼓励这些地区的企业在低成本基础上进行渐进创新。

(2) 将区域创新环境改善纳入领导干部政绩评价指标体系。发挥地方政府在建设区域创新体系中的积极作用，改革领导干部政绩评价指标体系是根本。唯有建立创新导向的政绩评价指标体系，才能从根本上引导政府行为方式转变，例如，从鼓励资源型投资转向创新型投资；从同质化投资转向差异化投资，从被动接受外商投资转向主动吸引、选择具备创新带动力的投资。

(3) 有效集中民、官资本，建立共性技术研发和公共科技服务平台。建设共性技术研发平台和公共科技服务平台是促进知识流动和共享的有力手段。共性技术研发平台的建立可以以公共财政投入为基础，多种方式运营。加快建设专业的、覆盖广泛的、公益性的、综合性的中小企业服务机构。建议以已有的中小企业服务中心或中小企业促进会为基础，在省、市、县三级设立中小企业综合服务机构。

(4) 建立区域创新导向的科技投入体制，理顺基础研究、应用研究和实验发展的关系。从国际比较来看，美、日等国家投入到试验发展阶段的经费一般占科技总投入的 60%左右。我国投入到基础研究的经费越来越少，是一个值得重视的问题。从我国科研机构和人员分布不均衡的现实出发，国家可以建立区域创新导向的科技投入体制，在科技人员密集的地区，例如北京，大力增加对基础研究的支持力度，应用性研究的资金优先投入产学研合作的项目，促进科研机构研究成果的转化意识和转化几率。在产业集群基础好而大学、研究机构相对较少的地区，主要通过创新型产业基地等项目的资助，鼓励应用性研究和试验开发。

(5) 重视人力资源技能的提高，建立"精英型"实用技术人才培养体系。通过人的技能提升和现场管理的综合改善，将先进、适用的生产技术最大可能地转化为产业竞争力。针对先进制造的人才要求，加强"精英型"的实用技术人才和工程人才的培养、培训。法国、德国等国有大量的旨在培养"精英型"技术人才和工程人才的大学（有时也称为"技校"），这些学校的生源基本上与研究型大学一样是一流的。考虑到我国教育体制和教育观念的现实情况，建议在各地的一流大学设置专门的"技术工程学院"，学院招收的人才的知识结构应当针对现代工厂中的班组长或车间负责人的工作要求来设置，填补"低端职业教育"不能满足区域创新体系建设技术创新和"高端制造"发展要求的空白。

(6) 借鉴日本区域创新体系建设经验，试点"A+B"型创新体系运作机构。探索有效的治理方式是提高区域创新效率的关键。在此方面，日本进行区域创新治理的经验值得我国借鉴。日本的区域创新体系基本上以产业集群为依托，具体的内部交流、合作研究、资金分配是通过"中核机构"来运作的。这一机构内生于这一体系，是由"A"和"B"两部分人组成的，"A"是指 Academy，B 是指

Business，即分别来自于学界和商界，这样一个机构本身就是产学研合作的表现形式之一。为保持中核机构的独立性，其负责人通常由退休的知名教授或企业家担任。国家财政的创新支持资金也通过中核机构进行项目式运作，而非直接投入单独的企业。

（7）建立差别性科技政策，提高政策工具的"区域适配性"。针对各种创新体系的发展程度和面临的主要障碍，科技政策应该体现出差异化，提高对特定区域的适配性。在科学基础型区域，增加创新孵化器，培育创业型创新环境，引导学院研究向应用成果转化，应该成为区域创新体系建设的主要任务；对于国资主导型地区，完善市场激励机制，增强区域的开放度和外向度，加强系统要素之间的互动是主要方向。而在内生驱动型区域，增加公共研发平台，增强制造部门与知识创造部门的连接是关键；在外资拉动型地区，需要提高区域的产业创新能力，建立与科研机构的联系，培育各种中介组织，进一步提高区域的自主创新能力。

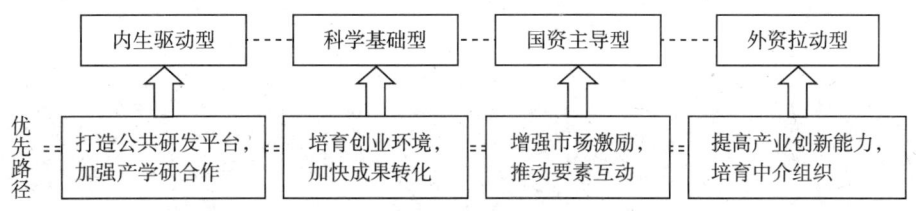

图 0-4　适配性区域创新政策示意

（8）建立全过程协同的产业和区域创新支持政策。在产业升级路径的规划方面，协同推进产品设计、开发和制造工艺创新。目前国家科技部、国家发展和改革委员会、工信部等管理部门设立的各类科技扶持项目具有明显的"重产品、轻工艺"的倾向，这是导致各地区新技术产业化能力弱、科技资金使用效率低下的重要原因之一。战略性新兴产业的培育和发展，不仅是新产品技术突破的过程，同时也是与新产品技术相适应的新的生产工艺跟进突破的过程。在技术改造资金的使用中，突出现代生产管理方法的推广和应用，切实提高技改资金的使用效率。建议在技术改造扶持的同时，借鉴日本政府的"技术咨询师"和澳大利亚的"管理顾问"做法，各地区建设专门的包含了生产管理咨询和培训的管理服务专家队伍，为企业提供质量管理、现场管理、流程优化等方面的生产管理指导和培训，切实提高制造业企业的生产制造水平。

（9）弘扬创新精神，构建区域创新文化系统。创新精神是区域可持续发展的灵魂和基石，区域创新文化是区域创新体系的软支撑。凡是创新能力比较强的地区，无一不是创新文化活跃的地区。虽然文化与历史积淀密不可分，但也并非不可培育和改造。地方政府可以从树立创新价值体系、宣扬创新典型企业和个人、举办各种创新文化论坛等方式入手，引导企业和科研单位建立创新机制；还可以通过引入内、外资企业，充分发挥"鲶鱼效应"，增进当地企业的竞争，激发创新意识。尤其是一些知识密集型跨国公司的进入，能够在很大程度上改善区域的创新氛围。构建区域创新文化系统，还要坚决破除阻滞创新的传统文化因素，在全社会形成勇于创新、乐于创新的精神风貌。

第一章 构建区域创新体系战略的理论述评

一、区域创新体系的概念及内涵

（一）理论渊源

1912年，著名经济学家熊彼特提出了创新的概念，创新是指实现生产要素新的组合。为此，他将创新分为五种不同的类型：新产品、新的生产方法（或工艺）、新的供应源、开辟新的市场和新的企业组织方式。此后，围绕创新的相关研究不断向前推进，例如，经济学家将创新引入增长理论，从而发展了新增长理论；同样，也有许多学者将创新引入经济地理学或战略管理研究之中，从而出现了创新地理或创新管理，使得创新的体系属性逐渐步入学者研究视野。当Cooke（2008）在重新梳理区域创新体系理论渊源时，他指出了该理论有三个来源：一是一般系统理论，尤其是20世纪60年代末开始出现的系统规划理论；二是20世纪80年代创新体系方法受到当时与时俱进的区域创新政策和实践的很大影响；三是跟产业区位论、背景研究和创新体系的研究有关的区域网络理论的影响。

（二）概念和内涵

正如Cooke（2008）坦言，区域创新体系不是无故而生，他也承认区域创新体系（Regional Innovation System, RIS）概念的提出显然受到国家创新体系（National Innovation System, NIS）的启发（Freenman, 1987、1995）。当然，除了区域创新体系概念之外，许多学者又相继提出了国际区域创新体系（International Innovation System, IIS）、地方创新体系（Local Innovation System, LIS）。其实，虽然这几个概念仅有一字之差，但是表现形式和作用机制却有一定的差异，下文将进一步对此进行深入介绍。

Cooke（1992）首次提出了区域创新体系概念，他把"区域创新系统"描述成由地理空间上具有分工与关联关系的生产企业、研究机构、高等院校等构成的区域性组织系统（Cooke，1996）。随后，Cooke教授与其合作者经过大量研究后又对其原定义做了进一步的说明。根据Cooke et al.（1998）的定义，区域创新体系就是一个企业和其他组织在嵌入式的制度氛围中系统地参加相互学习体系。此后，他们认为区域创新体系是指在一定的地理空间之内，经常地、密切地与区域企业的创新投入相互作用的创新网络和制度的行政性支撑安排（Cooke和Schienstock，2000）。Cooke（2000）随后进一步指出，"区域创新体系"概念来自演化经济学，强调了企业家在应对经济问题的社会互动中所采取的不断学习和改革而进行的选择，从而形成了企业的发展轨迹。这种互动已经超越了企业自身，它涉及大学、研究所、金融部门等。当在一个区域内形成了这些机构部门的频繁互动时，就可以认为存在一个区域创新体系。基于Cooke（1992）最初的概念，Asheim和Isaksen（1997）认为，区域创新体系包括生产结构（技术经济结构，Techno-economic Structure）和制度结构（政治制度结构，Political-institutional Structure）。于是我们不难看出，区域创新体系至少具有两个特点：一是企业和其他组织之间存在功能联系和相互作用；二是区域创新体系具有地理空间特性，空间邻近性在各种联系中起着重要的作用。

其他学者从不同视角对区域创新体系进行定义。Nelson（1993）认为，区域创新体系不仅可以在国家内部出现，也可以在跨国的相邻地域形成，并且是为了引导创新产生的区域性制度、法规、实践等，并由此组成的系统。Wiig和Wood（1995）认为区域创新体系概念有广义和狭义之分，广义的区域创新体系应包括提供创新产品的产业集群，培养创新人才的教育机构，进行创新知识和科技创新的研究机构，为规范创新活动而制定政策法规的政府机构以及那些为创新服务的金融、商业等机构。Asheim和Isaksen（2002）从产业集群的视角定义了区域创新体系，他们把区域创新体系视为由支撑机构围绕两类主要行动者（产业集群及其支撑企业、制度基础机构）及它们之间的互动作用构成的区域集群。Doloreux（2002、2003）认为，区域创新体系是相互作用的私人和公共利益体、正规机构和其他组织的集合，其功能是按照组织和制度的安排及人际关系促进知识的产生、利用和传播。

Belussi et al.（2010）概括道，区域创新体系概念正好处于两个理论主体相互交叉的"十字路口"：一个是基于演化和技术进步理论，该理论把创新视为复杂的、非线性社会进程，这个过程是由企业内外部的一些行为和要素诱发及孵化而成的（Edquist，2005）。体系的再生产不仅依赖于企业和制度创造的知识储备，还依赖于各种组织之间及其同环境间的相互作用（Oerlemans, et al., 1999）。Cooke（2001）自己也认为，一个很强大的区域创新体系就是知识生产、中介和企业的区域内部资源和外部资源之间的一个系统性联系。另一个是基于区域化和集群理论，强调经济增长和创新不是在抽象的空间中发生，而是根植地方化的社会网络，从而实现从空间邻近性、社会嵌入、与地方制度联系和知识溢出中获得好处（Belussi 和 Sedita，2009）。或者说，创新是高度地方化过程中的创造力和持久力（Asheim 和 Cooke，1999）。

20世纪90年代末，我国学术界开始从国外文献中引入"区域创新体系"概念，积极跟踪国外学术成果，从而推动了该领域的研究，也促进了区域创新体系很快写入到我国科技发展战略规划之中。据可查文献，汤世国（1993）最早引入"国家创新体系"概念，他比较全面地分析了我国科技创新的国情，也指出了一些突出问题，例如，我国国家创新体系过于封闭导致企业缺少自觉创新的动力，而政府资助的科研机构为主体的创新体系却难以将科技成果转化为现实的生产力，同时，我国片面注重体系的"完整"，而忽视了体系的效率。然而，在20世纪90年代，"区域创新体系"的相关研究几乎处于空档期。冯之浚（1999）认为，区域创新系统是指由某一地区内的企业、大学和科研机构、中介服务机构和地方政府构成的创新系统。胡志坚、苏靖（1999）认为，区域创新系统是某区域内由参加新技术发展和扩散的企业、大学和研究机构以及政府组成的，为创造、储备和转让知识、技能和新产品相互作用的网络系统。潘德均（2001）认为，区域创新系统是指一地方内有关部门和机构相互作用而形成的推动创新的网络。周亚庆、张方华（2001）认为，区域技术创新系统是区域范围内科技体系、教育体系、资金体系、文化、政府和企业等为科学技术而努力的因素相互作用的系统。龚荒、聂锐（2002）认为，区域创新体系包括三个基本要素，即在特定的经济区域内各种与创新相联系的主体要素（创新机构和组织）、非主体要素（创新所需的物质条件）以及协调各要素之间关系的制度和政策网络。中国科技发展战略研究小组（2002）认为，区域创新体系为一个区域内有特色的、与地区资源相关联的、推动创新的制度组织网络，他们认为构建区域创新体系的目的是推动区域内新技术或新知识的产生、流动、更新和转化。柳卸林（2003）认为，区域创新体系是一个地区内由各类创新主体形成的制度、机构网络，其目的是推动区域内新技术的产生、使用。王子龙、谭清美（2003）认为，如果接受Cooke教授的区域创新体系概念的话，他认为区域创新体系实质上是通过系统内各要素的互动作用，推动该地区以市场为基础的人才资源流动、技术扩散和产业群活动，不断采用新工艺，催生新产品，并取得巨大投资回报率，有效地实现创新目标。鲁兴启（2004）认为，区域创新系统是国家创新系统的重要组成部分，是在一国内组合一定区域（行政区域、经济区域或地理区域）内一切可以利用的人力、技术、资金、设施等资源，以区域政府为指导、区域企业为主体，与区域内高等院校、科研院所和中介机构共同组成的从事技术创新活动的有机网络系统。李虹（2004）认为区域创新体系通常由创新主体、创新环境和行为主体之间的联系和运行机制这三部分组成。其中基本构成要素包括：一是主体要素，即创新活动的行为主体，包括企业、大学、科研机构、各类中介组织和地方政府，企业是技术创新的主体，也是创新投入、产出及收益的主体，是创新体系的核心。二是功能要素，即行为主体之间的联系与运行机制，包括制度创新、技术创新、管理创新的机制和能力。她强调了三种机制，即各主体的内部运营机制、主体之间的联系机制和主体与服务机构的互动机制。三是环境要素，即创新环境，包括体制、基础设施、社会文化心理和保障条件等，市场环境是企业创新活动的基本背景。陈柳欣（2005）在回顾国内关于区域创新体系概念时，概括出"主体说"、"网络说"、"主体加网络说"、"系统集成说"四种。他认为，区域创新体系是在特定的经济区域内和社会经济文化背景下，各种创新相关联的主体要素（实施创新的机构和组织）和非主体要素（创新所需要的物质条件）以及协调各要素之间关系的制度和政策所构成的网络，该体系通常是由创新主体、创新环境和行为主体之间的联系与运行机制这三个部分构成，其目的是推动区域内新技术或新知识的产生、流动、更新和转化。

综上所述，我们不难看出，国外关于"区域创新体系"概念的认识日趋成熟，许多学者将注意力转向其他领域研究，如跨行政区的区域创新体系，开放区域创新体系等；而国内学者对区域创新体系的研究可以说是"压缩式进步"，在很短时间内集中吸收了国外此前研究成果，并结合国情提出了特色区域创新体系，也引起了决策层的高度关注。然而，综观国内外文献，我们认为，学者们对区域创新体系概念仍然有一些分歧，主要表现为：第一，"区域"是一个比较含糊的名词，既可以理解为"经济区域"，又可以理解为"行政区域"，甚至也有学者将它理解为技术区域或经济学意义上的抽象空间。第二，学者可以基于不同专业背景或视角去定义区域创新体系，所以，我们很难对此概念达成比较一致的共识，也很容易导致概念滥用，从而影响了区域创新体系的理论严谨性。第三，对区域创新体系的结构认识不同。除了学者经常提及的企业、大学、科研机构、中介组织、政府等创新要素之外，也有学者将创新资源、创新环境等要素纳入进来。第四，对区域创新体系结构和功能认识也有差异。一般而言，技术创新是区域创新体系的主要功能，不过，有学者认为区域创新体系的功能还应该包括知识创新、知识扩散和知识应用（江蕾，2008）。尽管如此，我们从这些文献也可以梳理出区域创新体系的基本内涵，包括：第一，具有一定的地域空间；第二，以生产企业、研发机构、高等院校、地方政府机构和服务机构为主要的创新主体；第三，不同创新主体之间通过互动，构成创新系统的组织和空间结构，从而形成一个社会系统；第四，强调制度因素以及治理安排的作用。

(三) 结构和功能

如前文介绍，Asheim 和 Isaksen（1997）认为，区域创新系统包括技术—经济结构（生产结构）和政治—制度结构（制度基础）。区域创新体系主要包括两种类型的主体以及它们之间的互动，第一类是区域的主要产业集群，它包括支撑产业的企业；第二类是制度性基础设施，如研究机构、高等教育机构、技术转移机构、职业培训机构、企业协会和金融机构等，它们对区域创新产生很重要的支撑作用。Galli 和 Teubal（1997）则认为，一个完整的区域创新系统包括功能、构成部分和联系。功能又可分为硬功能和软功能，其中，在硬功能方面，如提供科学和技术服务；在软功能方面，如知识传播、政策制定以及制度设计和实施等。区域创新体系构成部分又可分为制度和组织。制度是指那些妨碍或促进创新活动的所有区域制度形式，又可分为正式制度和非正式制度；组织是指一些有共同特征的区域团体，如知识组织、连接组织、规范性组织、社会组织和政治组织。联系主要指市场调节型关系和非市场调节型关系。Stefan Kuhimann（2004）认为区域创新体系由区域政治系统、区域教育和研究系统、区域产业系统以及区域创新环境（包括区域制度环境、区域基础设施和需求）构成，这四个部分彼此联系、相互作用。

国内学者也围绕区域创新体系结构和功能展开了讨论。张敦富等（2000）认为，从系统结构上看，区域创新系统建设包括创新机构、创新资源、中介服务系统、管理系统四个相互关联、相互协调的主要组成部分。周亚庆、张方华（2001）持不同的观点，他们认为，区域技术创新系统包括教育子系统、科技子系统、资金体系、政府子系统和文化子系统。胡志坚、苏靖（1999）认为，构成区域创新系统的主要有主体要素、功能要素和环境要素。其中，主体要素包括区域内的企业、大学、科研机构、中介服务机构和地方政府；功能要素包括制度创新、技术创新、管理创新和服务创新；环境要素包括体制、机构、政府或法制调控、基础设施建设和保障条件等。潘德均（2001）则认为，区域创新系统主要包括三个主体系统和三个支撑系统。主体系统包括知识创新系统、技术创新系统和创新技术扩散系统。三个支撑体系包括创新人才培育系统、政策与管理系统以及社会支撑服务系统。王稼琼等（1999）认为，区域创新体系的功能主要表现为激活中小企业、改造传统产业、产品创新与成果转化、制度和机制创新、发展高新技术产业等方面。

(四) 边界和分类

1. 边界

Nuur et al. (2009) 认为，体系的边界和"区域"界定是创新政策区域化面对的挑战，而区域创新体系的边界与"区域"的定义密切相关。Cooke 和 Schienstock (2000) 与 Cooke (2001) 先后给出过两个区域定义。在第一个定义中，区域被描述为一个具有地理边界（行政区划）、支持创新网络和具备特定功能的地域空间。在第二个定义中，侧重于区域的"地理区域的"或文化的特征。显然，相比第一个基于行政区划的区域定义，从文化层面界定的区域蕴涵了根植性的概念，强调区域内部相互联系和相互依赖的特征。因此，区域创新系统中的"区域"所强调的是一个区域内部主体既相互独立又联系紧密的、经济活动较为完整的和具备特定功能的地域空间。传统区域科学界定区域时主张以区位为基础，实现区域内和区域间自然资源的优化配置，物质流（自然资源的流动）是区域内和区域间要素交换的主要形式。新区域科学和现代区域发展理论突出知识和信息的作用，认为知识流（或信息流）已成为区域内和区域间要素交换的主要形式。作为区域创新系统中的区域，一个基本特征是网络关系的存在，系统内主体之间经常性地相互交流和发生交易，尤其是知识（信息）交流和技术信息交流，不仅包括单个独立市场的信息交流，而且包括一般的信息交流。区域主要行动者之间的以某种网络方式进行的信息交流是区域创新系统的重要前提。因此，知识流（信息流）的强度及其特征应成为界定区域上、下限的主要依据。这种界定在实践中有助于区域政策制定时考虑如何决定政策的实施范围。朱晓霞 (2008)、任胜钢和关涛 (2006) 都认为区域创新体系的边界应该基本与行政区域的边界重合。这代表了国内大部分研究的观点，不可否认，这一观点与数据的可获得性直接相关。然而，应该看到的是，在知识经济日渐兴盛的时代，忽视知识在创新体系中的跨边界甚至无边界流动，便难以在区域协调性政策的制定方面有所作为。

2. 分类

Cooke et al. (1998) 根据治理结构，将区域创新体系分为草根型创新体系（Grassroots）、网络型创新体系（Network）和统制型创新体系（Dirigiste）。其中，在草根型创新系统中，技术转移活动主要发生在当地，企业的资金来源分散，注重应用研究，整个系统的协调程度低，技术专业化水平也较低；在网络型创新系统中，技术转移活动在多个层面进行，企业主要通过银行筹集资金，注重理论研究与应用研究相结合，整个系统协调程度比较高，技术专业化水平层次差异大、高低错落；在统制型创新系统中，技术转移活动受制于政府政策，政府决定企业的资金来源，注重基础研究，整个系统的协调水平和技术专业化水平较高。同时，他们也从企业创新活动视角将区域创新体系划分为当地型创新体系（Localist）、交互型创新体系（Interactive）和全球型创新体系（Globalist）三大类。

也有学者从不同视角划分区域创新体系类型，如 Isaksen（2001）根据区域创新壁垒，将区域创新体系分为三大类：一是低组织性区域创新体系，即区域内实现交互式学习缺乏相应的主体；二是分散式区域创新体系，即区域内各主体之间缺少合作和信任机制；三是封闭型区域创新体系，即区域内各主体之间虽有合作行为，但相对封闭，跟区域外主体合作很少。Todtling Franze 和 Alexander Kaufmann（2000）依据创新网络类型、重要性及企业的区域根植性程度，对区域创新系统进行了比较分析后，得出有三种类型的区域创新系统，即企业基础型创新系统、科学基础型创新系统和政策基础型创新系统。毛艳华（2007）根据治理结构、社会根植性、创新主体、创新环境及主体之间互动程度等标准将区域创新体系分为三种类型：一是地域根植性区域创新网络，如意大利；二是区域性创新体系网络，如德国、澳大利亚、北欧国家等；三是区域化的国家创新体系，这种类型更突出以正式的科学知识交流为基础、跨区域或跨国之间合作。廖杰、顾新（2009）认为，根据区域中经济实力、科技能力两个维度及各个系统要素功能区别，可以将区域创新体系的构建模式划分为企业主导型、政府主导型、研发主导型和市场主导型四种类型，这四种构建模式的主要区别在于在区域创新体系中居于中心地位的主体不同。[①] 以上分类方式是从不同学科视角进行定义，并服务于不同的研究目的，但无论如何，这些分类方式对于制定区域创新政策具有很好的指导意义。

二、特殊的区域创新体系

（一）跨行政边界的区域创新体系

在区域创新体系实际运行中，学者也发现，许多区域创新体系不只限于一个行政区域之内，有时甚至是跨区域或跨国界。对于这种跨行政边界的区域创新体系，Trippl（2008）提出发展跨行政边界区域创新体系（Cross-Border Regional Innovation）的基本构想。他指出，行政边界（特别是跨国）折射出许多特征，有些边界毗邻地区具有共同的文化、历史和认同，也有些地区则相反，经济、文化

---

① 廖杰、顾新：《区域创新体系的构建模式研究》，《科技管理研究》，2009 年第 12 期。

和政治差异很大。然而，如果我们能够构建一个跨国境的区域创新体系或许可以改变这种现状，如增加劳动力、产品和知识跨地区流动，互补优势不仅有利于释放经济效应，也有利于增强区域创新能力。为此，他从五个维度提出了发展跨行政边界区域创新体系的主要决定因素（见表1-1）。不过，跟国外相比，国内研究更侧重于一国之内跨地区形成的区域创新体系。王丽钧、顾新（2012）指出，跨行政区域创新体系跟行政区域创新体系不同，有自身的特点，如跨行政区域创新体系有地域差异性，各主体从属于不同的行政区域；此外，这种创新体系也具有多样性、自组织性和开放性。建立跨行政区域创新体系的目的是为了降低交易成本和推动跨区域创新能力，通过跨行政区域的协调组织，把不同行政区域中的创新要素有效整合成相互作用的网络系统。

表1-1 跨界区域创新体系发展的主要决定因素

	阻碍跨界区域创新体系发展的要素	促进跨界区域创新体系发展的要素
知识基础设施维度	考虑到研究组织、教育机构和知识扩散机构的不足	（1）启动高水平研究； （2）拥有组织、教育机构和知识扩散机构
商业维度	（1）区域经济发展动力不足； （2）片面利用本地区或本国条件； （3）依靠低成本的低水平发展； （4）产业结构和知识基础互补水平很低	（1）强化区域经济发展动力； （2）基于各区域（包括跨界区域）联系创新的发展路径； （3）产业结构和知识基础互补水平很高
相关维度	（1）跨界不对称关系主导； （2）跨界知识联系水平太低	（1）跨界对称关系主导； （2）跨地区合作； （3）高水平跨界知识联系
社会—制度维度	（1）相邻地区之间存在明显的文化和制度差异； （2）国家创新体系差距很大	（1）相邻地区之间存在较小的文化和制度距离； （2）国家创新体系差距很小
政府管理维度	（1）集权政治体系； （2）基于特定目的，偶尔开展合作； （3）缺少管理机制，或放松双边政府协作	（1）联邦政治体系； （2）稳固创新战略； （3）由来已久、稳定的政府间协作

（二）开放的区域创新体系

Chesbrough（2003）提出了一个新的概念——开放创新，他指出，区域创新体系不是封闭运行的，创新动态（Innovative Dynamics）不能限于某一机构或单独一家企业之中；相反，有可能超出单一企业的边界，如微软公司已经放弃了靠自己单干（Do-it-all-yourself）进行创新的方式，而是从外部获取创新灵感，然后让创新进入到更广阔的市场，这就不难理解为何大型企业愿意在世界各地设立研发实验室。与此同时，在参与式开放创新中，企业规模不再是创新的障碍或提高创新效率的唯一动力（Belussi和Gottardi，2000），企业和实验室联系与协作能力对企业创新将产生越来越重要的影响（Giuliani，2007）。在知识密集的部门，企业跨界跟外部的研究实验室或机构合作有利于增加更多的学习机会（Baba et al., 2009），并且，随着产品复杂性的提高，需要机构之间开展更复杂的合作，企业从事知识专业化程度也越高（Hobday et al., 2005）。"在边界学习"（Learning at the Boundaries）能够整合、吸收和利用外部资源，就是企业通过自身跟外部合作伙伴（供应商、消费者、研究和市场组织）开展合作的途径增加知识积累。

（三）地方化的区域创新体系

如果从字面意义去理解概念，区域创新体系应该覆盖到一个区域内的几个产业区，然而，在意大利的产业区中，有时一个产业区就是一个地方创新体系（Local Innovation System），具备区域创新体系的主要特征。Belussi 和 Gottardi（2000）认为，有些产业集群或产业区就被视为具有独立的学习和创新模式，区域的迂回作用就是一个创新体系，并逐渐自发形成地方创新体系。如果从结构视角去考察这种地方创新体系，那么，地方创新体系就是一个区域创新体系，只不过它就是基于一个产业区而形成的。

如果要弄清楚地方创新体系为何能成为区域创新体系，那么就有必要深入分析产业区的内在属性。尽管马歇尔式工业区和新产业区之间存在本质的区别，但这两种类型产业区之间也有密切的联系，特别是在集群能力方面，有许多共同之处。Amin（2003）认为，在地方自治主义和信任、隐性知识传播和持续学习两方面存在许多相同之处。Capecchi（1990）对意大利进行观察之后指出，具有相同政治倾向的人们形成了共产主义和社会主义"政治联盟"，逐步掌控了地方和区域政府、工会、小型工匠协会以及企业合作组织。其实，这些政治社团在关注小企业的商业需求的同时，更看重的是自身通过利益集团灌输集体文化；同时，政治社团在不减弱协会独立性的情形下，帮助协调部门之间的利益。因此，Amin（2003）总结到，第一，弹性专精的机构或马歇尔产业氛围除了调解地方自治主义的政治策略以外，也展现了一种重视地方保护、进步价值和市民的积极生活方式。正是由于地方自治主义的长期存在，才使得产业集群能够适应变化的环境而生存下去，并保持较强的竞争优势。第二，两类产业区的成功之处在于建立商业诚信的能力。企业之间相互高度依赖，共享公共基础设施和服务机构，并整合了竞争和合作的好处。相互依赖使得企业可以做出长期约定、相互尊重、共同拥有学习模式、降低交易和搜寻成本等。第三，隐性知识传播和扩散能力为产业区发展创造有利的条件。地区之间的产业分工和地理的邻近性，有利于企业获得专用性的劳动力和就近获取隐性知识，也有更多机会接触到新的创意。Maskell 和 Malmberg（1999）认为，在产业集群内部，知识就像"空气"一样，企业处于其中，自由获得或扩散知识，特别是隐性（默会）知识，新的创意通过社会网络等形式在集群内部的企业之间传播、扩散，从而在集群层面形成持续的集体创新过程，成为集群内生发展的动力。这种扩散创新能力在某种程度上相当于集群创新能力。Asheim（1997）等学者指出，与那些可获得的科学研究成果、技术进展、战略性指引相比，产业区内的非正式、非科学的交互知识起着更为重要的作用。所以，有学者在研究集群集体学习机制时，发现集群内知识通过非正式方式扩散，惠及更多的企业，这些方式包括用户和生产者的联系、具有熟练技能劳动力的流动、示范作用和派生出的新企业等。为此，Capello（1999）把集群内的知识视为"俱乐部商品"，即集群内的企业相对于外部企业而言更加容易获得。由于产业区是特殊的学习环境，知识是在模仿、实干和使用中获得的（Braczyk et al.,1998），"黏滞"、"情景依赖"的隐性知识是构成价值创造最为重要的基础（Pavitt, 2002），也跟空间有密切联系。在瞄准机会之后，企业充分利用非正式的联系和隐性知识，从而具备连续性、不断增强的适应能力。不过，由于产业区仍处在中观层面，对于集群能力的微观表现，并没有给予更进一步的解释。即使这样，我们不能否认学者从产业区视角研究产业集群能力所做的贡献。

三、区域创新体系与国家创新体系、国际创新体系的关系

（一）国外研究

学者普遍认为，从概念来看，区域创新体系和国家创新体系之间相对独立，然而国际创新体系跟其中一者或两者可能都有联系（Hotz-Hart, 2000）。

"国家创新体系"概念最早由 Freeman（1987、1995）等经济学者在 20 世纪 80 年代中期首先提出来，随后，其他不同学科背景的学者从各自专业出发对这个概念进行定义，Lundvall（1992a、1992b）、Archibugi 和 Michie（1997）、Lundvall 和 Maskell（2000）对这个概念进行了丰富和完善，一般认为，国家创新体系是由一国以内的相关主体及其行为、联系共同构成，并在一个国特定的制度和政策环境形成的。其中，相关主体通常包括各类企业、行业协会、教育和研究组织以及支持科技创新的公共机构。Fromhold-Eisebith（2007）发现，无论是发达或不发达的国家一般都有国家创新体系或类似的体系，即使体系运行得不好。他将三者关系形象地描绘成如图 1-1 所示的关系图。Fromhold-Eisebith（2006、2007）指出，这三者关系主要表现为：

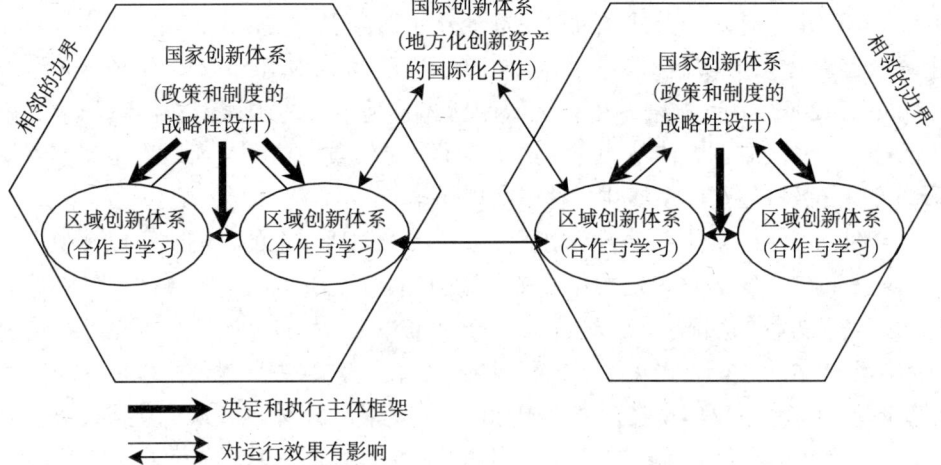

图 1-1 国际创新体系、国家创新体系与区域创新体系的关系

资料来源：Fromhold-Eisebith (2007)。

第一，国家创新体系和区域创新体系存在独立性，但学者们争议较大的是哪一种空间尺度最适合创新，大家各执一词。一方面，有学者认为区域特定属性有利于创新活动，如，区域产业专业化的沿海，在一个国家之内中心—外围之间的差异，以密集型知识为基础的相互信任合作关系，特定的区域政府或政府结构及非正式制度等。另一方面，各种规制在离开国家框架之下无法独立运作，即使是在联邦制的国家，中央政府对科技创新的规制或激励政策也有很大权限。所以，很难说，哪种类型创新体系比较好。

第二，如果考虑到"体系"的基本概念，国家创新体系比区域创新体系更能够达到一个社会体系的主要要求（Bathelt 和 Depner，2003），此外，这种属性也表现在其他方面，如，国家创新体系是指由条理清楚、策略驱动的科技创新政策体系构成（Lundvall，2003），同时，又要考虑到不同层次创新体系的政策推进策略。

第三，每个创新体系不但可以视为网络连接的一个节点，又具有各种功能的关联关系。由于地方化能够提供社会性嵌入式学习和组织间合作的环境（Cooke，2002；Maskell 和 Malmberg，1999），所以，一般而言，社会组织、创新企业和公共服务机构之间合作网络跟区域创新体系的契合度要超过国家创新体系。当然，要增进区域之间的合作的一个前提条件就是要有必要的基础设施、制度和主要经济机构，而这些条件通常只有依赖于国家政治责任（Cooke，2002）。由此可见，区域创新体系及其经济社会网络的质量是非常关键的，主要取决于国家创新体系发挥叠加效应的潜力。对于国家创新体系而言，其主要任务可能是优化或设立相关组织、制度、有效的公共决策以及资金分配到合适的地方去，只有这样，才能让区域创新体系能实现有效合作，同时，也能满足地方部门体系创新的需求（Malerba, 2002）。反过来，由于区域创新体系是强大的国家创新体系的重要组成部分，有些区域创新体系相互协作发挥了举足轻重的作用，所以，国家创新体系也可以从区域创新体系演化过程中实现获益。

第四，国际创新体系对国家创新体系和区域创新体系的影响既可以被视为一种削弱、挖空国家力量和潜力的威胁因素（Niosi 和 Bellon, 1994），又可以被视为壮大当前力量的因素（Oinas 和 Malecki, 1999）。其实，扬长避短是各国构建创新体系战略的选择，强化后者的积极影响，使之占据主导地位，以便于让国家创新体系的实力不仅体现在保持跟国际网络一体化，还体现在从中获得优势。但是，不管如何，国际影响改变不了国家或区域创新体系的基本属性。

第五，在国际创新体系中，区域规模大小对国家或区域创新体系收益产生了重要的影响。企业的国际 R&D 投入和部门创新体系嵌入在不同国家之中，通过本地的地方化区域创新体系表现出来，并与特定集聚活动相互联系。具有规模优势的国家创新体系或区域创新体系可以在国际区域创新体系中发挥重要的影响，也拥有更多机会获得好处。

（二）国内研究

跟国外学者略有不同，国内学者更关注国家创新体系和区域创新体系，并没有太注意国际创新体系。王稼琼等（1999）认为，一方面，国家创新体系与区域创新体系之间的层次不同，国家创新体系是一个大系统，由开放的各个区域系统连接而成；区域创新体系作为分系统，其形成和发展有赖于国家创新体系的建立和完善。另一方面，两者的功能也有差异，前者注重不同支撑体系的宏观统筹指导，并出台相应的保障政策体系，后者是以技术创新为主，立足自身条件，支持企业创新活动。杨忠泰（2008）也坚持类似的观点，他认为没有独立于国家创新体系的区域创新体系，两者在地域、结构、功能和目标等方面具有高度相关性。辜胜阻（2010）则从战略视角对此加以区分，他认为，国家创新体系重在"前"——前瞻性、基础性研究和共性技术研究；"高"——战略性高技术；"大"——大工程、大项目。区域创新体系重在"实"——考虑本地资源优势和针对发展实际的需求；"用"——强调技术推广和应用；"特"——依托本地资源优势形成少数特色的产业。他进一步指出，在国家创新体系和区域创新体系的互动问题上，采取地方为主、国家支持的模式，充分发挥中央和地方的两个积极性，整合地方、中央和周边的科技资源优势。

四、区域创新体系的若干问题

（一）相关主体与区域创新体系

企业是区域创新体系的主体，不同规模企业在建设区域创新体系中所发挥的作用和从中获得的绩效存在很大的差异。早期研究，学者经常把企业视为同质的，不同类型的企业被抽象为一个主体，从而极大地简化了区域创新体系模型。然而，随着区域创新体系理论研究的深入，许多学者开始关注在区域创新体系之中企业异质性问题及其产生的影响，这种异质性表现在多个方面，如企业规模、企业效率、企业从事产业知识含量等。既有研究表明，跨国公司和中小企业共同集聚有利于中小企业接触创新和扩大国际市场，其实，这就是跨国公司的技术溢出效应。许多国家或地区在建设区域创新体系时，强调中小企业在其中发挥的作用（Feldman 和 Desrochers, 2003）。一方面，地理邻近的企业之间进行合作，促使网络中的企业学习和实践知识能够发生外溢，从而实现 1+1>2 的规模报酬递增效益；另一方面，拥有专业技能的劳动力在不同企业之间流动，也有利于知识扩散。

高等教育机构（High Education Institution, HEI）是区域创新体系的重要组成部分，大学专业设置、办学层次和科研实力都将影响到区域创新体系。以往更多学者关注高等教育机构对区域发展的影响，他们认为，高等教育机构的基本作用是学术知识的来源和学术教育的提供者，但 Benneworth et al.（2009）认为，区域创新体系建设者也是高等教育机构的基本作用之一。Caniels 和 Busch（2011）认为，大学、产业和政府构成三角关系，三者互动关系对区域创新体系产生至关重要的影响。

中介机构是区域创新体系的重要组成部分，发挥着不可忽视的作用。Howells（2006）把中介在创新体系中的作用概括为两种，一种是充当组织的中介（Intermediaries as an Organization），另一种是充当协调的角色（Intermediation as a Process）。其中，跨界组织（Boundary Crossing Organization）是一种特殊的中介组织，它们在区域创新体系中起着重要的作用，归纳起来，主要包括：第一，充当私人和公共部门领导之间、高校和企业之间联系和合作的桥梁，同时建立定期对话和交流的机制。第二，同时开展本地区或几个地区之间的活动，拥有相互信任和共同语言，理解各自地区的知识。第三，提升领导能力，扩大在本地区内的影响力，如建立共同目标。第四，提高各类风险投资者的社会凝聚力，分享资源和建立必要的信任，以支持促进创新机会的默会理解和交流。第五，获得适当的政府安排。

（二）知识类型与区域创新体系

创新过程是非常复杂的，企业和各类机构经常要面对多种类型的知识。Asheim（2008）把知识分为三种类型：分析性知识（以科学为基础）、先验性知识（以工程为基础）和象征性知识（以艺术为基础）。从表1-2可以观察出来，这三类知识基础的创新模式、创新主体和创新方法存在差异。在产业发展过程中，分析性知识是非常重要的，知识创造经常是以认知和理智过程为基础或以规范模型为基础，这就说明了产业和大学建立产学联系的重要性，分析性知识比其他类型知识更容易出现科学创新和发明，有利于孵化更多新的企业开发应用新的发明或产品。先验性知识主要建立于产业环境，通过既有知识或知识新组合来实现创新，先验性知识在产业环境中主要表现为企业工程设计、高级专业工业机械、生产体系和造船业，这类知识积累主要通过检验、实验、计算机模拟或者实践工作过程的归纳，而创新导向是新方法的可靠性和效率、产品的用户亲近性和实用功效。象征性知识与产品的美学态度、设计和形象的塑造、各种文化现象的表现形式的商业运作联系起来。文化产业动态发展是这类知识重要性日益增强的一个鲜明例子。由于大部分的工作需要创新的想法和想象力，这类知识是创新和设计密集的。于是知识经常要融入和转化到美学符号、形象、表示、声音和故事等之中。同时，这类知识意味着要深入了解特定的人群日常文化、生活习惯和习俗。创造力、想象力和解释力是这类知识所需具备的能力，然而这些能力很难通过大学教育就可以获得，而是在各种创新过程情境的实践中获得。

表1-2 三种类型知识基础的比较

分析性知识	先验性知识	象征性知识
通过创造新知识实现创新	通过现有知识的应用和创新组合实现创新	既有知识通过新的方式进行重新组合，从而实现创新
科学知识的重要性通常是建立在演绎过程和规范的模型基础上	一般经过归纳方法，强调应用性、问题相关的知识（工程）的重要性	强调再利用或挑战现有惯例的重要性
企业研发部门和研究机构之间进行合作研究	客户和供应商之间相互学习	从专业交流中学习，从年轻人或街道文化和边缘专业团体相互交流中学习
由于专利和出版物的登记制度，编码知识占据优势地位	由于需要扎实的技术诀窍、技艺和实践技能，缄默知识占据优势地位	依赖缄默知识、技艺、实践技能和研究技能

资料来源：Bjørn Asheim（2007）。

(三) 产业集群与区域创新体系

Porter（1998）指出产业集群是形成区域创新体系的重要模式。陈柳欣（2005）认为，集群创导（Cluster Initiative）是构建区域创新体系的一条可行途径，所谓的集群创导是指在一个或几个集群形成之后，对集群采取一系列推动、治理和创新政策。他进一步分析了产业集群与区域创新体系的关系，产业集群是区域创新体系的重要载体，从某种意义上又构成次一级的区域创新体系，成为规模变小的区域创新体系；产业集群已成为区域创新体系建设的基础和活力所在，区域创新体系如果没有本地化的产业体系为依托，就失去了根本的发展动力。

创新型区域建设不仅要强调隐性知识在集群创新过程中的作用，还应强调互动性、集体性学习是集群内企业重要的学习特征。Lam（2000）认为互动性、集体性学习需要集群内企业对于"当地编码"具有共同理解，要求行为者之间具有一致性的惯例、隐性的规范和调节集体行为习俗作为特定机制。Cooke（1998）指出，区域创新系统将对集群创新能力提升提供支撑条件，即集群内的企业不但需要依赖非正式的本地化学习，而且需要通过自身与当地大学、研发机构进行合作，或者通过技术转移机构建立区域网络化创新系统，有利于补充本地学习的不足，也有利于降低"技术锁定"效应。同时，在区域创新体系视角下研究集群能力，Asheim et al.（2005）认为有必要对知识进行分类，因为不同类型的知识有自身的学习过程和知识来源，他也强调在"中观"层面网络创新系统对于获得外部知识来源和打破"技术锁定"的重要性。然而，这方面的研究更多地强调区域创新对产业集群能力的提升作用，而对集群其他方面能力（如配套能力、网络能力、创业能力等）则关注不够。

Porter是最早提出"产业集群"概念的学者，他是基于管理学的专业背景，从国家竞争优势出发，指出国家竞争优势取决于产业的竞争优势，而产业竞争优势主要体现在产业集群，从这点看，产业集群发展直接关系到国家竞争优势，于是Porter利用钻石模型分析企业之间的相互关系与集聚的创新和发展。他认为集群的作用主要在四个方面：一是集群通过靠近专业的上游供应商（或机构），并通过信息、设施的互补等提高了企业生产率；二是集群可以改善激励和进行绩效评估；三是集群可以提高创新效率；四是集群降低了新进入企业的壁垒。Porter的钻石模型是产业集群理论思想的创新，通过对现实的深刻洞察，他特别强调了产业集群为企业提供一个创新的有利环境，也就是说，竞争有利于促进企业生产率。

然而，由于世界各地产业集群出现和发展的外部环境和内部条件不同，波特的产业集群理论学说被证伪的可能性很大，理论严密性也受到很多的质疑，尽管这样，他的钻石模型被认为是产业集群结构学派的代表。许多学者基于波特的思想，结合本国的实际条件，提出促进产业集群发展的策略和配套政策。

(四) 空间结构与区域创新体系

一般而言，区域创新体系演化有不同的发展轨迹和模式，如 Cooke et al. (2000) 通过一项 REGIS 的研究发现，区域经济的发展表现和创新过程中的区域相互作用的属性密切相关；而 Asheim et al. (2003) 通过 SMEPOL 的研究则根据企业和其他组织的内外部知识流动识别出不同类型的区域创新体系，他们发现信息不足会影响到区域创新体系的动态发展和增长。其实，区域创新体系的实践证实了不同地区具有不同的特征。比如，都市区的区域创新体系极有可能跟外围地区或农村地区存在很大的差异。技术进步和创新在大城市更容易发生 (Crevoiser 和 Camagni, 2001)。大城市具有集聚的优势，这种力量让企业更容易接近供应商、市场、各种满足企业要求的劳动力、正式和非正式的网络、特定的服务业以及高质量的技术设施。这些对于创新是非常重要的。在外围地区，创新不太可能发生或被有益地吸收 (Malecki 和 Oinas, 1999)。跟中心地区相比，它们不但缺少支持创新的一般条件，如网络、培训、技术转让、知识支持等，而且也没有合适条件去挖掘和促进创新。Doloreux (2004) 从技术发展的观点看，边远地区有一个非常突出的不足就是缺少采纳创新的潜在动力，这是因为缺少资本和物质设施、教育水平较低等。这些地区没有什么机会接触全球最好的实践，相反，阻止了技术进步。

除了中观层面研究视角之外，也有学者从微观层面的社会网络视角研究集群能力，如企业创业能力、企业学习能力等。Giuliani (2002) 将企业吸收能力 (Cohen 和 Levinthal, 1990) 的概念引入到集群创新研究之中，将集群吸收能力定义为集群吸收、扩散和应用集群外部知识的能力，并更加关注集群内企业对集群外部知识的获得。在随后的研究中，她以智利葡萄酒产业集群为例，从集群内的认知位置和外部开放性两个维度，将集群内企业在创新过程中所扮演的角色划分为五种类型，即技术守门员、积极互动交换者、弱的互动交换者、外部之星和边缘企业。其中，技术守门员对集群吸收能力提升是最为关键的 (Giuliani 和 Bell, 2005)。而中小企业集群的发展对企业创新能力的提升则起着比较明显的促进作用。Glaeser et al. (2009) 的实证研究表明，1992 年美国企业平均规模每增长 10%，就业水平因企业创业能力降低而下降 7%。其实，许多产业集群发展离不开社会网络的支持。美国生物科技产业高度集聚在旧金山、波士顿和圣地亚哥三个地方，在这些集群中，许多依托当地科技支持的小企业临近公共研究组织 (Audretsch 和 Stephan, 1996)，并且当地也有很好的风险投资机构。同时，创新网络也较为成熟，有利于小企业的成长。其中，波士顿生物科技产业在1988年是全美该产业分布最为集中的地方，地方生物科技企业跟公共研究组织之间形成了更紧密的合作关系；但是，当时波士顿当地缺少风险投资者，为此企业只好跟纽约及其他地区建立了各种金融或商业联系。到了1998年，波士顿仍是美国生物科技集群中国内网络联系最为紧密的地方，不仅将风险投资等关联产业培育发展起来，而且仍继续跟区外公共研究组织、风险资本企业和制药企业一起建立了紧密的社会网络。如果进一步将这种网络进行延伸，许多学者认为产业集群能力还体现在全球价值链中的升级能力。

在欧盟产业系统中，中小企业网络通常由企业个体、商业组织、项目团队以及相关组织组成，它们往往通过正式或非正式联系形成协同拓展效应。短期或长期的合作协议都有一定的期限，以便于让每家中小企业到协议末期能够重新独立经营。对于中小企业而言，它们都有自己的抉择，要么选择参加合作网络，要么在持续激烈的竞争中独立经营。如果选择前者，那么就是将企业屈居于网络集体之中，从中获得网络化组织带来的好处，如降低网络各成员的交易成本和成员相互信任带来的更加稳定的市场占有率。网络不仅是不同单元正式或非正式的联系，在质的方面更是体现为学习和知识交流的平台，这是中小企业可以长期保持最有效竞争优势所在。Thomson（2003）认为，网络将产生知识网络是否比制度更有效的问题。网络有能力自我选择比制度化组织更能适应内外变化的方式，知识网络受到研究和创新行为的影响较大，这种影响需要柔性机构来应对环境动态变化。创新企业的网络在创新合作过程中（如产品和行为进行的过程）将凸显出其重要性。Potinecke和Rogowski（2009）指出，从目前的实践看，促进中小企业发展的组织机构是中小企业创新网络的重要组成部分，这类网络的运作往往需要一些步骤：第一步，寻找网络发起者。一般而言，那些由于缺少达到预见性利润的来源或需求的企业通常有很高的积极性参与网络建设，并为网络发展提供有用的建议。第二步，订立合作协议和网络条款。第三步，确保网络运行的稳定性。通过产品、服务、成本和风险等方面变化来检验网络运行的情况，同时考虑到短期和长期关系的变化。第四步，设定目标。在追求目标导向的情形之下，便于实施评估和进行必要的过程监督。

五、构建区域创新体系原则和模型

（一）基本原则

国内学者根据我国政府制定政策的套路，提出了我国建设区域创新体系的一些原则。龚荒、聂锐（2002）、谷建生（2003）认为，构建区域创新体系要符合开放性原则、协作性原则、激励性原则、竞争性原则等，才能实现以创新应用为核心，以促进技术进步与经济增长、提高区域竞争力和可持续发展为目的，以市场机制为基础、企业为主体、政府为引导的高效率、开放型系统。龚荒、聂锐（2002）认为，区域创新体系包括两个层次和六个子系统，两个层次即创新主体层次和创新支撑层次，六个子系统即三个主系统（科技研究系统、企业技术创新系统、创新成果扩散系统）和三个支撑系统（教育培训系统、区域宏观调控系统、社会服务支撑系统）。杨忠泰（2006）认为，建设区域创新体系必须坚持客观性原则、整体协调性原则、差异性原则、效益最大化原则。杨省贵、顾新（2011）认为构建区域创新体系战略必须符合我国的基本国情，体现区域特色，有助于解决我国区域创新体系中存在的问题。

（二）代表性模型

1. Autio 区域创新体系结构

Autio（2007）认为，区域创新体系主要由根植于同一区域经济社会和文化环境中的知识应用和开发、知识创新和扩散两个子系统组成。这两个子系统之间既有功能联系，又有所区别，其实这与公共部门和私营部门关系、非营利部门和营利部门关系是一致的。他强调，知识开发与应用氛围在区域创新体系中是非常重要的。与此同时，他还指出 4Cs 是客户方（Customers）、承包人（Contractors）、合作者（Collaborators）、竞争者（Competitors）。客户和承包人之间的"结盟"代表垂直网络，而合作者和竞争者"结盟"代表水平网络，这两种网络对商业表现的影响不同，见图 1-2。

2. 波特的"钻石模型"

另一种区域创新体系建模思想来自于波特的国家创新体系理论。该理论是指在特定区域内，各种与创新相关的主体因素（包括实施创新的机构或组织）和非主体因素（包括创新所需要的物质条件）以及协调各要素之间关系的制度安排所

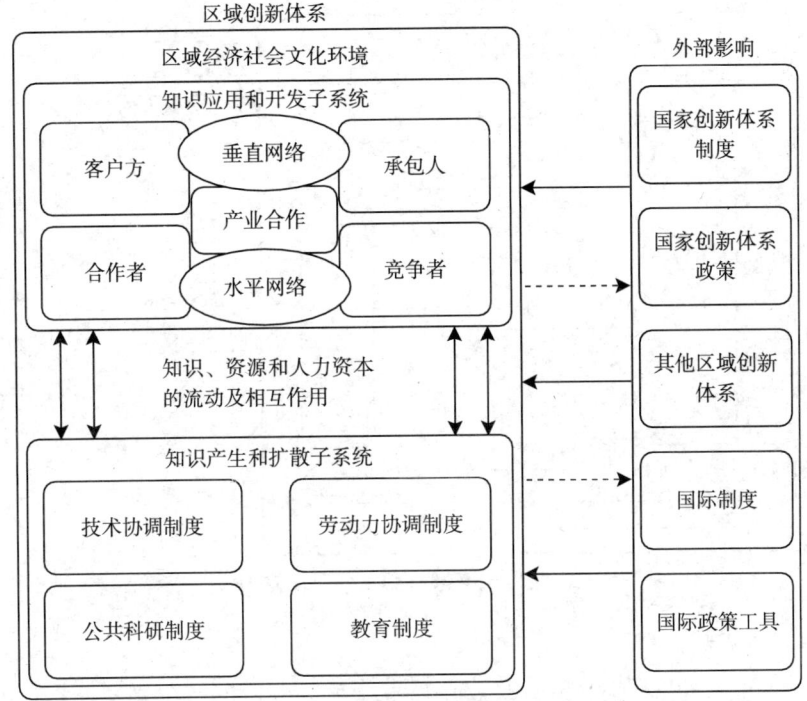

图 1-2 Autio 区域创新体系分析框架

资料来源：Erkko Autio（2007）。

构成的开放、多向、系统的网络体系。区域创新体系的基本构成要素包括以下三个方面：第一，主体要素。包括企业、高校、科研机构、中介组织等进行创新活动的行为主体。第二，功能要素。包括各行为主体之间的联系与运行机制，即制度创新、技术创新、管理创新的机制和能力。第三，环境要素。包括区域创新环境，如体制、基础设施、文化心理和保障条件等。区域创新体系的运行如图 1-3 所示。由此看出，在自主创新成为各国或地区科技发展战略的形势之下，要想成为创新型区域，就必须重视区域创新体系的重要作用。从其构成要素及其运行过程来看，区域创新体系建设的关键是通过促进企业、大学、研究机构、中介机构及银行、协会等方面的有效联系，促进区域内新知识、新技术的产生、传播和商业化。地方政府将会在构建区域创新体系中扮演重要角色，通过制定相应政策来推动企业成为创新的主体，同时加强对企业的研发投入，引导企业走自主创新之路。充分发挥大学和科研院所在区域创新中的引领作用，实施以高校为龙头，以企业为主体的产学研相结合的管理模式，提高科技成果转换能力，增强地区竞争力。

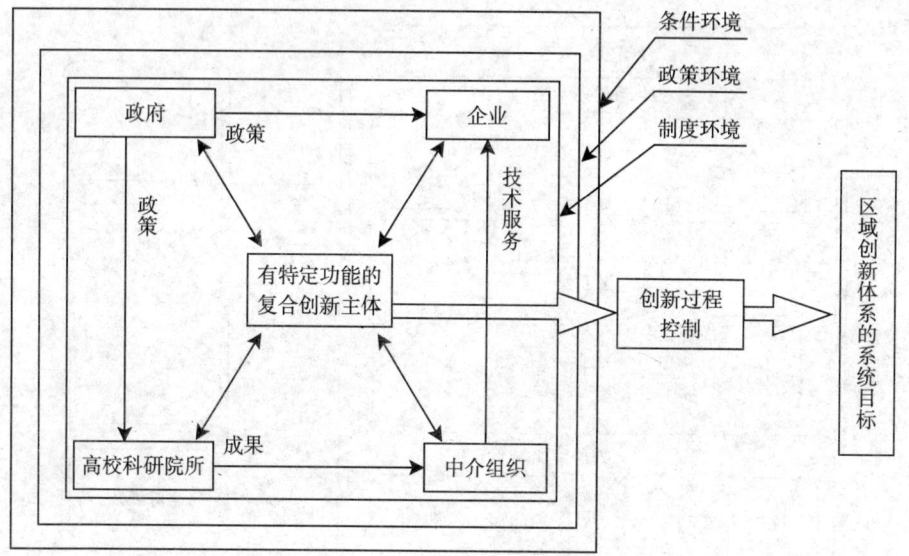

图 1-3 区域创新体系运行示意图

3. GEM 模型

Padmore 和 Gibson（1998）提出以产业集群为基础的区域创新体系，由三要素六因素构成，其中三要素分别为环境（Groundings）、企业（Enterprises）和市场（Markets），简称 GEM 模型。该模型是在钻石模型的基础上稍作了改动，在该模型中，环境要素是整个区域创新体系的供应要素，即生产过程的投入要素，包括要素资源和基础机构设施。企业要素是区域创新系统的结构要素，一方面包括

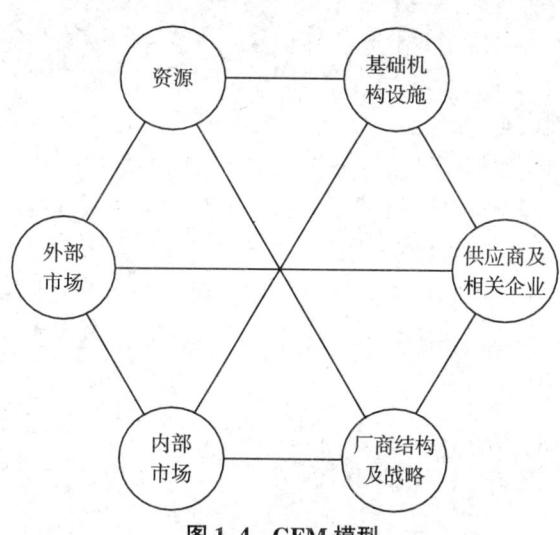

图 1-4 GEM 模型

资料来源：Padmore 和 Gibson（1998）。

供应商和相关企业,另一方面包括企业结构、战略和竞争,决定着集群生产效率。市场要素是整个集群的需求要素,包括外部市场和内部市场。

4. Radosevic 模型

Slavo Radosevic(2002)认为,区域创新系统包括国家层次要素、行业层次要素,区域层面要素和微观层面要素四类要素。产业集群竞争力主要取决于上述要素的动员能力,同时,区域创新体系不能被简单地认为是几个创新体系的支持体系;相反,支撑体系是创新体系的一个子系统。尽管该模型比较宏观,对微观机制缺乏足够的分析,然而它强调了不同层次要素对产业集群创新体系的影响,以及培育企业网络和网络组织者是提供集群创新能力的途径,这些思路对构建区域创新体系具有重要的启发作用。

5. 包容性模型

邵希、邢小强、仝允桓(2011)提出了一个包容性区域创新体系,由区域内各个与包容性创新相关的主体及其相互联系作用组成的网络系统,通过知识和技术的创造、储备、转移及扩散、应用,提升区域中包容性创新能力和创新效率,最终实现包容性增长。他们认为,包容性区域创新体系的定义至少包括以下基本内容:面向贫困人群而构建,具有开放的边界,以企业、贫困群体或社区、研究机构、政府与 NGO(非政府组织)作为创新的主要单元,各创新单元平等地参

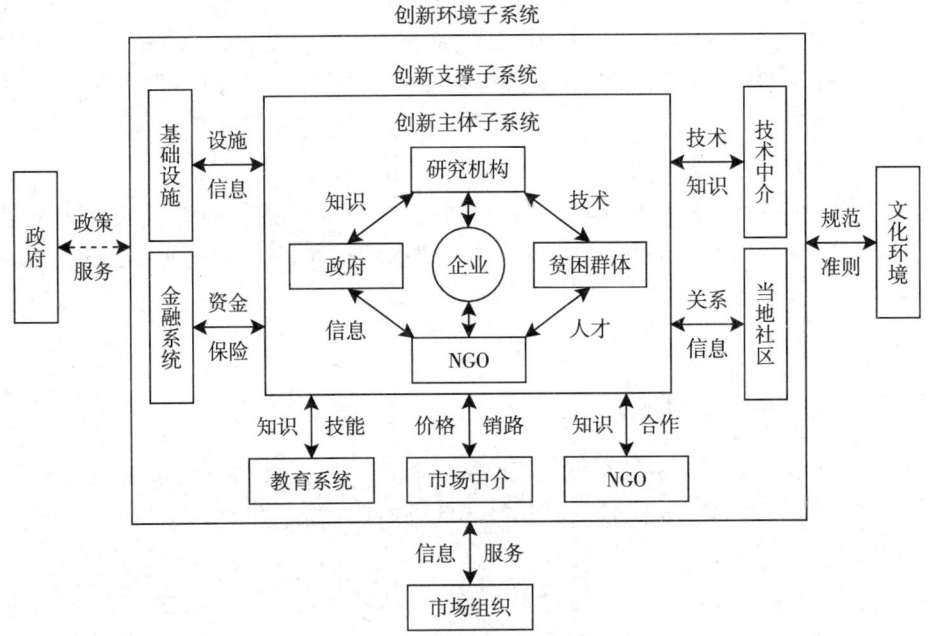

图 1-5 包容性区域创新体系

资料来源:邵希、邢小强、仝允桓(2011)。

与各种创新活动，创新单元基于各自的资源能力并与其他单元进行多种形式的互动与学习而实现创新功能，创造出不同于其他市场中的新知识。包容性区域创新体系包括创新主体、创新支撑和创新环境三个子系统，强调"贫困群体"作为一个创新主体，在知识、技能、价格、销路、资金、设施、关系等方面参与和分享创新成果。

六、构建区域创新体系战略选择及政策

（一）构建区域创新体系的理念

黄速建、余菁（2006）在《资源与环境约束下的浙江经济增长》一文中指出，在区域经济发展过程中，必须深入贯彻科学发展观，正确处理长期发展与眼前利益的关系、经济改革与社会稳定的关系，以及经济增长与生态环境承载力的关系，将社会主义基本制度与市场经济体制建设有效结合起来，实现从以数量扩张型的经济增长为主的发展格局向质量提升型的经济与社会、生态环境相协调的发展格局的转变，并认为在区域经济发展过程中创造有利于创新的环境是持续发展的重要保证。按照其观点，区域创新是区域经济发展的重要途径和保证，而区域创新必须以科学发展观为指导思想。陈耀（2007）针对资源依赖型区域的创新发展进行了研究。他认为，这些地区首先需要打破资源依赖陷阱，实现新形势下资源富集地区科学发展。林凌、刘世庆（2006）认为，在"十一五"时期，我国进入了一个持续快速发展的战略机遇期，又面临着许多凸显的矛盾。国家将把提高西部地区自我发展能力作为政策重点，在区域规划上提出了空间布局的理念和建设主体功能区的要求。从区域创新的角度而言，摒弃"大而全、小而全"、建设主体功能区的思路是一种理念的创新。

（二）构建区域创新体系的战略思考

北欧国家是实施区域创新体系战略的先行者。Park 和 Lee（2005）在分析芬兰的国家和区域创新体系时发现，芬兰区域创新体系是在欧盟的区域政策框架下实施了区域中心项目、农村政策项目、专家评估项目、岛屿发展项目共四个项目，并结合国家创新体系，统筹构建区域创新体系。与此不同，在瑞典，区域创新体系战略实施是通过发展创新集群来实现的，大部分成功的产业集群都依赖于当地的基础和历史背景（Park 和 Lee，2004）。柳卸林（2006）认为，我国提出区

域创新体系概念已经很多年，以往更多的是技术层面研究，而如今自主创新已上升为国家战略，区域创新体系必须要有新的模式和思维，他强调我国要成为创新国家，必须发挥区域创新体系的作用。

也有学者对我国区域创新体系战略提出了自己的构想。杨省贵、顾新（2011）认为，构建区域创新体系战略是指根据区域创新体系构建和发展的需要，从区域创新体系内部条件和外部环境出发，对区域创新体系的构建和发展做出带有全局性、长远性的具有指导作用的谋划。他们指出，构建区域创新体系战略的意义在于，有利于培育创新的环境，有利于突出区域特色，形成区域产业竞争优势，有利于促进区域间的联系与互动。他们认为，我国构建区域创新体系的战略重点是创新主体建设、要素流转建设和区域创新环境建设。

（三）构建区域创新体系的政策取向

Cooke（2008）指出，区域创新体系的研究和战略已受许多国家重视，并引入实践，它跟区域政策工具相比显得更加灵活，强调因地制宜地推进区域创新体系建设。Cooke（2003）对区域制定的战略进行了研究，认为政府要发展区域创新系统，应从三个层面来制定政策：一是以区域现有产业优势为基础，制定一个未来的发展战略；二是全面、系统地分析创新供给和创新需求，明确供需差距，从而设计具有长期连续性的创新战略；三是在分析区域企业的创新需求时，政府要考虑企业创新活动发生的地域范围和运作空间，从而明确自己促进创新活动的职责。Jerry Courvisanos（2003）对区域发展中的潜在问题、区域政策和区域创新发展战略进行了分析，他认为，要促进特定地区创新系统的有效发展，必须制定以下公共政策（或战略），主要包括：第一，在较大的经济实体外围地区找出现有和潜在的区域竞争优势；第二，建立有效的知识基础设施；第三，促进知识从科技园、大学、医疗中心、企业孵化器、企业集群和相关公共机构溢出；第四，提供培训设施激励私人部门的研发活动；第五，确保领先企业顺利开展其业务活动，并使其成为区域文化和制度的组成部分；第六，调整区域习俗惯例；第七，发展支持风险企业的融资机制。Ruud Smits 和 Stefan Kuhlmann（2004）在对欧洲部分地区和德国的区域创新政策进行评价时提出了实现创新政策所需的工具。从狭义上看，主要是：第一，制度或机构支持，例如，国家研究中心、研究委员会、应用研究和技术开发组织（如德国的 Fraunhofer Society）、大学和其他高等教育机构等的支持；第二，融资激励，如间接的促进计划或项目、技术促进项目（合作性研发项目）、风险资本；第三，基础设施和技术转移机制。而广义的政策工具还包括：公共需求和采购；系统性措施，如技术远景规划、技术评价、标准和知识产权；（长期）教育和培训；公共政策，如竞争政策、（非）规制政策和对私人需求的公共激励政策。

跟国外学者不同,国内学者从我国实际出发,提出了构建区域创新体系政策既要有功能性政策又要有机制性政策的主张。如龚荒、聂锐(2002)认为,推进区域创新体系建设的主要措施是:第一,培育提高具有区域特色的创新文化;第二,加强组织领导,制定区域创新体系的建设规划和政策法规;第三,通过科技体系改革,优化科技力量布局和科技资源配置;第四,培育具有自主知识产权的高新技术产品群,加快建设高新技术产业区和科技园区;第五,完善市场激励机制,发展中介服务机构。辜胜阻(2010)指出,在实施和建设区域创新体系的过程中,第一,要推进国家创新体系和区域创新体系的职能分工与互动;第二,进一步转变政府职能和营造创新发展环境;第三,充分发挥创新文化对区域创新体系的重要支撑作用;第四,进一步强调中介机构的重要性,扶持中介服务机构发展。然而,跟国外相比,我国相关配套政策体现了各级政府的意志,但很可能违背市场规律,从而扭曲了市场行为,影响了企业创新效率。然而,我国学者至今仍延续套用国外区域创新体系的政策主张来讨论国内问题,缺少对其进行因地制宜的改造。

第二章 区域创新体系的重新界定与政策含义

厘清区域创新体系的本质内涵并对区域创新体系进行类型划分,有效把握不同区域创新体系的演化机理,是有效构建区域创新战略、制定适配型区域创新政策的必要前提。

一、区域创新体系的本质内涵

(一) 区域创新体系的本质内涵

根据 Cooke (1992) 的经典定义,区域创新体系主要是由在地理上相互分工与关联的生产企业、研究机构和高等教育机构等构成的区域性组织系统,该系统支持并产生创新。在此基础上,Asheim 和 Isaksen (1997) 认为,区域创新系统包括技术—经济结构(生产结构)和政治—制度结构(制度基础)。区域创新体系包括两种类型的主体和它们之间的互动,第一类是区域内的主要产业集群,包括支撑和配套企业;第二类是制度性基础设施,包括研究机构、高等教育机构、技术转移机构、职业培训机构、企业协会和金融机构等,它们对区域创新产生很重要的支撑作用。之后,关于区域创新体系的理论演化主要来自于两大领域:一个研究族群来自创新系统,他们根据经济和技术变革的演化理论,将创新定义为演化的社会化过程。这一研究范式强调创新主体的集体学习过程以及各主体之间的合作 (Cooke et al., 1998; Cooke, 2001)。另一个研究族群来自区域科学领域,他们侧重于解释产生创新的社会—制度环境。从区域观来看,创新是一个本地嵌入性的知识创造过程。该研究范式强调地理邻近、空间集聚和区域性的制度环境对知识创造和知识扩散的作用 (Kirat 和 Lung, 1999)。显然,前者强调主体之间的互动学习,在此意义上,区域创新体系类似于一个自演化的知识创造网络;后者关注区域环境与创新主体以及创新活动之间的关联,在此语境中,区域创新体系是一个附着在特定空间的产业—技术系统。从公共政策视角出发,研究区域创新体系是为了引申出更明确的政策含义,并找到更有效的政策工具。从实践角度来看,综合以上两种研究范式,建立统一的分析框架,有利于以上目标的实现。

我们认为,区域创新体系是基于一定空间结构的社会创新网络,是一个围绕基础架构、制度与创新活动(Infrastructure-Institution-Innovation activities)的动态三螺旋系统,我们称之为"3Is"螺旋系统。区域创新体系是群体性技术创新的网络平台,也是推进技术变革和社会变革的制度创新工具。主体—结构、制度—环境、活动—能力三组要素相互依托、互为制约,共同构成了区域创新体系的核心。需要指出的是,基础架构由产业主体及支撑网络组成。该机构不仅包括物质基础,也包括知识基础和知识流动网络。对于一个创新系统而言,无形的知识流动网络较之各种有形的主体和载体更为重要。制度是各种正式制度与非正式制度(包括文化、习俗、人际关系等)的总和。其中,容易被忽略的非正式制度常常起着至关重要的作用。例如,一个地区鼓励创新的文化,对创新失败的容忍程度及创新意识和进取精神的多寡,往往决定了一个地区对创新资源的吸纳和集聚能力。也就是说,在一个区域创新体系内,首先,要有创新的产业主体(区域创新能力的终端载体)和一定的支撑体系和网络结构;其次,要有促进创新要素流动的必要制度平台、制度供给和文化氛围;最后,这些要素在一定空间内相互作用、互动创新,最终表现为一定的区域创新能力。

(二)区域创新体系的基本特征

1. 区域创新体系是一种动态的、开放的网络结构

对于区域创新体系内的单个主体而言,不仅要频繁地与体系内的主体进行互动,还要不断与外界主体进行物质与知识的交换。可以说,形成并保持合理的耗散结构是创新体系始终保持活力的前提。随着主体之间关系的变动、新的创新主体的加入或原有主体的退出,创新体系内的网络结构不断发生着变化。对于创新企业而言,创新的网络资源和交易关系也在发生着变化。

2. 区域创新体系是一种依附于特定空间资源的产业治理形态

对我国企业而言,基于政府和行业中介组织的行业治理模式由来已久,较为成熟,但基于特定空间的区域治理模式要么囿于传统的地方行政管理,要么有机构、无活动,流于形式。实际上,区域创新体系是一种有效的产业治理形态,通过引入或设置必要的参与主体、构建有效的网络架构、打造适宜的外部环境,可以增进区域内产业创新的效率。

3. 区域创新体系是一种多种治理方式并存的经济—社会演化系统

在区域创新体系内，各创新主体首先是基于一定的市场交易或市场竞争关系而共生于特定的空间，形成特定的市场结构。同时，各主体之间还存在基于人际关系的非正式的社会交往关系，企业通过 Burt（1992）意义上的结构洞而培植"关系资源"，降低交易成本，捕捉创新机会，提高创新效率。因此，市场治理、政府治理与社会治理并存于区域创新体系内，相应地，区域创新体系表现出经济—社会二元演化的特征。

（三）区域创新体系的边界——"行政边界"与"知识边界"的融合

区域创新体系的边界与"区域"的定义密切相关。Cooke 和 Schienstock（2000）与 Cooke（2001）先后给出过两个区域定义。在第一个定义中，区域被描述为一个具有地理边界（行政区划）、支持创新网络和具备特定功能的地域空间。在第二个定义中，侧重于"地理的区域"或文化的特征。显然，相比第一个基于行政区划的区域定义，从文化层面界定的区域蕴涵了根植性的概念，强调区域内部相互联系和相互依赖的特征。大部分国内学者都认为区域创新体系的边界应该基本与行政区域的边界重合。然而，应该看到的是，在知识经济日渐兴盛的时代，忽视知识的跨边界甚至无边界流动，便难以在区域协调性政策的制定方面有所作为。尤其是在互联网科技日新月异、人际交流日益迅捷的今天，知识正在以前所未有的速度跨越地理边界而传播。然而，地理集聚和邻近性对区域经济的重要性却并未因此下降。人们发现，对创新至关重要的隐性知识对特定地理区位存在粘滞性，经济版图上的"马赛克"不是在消失而是在增加和强化，因此，隐性知识的流动强度及其特征应成为界定区域边界的主要依据。课题组认为，按隐性知识的扩散半径界定区域创新体系边界，对于科学制定区域创新政策具有重要意义。这种界定有助于实践中有效划定区域合作的范围和政策实施的范围。将隐性知识的扩散半径进一步归结为地理距离、文化差距和产业技术特性的影响，可以增强区域创新体系的可识别性。在调研中我们发现，许多以制造业产业集群为主体的创新体系基本上局限于县域之内，但也有一些跨县甚至跨省的产业集群出现，人为的行政边界对创新体系实际上已经形成了阻碍。这些跨行政边界的创新体系，或者由于文化的相似性，或者由于创新活动的关联性或相近性，已经存在或产生了融合发展的内在动力。此时，设立跨区域的协调机构或者调整行政边界对于区域创新效率的提升显得非常必要。

（四）区域创新体系的识别——从"主体论"到"功能实现论"

尽管学者们对于区域创新体系的确切内涵仍有争议，而且对于创新体系应该涵盖哪些主体也没有一致性的认知，但学者们普遍认同区域创新体系应该包括创新的主导企业和支撑组织，而且，这些创新主体之间应该有互动行为。然而，仅有主体以及主体之间的互动，仍然不能判断一个区域性的经济集合体是否可称为区域创新体系。

本课题组认为，对区域创新体系内主体数量的多寡进行讨论意义不大。在知识经济社会，创新体系的开放程度越来越高，区域创新体系的边界越来越模糊和弹性化，创新过程的部分功能完全可以在区域创新体系之外完成，因而，区域创新体系并不苛求主体的完备性，而只要求创新功能的有效发挥和创新过程的有效组织。形式上各主体完备的区域，由于制度的缺失或产业组织不力，也不一定能成为真正意义上的区域创新体系。反之，如果一个地区开放性较高，各主体间互动充分，网络的外部链接顺畅，这一区域仍然不失为一个高效的创新体系。例如，有些生产集聚区在建立了有效的外部知识链接之后，就无需在内部设置高校、科研院所等机构。也就是说，区域创新体系不苛求创新价值链的完整性，但需要创新参与者与外部建立创新资源的供应链接口。如图2-1所示，特定区域内产业集聚产生了网络创新的需求，企业群和支撑机构之间通过创新行为而发生互动，创新链的组织经常会超越空间的限制，而创新资源的组织者和转化者是相对集中的，由此，我们仍然可以依据产业要素流动和知识流动的集聚范围确定区域创新体系的边界。

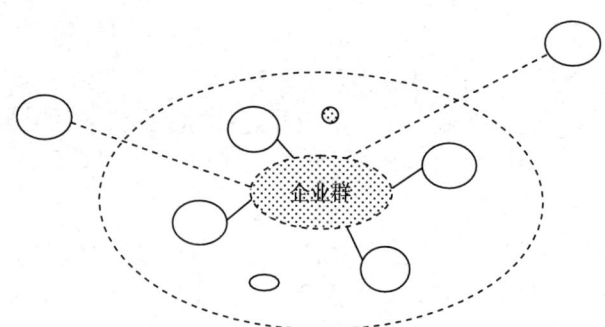

图 2-1 开放型区域创新体系

第二章 区域创新体系的重新界定与政策含义

二、对中国区域创新体系的有效分类

(一) 区域创新体系的几种分类方式

对区域创新体系进行有效分类,是有效制定区域创新政策的前提。国内外一些学者根据不同的研究维度,对区域创新体系进行了划分。Cooke(1998)根据治理类型,归纳了三类区域创新系统,即草根型(Grassroots)、网络型(Network)和统制型(Dirigiste)。他还按照企业创新活动模式,把区域创新系统分为本地型(Localist)、交互型(Interactive)和全球型(Globalist)三大类。Howell(1999)根据地域邻近性和空间集聚在创新中的作用,将区域创新系统分成了两类模式:一类是从属于国家创新系统的自上而下的区域创新系统;另一类是自下而上具有独立的内部特征和内部联系的区域创新系统。Isaksen(2001)通过对区域壁垒和创新阻力的分析,把区域创新系统分为三类:一是低组织性区域创新系统,即区域内实现交互式学习缺乏相应的主体,如类似区域促进中心或支持创新机构的组织;二是分散型区域创新系统,即区域内各主体间缺少区域合作和相互信任,由于没有意识到合作的重要性,害怕知识泄露或缺少合作的传统而彼此很少进行合作;三是封闭型区域创新系统。Doloreux(2005)根据Braczyk和Cooke等人的研究,区分了两种区域创新体系:第一种是新经济系统,称为"企业家的区域创新体系"(ERIS);第二种是传统的区域创新系统,称为"制度的区域创新体系"(IRIS)。Asheim和Coenen(2005)还根据各种产业和经济部门的知识基础描绘了两种区域创新体系:基于分析知识的区域创新体系,以及基于综合知识的区域创新体系。其中,分析知识主要存在于通过认知发掘和探索过程引发知识创新的高新技术集群中,如生物技术及ICT(信息通信技术)集群;综合知识则主要存在于通过对已有知识集成应用来推动技术创新的集群中,以传统的中低技术集群为代表。

我国学术界对区域创新体系类型的研究相对较晚。林迎星(2006)从两个角度对区域创新体系类型进行了划分。首先,依据区域优势产业维度,把区域创新体系分为高技术产业型区域创新体系、传统产业型区域创新体系和混合产业型区域创新体系。其次,依据创新资源的配置机制,把区域创新体系分为政府主导型的区域创新体系、政府与市场共推型的区域创新体系、市场主导型的区域创新体系。毛艳华(2007)依据治理结构、社会根植性、创新主体、创新环境以及主体互动程度等将区域创新系统区分为三个类型，即地域根植性区域创新体系、区域网络化创新体系和区域化国家创新体系。这些分类方式都是从社会学和制度经济学的不同视角提出来的，分别服务于不同的研究目的。有些分类对于有效制定区域创新政策具有一定的指导意义，但多数研究没有关注中国转型过程中不均衡的制度资源对区域创新体系的影响。而且，随着时间的推移，产业技术内涵已经发生变化，政府和市场的边界以及二者发挥作用的方式也在发生变化。这就需要对我国区域创新体系进行重新划分，以提出完善区域创新体系的适配性政策。

（二）区域创新体系的重新分类

本研究认为，区域创新体系必然以一定的产业集聚为支撑，只不过其赖以支撑的产业集群的网络结构、主导产业类型存在差异而已。作为转型过程中的新兴市场经济国家，中国总体制度环境的特征是市场发育不完善，历史上形成的资源配置较多依赖于非市场力量。在这一背景下，从市场发育程度和科技资源禀赋两个维度出发，按照区域创新体系的驱动要素和创新资源配置方式来看，中国目前的区域创新体系基本上可以分为总论图 0-2 中的四类：内生驱动型、科学基础型、国资主导型和外资拉动型。其中，内生驱动型地区市场发育程度较高，科技资源禀赋中等，而以企业家精神为主要指征的内生驱动力量较强。从网络结构维度出发，这类创新体系可分为以大企业为中心的垂直型网络体系和中小企业集聚的水平型网络体系。从产业链主导力量来看，可分为生产制造型和市场交易型。当前，大部分区域创新体系都以生产制造为核心，表现为大量生产性企业的集聚。也有一些创新体系以平台型市场交易（内贸或外贸）起步，逐步形成研发、生产和销售的产业创新链条，例如义乌、余姚等地通过发展专业市场，带动了生产性企业和相关服务业企业的集聚发展，就是典型的市场交易型创新体系。这种创新体系市场化程度高而科技资源禀赋相对不足，市场交易或贸易活动频繁。科学基础型是指以大量高校、科研院所为中心，通过基础研究衍生出的高技术产业集群为主导的区域创新体系，这类创新体系的科技资源禀赋较高，科研成果的转化率和市场化程度仍有待提高。国资主导型主要是指在政府主导的科研和产业投入基础上形成的以大型装备制造业为中心的产业基地型创新体系。由于历史和区位因素，这种创新体系的科技资源禀赋较高，但市场化程度较低。例如，东北老工业基地和军民结合的西部"三线"地区，基本属于这一类型的创新体系。与内生驱动型创新体系以草根创新主体为主要推动力不同，外资拉动型创新体系以外商投资为重要推动力，形成了外资主导的模块化产业能力和产业升级路径，外资企业的进入在很大程度上提升了本土企业的技术水平。例如，珠江三角洲地区从

"三来一补"的"飞地经济"逐步转变为内外资良性互动的区域创新体系,就体现了外资在产业升级过程中的重要作用。目前,珠江三角洲地区有 3000 多家日资企业,随着日资模具加工制造业本地化趋势的日益增强,我国模具加工企业的整体技术水平将迎来很大的飞跃。当然,这几种类型并不是截然分开、泾渭分明的,而是在某些大的区域内相互交融,各种类型的子系统相互交织,形成更大范围的区域创新系统。例如,在长三角地区,市场交易型、科学基础型和内生驱动型共生于跨行政边界的区域创新体系内。进行基本的类型划分以后,决策者可以根据不同地区的科技基础、市场化程度以及主导产业类型,确定政策的着力点。当然,随着市场经济制度的完善、各地城市功能的转型以及产业结构的升级和产业链条的拓展,各种类型的区域创新体系都有可能向市场化程度高、科技资源丰富、内部互动创新活动频繁的完备型区域创新体系转化。

三、区域创新体系的运行机制

区域创新体系本质上就是要解决区域内各创新主体之间的互动与创新资源的流动问题。区域创新的运行机制包含两个层面:治理层面和知识流动层面,前者对应区域创新体系的治理机制,关乎创新资源的配置方式;后者对应系统创新的内部动力机制,关乎创新的过程。两者共同决定了区域创新的效率和效果。

(一)治理机制

治理机制主要包括市场交易机制、产业自组织机制、网络衍生机制、政府规划机制、区域合作机制和企业内部化机制。

1. 市场交易机制

从市场交易机制来看,区域创新体系是各种创新子系统互融互通的重要平台,是多主体交互的"科学—技术—经济—社会"系统,是各种创新要素集结的有效载体。区域创新体系旨在打破各种行政壁垒,通过各创新主体的市场化交易,促进各种创新资源与要素的顺畅流动与有效集结,提高社会的整体创新效率。从这一角度而言,构建区域创新体系能够促进两方面主体的互动:创新企业与相关企业的互动以及创新产业与支撑体系的互动。市场交易机制主要体现在上下游企业之间的供应链交易,以及企业与各支撑主体之间的服务供需交易。各主体之间通过市场纽带实现创新资源的内部交换和流动。

2. 产业自组织机制

在市场竞争过程中，企业纵向和横向之间会由于共同利益而结成一些民间的协调组织，这些组织以行业协会、同业公会或商会的形式存在，为外部链接和内部组织协调发挥独特的作用。对于整个区域创新体系而言，产业自组织机制能够提高内部资源集结和外部资源交换的效率，在很大程度上弥补系统组织漏洞和市场失灵，完成单个企业没有办法也没有动力去实施的组织协调功能。产业自组织机制在共享系统内知识、协调保障共同利益方面发挥着重要作用。

3. 网络衍生机制

在一个创新资源丰富、市场交易频繁、创新文化活跃的区域内，会不停地衍生出新的事业、新的企业，这种衍生机制依赖于地域的邻近性、文化的相似性和业务的聚类或关联性。网络衍生机制的主要表现是大量结构洞的存在，联结两个创新主体的"第三者"的存在，为网络内的创新资源传导者和新价值创造者。各类创新主体的地理集聚使得有形资源和隐性知识的获取变得更加容易，由于各种资源可以在系统内较为顺畅地流动，创建和退出相对于系统外的企业更加容易。价值链不同环节的专业化对接以及新事物的不断碰撞使得一些新的市场机会得以被发掘出来，更容易衍生出新的产品和产业。

4. 政府规划机制

政府规划是形成区域创新体系的重要推动力量，当前，主要的规划手段有国家战略层面的特殊政策、各类区域产业集聚区和产业园区，以及各级政府的创新环境和支撑体系优化措施。从国家宏观政策出发，国家会给予某些地区一些特殊的发展政策，形成政策高地，从客观上促进区域创新体系的形成。例如，改革开放初期，国家就曾赋予深圳等经济特区一些特殊的优惠政策，从而激发了这一地区创新和创业的蓬勃发展。规划产业园区，设置孵化器，打造创新服务平台，都是促进区域创新体系形成、提高系统创新效率的有效途径，也是克服"市场失灵"的必要措施。

5. 区域合作机制

从区域合作机制来看，跨行政区域的创新体系建设是地方政府合作引领创新主体合作的一种制度安排。跨行政区域的合作有利于各地优势互补，形成合力，避免相邻地域的重复建设、过度开发，在更广阔的区域内，产业基地、专业市场和公共技术平台可以优化布局，各地根据其特色培育的区域创新网络很难被其他地区复制，那么，根植于区域创新网络的地方产业就能够以其特色而避免与其他地区的雷同，从而在一定程度上缓解区域产业同构问题。在一些地区的不同区县之间，由于缺乏政府之间的合作，"产业基地遍地开花、专业市场重复建设、公共技术平台同时缺位"的现象还比较普遍。通过区域创新体系的建设，可以以创新要素流动范围和产业间内在关联的自主建构来界定"区域"边界,形成小区域间和大区域内的资源优化整合。区域创新体系的合作机制有助于打破区域封锁,解决区域分割问题。

6. 企业内部化机制

从企业内部化机制来看,区域创新体系建设包含了大量企业通过合约进行一体化或组建战略联盟的过程。通过合约机制,区域内资源的流动更加顺畅,区域间的联系更加紧密。企业的内部化活动和联盟过程是推动区域一体化的首要力量。如目前的"珠三角"、"长三角"、"环渤海地区"创新体系的形成,就是企业的内部化活动和联盟过程在这些区域不断扩展的结果。企业长期合约机制是对市场机制和行政机制的有力替代,因此,企业间兼并、重组以及组建战略联盟是推动区域创新体系优化的有力手段。

(二) 内部动力机制

Cooke(1998)认为,区域创新体系是企业及其他机构经由以根植性为特征的制度环境系统地从事交互学习的地方。这里,他引入了三个重要的概念——"交互学习"、"根植性"和"制度环境"。Doloreux(2002)将"内部机制"描述为区域创新系统内部的基本动力,认为正是这些基本动力解释了区域创新体系的效率和成功。他认为,区域创新系统的内部机制有四个:互动学习、知识生产、邻近性和社会根植性。

我们认为,从区域创新体系的本质出发,其动力机制的核心是各类知识在系统内创造、传播和共享的基本途径和方式。综合起来,创新体系内知识创造和传播的动力机制包括学习培训机制、竞争机制、产业化机制和根植性获取。在创新网络层面,学习培训机制促进了新知识的传播,而这主要通过企业之间的研讨、产业链内部的培训、规范以及相互模仿和借鉴而产生;竞争机制包括竞争压力下的学习和竞争性溢出,前者主要是由于竞争的压力而提高创新投入而实现,而后者主要通过产品和人员的流动而实现;根植性获取是只要处在区域创新体系内的企业都可以较容易实现的途径,而根植性获取在第一层面上是显性知识的获取,通过长期参与区域分工和协作,企业可以在更深层次上获得隐性知识。由于创新资源、创新主体、网络类型和制度环境的不同,不同类型区域创新体系内部的主体知识及其运行机制存在一些差异。除了这些基本的知识创新机制之外,不同种类的区域创新体系,其内部动力机制的主要模式仍然存在差异。

1. 内生驱动型创新体系——交互学习和竞争机制

内生驱动型区域创新体系由于具备较为完善的市场环境,竞争较为充分。企业家精神通过集群的竞争机制和学习效应,可以刺激更多的知识创造。在水平型创新体系中,处于价值链同一节点的企业数量往往非常多,因此,这种创新体系内企业之间的竞争非常激烈。在这一类创新体系内,较容易传播的综合知识占据主导地位,"交互学习"、"竞争机制"和"根植性获取"是主要的系统创新动力机制。"交互学习"是一把"双刃剑",一方面,它可以促进知识的交流和传播,带动群体创新;另一方面,由于模仿的成本较低,创新成果难以获得超额收益,系统内的企业容易群体性地陷入"低端陷阱"。在垂直型创新体系内,如果一个企业处于龙头地位,则其与配套、协作企业之间存在培训机制和产业知识输出,这种系统内知识的内在转移较为直接;如果在一个创新体系内存在寡头竞争的格局,则寡头之间还存在竞争性学习和竞争性溢出。

2. 国资主导型创新体系——制度创新与技术扩散

在国资主导型创新体系内,国家对产业的战略性布局奠定了区域创新资源的基础,这些核心资源基本上掌握在大中型国有企业手中,大企业承担着技术中心的作用。这些企业在发展或改制过程中,人力资源、隐性知识甚至固定资产慢慢转移或扩散到不同规模、不同产权制度的企业中,成为一定区域内创新要素的基本组成部分。而大企业在承担国家科技攻关项目、进行技术攻关的过程中,必然也会带动区域内科研人才和技术性人才的成长,进而溢出到不同的企业和生产环节,使区域内的系统创新呈现出从中心点不断向外围扩散的特征。在这种带有统制性特征的创新体系内,大企业本身的创新投入和持续创新能力很大程度上决定了区域创新系统的生命力,而系统内创新资源的市场化配置能力也在很大程度上制约着系统创新能力的实现。在投入既定的情况下,大企业自身的制度创新和区域创新系统内的制度安排对于区域创新效率至关重要。

3. 科学基础型创新体系——源头创新与技术转化

科学基础型创新体系内科技资源禀赋充足,科研院所云集,科研人才充裕,科学研究尤其是基础研究的投入具备明显优势。在该类创新体系内,分析性知识的创造和传播居于主导地位。由科研院所衍生出的企业或者与科研院所合作紧密的企业能够较容易获得初始创新的种子,但这些种子要成长为产业,还需要不断的探索和认知,以产生出新的知识。在这一条件下,科技成果向产品技术的市场转化效率就成为区域创新体系良性运转的关键。在这类创新体系内,知识创新不仅产生于科研机构和实验室,还大量产生于科研成果的产业化过程。实际上,当一种科研成果发布出来以后,其知识主体就已经是显性知识,而产业化所需的大量隐性知识是在不断试验的过程中产生的。我们称这种知识创造的动力机制为产业化机制,而该机制的有效运作严重依赖于技术产业化市场与企业家精神。

4. 市场交易型创新体系——竞争机制与根植性获取

在市场交易型创新体系内，市场化程度较高，而科技资源禀赋通常较为贫乏。大量信息在市场交易主体之间来回交换，频繁的市场化交易使得隐性知识显性化，参与主体通过浸入当地环境就可以较容易地获取这些信息。市场交易型创新体系内通常也存在产业链延伸的情况，在纵向产业链体系内，企业之间同样可以通过市场交易机制来了解供需信息，从而实现知识的根植性获取。因此，根植性获取这种知识传播机制在市场交易型创新体系中表现得尤为明显。同时，由于企业之间多是水平竞争的关系，竞争机制在此类创新体系内也非常明显。当然，竞争性学习和竞争性溢出同时发挥作用。

四、构建区域创新体系的政策含义

在不同层面，构建区域创新体系具有不同的战略目标。在国家层面，其终极目标是提升国家综合竞争力；在地方层面，其直接目标是提高区域的系统创新能力；而在产业和企业层面，其现实目标是提高自主创新能力。在可操作的层面，构建区域创新体系本质上是要提高区域创新体系的整体创新效率，改进创新效果，区域创新体系优劣的评价标准是区域创新能力的强弱。从区域创新体系的"结构—制度—活动"三螺旋视角出发，可以找到构建区域创新体系的战略支点，解决区域创新政策与区域创新能力耦合的问题。

通过对区域创新体系的内涵和运行机制进行分析，可以知晓，区域创新体系既是一个演化体系，又是可以建构的。区域创新效率是群体性创新投入、网络结构和治理方式的函数，着力于任何一个变量，都可以提升区域创新效率。

（一）改变基础架构，可以增进区域创新效率

1. 打造良好的产业组织形态，提升产业创新效率

塑造科学的产业结构和产业组织形态，形成创新要素合理流动的创新环境。垄断和过度竞争都有可能损害群体创新效率。政策的着力点首先是引导形成结构合理、合作共赢、竞争有序的产业组织体系，使区域内的产业主体能够从网络系统获取独特的区域绑定性资源和知识，并且较容易地嵌入到网络之中，获得外部性收益。高端制造业研发补贴政策、高新技术产业孵化政策、产业销售促进政策等有利于促进产业结构高度化的措施，以及鼓励企业之间通过兼并重组、战略联盟等方式提高产业集中程度的措施，都是提高产业创新效率的有效途径。

2. 打造完善的支撑体系,形成创业创新的洼地

企业选择生产经营地点的一个重要出发点是高效获取资源与信息、降低交易成本。研发机构、政务、物流、金融、会计等服务支撑体系的质量在很大程度上影响着企业的经营成本和创新效率。推进产学研政合作和产业链联盟的建立,扶持中介服务组织成长,是形成高效创新网络的有力措施。

3. 打造开放网络,引入创新主体,增进区域创新效率

对于产业组织化程度低的区域,通过引入行业龙头企业,能够促进区域内创新资源的组织,激活"沉睡"的创新资源,充分发挥区域创新的"鲶鱼效应"。对于产业组织过于集中的区域,通过引入竞争企业,可以增进企业竞争意识,增强企业创新动力。

(二)改善网络治理结构,可以大大改善区域创新效率

1. 建立平台式核心治理结构是提高区域创新效率的关键

目前,许多区域创新体系仍未形成有效的核心治理结构,"政府"和"市场"两只手在区域创新体系层面没有形成有效衔接,在通常的产业园区"管委会"治理模式下,政府与企业之间仍然是"点对点"的服务方式。各创新主体之间是相互离散的,它们之间的联结主要通过主动的市场化搜寻产生。政府主导建立非营利性服务平台或区域性中核机构,可以使创新主体充分享受制度外部性带来的好处,减少搜索和沟通成本以及某些功能性建设成本。

2. 行业自治组织可以在治理方面发挥更大作用

行业协会、同业公会等各类商会组织在协调企业合作、拓展外部联系、提供商业信息、处理公共关系等方面可以发挥独特作用。这些机构可以与中核机构进行整合,中核机构中的部分职能可以由协会或商会承担。充分发挥行业自治组织的作用,可以更加贴切地反映企业的问题和需求,提高行业协调的针对性。

(三)激励企业创新行为,可以从根本上提高区域创新效率

1. 公共创新投入是形成特殊的区域创新资源的有效途径

公共创新投入主要用于公共基础设施和机构的建设以及公共科研支出,具体体现在科研项目补贴、税收补贴、创业服务等方面。这些投入不仅能够提高存量企业的创新效率,还能够吸引新企业加入,这些投入所形成的资源很大程度上决定了区域创新资源的品质,是形成区域竞争优势的重要变量。

2. 企业持续的创新行为是区域创新活力的源泉所在

区域创新体系的外在效果最终要落脚到区域内企业的创新行为。政府通过制定区域创新政策,支持产业链全过程创新,使不同规模的企业有动力进入创新系

统,并且有动力持续创新,这种政策就是适配性政策。激活并保持区域内企业的创新活力,最有效的措施是吸引创新活跃的企业入驻,同时,逐步淘汰创新停滞的企业。在特定产业园区内,可以通过创新论坛、创业指导等方式,激发企业创新行为。

第三章 中国区域创新体系的现状与特征

从国家层面来讲，区域创新体系是国家创新体系的有机组成部分。充满活力的区域创新体系是国民经济发展的有力支撑和坚实基础。改革开放以来，中国的地方经济和产业经济获得了长足的发展。主导产业明确、主体互动频繁、创新环境优越的区域创新体系不断涌现，促进了科技与经济的融合发展。

一、中国区域创新体系的发展现状

（一）产业集群成为区域创新体系的主要载体

产业集群是区域创新体系的主要载体。实践证明，集群是知识扩散和技术转移的加速器。在中国经济版图上，珠江三角洲、长江三角洲和环渤海经济圈三大经济增长极已经形成。这种极化的本质是地区创新能力在区域分布上的不均匀，而区域创新能力分布不均主要体现在集群创新能力的差异上。目前，浙江、广东、江苏、福建、山东是产业集群较为集中的省份，科技部设立的国家火炬计划特色产业基地大约有70%分布于这些沿海省份。例如，浙江90%以上的县、市、区都培育和发展了产业集群，形成了星罗棋布的块状经济和"一镇一品，一县一业"的工业格局。目前，年销售10亿元以上的块状经济已经有300多个，以制造业为主的块状经济已占全省工业总产值的50%以上。绍兴的轻纺、海宁的皮革、嵊州的领带、永康的五金、温州的皮鞋、乐清的低压电器、桐庐的制笔、诸暨的袜业等占据国内乃至国际市场较大份额，这些产业集群成为支撑区域创新体系的主要载体。但是，值得关注的是，一些传统制造业产业集群内的中小企业模仿有余而自主创新动能不足，集群有陷入恶性竞争和"技术锁定"的风险。

表 3-1 全国代表性产业集群分布

省市	集聚区域	产业	省市	集聚区域	产业
北京市	中关村	电子信息	广东	广州市	汽车制造、服装、皮具
浙江	义乌市	小商品批发及制造		深圳—东莞—惠州	通信电子
	温州市鹿城区	皮鞋、打火机		佛山市顺德区	家具、家电
	温州市龙湾区	人造革		佛山市南海区	金属加工、纺织
	温州市瓯海区	锁具		佛山市禅城区	建筑卫生陶瓷
	杭州萧山区	钢结构		开平市	水暖器材
	台州路桥区	金属固废处理		云浮市	石材加工
	瑞安市	汽车摩托车配件		江门市	摩托车配件
	永康市	五金		阳江市	刀剪
	苍南县	印刷	江苏	宜兴市	电线电缆
	玉环县	阀门		江阴市	精细纺织
	乐清市	低压电器		无锡市	电子
	永嘉县	拉链、纽扣		张家港市	冶金及金属加工
	海宁市	皮革		昆山市	电脑配件、精密机械
	绍兴市	轻纺		常熟市	服装
	嵊州市	领带		太仓市	润滑油
	诸暨市	袜业		吴江市	丝绸纺织
	舟山市	渔业加工		徐州市	工程机械
	余姚市	模具		靖江市	船舶修造
	慈溪市	家用小电器		兴化市	不锈钢制品
福建	福州市	显示显像产品	山东	青岛市	电子及家电产品
	厦门市	商用电子产品		济南市	电子信息
	晋江市	休闲运动鞋		烟台市	葡萄酒
	石狮市	休闲运动服		寿光市	农副产品加工
	漳州市	休闲食品		淄博市	工艺玻璃
	南平市	林业加工		德州市	玻璃钢

（二）政府主导的各类产业园区成为区域创新体系的重要支撑

科技园区是20世纪世界经济与科技发展的创举。从1988年我国在北京中关村建立第一个国家高新区以来，国家多次批准建立国家高新区，截至2012年10月，国家高新区的数量已经达到106家，在全国形成了合理布局。2011年，88家国家高新区企业研发经费支出2269亿元，占全国总支出的34.7%；获得授权的发明专利为2.9万件，占全国企业发明专利授权（5.8万件）的50.7%；每万名从业人员拥有发明专利97件，是全国就业人员平均水平（9.1件）的10.7倍。同样始于1988年的科技部火炬计划，主要以国家高新区为依托，批设特色产业基地。由于国家在资源配置、项目立项、重点高新企业认定等方面对特色产业基地的优先支持,这些产业基地增强了对优势企业的聚集能力和吸附能力,提升了产业的集群创新能力。

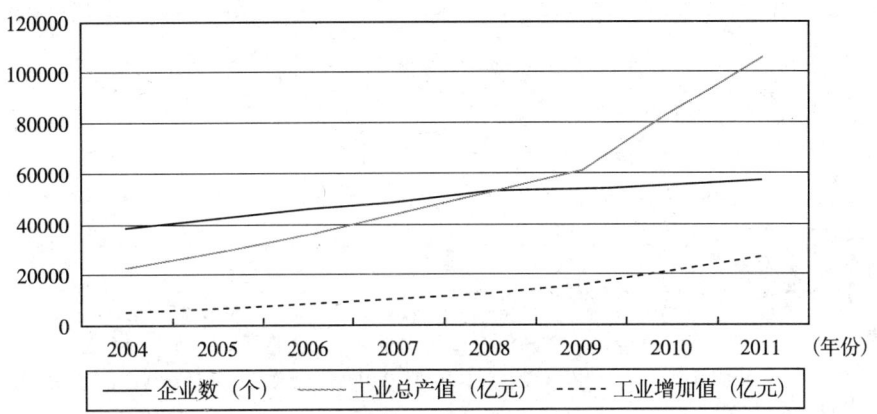

图 3-1 高新区企业数量及工业增长

资料来源:国家科技部。

从统计数据来看,2004~2011 年,国家高新区工业增加值年均增长 25.5%,比同期全国工业增加值年均增长率高出 8.5 个百分点;[①] 同时,高新区工业增加值对全国工业增加值的贡献度从 8.5%上升到 14.4%。2011 年,国家高新区的生产总值占全国 GDP 的 8.8%,而平均万元 GDP 能耗不到全国平均水平的一半。可以说,高新区已成为拉动国民经济增长的重要引擎;截至 2011 年,600 多项省部级以上的科研成果在 56 个高新区实现产业化。国家高新区已成为引领我国产业创新和区域创新的重要策源地。20 多年的实践已经证明,建设国家高新区是建设国家创新体系与区域创新体系的重大战略举措,是我国实现科技产业化的重要途径,是实现科技与经济相互融合的有效手段。

(三) 一些跨省域、跨县域的区域创新体系和制度安排已经出现

从全国来看,长三角、珠三角、环渤海三个地区已经成为我国最有活力的三个经济增长极,这三大区域是我国自主创新的"高地",也是推进区域创新体系建设更为积极的区域,一些跨行政区域的制度安排最先从这些地区开始出现。2003 年,江、浙、沪三地签订《关于沪苏浙共同推进长三角创新体系建设协议

---

① 根据科技部国家级高新技术开发区统计数据 (2012) 和国家统计局《国民经济和社会发展统计公报 (2005~2012)》数据计算得到,2004~2011 年,国家级高新区工业增加值和全国工业增加值年均增长率分别为 25.5%和 17%,前者比后者高出 8.5 个百分点。

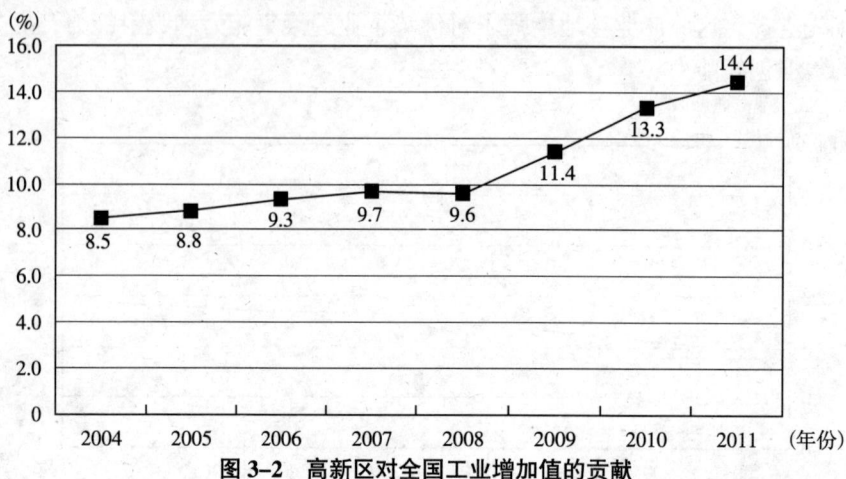

图 3-2　高新区对全国工业增加值的贡献

资料来源：科技部国家级高新技术开发区统计数据（2012），以及国家统计局《国民经济和社会发展统计公报（2002~2012）》。

书》，建立了由两省一市主管领导组成的长三角区域创新体系建设联席会议制度。在跨区域协调的制度创新层面，长三角在全国率先迈出了按照经济联系构建区域创新体系的一步。为解决产业趋同和创新资源融合度不高的问题，东北三省紧随其后，于2004年1月在北京签署了"联合建设区域创新体系协议"，标志着东北三省共建区域创新体系工作全面启动。泛珠三角、环渤海和成渝地区也各自加快了推进区域创新体系建设的步伐，各种非正式的制度安排日益增多。2013年2月，武汉、长沙、合肥和南昌四省会城市领导首聚武汉，并签署《武汉共识》，提出了"打造中三角、挺进第四极"的战略目标，以期通过科技创新驱动力，扩大区域聚合力，提升区域影响力，为打造"中国经济第四极"提供科技支撑。

近年来，国家为统筹区域协调发展，以规划方式加大了对区域经济发展的推动力度。2009年，国家发展和改革委员会发布了《珠江三角洲地区改革发展规划纲要（2008—2020年）》。随后，国务院先后批复了《关于支持福建省加快建设海峡西岸经济区的若干意见》、《关中—天水经济区发展规划》、《江苏沿海地区发展规划》、《横琴总体发展规划》、《辽宁沿海经济带发展规划》、《促进中部地区崛起规划》和《中国图们江区域合作开发规划纲要》7个规划。此后，东、中、西部陆续又有一些区域发展规划获批（如表3-2所示）。这些国家级的规划为区域发展注入了动力，也成为建设区域创新体系的重要制度支撑。

表 3-2　2008 年以来获批的国家级区域发展规划

年份	国家层面区域发展规划
2008	《天津滨海新区综合配套改革试验方案》
2009	《珠江三角洲地区改革发展规划纲要（2008—2020 年）》、《关于支持福建省加快建设海峡西岸经济区的若干意见》、《关中一天水经济区发展规划》、《江苏沿海地区发展规划》、《横琴总体发展规划》、《辽宁沿海经济带发展规划》、《促进中部地区崛起规划》、《中国图们江区域合作开发规划纲要》、《黄河三角洲高效生态经济区发展规划》、《鄱阳湖生态经济区规划》
2010	《皖江城市带承接产业转移示范区规划》
2011	《山东半岛蓝色经济区发展规划》、《浙江海洋经济发展示范区规划》、《成渝经济区区域规划》
2012	《陕甘宁革命老区振兴规划》、《中原经济区发展规划》

（四）市场导向的产学研合作广泛存在

产学研合作是促进知识创新和技术创新有效衔接的协同创新机制，是区域创新体系内部的重要联结。经过 30 年市场化取向的改革，我国市场主导的产学研合作已经广泛存在，产学研合作创新已经成为推进企业创新和区域创新的重要途径。根据合作关系的紧密程度，产学研合作模式主要有三种：第一种是以产权关系为纽带的紧密型产学研合作，即大学、科研院所利用其研究开发能力，通过办企业直接将核心技术进行商业化和产业化，企业与原来的大学、院所之间保持着较为紧密的联系，如北大方正、清华同方等。第二种是企业与研究机构之间通过有期限的合作契约，针对特定的创新目标达成委托协议，以人员借入、设备租用和项目委托等方式，实现创新要素在各主体之间的转化。第三种是企业与大学、科研院所通过一些地方性平台或相互之间的信用关系，建立人员交流或信息沟通等方面的非正式合作关系。从相关数据来看，我国企业与大学和独立科研机构的联系正在改善。20 世纪 90 年代以前，高等学校的研发（R&D）活动绝大部分依赖于政府的资助，而现在，高等学校 R&D 经费的来源结构已经发生了明显的变化并形成新的格局，2011 年，企业对大学 R&D 的资助比例为 35.3%，资助强度大大高于经济合作与发展组织（OECD）成员国平均水平。这种情况表明，企业主动寻求大学、科研机构的研发支持在我国已经非常普遍。

（五）四种源发类型的区域创新体系形成交融发展态势

从市场发育程度和科技资源禀赋两个维度来分析，我国正在发展中的区域创新体系可以依据源发的驱动因素分为四种基本类型：内生驱动型、国资主导型、科学基础型和外资拉动型。随着各地市场化进程的推进和科技资源的再平衡，各地区域创新体系的内在推动力量实际上是向多元化发展的。除了源发的催生因素以外，各类内在和外在的力量相互交融，使区域创新体系的功能更加完备。例如，在北京，除了学院派知识的原始推动以外，企业家精神所主导的内生驱动力和政府所主导的政策推动力也日益增强，使中关村为代表的区域创新体系呈现出科学—技术—市场多维度均衡发展的态势，这种创新体系在网络形态上也体现出"草根式"和"统制式"兼备的特征。又如，在国资主导型较为典型的西部"三线"地区，科技力量日益增强，企业家精神随着市场化程度的提高也有了明显改善，这类地区的内生驱动力量显著增强，中小企业得到了很大发展，创新体系内的网络结构相应地也会发生变化。

表3-3 中国区域创新体系的四种源发类型

	内生驱动型	国资主导型	科学基础型	外资拉动型
市场发育程度	高	较低	中	高
科技资源禀赋	中	高	高	低
主导产业类型	小商品和轻工产品制造	装备制造业、军事工业	软件开发、研发密集型制造业	模块化器件制造
主导产业特征	劳动密集型为主	资金密集型为主	技术密集型为主	劳动密集型为主
示例地区	浙江	东北三省、西部"三线"地区	北京	广东东莞、江苏昆山

二、中国区域创新体系的特征

（一）区域创新体系的主导产业呈现多样性

目前，我国各省市基本形成了各具特色的主导产业，例如，上海的物流、金融产业，北京的文化、信息产业，东北的装备制造业，浙江的纺织服装业，广东的小家电制造，等等。各地资源禀赋和工业化进程的差异，以及国家主体功能区规划对各区域的产业引导，促使各地区（省、自治区、直辖市）资源加速向优势产业集中。国家鼓励行业内兼并重组的政策导向，也将进一步突出各地的特色产业和优势产业。这些特色产业以集群的方式存在，成为跨行政区域创新系统内的有机组成部分。例如，上海的现代服务业为长三角区域创新体系提供了工业运行支撑，浙江、江苏的制造业集群则成为上海现代服务业持续发展的产业基础。跨行政边界的区域创新系统之所以有存在的必要，就是这种子系统之间频繁互动、相互融合的结果。区域创新体系主导产业的多样性规定了政策工具的多样性和构建路径的差异化。

(二) 以产业集群为载体的区域创新体系呈现出明显的县域边界特征

虽然一些跨县域、跨省域的区域协作创新的制度安排已经出现，但从区域创新体系内部主体的交互强度来衡量，我国大部分处于发展过程中的区域创新体系仍然具有鲜明的县域边界特征。从产业集群较为发达的东部地区来看，产业集聚区生产和销售规模很大，使专业化分工达到了极致，生产和交易成本大大降低。例如，浙江特色产业群基本形成了"一镇一业"、"一镇一品"的格局，县域范围内的企业之间人力资源和信息共享的程度很高，尤其是一些生产过程中的诀窍知识，在区域内几乎是"公开的秘密"，但在区域之外的人却知之甚少。事实上，这些县与县之间的产业关联度不大。相比于县域之内，县域之间的主体交互强度迅速降低。这种状况与中国长期的行政管理体制密不可分。因为行政区可以配置许多创新的资源，且在长期的行政地理区域内，形成了独特的语言体系、习惯和创业取向。但以行政区为界的区域创新体系会有一定的局限：可能会出现限制其他新的要素进入，保护原来曾经成功但现在落后的氛围。因此，在适宜的地区，建设跨行政区域的创新体系很重要，能够为资源、技术提供共享平台，有利于创新资源要素的无障碍流动，有利于突破过去过分强调地区行政管理模式，建立起有利于区域要素流动和集结的资源统筹管理模式。

(三) 当前国家层面推动区域创新体系建设注重区域平衡发展

目前，除西藏外，全国31个省、直辖市、自治区都有国家级高新技术产业开发区，这些开发区已成为带动地方经济发展的增长极。国家级高新区在全国的区位布局已基本成型。显然，在国家级高新区的批复方面，国家充分考虑了区域平衡发展的需要。2006年，创建创新型国家战略提出以来，国务院先后批准北京中关村科技园区和武汉东湖新技术产业开发区为国家自主创新示范区。作为创新驱动发展模式的"试验地"，两个自主创新示范区在技术创新和制度创新方面走在了全国前列。除了自身所具备的丰富的科技资源条件以外，这两个示范区对于区域经济协调发展也具有重要的引领意义，分别辐射环渤海经济圈和以武汉城市群为核心的中部经济圈，成为区域创新体系的核心和国家创新体系的重要支点。可以预见，将来国家自主创新示范区的批复也将重点考虑区域平衡发展问题。

(四) 区域创新体系发展呈现层次性，多数仍处于初级阶段

从区域创新主体的发育程度和创新网络的形态来看，区域创新体系的发展过程大致可以分为四个阶段：创新主体发育阶段、创新联结（Link）形成阶段、创新网络发展阶段和创新系统成熟阶段。

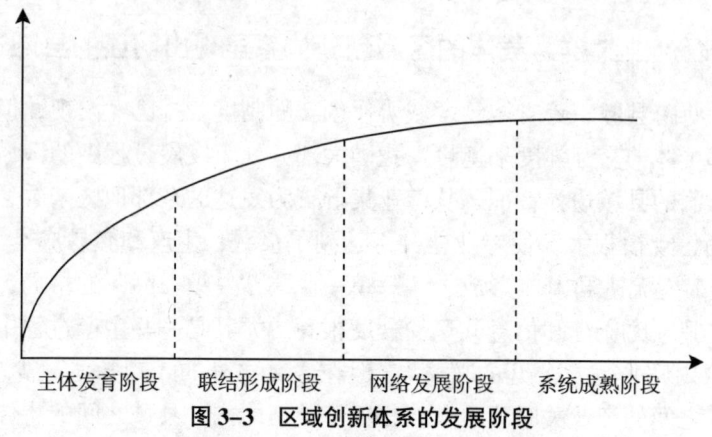

图3-3 区域创新体系的发展阶段

在第一个阶段,企业在特定的区域内"落户",通过自身积累和外部资源逐步发展壮大;区域内相关的创新支撑体系还未建立,企业从区域内获得的产业支撑仅限于硬件基础设施。第二个阶段,随着区域内创新主体和服务机构的增加,企业开始与其他企业或院校、科研机构产生互动,建立以创新为导向的区内关联,但这种关联还仅仅是偶然的、不系统的。第三个阶段,以要素流动为特征的创新联结不断增多,主体之间的互动关系相互交织,成为创新的网络,但这种网络还主要停留于结构层面,在功能层面,创新要素的流动仍然受到多种因素的制约,政府在网络建设中发挥着重要作用。第四个阶段,网络的自组织程度大大提高,创新主体之间能够借助区域创新平台实现及时、有效的互动,政府对网络的主导权转移到企业身上,在网络中成为"隐身要素"。从省级行政区来看,我国的区域创新体系基本上都没有达到成熟阶段,而是处于前三个发展阶段。创新较为活跃的大都市圈,基本上处于第三阶段,正在从个体创新驱动向网络创新驱动转变;以中小城镇为依托的传统产业集群区域多数处于第二阶段,正在由效率驱动向创新驱动转化;工业欠发达的地区,还有大量子区域处于第一阶段,实际上是处于资源和要素驱动向效率驱动提升的过程之中。区域创新体系发展程度的层次性意味着,不同区域的政府所发挥作用的方式和侧重点应该有所不同。

(五) 地方政府在区域创新体系建设中居于关键地位

在当前的制度框架下,我国地方政府在区域创新体系建设中发挥着关键的作用。首先,地方政府是政策传递和执行的关键节点。构建区域创新体系是实施创新型国家战略的重要举措,其指导方针和构建措施必须从国家整体的科技战略和区域规划出发,而地方政府是政策传递和政策执行的关键节点。其次,地方政府是区域创新体系建设的发动者。虽然企业是技术创新的主导者,但要形成有利于企业创新的区域环境和园区载体，还需要地方政府的发动。而涉及跨行政区域的创新体系建设，则更加依赖于政府之间的倡议、沟通与合作。作为环境的塑造者，政府有助于克服"系统失灵"。最后，地方政府是区域公共资源最有效的提供者和创新网络形态的塑造者。公共产品供给不足是市场失灵的表现之一，在区域创新体系的行为主体中，只有政府能够有效解决这一问题。同时，由于地方政府掌握了土地、公共财政的支配权，并且在招商引资、人才吸引等方面具有政策主导权，因而，无论是网络中的行为主体类型、产业组织形态还是创新要素的数量及质量，都与政府政策有着密切的关系。总之，在市场机制仍然不完善、科技服务中介组织不健全的情况下，我国大部分地区的区域创新体系都不成熟。在经济、科技和社会因素相互交织的复杂系统中，行政力量有助于弥补市场失灵和系统失灵。认识到我国地方政府在区域创新体系建设中的关键地位，有助于正确引导并激励地方政府在构建区域创新体系中发挥积极作用。

（六）区域创新体系内部联结的社会资本属性明显

区域创新系统根植于特定的社会环境之中，其网络关系不仅受到市场交易行为的影响，还受到社会结构和社会关系的制约。网络连接的重要性不仅在于促进显性资源的流动，更重要的是能够促进隐性知识的共享和扩散。在区域创新体系的典范——美国硅谷中，这种连接主要是依靠市场化契约来实现的，不管是产学研合作还是企业联盟，都较多地依靠市场信用来约束。而在我国差序格局的社会中，各种亲情、人情、关系渗透于市场关系之中，或者代替了市场关系，成为维系区域创新网络中各个主体的重要纽带。与发达市场经济国家相比，我国区域创新体系中内部联结的社会资本属性更为显著。这种非契约的关联在外部表现形式上更为松散，更加不稳定，但也更有利于隐性知识的转移，表现出有利于系统创新的一面。政策制定和实施要充分重视并尊重这一客观规律，引导并有效利用各种非契约关系，促进区域创新体系健康发展。

（七）FDI在区域创新体系中充当了重要的技术扩散源

即使近年来我国利用外资的增长速度趋缓，但外商投资企业仍然在我国产业经济和区域经济发展中扮演着重要角色。2011年，外商投资企业（含港、澳、台商投资）工业总产值占全部工业总产值的26%。从高新区来看，占企业数量16.2%的外资企业，创造了1/3强的工业产值，贡献了64.2%的出口创汇（如表3-4所示）。外资企业的技术溢出，很大程度上推动了我国产业技术进步和结构升级的进程。一般来讲，外商直接投资技术溢出效应的产生有四种途径：一是示范模仿效应，即外资企业强大的技术和管理优势为国内企业提供了示范；二是竞争带动效应,即外资进入加剧了市场竞争,促使国内企业加快技术进步;三是产业关联效应,即外资企业通过与国内企业上、下游产业联系,通过技术、管理与信息等要素的流动带动当地企业的技术进步;四是人力资本流动效应,即外资企业对当地雇员进行培训后,这些人才流向其他企业或自己创业时,其所学的各种技术随之外流而产生溢出。从区域来看,过去80%的外资都集中在东部地区,中西部欠发达地区利用外资较少,这或许也是东部地区创新能力较高的一个重要原因。目前,虽然外商投资仍然主要集中在东部地区,但外商对中西部地区的投资规模有了大幅度增长。近年来,中西部地区吸引外资的增长速度快于东部地区,这将逐步提高中西部地区的区域创新能力。当前以及今后的相当长时期内,外资企业仍然将在我国的区域创新体系中扮演重要的角色。坚持引进外资、利用外资、融合外资,尽可能增加外资对我国的技术溢出,通过竞争增强国内企业的创新压力,在开放中提高创新能力,是我国自主创新的必由之路。当然,我们也应该看到,一些地区违规招商、盲目招商的情况仍然存在,一些享受园区优惠政策的外资企业,仅仅是依靠我国相对低廉的劳动成本进行简单的加工装配,对当地的产业带动作用非常有限。有些外资则加剧了资源、环境压力,不利于区域创新环境的优化。因此,创新导向的利用外资政策亟待建立。

表3-4 2011年高新区企业中三资企业各项指标所占比重

	企业数(个)	年末从业人员数(万人)	营业总收入(亿元)	工业总产值(亿元)	工业增加值(亿元)	出口创汇总额(亿美元)
合计(1)	57033	1073.6	133425.1	105678.9	27151.9	3180.6
三资企业(2)	9223	343.2	44636.6	37672.7	9077.4	2041.9
(2)/(1)	16.2%	32.0%	33.5%	35.6%	33.4%	64.2%

资料来源:根据科技部国家级高新技术产业开发区统计数据整理。

三、目前中国区域创新体系建设中的突出问题

当前,我国区域创新体系建设方兴未艾,在各地政府的推动下,一些特色区域创新体系显现雏形。然而,随着实践的不断发展,一些深层次的问题也逐渐凸显出来,成为区域创新和企业创新的巨大障碍。正确认识这些问题,有助于通过制度创新推动区域创新体系建设,为建设创新型国家提供适配性政策支持。

(一) 区域创新体系建设仍然缺乏制度体系支撑

目前,区域创新体系建设在制度上仍然缺乏体系支撑。国家创新激励政策体系较多地从点(创新主体)和线(产业)上引导创新,而对区域创新体系,国家发展和改革委员会的产业项目、集群项目、企业技术改造项目以及科技部的火炬计划、创新型企业支持项目,都是从点和线上支持产业和企业创新,着眼于"面"的区域创新支持手段严重缺失,针对区域创新体系建设的制度创新严重滞后。现有宏观层面的区域经济政策较多考虑区域内协调发展和区域间平衡发展,而对激发区域创新潜力、提高区域创新能力的整体导向不足。从创新驱动和创新协同的角度来看,如何为特定区域内的企业提供适配型的治理模式、制度平台和配套政策,是当前急需解决的问题。

(二) 各区域创新体系在国家创新战略中的定位不清晰

近年来,区域发展规划在国家层面获得密集批复,其中,一些规划确实对国家战略具有重要意义。然而,大量规划的获批也存在"遍地开花"之嫌,这些创新驱动的各地区的规划在国家创新体系中的定位不甚明了,国家对不同区域的支持政策难以发挥作用,这导致地方政府在构建区域创新体系时,仍然难以跳出固有的地方主义。某些高新区的产业特色不够鲜明,没有形成支柱产业,多数高新技术企业的创新能力还有待提高。有些所谓的高新技术产业园区,并没有形成主导技术支撑,而是简单的制造业集中。此外,在既有的区域规划体系下,国家层面出于区域平衡发展的考虑,对省、地、市都有所兼顾,但对特定区域在整个国家创新体系和国家技术战略范围内的使命和定位并不确切,这导致各地的重复建设难以避免,产业转移、产业升级和产业接续可能存在政策盲点和政策真空。

(三) 受到 GDP 政绩观的影响,地方政府的作用难以发挥

正如前文所言,地方政府在构建区域创新体系过程中发挥着至关重要的作用,而地方政府作用的发挥依赖于政府部门领导干部的工作思路和积极性。然而,受到当前干部考核机制的制约,地方官员在进行区域创新体系构建方面的积极性难以得到很好的发挥。尤其是在区域创新体系建设的初始阶段,环境的塑造是第一位的。然而,在规模导向的 GDP 政绩观影响下,地方政府容易急功近利,过分追逐短期的经济绩效,而忽视对区域可持续发展具有决定性作用的创新能力的培育。这种情况在欠发达地区表现得更为明显,因为基数较小,政府通过招商引资扩大经济规模相对更加容易,而落后地区的增长似乎也是一个最容易显示政绩的指标,因此,从全国来看,越落后的地区,越不舍得在创新环境方面投入,

造成各地区域创新能力的差异不断增大。因此,规模导向的政绩考核体系是导致地方政府作用难以有效发挥的根本原因。从跨区域合作来看,在规模导向的 GDP 政绩观影响下,地方政府天然具有"地方利益保护"的冲动,在创新项目还未产生实际收益的情况下,地方政府很难主动将一些传统产业转移出去。此外,从"地方利益"角度出发,地方政府很难在产业规划、土地规划以及资源综合利用等方面进行交流与合作,这一方面造成相邻区域在产业雷同、重复建设的同时区域空间规划不协调;另一方面,"地区分割"也造成一些公共服务资源很难实现跨区域共享,导致社会资源利用效率不高。

(四)创新要素在区域内的整合与共享缺乏有效的组织者

区域创新网络包括三个层次:主体结构网络、创新活动网络和要素流动网络。主体结构网络由创新的基础设施和创新网络中行为主体的相互关联构成,"知识—技术—新产品"创新链通过依托于主体结构网络的创新主体的互动,促使知识资源、人力资源和物质资源在体系内整合和共享而完成。如果没有资源的整合与共享,便没有真正意义上的区域创新体系。作为一个复杂的行为系统,通常需要一个内生于系统的"组织者"。在完善的市场体系内,这一组织者可以是区域内的大企业,也可以是中介机构,而在市场体系不健全或"群龙无首"的集群体系内,要素流动要突破行政壁垒、组织壁垒存在较高成本,则"组织者"通常是缺位的。政府作为政策供给者和环境塑造者,可以作为"启动者",但由于政府不了解创新主体的内在需求,过多干预又会扭曲市场机制,因此,也难以成

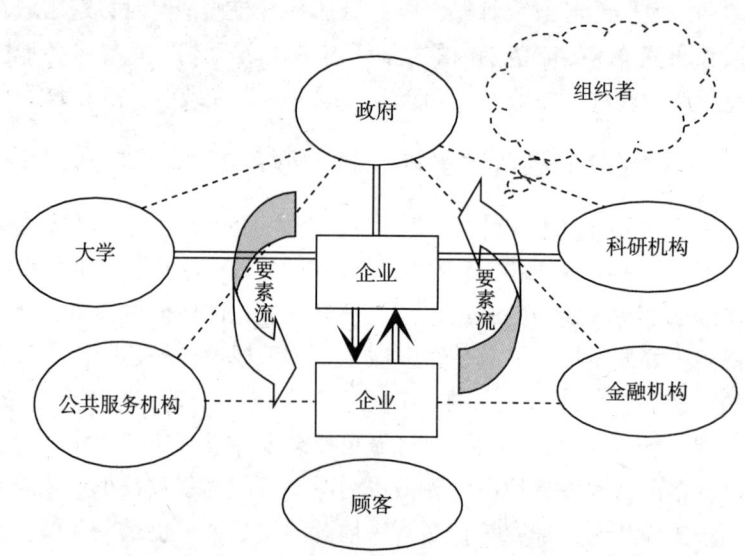

图 3-4 区域创新体系的网络化结构

为有效的"组织者"。

(五) 区域实体性创新平台匮乏，共性关键技术突破缺乏制度保障

当前，我国有1700多个生产力促进中心，700多个企业孵化器。但是，不少生产力促进中心已经成为机关的衍生品，企业孵化器越来越局限到物业管理公司的业务范畴。这些科技成果转化的服务组织专业性不足，共性关键技术突破缺乏应有的制度保障。据国家科技部统计，当前，大约85%的科技支撑计划和60%的"863"计划都是由企业来承担的，企业和科研院所两股创新力量在特定区域内仍然是割裂的，难以在公共创新平台上进行有效合作。我国要实现从技术跟随向技术自主的赶超，就必须瞄准世界科技发展前沿，在寻求突破的领域部署一批重大基础研究和前沿技术研究项目，实现具有公共特性和技术范式拐点特征的重大技术创新。从世界各国推动技术创新和区域创新的实践来看，区域创新平台的建设是突破共性关键技术的重要手段。此处所谓的创新平台，指的是有具体的机构、设备和人员的实体性平台，如日本遍布各区域的产业技术中心，这些机构大都由政府出资建立，为大学、研究机构和企业的共同研发提供合作和交流的场所，为大量中小企业提供技术支援和创新的种子。目前，我国各地此类的区域创新平台非常匮乏，有些高新区也设立了技术服务中心，但仅限于产品检测、设备检测等简单的服务功能，没有发挥整合创新资源、激发创新的作用。

(六) 区域科技资源与技术创新能力不匹配

科技资源丰富不等于创新能力强。从全国来看，我国各区域科技资源与技术创新能力不匹配的现象比较严重，比较突出的是东北老工业基地和西部"三线"地区，较为富集的科技资源没有转化成市场化的创新成果，许多创新要素成为"惰性资源"沉淀下来，没有发挥应有的作用。其中有些是体制性的历史原因使然，有些是创新主体功能定位不清、导向不明确造成的，还有些是区域创新体系建设滞后、要素流动受限造成的。国家重点实验室作为中国科技创新体系的重要组成部分，是国家组织高水平基础研究和应用基础研究，培养优秀科学家、开展高层次学术交流的重要基地。截至2010年2月，中国西部共建有国家重点实验室44个，占全国的14%。其中，企业国家重点实验室11个，占全国的11.7%。然而，从发明专利来看，2011年西部地区仅占全国的7.4%，科技资源的创新效率仍然比较低。同样，从对全国发明专利的贡献来看，东北三省的创新效率也不尽如人意。从表3-5的数据对比可以看出，我国区域科技资源与技术创新能力不匹配的问题比较突出。与东部相比，中部和西部人均R&D投入不足，技术改造经费投入明显偏低。另外，这些地区的技术交易额也普遍不高，表明知识、技术

在企业之间的流动不频繁，区域创新网络不发达。

表 3-5 各地区高科技产业技术活动支出

单位：万元

	研发机构数（个）	R&D 人员（人）	R&D 经费内部支出	技术引进经费	消化吸收经费	技术改造经费	发明专利数（项）
全国	3673	361920	86870093	4489861	2021669	42936624	134843
东部	1589	208085	61826215	3314682	1152603	22749019	104261
中部	1087	68990	14634253	491586	282264	11206641	20537
西部	997	84845	10409654	683593	586802	8980964	10045

资料来源：国家统计局、科学技术部：《中国科技统计年鉴（2012）》，中国统计出版社 2012 年版。

（七）现行科技投入体制不利于区域创新合作网络的形成

科技投入体制不仅涉及科技资源在创新主体、创新区域之间的分配，还引导甚至决定着创新主体之间的关系，对于区域创新网络的形成发挥着指挥棒的作用。

第一，中央科技财政投入缺乏对合作研究的引导。为提高投入效率，各国国家财政中科技资金的分配广泛采用"项目申报制"，即国家主管部门对符合条件的企业或大学、科研机构提供资金支持。在这种方式下，财政投入的渠道和分配方式直接影响着产业创新效率和区域创新能力的培育。从我国科技计划项目来看，财政拨款仍然是一种"条段分割"的思路，实践中对个体效率的追求往往掩盖了对"整体低效率"的忽视。例如，各地为争项目而重复建设，搞投资竞赛；企业不顾技术创新的现实需求，盲目建技术中心；大学、科研机构脱离生产的需求，进行应用领域的知识创新。问题的关键不在于项目制本身，而在于政府对项目的扶持标准是以个体、群体还是区域的创新能力提高为依据。

第二，欠发达地区地方科技投入不足限制了创新主体能力的提高。目前，各地区的区域创新能力与地方科技投入之间存在"强者愈多，弱者愈少"的马太效应。2011 年，全国 R&D 经费支出为 8687 亿元。分地区来看，R&D 经费支出超过 300 亿元的有江苏、广东、北京、山东、浙江、上海、辽宁和湖北 8 个省（市），共支出 5774.7 亿元，占全国经费总支出的 66.5%。研究与试验发展（R&D）经费投入强度（与地区生产总值之比）达到或超过全国水平的有北京、上海、天津、江苏、陕西、广东、山东和浙江 8 个省（市）。在创新能力越弱的地区，R&D 经费投入强度越低（如表 3-6 所示），而这种投入的减少最终损害的还是创新的主体——企业，企业创新能力不足，区域创新网络便难以形成。

表 3-6 2011 年各地区研究与试验发展（R&D）经费支出情况

地区	R&D 经费支出（亿元）	R&D 经费投入强度（%）
全国	8687.0	1.84
北京	936.6	5.76
天津	297.8	2.63
河北	201.3	0.82
山西	113.4	1.01
内蒙古	85.2	0.59
辽宁	363.8	1.64
吉林	89.1	0.84
黑龙江	128.8	1.02
上海	597.7	3.11
江苏	1065.5	2.17
浙江	598.1	1.85
安徽	214.6	1.40
福建	221.5	1.26
江西	96.8	0.83
山东	844.4	1.86
河南	264.5	0.98
湖北	323.0	1.65
湖南	233.2	1.19
广东	1045.5	1.96
广西	81.0	0.69
海南	10.4	0.41
重庆	128.4	1.28
四川	294.1	1.40
贵州	36.3	0.64
云南	56.1	0.63
西藏	1.2	0.19
陕西	249.4	1.99
甘肃	48.5	0.97
青海	12.6	0.75
宁夏	15.3	0.73
新疆	33.0	0.50

资料来源：科技部：《2011 年全国科技经费投入统计公报》。

（八）区域创新的氛围和文化还没有形成

区域内的群体创新需要合作氛围、诚信文化和创业精神，在美国硅谷，人们崇尚冒险、乐于创造，空气中弥漫着创新的气息；人员流动在企业之间以及企业与大学之间都比较自由，信息流、技术流、知识流、资金流随着人才流动形成知识外溢，产生众多衍生企业（Spin-offs）。硅谷从20世纪70年代的不足3000家企业，经过短短20多年就发展到了8000多家企业。例如，1997年，硅谷内有2000家企业破产，又有3500家企业诞生。大学衍生企业是硅谷创新循环中的重要环节。硅谷的大学衍生企业当中影响力最大的是"斯坦福创业企业"，这些企业首批产品的技术和多数创始人来自于斯坦福，但学校并不控股或长期占有大比例股权。一些有影响力的跨国公司，包括惠普、思科以及谷歌等，都属于"斯坦福创业企业"。大量技术持有者从学校走向社会，将实验室技术迅速转化为产品。在知识创新和商业化创新意识都较为强烈的氛围中，硅谷的企业衍生能力是极强的。反观我国各地的产业集群和产业园区内部，更多的是一种相互竞争的关系，企业之间相互拆台、恶意挖角的现象还比较普遍，通过区域性平台形成创新合力、共同应对行业技术问题的良好氛围和文化远未形成。文化的引导与培育对区域创新体系建设来说，是一个更深层次的问题，也是容易被忽视的一个方面。

表3-7 硅谷地区重要企业衍生情况

核心企业	企业创业者（人）	衍生企业数（家）
苹果	94	71
思科	41	35
惠普	117	99
英特尔	76	68
甲骨文	73	57
IBM	82	77

资料来源：辜胜阻等：《区域经济文化对创新模式影响的比较分析——以硅谷和温州为例》，《中国软科学》，2006年第4期。

第四章 构建区域创新体系的基本环境与支撑条件分析

外部环境和支撑条件是影响区域创新体系构建的重要因素。近些年来，在建设创新型国家战略的总体部署下，中国构建区域创新体系的外部环境不断得到优化，支撑条件不断得到强化，切实为加快构建有中国特色的区域创新体系提供了坚实基础和有力保障。

一、基本环境与支撑条件的构成要素

影响区域创新体系构建的环境要素和支撑条件非常多，不同的学者基于不同的视角对这些环境要素和支撑条件会有不同的识别和分类。比如，中国科技发展战略研究小组将区域创新环境归纳为基础设施、市场环境、劳动者素质、金融环境、创业水平五个方面；贾亚男（2001）认为区域创新环境主要包括四个层次，即基础层次网络、组织层次网络、文化层次网络和信息层次网络；邱成利（2002）认为区域创新环境由若干子系统、创新基础、创新资源和制度环境构成；盖文启（2002）认为区域创新环境由区域的社会文化环境与创新、区域发展的制度创新环境、区域劳动力市场创新环境构成；蔡秀玲（2004）将区域创新环境分为基础设施环境、社会文化环境、制度环境和学习环境四个方面；黄桥庆等人（2004）将区域创新环境的基本构成划分为基础设施环境、创新资源环境、政策与制度环境、社会文化环境四个方面；周珊珊（2005）认为，区域创新环境由政府政策环境、对外合作与开放的环境、区域产业及企业内环境、市场环境、人力资源要素环境和自然、人文环境等构成；赵付民和邹珊刚（2005）将区域创新环境分为政府主导的创新环境、市场主导的创新环境以及区域创新文化与价值观；陈理飞（2007）认为区域创新环境由政策和法律环境、社会文化环境、市场环境、国际环境和其他环境构成；陈文韬（2008）将区域创新环境划分为五个构成因素，即基础设施环境因素、制度环境因素、社会文化环境因素、资源环境因素和组织网络环境因素；郑波（2009）提出区域创新环境的四个管理要素，即政策环境、文化环境、学习环境、协同环境；向清华和赵建吉（2010）将区域创新环境归结为硬环境和软环境，前者包括交通、通信、信息网络等，后者包括利于区域知识创新和顺利流通扩散的制度、政策法规及学习气氛，勇于创新和尝试、宽容失败等社会文化环境；吴昊（2011）认为区域创新环境主要包括政府政策环境、融资环境和市场环境等；付智和黄新建（2012）将区域创新环境划分为六个构成因素，即基础设施环境、劳动者素质、金融环境、创新创业水平、知识流动水平、知识吸收水平。

综合已有学者对区域创新环境构成的研究成果，并基于区域创新体系构建过程的视角，我们认为一个国家的区域创新体系构建应具备以下六个方面的要素条件：硬件要素条件、主体要素条件、资源要素条件、市场要素条件、制度要素条件和文化要素条件，与此相对应的基本环境和支撑条件分别是基础设施、创新网络、创新资源、市场发展、政策制度和社会文化。根据以上六个方面要素条件之间的关系，可以构建区域创新体系基本环境和支撑条件的"1+1+4"的钻石分析模型，如图4-1所示。

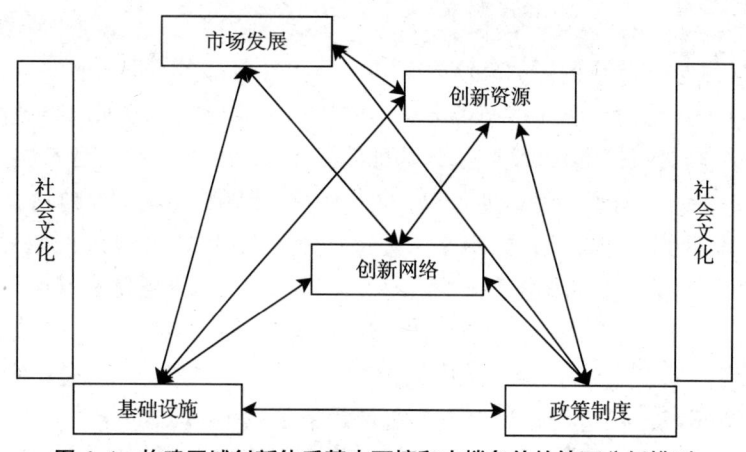

图4-1 构建区域创新体系基本环境和支撑条件的钻石分析模型

基础设施要素主要包括社会基础设施（主要是交通基础设施）、研发基础设施和信息基础设施，这些要素是创新得以生存的最基本的物质设施保障。现代交通、通讯信息技术对区域内行为主体的生产生活便利性至关重要，而且，知识信息的生产、传播、反馈以及行为主体之间相互沟通、了解和学习，都必须依赖于现代交通、通讯信息技术。与此同时，研发基础设施是创新主体开展创新活动的

第四章 构建区域创新体系的基本环境与支撑条件分析

硬件和平台基础，直接决定着区域创新能力和创新水平。

创新网络要素主要包括区域创新网络中的政府、企业、中介机构、教育和科研机构等行为主体，以及各行为主体之间在长期的合作和交流学习中所形成的动态联系网络。创新网络中各行为主体的发育程度以及各主体间动态联系网络的发达程度深刻地影响着区域创新的组织模式和发展层次，进而影响到区域的创新能力和水平。

创新资源要素主要包括区域内的创新投入、人力资源和技术等方面。一个区域的创新能力在很大程度上取决于具备高素质的科研人员以及科研投入，因为人是创新的能动主体，是区域创新产生的制造者和生产者，而经费投入则是区域创新得以开展和推进的物质保障。此外，技术发展基础能够为区域创新获得突破提供重要条件。

市场发展要素主要包括市场组成、市场需求、信用程度及激烈竞争程度。市场需求是创新主体开展创新活动的重要动力，对区域内企业自主创新行为起着重要的拉动作用。市场竞争的压力会迫使区域内企业以创新求生存，对区域内企业自主创新行为形成压力机制。区域内信用程度的高低反映了市场规范程度，高度市场规范化可以推进区域创新能力的提升。

政策制度要素主要包括影响区域创新的相关法律法规、公共政策和运行制度。政策制度具体地规范和约束着区内各个经济决策主体的具体行为选择，特别是深刻地影响着创新主体的积极性和主动性，良好的政策制度环境能够激发创新主体的创新潜能，增进区域内的创新活动开展。因此，良好的政策制度是促进区域创新的重要前提和基础。

社会文化要素主要包括一定区域范围内的创新意识、创新文化和创业环境。区域的文化环境是区域创新的动力来源和持久支撑力量，先进的社会文化会加速创新环境的形成和完善，有利于区域内创新能力的提高；落后的社会文化会阻碍创新环境的提升，不利于区域内行为主体间的协作创新。

二、基本环境与支撑条件之基础设施

近些年来，我国无论是在交通基础设施方面，还是在研发基础设施方面，抑或在信息基础设施方面都取得了快速发展，特别是重点区域的基础设施不断完善，为我国构建区域创新体系奠定了良好的硬件基础。

(一) 交通基础设施不断完善

进入"十一五"时期以来,在强有力的投资拉动和政策支持下,我国交通基础设施建设加快推进,公路、铁路、水路、民航等交通基础设施总量规模实现跨越式增长,运输服务能力和水平显著提升,为构建区域创新体系提供了较好的交通条件。

截至 2011 年底,全国铁路营业里程达到 9.32 万公里,较 2007 年增长 19.5%;公路总里程达到 410.64 万公里,较 2007 年增长 14.6%,公路密度为 42.77 公里/百平方公里;内河航道里程达到 12.46 万公里,其中等级航道 6.26 万公里,占总里程的 50.3%;定期航班航线里程达到 349.06 万公里,较 2007 年增长 50%;管道输油(气)里程达到 8.33 万公里,较 2007 年增长 52.8%。2011 年,全国客运量总计 352.63 亿人,较 2007 年增长 52.7%;旅客周转量总计 30984 亿人公里,较 2007 年增长 43.5%;货运量总计 369.70 亿吨,较 2007 年增长 62.4%;货物周转量总计 159324 亿吨公里,较 2007 年增长 57.1%;沿海规模以上港口货物吞吐量达到 61.63 亿吨,较 2007 年增长 58.8%。

表 4-1 我国交通线路及运输能力发展情况

指标＼年份	2007	2008	2009	2010	2011
铁路营业里程(万公里)	7.80	7.97	8.55	9.12	9.32
公路里程(万公里)	358.37	373.02	386.08	400.82	410.64
内河航道里程(万公里)	12.35	12.28	12.37	12.42	12.46
定期航班航线里程(万公里)	234.30	246.18	234.51	276.51	349.06
管道输油(气)里程(万公里)	5.45	5.83	6.91	7.85	8.33
客运量总计(万人)	2227761	2867892	2976898	3269508	3526319
旅客周转量总计(亿人公里)	21592.6	23196.7	24834.9	27894.3	30984
货运量总计(万吨)	2275822	2585937	2825222	3241807	3696961
货物周转量(亿吨公里)	101419	110300	122133	141837	159324
沿海规模以上港口货物吞吐量(万吨)	388200	429599	475481	548358	616292

资料来源:国家统计局:《中国统计年鉴(2012)》,中国统计出版社 2012 年版。

从各省来看,2011 年铁路营业里程超过 3000 公里的省份达到 15 个,分别为河北、山西、内蒙古、辽宁、吉林、黑龙江、安徽、山东、河南、湖北、湖南、广西、四川、陕西和新疆;内河航道里程超过 5000 公里的省份达到 10 个,分别是黑龙江、江苏、浙江、安徽、江西、湖北、湖南、广东、广西和四川;公路里程超过 10 万公里的省份达到 22 个,分别是河北、山西、内蒙古、辽宁、黑龙江、江苏、浙江、安徽、江西、山东、河南、湖北、湖南、广东、广西、重庆、四川、贵州、云南、陕西、甘肃和新疆。

表4-2 2011年各省（市）交通线路发展情况

地区	铁路营业里程（公里）	内河航道里程（公里）	公路里程（公里）
北京	1228.4	—	21347
天津	866.9	88	15163
河北	5170.5	—	156965
山西	3773.7	467	134808
内蒙古	9161.9	2403	160995
辽宁	4302.3	413	104026
吉林	3988.1	1456	91754
黑龙江	5945.3	5098	155592
上海	461.3	2226	12084
江苏	2349.6	24252	152247
浙江	1779.1	9750	111776
安徽	3120.8	5596	149535
福建	2110.3	3245	92322
江西	2834.5	5638	146632
山东	4200.3	1150	233190
河南	4261.1	1267	247587
湖北	3354.9	8260	212747
湖南	3696.3	11495	232190
广东	2832.1	11850	190724
广西	3194.2	5433	104889
海南	693.7	343	22916
重庆	1373.4	4331	118562
四川	3516.4	10720	283268
贵州	2070.0	3442	157820
云南	2491.3	3158	214524
西藏	531.5	—	63108
陕西	4083.4	1066	151986
甘肃	2441.5	914	123696
青海	1857.6	421	64280
宁夏	1266.5	130	24506
新疆	4319.7	—	155150

资料来源：国家统计局：《中国统计年鉴（2012）》，中国统计出版社2012年版。

(二) 研发基础设施建设取得重要进展[①]

在建设创新型国家的政策推动下，近些年来我国紧紧围绕自主创新基础能力不足的薄弱环节以及运行效率有待提高的问题，加强国家重大科学工程、研究试验基地、科研条件、科技基础条件平台、技术创新服务平台建设，研发基础设施建设取得重要进展，为构建区域创新体系提供了强有力的研发支撑条件和基础保障。

在重大科学工程方面（重大科学工程是指由国家财政拨款建设、用于基础研究和应用基础研究目的的大型科研装置、设施或网络系统），我国重大科学工程的发展经历了从无到有、从小到大、从学习跟踪到自主创新的过程，"十一五"时期以来更是迈上了新的台阶。"十一五"期间，国家先后启动了子午工程、航空遥感系统、国家农业生物安全科学中心等14项重大科学工程，涉及航空航天、地球科学、蛋白质科学、海洋科学等多个领域。截至2011年底，全国正在建设和即将建设的项目超过40项，取得了一系列具有国际影响的研究成果，极大地改善了中国整体科研条件。

在国家重点实验室方面，目前已发展为由试点国家实验室、依托院校建设的国家重点实验室、依托企业建设的国家重点实验室、军民共建国家重点实验室、港澳国家重点实验室伙伴实验室和省部共建国家重点实验室培育基地组成的国家（重点）实验室体系。截至2011年底，正在运行的试点国家实验室6个，依托院校建设的国家重点实验室共260个，依托企业建设的国家重点实验室99个，军民共建国家重点实验室5个，港澳国家重点实验室伙伴实验室14个，省部共建国家重点实验室培育基地105个。

在国家工程技术研究中心方面，截至2011年底，国家工程技术研究中心数量达到294个。中心分布在全国29个省、市、自治区，涵盖了制造业、电子与信息通信、新材料、能源与交通等工业高新技术领域，农作物、特色农业、畜禽养殖及加工、节水灌溉、农业机械化信息化等农业领域，建设与环保、资源开发、轻纺与医药卫生等社会发展领域。

在国家野外科学观测研究站方面，截至目前，正在运行的国家野外科学观测研究站共有105个，其中生态系统野外观测研究站53个，国家材料自然环境腐蚀试验站28个，大气成分本底站4个，特殊环境与灾害观测研究站6个，地球物理观测研究站14个，初步形成了生态系统、材料腐蚀、特殊环境和特殊功能等国家野外观测站网络。

[①] 中华人民共和国科学技术部：《中国科学技术发展报告（2011）》，科学技术文献出版社2011年版。

在科学仪器设备方面，2011年，财政部、科技部共同设立《国家重大科学仪器设备开发专项》，重点推进中国基于新原理、新方法和新技术的重大科学仪器设备、已有重大科学仪器设备（装置）创新成果的工程化、重要通用科学仪器设备（含核心基础器件）以及其他重要科学仪器设备的开发进程，并部署实施53个重大科学仪器设备开发项目。通过国家科技支撑计划和专项支持，攻克了深紫外光源、大型中子源、金属原位分析等关键部件和核心技术，自主研发的核磁找水仪、便携式质谱仪、新型光纤检测仪、射线检测仪原子荧光光谱仪、金属原位分析仪等一批科学仪器设备。截至2011年，国家大型科学仪器中心整合各类大型科学仪器设备81台（套），价值约3.5亿元，平均开放共享机时达到了50%以上。

（三）信息基础设施日益发达

"十一五"以来，我国信息基础设施建设取得了突飞猛进的进展，信息技术获得突破性发展，信息化支撑能力和发展水平显著提升，为构建区域创新体系提供了重要的信息化条件和基础。

截至2012年底，全国光缆线路长度达到1481万公里，较2008年增长118.8%；固定长途电话交换机容量和局用交换机容量分别为1609万路端和43906.4万门；移动电话交换机容量达到182869.8万户，较2008年增长59.9%；互联网宽带接入端口达到26835.5万个，较2008年增长145.6%；固定电话用户数为27815.3万户，固定电话普及率为20.7部/百人；移动电话用户数达到111215.5万户，较2008年增长73.4%，移动电话普及率达到82.6部/百人，较

表4-3 我国信息基础设施建设和业务发展情况

年份 指标	2008	2009	2010	2011	2012
光缆线路长度（公里）	6767957	8266655	9951278	12053042	14805707
固定长途电话交换机容量（万路端）	1704.6	1705.9	1643.9	1615.5	1609.0
局用交换机容量（万门）	50878.9	49219.4	46558.8	43467.4	43906.4
移动电话交换机容量（万户）	114350.8	142111.2	150517.5	170691.4	182869.8
互联网宽带接入端口（万个）	10928.1	13592.4	18759.5	23165.5	26835.5
固定电话用户数（万户）	34080.4	31368.8	29438.3	28511.5	27815.3
移动电话用户数（万户）	64123.0	74738.4	85900.3	98625.3	111215.5
互联网宽带接入用户数（万户）	8342.5	10322.6	12633.7	15648.7	17518.3
固定电话普及率（部/百人）	25.8	23.6	22.1	21.3	20.7
移动电话普及率（部/百人）	48.5	56.3	64.4	73.6	82.6

资料来源：由工业和信息化部提供。

2008年增加34.1部/百人；互联网宽带接入用户数达到17518.3万户，较2008年增长110%。

从分省情况来看，以代表信息基础设施发展方向的移动通信和互联网为例，2012年移动电话普及率超过90部/百人的省（市）达到12个，分别是北京、天津、内蒙古、辽宁、上海、江苏、浙江、福建、广东、青海、宁夏和新疆，其中北京、内蒙古、上海、浙江、福建、广东等地均超过100部/百人；互联网宽带接入端口超过1000万个的省（市）达到10个，分别是北京、河北、辽宁、江苏、浙江、福建、山东、河南、广东和四川。

表4-4 2012年各省（市）信息基础设施建设和业务发展情况

地 区	光缆线路长度（公里）	互联网宽带接入端口（万个）	局用交换机容量（万门）	移动电话交换机容量（万户）	固定电话普及率（部/百人）	移动电话普及率（部/百人）
北京	187714	1071.8	1586.1	4734.0	43.8	157.2
天津	108956	442.2	645.9	2045.0	26.2	98.1
河北	647276	1491.9	1757.0	11205.2	16.7	76.2
山西	599659	701.9	1071.2	4648.9	19.1	77.0
内蒙古	312729	514.9	863.5	5148.3	14.8	102.8
辽宁	449596	1159.5	2107.2	6261.5	29.3	97.9
吉林	243375	623.1	916.7	3736.0	21.1	82.1
黑龙江	397318	740.7	1371.4	5010.8	20.2	69.5
上海	281142	650.7	3192.1	3973.0	38.5	128.3
江苏	1565303	2173.9	4853.8	9358.7	30.2	94.6
浙江	1009182	1677.4	2776.4	9685.2	34.5	118.0
安徽	612215	863.8	1269.1	7220.9	18.3	60.5
福建	570312	1110.4	1629.9	7702.9	27.4	108.9
江西	457266	627.5	1022.6	3922.9	14.4	57.4
山东	641658	2040.3	1168.2	11103.4	19.2	78.8
河南	718389	1360.8	838.6	8550.4	13.7	61.6
湖北	537604	873.5	1560.2	6805.7	17.4	79.1
湖南	632815	933.5	1428.8	5688.4	14.5	64.6
广东	1054583	2701.6	4360.6	20305.6	29.9	118.7
广西	441060	678.1	1190.2	3865.5	12.9	62.1
海南	85461	143.4	273.2	1512.4	19.7	88.5
重庆	372289	567.3	1129.5	3715.0	19.7	71.0
四川	835255	1020.4	1789.4	13749.2	16.7	68.3
贵州	280581	413.0	925.0	4106.8	11.0	66.9
云南	486971	592.5	889.3	5182.1	11.3	62.6
西藏	63145	32.8	133.6	342.0	13.4	77.7

第四章　构建区域创新体系的基本环境与支撑条件分析

续表

地　区	光缆线路长度(公里)	互联网宽带接入端口(万个)	局用交换机容量(万门)	移动电话交换机容量(万户)	固定电话普及率(部/百人)	移动电话普及率(部/百人)
陕西	385497	718.5	1165.3	4924.4	20.6	87.2
甘肃	295386	384.1	718.9	2502.8	14.7	68.8
青海	95510	76.6	165.0	773.0	18.0	94.6
宁夏	66795	93.6	214.6	967.8	16.4	92.5
新疆	370668	355.5	891.0	4122.0	23.5	91.1

资料来源：由工业和信息化部提供。

三、基本环境与支撑条件之创新网络

随着实施创新驱动发展战略的不断推进，我国正逐步构建起以企业为主体、市场为导向、产学研相结合的技术创新体系，企业、教育和科研机构等创新行为主体不断发展壮大，创新的中介服务机构也获得快速发展，而产业集群、战略联盟等多样化的创新组织形式不断涌现，为我国构建区域创新体系奠定了良好的组织网络基础。

（一）创新行为主体不断发展壮大

"十一五"以来，我国开展创新活动的企业和高等学校数量不断增多，科研机构规模不断扩大，创新行为主体的创新能力和创新水平持续提升，重点区域的创新行为主体快速发展，为构建区域创新体系提供了较好的创新主体基础。

从企业来看，截至 2011 年底，全国共有规模以上工业企业 325753 个，其中有研究开发活动的企业数达到 37467 个，较 2008 年增长 37.4%，占全部规模以上工业企业的 11.5%，较 2008 年提高 5 个百分点；规模以上工业企业办研究开发机构数达到 31320 个，较 2008 年增长 19.6%；规模以上工业企业新产品开发项目数达到 266232 个，较 2008 年增长 44.0%；规模以上工业企业新产品销售收入达到 100582.7 亿元，较 2008 年增长 76.4%。2011 年，有研发机构的企业占规模以上工业企业总数比重接近或超过 10% 的省（市）份有 5 个，分别是北京、天津、江苏、浙江和宁夏，有研究开发活动的企业占规模以上工业企业总数比重接近或超过 15% 的省（市）份有 5 个，分别是北京、天津、上海、江苏和浙江。

表4-5 全国规模以上工业企业研究开发情况

指标 \ 年份	2000	2004	2008	2009	2011
有R&D活动企业数（个）	17272	17075	27278	36387	37467
有R&D活动企业所占比重（%）	10.6	6.2	6.5	8.5	11.5
企业办R&D机构数（个）	15529	17555	26177	29879	31320
新产品开发项目数（个）	91880	76176	184859	237754	266232
新产品销售收入（亿元）	9369.5	22808.6	57027.1	65838.2	100582.7

资料来源：国家统计局、科学技术部：《中国科技统计年鉴（2012）》，中国统计出版社2012年版。

表4-6 2011年各省（市）规模以上工业企业研究开发情况

地区	企业数（个）	有研发机构的企业		有R&D活动的企业	
		有研发机构的企业数（个）	占比（%）	有R&D活动的企业数（个）	占比（%）
北京	3746	561	15.0	931	24.9
天津	5009	496	9.9	1037	20.7
河北	11570	443	3.8	656	5.7
山西	3675	161	4.4	208	5.7
内蒙古	4174	95	2.3	149	3.6
辽宁	16906	415	2.5	652	3.9
吉林	5157	153	3.0	219	4.2
黑龙江	3376	169	5.0	272	8.1
上海	9962	747	7.5	1480	14.9
江苏	43368	5327	12.3	7449	17.2
浙江	34697	6344	18.3	8026	23.1
安徽	12432	1153	9.3	1375	11.1
福建	14116	949	6.7	1502	10.6
江西	6481	266	4.1	419	6.5
山东	35811	1742	4.9	2433	6.8
河南	18328	993	5.4	1250	6.8
湖北	10632	587	5.5	1160	10.9
湖南	12476	688	5.5	1637	13.1
广东	38302	2316	6.0	4156	10.9
广西	5046	267	5.3	466	9.2
海南	358	27	7.5	43	12.0
重庆	4778	270	5.7	431	9.0
四川	12218	453	3.7	405	3.3
贵州	2365	121	5.1	146	6.2
云南	2772	191	6.9	286	10.3
西藏	56	2	3.6	5	8.9

第四章 构建区域创新体系的基本环境与支撑条件分析

续表

地 区	企业数（个）	有研发机构的企业		有R&D活动的企业	
		有研发机构的企业数（个）	占比（%）	有R&D活动的企业数（个）	占比（%）
陕西	3684	243	6.6	332	9.0
甘肃	1370	100	7.3	138	10.1
青海	386	13	3.4	23	6.0
宁夏	764	86	11.3	94	12.3
新疆	1738	76	4.4	87	5.0

资料来源：国家统计局、科学技术部：《中国科技统计年鉴（2012）》，中国统计出版社2012年版。

从高等学校来看，截至2011年底，全国共有高等学校2409所，较2007年增长26.3%；高等学校共有研究开发机构8630个，较2007年增长91.7%；高等学校共有研究开发人员63.2万人，较2007年增长41.1%。2011年，高等学校数超过100所的省（市）有10个，分别是河北、辽宁、江苏、浙江、安徽、山东、河南、湖北、湖南和广东；研究开发人员占从业人员比重超过30%的省（市）有11个，分别是北京、天津、辽宁、吉林、黑龙江、上海、浙江、湖南、广西、重庆和西藏。

表4-7 全国高等学校科技活动基本情况

年份 指标	2007	2008	2009	2010	2011
学校数（个）	1908	2263	2305	2358	2409
理工农医学校数（个）	786	827	1003	970	975
人文社科学校数（个）	840	869	954	963	997
R&D机构（个）	4502	5159	5784	7833	8630
R&D人员（万人）	44.8	47.8	50.9	59.4	63.2

资料来源：国家统计局、科学技术部：《中国科技统计年鉴（2012）》，中国统计出版社2012年版。

表4-8 2011年各省（市）高等学校科技活动基本情况

地 区	学校数（个）	从业人员（人）	R&D人员合计（人）	R&D人员占从业人员比重（%）
北京	87	131583	64946	49.4
天津	55	45894	18394	40.1
河北	112	96315	18621	19.3
山西	74	57849	13690	23.7
内蒙古	47	37381	7013	18.8
辽宁	112	94834	29995	31.6
吉林	57	61429	32038	52.2

续表

地区	学校数（个）	从业人员（人）	R&D人员合计（人）	R&D人员占从业人员比重（%）
黑龙江	78	76205	23023	30.2
上海	66	74065	37514	50.7
江苏	151	161062	43258	26.9
浙江	102	81384	32210	39.6
安徽	115	73176	21244	29.0
福建	85	61042	13198	21.6
江西	86	70472	9866	14.0
山东	138	142698	29233	20.5
河南	117	117117	17184	14.7
湖北	122	127363	29265	23.0
湖南	120	95652	28674	30.0
广东	134	125388	36387	29.0
广西	70	52830	21881	41.4
海南	17	12913	2220	17.2
重庆	59	50119	15706	31.3
四川	93	103433	29234	28.3
贵州	48	31121	7973	25.6
云南	64	43195	10804	25.0
西藏	6	3460	1103	31.9
陕西	90	99010	20262	20.5
甘肃	42	33886	6518	19.2
青海	9	6677	1244	18.6
宁夏	16	9637	2543	26.4
新疆	37	27629	6531	23.6

资料来源：国家统计局、科学技术部：《中国科技统计年鉴（2012）》，中国统计出版社2012年版。

从科研机构来看，虽然研究开发机构的数量每年都有所减少，但研究开发机构的平均规模逐年增加。截至2011年底，全国共有研究开发机构3673个，其中中央属研究开发机构686个，地方属研究开发机构2987个；研究开发机构的研究开发人员达到36.2万人，较2007年增长24.8%。2011年，研究开发机构数超过150个的省（市）有8个，分别是北京、山西、辽宁、黑龙江、山东、湖北、广东和四川；研究开发人员占从业人员比重超过50%的省（市）有12个，分别是北京、天津、辽宁、吉林、上海、福建、山东、广东、云南、甘肃、青海和新疆。

第四章 构建区域创新体系的基本环境与支撑条件分析

表4-9 全国研究开发机构情况

指标 \ 年份	2007	2008	2009	2010	2011
机构数（个）	3775	3727	3707	3696	3673
中央属机构数（个）	674	678	691	686	686
地方属机构数（个）	3101	3049	3016	3010	2987
R&D人员（万人）	29.0	30.4	32.3	34.2	36.2

资料来源：国家统计局、科学技术部：《中国科技统计年鉴（2012）》，中国统计出版社2012年版。

表4-10 2011年各省（市）研究开发机构情况

地 区	机构数（个）	从业人员（人）	R&D人员合计（人）	R&D人员占从业人员比重（%）
北京	370	146738	96058	65.5
天津	58	13536	7845	58.0
河北	75	17095	6926	40.5
山西	170	16927	6471	38.2
内蒙古	95	8227	3815	46.4
辽宁	166	21372	13734	64.3
吉林	112	13167	8389	63.7
黑龙江	179	15168	7431	49.0
上海	134	41491	28082	67.7
江苏	148	43544	21495	49.4
浙江	98	19888	5907	29.7
安徽	107	18178	7661	42.1
福建	97	6408	3294	51.4
江西	116	12952	5216	40.3
山东	227	22822	11690	51.2
河南	121	25404	11996	47.2
湖北	152	29706	14593	49.1
湖南	130	15873	7233	45.6
广东	185	23173	11899	51.3
广西	124	10487	4310	41.1
海南	31	5389	1155	21.4
重庆	30	12413	4227	34.1
四川	171	69302	24509	35.4
贵州	73	5480	2441	44.5
云南	105	10550	6722	63.7
西藏	18	1348	435	32.3
陕西	114	56476	27205	48.2
甘肃	109	10591	6220	58.7

续表

地区	机构数（个）	从业人员（人）	R&D人员合计（人）	R&D人员占从业人员比重（%）
青海	25	1040	835	80.3
宁夏	22	864	429	49.7
新疆	111	7012	3697	52.7

资料来源：国家统计局、科学技术部：《中国科技统计年鉴（2012）》，中国统计出版社2012年版。

（二）创新中介服务机构快速发展

中介服务机构是区域创新网络的一个主要节点，对创新主体的创新活动起着重要的促进作用。在区域创新网络中，中介服务机构有着沟通联结作用、咨询服务作用、孵化作用、协调重组作用、引进和培育人才作用、优化创新环境的作用。随着我国社会主义市场经济体制的不断完善和政府职能转变的不断加快，行业协会、商会、创业中心、生产力促进中心等创新中介服务机构得到快速发展，在区域创新网络中的地位日益突出，为构建区域创新体系提供了较好的中介服务基础。

从创新服务社会团体来看，截至2011年底，全国共有行业协会（工商服务业类社会团体）24894个，较2007年增长40.3%；共有科技研究类社会团体19126个，较2007年增长8.6%；中国科协系统实有机构（各级科协组织）总计7174个，其中科协机构3165个，学会4009个，各级科协从业人员38700人，学会从业人员16934人。

表4-11 全国创新服务社会团体发展情况

指标\年份	2007	2008	2009	2010	2011
工商服务业类社会团体（个）	17747	20945	22847	23467	24894
科技研究类社会团体（个）	17615	19369	19786	19494	19126

资料来源：中华人民共和国民政部：《中国民政统计年鉴：中国社会服务统计资料（2012）》，中国统计出版社2012年版。

从生产力促进中心来看，截至2011年底，全国共有生产力促进中心2274个，较2007年增长59.6%；生产力促进中心总资产达到260.8亿元，较2007年增长124.1%；生产力促进中心服务企业总数达到30.7万个，较2007年增长98.1%；生产力促进中心为企业增加销售额1918.2亿元，较2007年增长47.7%。

表4–12　全国生产力促进中心发展情况

指标\年份	2007	2008	2009	2010	2011
中心总数（个）	1425	1532	1808	2032	2274
总资产（亿元）	116.4	162.5	209.2	157.1	260.8
服务企业总数（万个）	15.5	19.0	24.5	24.5	30.7
为企业增加销售额（亿元）	1299.0	1202.0	1796.8	1578.6	1918.2

资料来源：国家统计局、科学技术部：《中国科技统计年鉴（2012）》，中国统计出版社2012年版。

（三）创新组织形式呈现多样化

在开放式创新越来越成为技术创新的一种新潮流新趋势的背景下，我国技术创新的组织形式也发生了很大变化，技术联盟、集群创新等合作创新组织模式不断涌现并得到快速发展，为构建区域创新体系提供了更加适宜的组织条件。

从技术联盟来看，"十一五"以来，我国积极推动产业技术创新战略联盟的发展，使其成为加强产学研合作、促进技术创新体系的重要举措。一方面，我国制定和出台了一系列支持性政策，包括先后发布了《关于推动产业技术创新战略联盟构建的指导意见》、《国家科技计划支持产业技术创新战略联盟暂行规定》、《关于大力推进农口产业技术创新战略联盟构建的通知》、《产业技术创新战略联盟部内审核工作程序》、《关于推动产业技术创新战略联盟构建与发展的实施办法（试行）》和《产业技术创新战略联盟评估工作方案（试行）》；另一方面，开展产业技术创新战略联盟试点，2010年、2011年和2012年分别选择了36个、56个和39个联盟开展产业技术创新战略联盟试点工作，切实有力地推动了我国产业技术创新战略联盟的发展。

从集群创新来看，经过30多年的发展，产业集群在我国已经初具规模，形成了"珠三角"、"长三角"、"中关村"等不同地域、不同领域、不同规模的产业集群，这些产业集群在弥补由于孤立和隔离给企业带来的劣势的同时，也极大地增强了地区的经济影响力，更为地区的创新能力提升起到了重要促进作用。比如，目前浙江省拥有年产值亿元以上的产业集群区超过500个，平均每个县有3个产业集群，如诸暨大唐的袜业、湖州织里童装、杭州的女装、永嘉桥头的纽扣、苍南宜山的腈纶等；"珠三角"404个建制镇中，有1/4的镇形成了特色产业集群；江苏省认定的50家特色产业集群2011年实现营业收入超过1.5万亿元，带动了2万多家中小企业配套发展，涌现出"中国常熟服装城"、"中国叠石桥家纺城"、"中国酒店日用品之都"等一批具有较高影响力的区域品牌。不仅如此，我国许多特色产业集群的服务网络已从最初的销售为主延伸至覆盖科研、孵化、检测、金融、物流、市场、知识产权保护等多个领域，成为推动技术创新和区域创新的不可忽视的重要力量。

四、基本环境与支撑条件之创新资源

以着眼于提升自主创新能力为目的，无论是政府、企业还是社会群体，越来越重视对创新的投入，创新资源的配置力度不断加大，创新资源的配置结构不断优化，创新资源的配置主体不断增加，多层次、多元化、多渠道的创新资源投入体系正在形成，为我国构建区域创新体系提供了有力的资源保障。

（一）创新经费投入力度不断加大

"十一五"以来，我国围绕着经济社会发展的全局和自主创新中的薄弱环节，加强政府在创新资源配置中的引导作用，加大创新经费投入，优化投入结构，创新支持方式，不断提高经费使用效益，引导和带动全社会创新投入的大幅增长，为构建区域创新体系提供了可靠的财力投入保障。

从研究与开发经费总投入来看，2011年全国研究与开发经费内部支出8687.01亿元，2007~2011年每年的现价增长率都超过了20%，每年的可比价增长率均超过了14%，占GDP的比重则由1.4%提高到了1.84%，五年间增加了0.44个百分点。

表4–13　全国研究与开发经费总投入情况

指标＼年份	2007	2008	2009	2010	2011
R&D经费内部支出（亿元）	3710.24	4616.02	5802.11	7062.58	8687.01
占国内生产总值比重（%）	1.40	1.47	1.70	1.76	1.84
R&D经费内部支出现价增长率（%）	23.55	24.41	25.70	21.72	23.00
R&D经费内部支出可比价增长率（%）	14.82	15.41	26.45	14.1	14.15

资料来源：国家统计局、科学技术部：《中国科技统计年鉴（2012）》，中国统计出版社2012年版。

从研究与开发经费投入结构来看，2011年用于基础研究的R&D经费内部支出为411.81亿元，占比4.7%；用于应用研究的R&D经费内部支出为1028.39亿元，占比11.8%；用于实验发展的R&D经费内部支出为7246.81亿元，占比83.4%。

表 4–14　全国研究与开发经费投入结构

指标	年份	2007	2008	2009	2010	2011
基础研究	R&D 经费内部支出（亿元）	174.52	220.82	270.29	324.49	411.81
	占比（%）	4.7	4.8	4.7	4.6	4.7
应用研究	R&D 经费内部支出（亿元）	492.94	575.16	730.79	893.79	1028.39
	占比（%）	13.3	12.5	12.6	12.7	11.8
试验发展	R&D 经费内部支出（亿元）	3042.78	3820.04	4801.03	5844.30	7246.81
	占比（%）	82.0	82.8	82.7	82.8	83.4

资料来源：国家统计局、科学技术部：《中国科技统计年鉴（2012）》，中国统计出版社 2012 年版。

从研究与开发经费执行部门来看，2011 年企业的 R&D 经费内部支出达到 6579.3 亿元，占比 75.7%；研究与开发机构的 R&D 经费内部支出为 1306.7 亿元，占比 15.0%；高等学校的 R&D 经费内部支出为 688.9 亿元，占比 7.9%；其他部门的 R&D 经费内部支出为 112.1 亿元，占比 1.3%。可见，企业越来越成为研究与开发经费投入的主体，在研究与开发中越来越具有主导性作用。

表 4–15　全国研究与开发经费投入的执行部门情况

指标	年份	2007	2008	2009	2010	2011
企业	R&D 经费内部支出（亿元）	2681.9	3381.7	4248.6	5185.5	6579.3
	占比（%）	72.3	73.3	73.2	73.4	75.7
研究与开发机构	R&D 经费内部支出（亿元）	687.9	811.3	995.9	1186.4	1306.7
	占比（%）	18.5	17.6	17.2	16.8	15.0
高等学校	R&D 经费内部支出（亿元）	314.7	390.2	468.2	597.3	688.9
	占比（%）	8.5	8.5	8.1	8.5	7.9
其他	R&D 经费内部支出（亿元）	25.7	32.9	89.4	93.4	112.1
	占比（%）	0.7	0.7	1.5	1.3	1.3

资料来源：国家统计局、科学技术部：《中国科技统计年鉴（2012）》，中国统计出版社 2012 年版。

从分地区的研究与开发经费投入来看，2011 年研究与开发经费投入强度接近或超过 2 的省（市）有 6 个，分别是北京、天津、上海、江苏、广东和陕西，其中北京高达 5.76（见表 4–16）。

（二）创新型人才队伍建设步伐加快

按照《国家中长期人才发展规划纲要（2010~2020 年）》的要求，围绕着到 2020 年建设一支规模宏大、素质优良、结构合理、富有活力的创新型科技人才

表 4-16 各地区研究与开发经费投入强度

年份 地区	2007	2008	2009	2010	2011
北京	5.40	5.25	5.50	5.82	5.76
天津	2.27	2.45	2.37	2.49	2.63
河北	0.66	0.67	0.78	0.76	0.82
山西	0.86	0.90	1.10	0.98	1.01
内蒙古	0.40	0.44	0.53	0.55	0.59
辽宁	1.50	1.41	1.53	1.56	1.64
吉林	0.96	0.82	1.12	0.87	0.84
黑龙江	0.93	1.04	1.27	1.19	1.02
上海	2.52	2.59	2.81	2.81	3.11
江苏	1.67	1.92	2.04	2.07	2.17
浙江	1.50	1.60	1.73	1.78	1.85
安徽	0.97	1.11	1.35	1.32	1.40
福建	0.89	0.94	1.11	1.16	1.26
江西	0.89	0.97	0.99	0.92	0.83
山东	1.20	1.40	1.53	1.72	1.86
河南	0.67	0.66	0.90	0.91	0.98
湖北	1.21	1.31	1.65	1.65	1.65
湖南	0.80	1.01	1.18	1.16	1.19
广东	1.30	1.41	1.65	1.76	1.96
广西	0.37	0.46	0.61	0.66	0.69
海南	0.21	0.23	0.35	0.34	0.41
重庆	1.14	1.18	1.22	1.27	1.28
四川	1.32	1.28	1.52	1.54	1.40
贵州	0.50	0.57	0.68	0.65	0.64
云南	0.55	0.54	0.60	0.61	0.63
西藏	0.20	0.31	0.33	0.29	0.19
陕西	2.23	2.09	2.32	2.15	1.99
甘肃	0.95	1.00	1.10	1.02	0.97
青海	0.49	0.41	0.70	0.74	0.75
宁夏	0.84	0.69	0.77	0.68	0.73
新疆	0.28	0.38	0.51	0.49	0.50

资料来源：国家统计局、科学技术部：《中国科技统计年鉴（2012）》，中国统计出版社 2012 年版。

队伍的目标，我国加快了创新型人才队伍的建设步伐，人才工作取得突破性进展和显著成效，为构建区域创新体系提供了坚实的人才保障。

从科技人力资源总量来看，我国高等教育的快速发展，确保了科技人才资源

第四章 构建区域创新体系的基本环境与支撑条件分析

总量持续稳定增长，我国科技人力资源总量已经超过美国，位居世界第1位。2011年，中国各类专业技术人员总量达到2300万人，比2010年增加约30万人；科技人力资源总量达到6200万人，比2007年增长47.6%。按照年末人口计算，2011年中国每万人口中科技人力资源数约为460人/万人，是2007年318人/万人的1.45倍。

表4-17　全国科技人力资源情况

指标＼年份	2007	2008	2009	2010	2011
科技人力资源总量（万人）	4200	4600	5100	5700	6200
每万人口中科技人力资源数（人/万人）	318	346	382	425	460

资料来源：中华人民共和国科学技术部：《中国科学技术发展报告（2011）》，科学技术文献出版社2011年版。

从研究开发人才队伍来看，"十一五"以来，我国研究开发人员数量保持高速增长的态势。2011年，我国共有研究开发人员401.76万人，较2010年增长13.4%；全国研究开发人员全时当量为288.29万人年，较2007年增长66.0%，每万名就业人员中研究开发人员全时当量达到37人年/万人。分地区来看，2011年研究开发人员全时当量超过10万人年的省（市）有8个，分别是北京、上海、江苏、浙江、山东、河南、湖北和广东。

表4-18　全国研究开发人员情况

指标＼年份	2007	2008	2009	2010	2011
R&D人员数（万人）	—	—	318.37	354.22	401.76
R&D人员全时当量（万人年）	173.62	196.54	229.13	255.38	288.29

资料来源：国家统计局、科学技术部：《中国科技统计年鉴（2012）》，中国统计出版社2012年版。

表4-19　2011年各地区研究开发人员情况

地区	R&D人员（人）	R&D人员全时当量（人年）
北京	296990	217255
天津	111586	74293
河北	111807	73025
山西	67777	47355
内蒙古	36225	27604
辽宁	129637	80977
吉林	70704	44815

续表

地 区	R&D人员（人）	R&D人员全时当量（人年）
黑龙江	87258	66599
上海	198667	148500
江苏	455135	342765
浙江	324245	253687
安徽	122640	81087
福建	128614	96884
江西	56919	37517
山东	327252	228608
河南	167386	118041
湖北	166357	113920
湖南	127654	85783
广东	515646	410805
广西	61185	40135
海南	8341	5397
重庆	65287	40698
四川	134125	82485
贵州	24875	15886
云南	43586	25092
西藏	1855	1081
陕西	100585	73501
甘肃	31819	21332
青海	7515	5006
宁夏	12006	7358
新疆	23900	15451

资料来源：国家统计局、科学技术部：《中国科技统计年鉴（2012）》，中国统计出版社2012年版。

从科技人才培养来看，我国本专科学生和研究生招生和毕业人数逐年上升，科技人力资源储备十分丰富。2011年，全国普通高等教育本专科招生681.5万人，比2010年（661.8万人）增加近20万人；普通本专科在校学生达到2308.5万人，比2010年（2231.8万人）增加约77万人；普通本专科毕业生608.2万人，比2010年（575.4万人）增加约33万人；全国研究生教育招生56.0万人，比2010年的53.8万人稍有增加；在学研究生达到164.6万人，比2010年（153.8万人）增加了约11万人；毕业研究生43.0万人，比2010年（38.4万人）增加约5万人。[①]

[①] 中华人民共和国科学技术部：《中国科学技术发展报告（2011）》，科学技术文献出版社2011年版。

（三）技术资源开发取得重要突破

全球在多个领域的技术突破和国内在多个方面的技术创新为我国实施区域创新战略提供了重要技术条件，而我国不断积累的技术资源则为构建区域创新体系提供了重要资源基础。

从技术突破来看，当前，全球技术变革速度加快，新一轮科技革命引而待发，一些重要科学问题与关键技术正在发生革命性突破，而大数据浪潮、信息技术和制造业的融合，以及能源、材料、生物等领域的技术突破则正引发新的技术变革。而综观国内，近些年来，我国在一些关键共性技术攻关、重大战略产品研发、重大示范工程建设方面取得长足进展，一批创新成果得到推广应用；在农业科学、能源科学、信息科学、资源环境科学、健康科学、材料科学、制造与工程科学、综合交叉科学与重大科学前沿领域的基础研究取得重要突破；在信息技术、生物和医药技术、新材料技术、先进能源技术、海洋技术、现代交通技术等高新技术领域取得全面进展。

从技术资源积累来看，2011年国内专利申请受理数、授权数和有效专利数分别达到150.5万件、88.4万件和230万件，较2007年分别增长156.6%、193.0%和270.0%；国内外发明专利申请受理数、授权数和有效数分别达到52.6万件、17.2万件和69.7万件，较2007年分别增长114.7%、153.3%和156.3%。分地区来看，2011年国内三种专利有效数超过10万件的省（市）有6个，分别是北京、上海、江苏、浙江、山东和广东，国内发明专利有效数超过1万件的省（市）有7个，分别是北京、辽宁、上海、江苏、浙江、山东和广东。

表4-20 全国专利申请、受理和有效情况

指标＼年份	2007	2008	2009	2010	2011
国内专利申请受理数（件）	586498	717144	877611	1109428	1504670
国内专利申请授权数（件）	301632	352406	501786	740620	883861
国内有效专利数（件）	622409	923797	1193110	1825403	2303015
国内、外发明专利申请受理数（件）	245161	289838	314573	391177	526412
国内、外发明专利申请授权数（件）	67948	93706	128489	135110	172113
国内、外发明专利申请有效数（件）	271917	337215	438036	564760	696939

资料来源：国家统计局、科学技术部：《中国科技统计年鉴（2012）》，中国统计出版社2012年版。

表 4–21 2011 年各地区专利有效数情况

地 区	国内三种专利有效数（件）	国内发明专利有效数（件）
北京	131255	52522
天津	38690	8159
河北	33813	4321
山西	14764	3359
内蒙古	7162	1112
辽宁	54320	10452
吉林	15594	3771
黑龙江	29042	5784
上海	149202	31117
江苏	371322	29385
浙江	331703	25728
安徽	60400	4782
福建	58969	5025
江西	14237	1862
山东	139884	15685
河南	50785	6129
湖北	50906	8868
湖南	43108	8457
广东	400571	58648
广西	13149	1835
海南	2442	682
重庆	41070	4750
四川	74455	9262
贵州	11240	2124
云南	13683	3061
西藏	390	83
陕西	31544	8197
甘肃	6728	1565
青海	1195	206
宁夏	2133	322
新疆	8603	902

资料来源：国家统计局、科学技术部：《中国科技统计年鉴（2012）》，中国统计出版社 2012 年版。

第四章　构建区域创新体系的基本环境与支撑条件分析

五、基本环境与支撑条件之市场发展

我国经济社会发展阶段的转变为创新提供了巨大的市场需求，而多个行业的市场主体之间的激烈竞争则对企业创新提出了更加迫切的要求，信用社会建设的推进为创新提供了规范化的市场基础，这些都为我国构建区域创新体系提供了良好的市场发展环境。

（一）创新具有巨大的市场需求空间

随着经济社会的快速发展，我国对创新的市场需求十分巨大。首先，经济发展阶段和工业化发展阶段的转变对创新提出巨大的市场需求。经过改革开放30多年的发展，我国经济规模已经位居世界第二，进入了中等收入国家行列。然而，我国加快转变经济发展方式的需求也更加迫切，因为过去的发展模式（需求上主要是基于投资拉动，特别是基础设施建设和工业产能累积，以及外贸出口的强劲发展；供给上凭借大量廉价劳动力和土地供给，以及资源环境消耗）变得不可持续。而且，目前我国工业化水平处于工业化中期的后半阶段但即将走完，"十二五"将步入工业化后期。无论是经济发展阶段的变化，还是工业化发展阶段的转变，都意味着我国经济发展战略必须实现从"要素驱动"向"创新驱动"的转变。进一步分析省级区域，到2010年，北京、上海两个直辖市处于后工业化阶段，天津、江苏、浙江、广东处于工业化后期的后半阶段，辽宁、福建、山东、重庆、内蒙古处于工业化后期的前半阶段，湖北、河北、青海、宁夏、江西、湖南、河南、安徽、陕西、四川、黑龙江处于工业化中期的后半阶段，而广西、山西、甘肃、云南、贵州处于工业化中期的前半阶段，海南、西藏、新疆三个边疆省区仍然处于工业化初期的后半阶段。不同省级区域的经济发展阶段和工业化发展阶段的差异意味着我国应针对不同区域实施差异化的创新战略，即构建不同模式的区域创新体系。

其次，社会转型的深入推进对创新也提供了巨大的市场需求空间。从世界其他国家发展经验来看，一个国家进入中等收入时期，也往往是需要进行社会变革的时期。就我国而言，随着温饱问题的解决和生活水平的提高，人民群众在追求幸福与个人发展方面也有了更多新的要求和新的期待，社会结构也发生了显著变化，这都要求通过创新来满足人们和社会更高的物质与精神需求，并适应社会结构的变迁需要。

最后,我国自主创新能力与发达国家的差距也意味着创新具有巨大的市场空间。有数据显示,目前我国关键技术的对外依存度高达50%,而美国、日本仅为2%~5%;中国高科技含量的关键部件主要依靠进口,如集成电路设备的90%、高端医疗设备95%以上依赖进口,光纤设备和电视机、手机、DVD的"心脏"几乎全部是进口。

(二)市场竞争加剧要求企业加快创新步伐

越来越多的研究表明,市场竞争程度与企业创新活动之间具有正相关关系。比如,Nickell(1996)根据英国1975~1986年676家企业的微观面板数据研究市场竞争程度对企业创新的影响,发现加强竞争会促进创新;Kukuk 和 Manfred(2005)利用德国工业企业的调查数据研究发现,激烈的市场竞争对企业的创新活动具有显著的正效应。从我国来看,随着由卖方市场向买方市场的转变以及对外开放程度的提高,多个行业的市场竞争程度日益加剧,企业之间的竞争也由传统的价格竞争、质量竞争转向创新能力竞争,对企业的创新水平提出越来越高的要求。以高新技术产业为例,2008年我国高新技术产业的行业集中率 CR_4 为8.56%,CR_8 为11.74%,这表明我国高新技术产业从整体来看是分散竞争型的市场结构,市场竞争非常激烈,对企业形成强大的创新压力。又以汽车产业为例,2001~2010年我国汽车产业的市场集中度总体上呈现下降趋势,表明市场竞争程度在加剧,对企业创新的要求在提高。

表4-22 我国汽车产业市场集中度情况

年 份	CR值(%)		赫希曼指数HHI (前8位)
	CR_4	CR_8	
2001	58.94	77.68	1018
2002	61.70	82.43	1107
2003	57.95	78.24	1007
2004	56.70	77.82	966
2005	55.86	72.53	882
2006	55.62	71.69	884
2007	58.47	75.84	997
2008	56.10	71.64	939
2009	56.25	75.33	923
2010	40.76	62.43	536

资料来源:钟毅:《中国汽车产业市场结构与市场绩效关系研究》,浙江大学硕士学位论文,2012年。

第四章 构建区域创新体系的基本环境与支撑条件分析

（三）社会诚信和商务诚信建设推动市场规范化发展

近年来，我国将推动社会信用体系建设纳入政府工作的重要内容，主要是推进以道德为支撑的诚信体系建设和以制度建设为基础的信用体系建设，并逐渐向法制化转变。2007年，国务院下发《关于社会信用体系建设的若干意见》，要求加快推进社会信用体系建设。2007年召开的全国金融工作会议进一步提出，以信贷征信体系建设为重点，全面推进社会信用体系建设，加快建立与我国经济社会发展水平相适应的社会信用体系基本框架和运行机制。2011年，国务院提出要"把诚信建设摆在突出位置，大力推进政务诚信、商务诚信、社会诚信和司法公信建设，抓紧建立健全覆盖全社会的征信系统"，全面推进社会信用体系建设。截至2011年底，中国人民银行全国统一的个人征信系统收录自然人数约8亿人，企业征信系统收录企业及其他组织共计1800万户。与此同时，我国多个行业都开展了诚信体系建设，如食品行业、电力行业、旅游行业等。社会诚信体系和商务诚信体系建设步伐的不断加快，将促进市场的规范化发展，进而为创新提供有效的市场秩序。

六、基本环境与支撑条件之政策制度

自从2006年1月全国自主创新大会以来，我国明显加快了区域创新和自主创新政策体系建设步伐，先后出台了上百个政策文件，以完善区域创新和自主创新的政策环境，增强区域和国家自主创新能力。这些政策制度主要涉及三类：第一类是促进区域创新的针对性政策体系，第二类是推动自主创新的系统部署性政策，第三类是促进自主创新的具体政策。它们为我国构建区域创新体系提供了重要的政策制度保障。

（一）促进区域创新的针对性政策制度

"十一五"以来，我国出台了一系列促进区域创新体系建设的针对性政策文件，具体包括：

一是2006年2月，国务院颁布了《国家中长期科学和技术发展规划纲要（2006~2020年）》，明确提出要建设各具特色和优势的区域创新体系的要求，包括要充分结合区域经济和社会发展的特色和优势，统筹规划区域创新体系和创新能力建设；深化地方科技体制改革；促进中央与地方科技力量的有机结合；发挥高等院校、科研院所和国家高新技术产业开发区在区域创新体系中的重要作用，增强科技创新对区域经济社会发展的支撑力度；加强中、西部区域科技发展能力建设；切实加强县（市）等基层科技体系建设。

二是 2010 年 10 月，国家发展和改革委员会专门下发了《加强区域产业创新基础能力建设工作指导意见》，明确提出要进一步加强产业创新基础能力建设，构建和完善各具特色和优势的区域创新体系，具体包括加大支持力度，进一步提升国家产业创新平台的能力和水平，充分发挥其对地方自主创新和经济发展的支撑和引领作用；鼓励和支持地方产业创新平台建设，促进跨区域、跨行业的联合，加快推进国家地方联合工程研究中心、国家地方联合工程实验室等创新平台布局，促进国家和地方产业创新平台的有机衔接和合作，强化不同区域研发、系统集成和工程化的能力，构建辐射带动作用强的区域创新源，推动形成各具特色、优势明显、高水平、多层次的区域创新体系。

三是 2012 年 9 月，中共中央、国务院印发《关于深化科技体制改革加快国家创新体系建设的意见》，要求完善区域创新发展机制，包括要充分发挥地方在区域创新中的主导作用，加快建设各具特色的区域创新体系；结合区域经济社会发展的特色和优势，科学规划、合理布局，完善激励引导政策，加大投入支持力度，优化区域内创新资源配置；加强区域科技创新公共服务能力建设，进一步完善科技企业孵化器、大学科技园等创新创业载体的运行服务机制，强化创业辅导功能。加强区域间科技合作，推动创新要素向区域特色产业聚集，培育一批具有国际竞争力的产业集群；加强统筹协调，分类指导，完善相关政策，鼓励创新资源密集的区域率先实现创新驱动发展，支持具有特色创新资源的区域加快提高创新能力；以中央财政资金为引导，带动地方财政和社会投入，支持区域公共科技服务平台建设；总结完善并逐步推广中关村等国家自主创新示范区试点经验和相关政策；分类指导国家自主创新示范区、国家高新技术产业开发区、国家高新技术产业基地等创新中心完善机制，加强创新能力建设，发挥好集聚辐射带动作用。

（二）推动自主创新的系统部署性政策

"十一五"以来，我国显著加强了对推动自主创新的顶层设计和系统部署，出台了一系列促进自主创新的综合性规划和政策文件，这些构成推动区域创新发展的重要政策制度，具体包括：

一是出台推动自主创新的综合性规划。2006 年 2 月，国务院颁布了《国家中长期科学和技术发展规划纲要（2006~2020 年）》、《中共中央、国务院关于实施科技规划纲要增强自主创新能力的决定》以及《实施〈国家中长期科学和技术发展规划纲要（2006~2020 年）〉的若干配套政策》，成为未来一段时间内我国推动自主创新的纲领性文件。2006年10月和2011年7月，科技部分别发布了《国家"十一五"科学技术发展规划》和《国家"十二五"科学和技术发展规划》，对我国"十一五"时期和"十二五"时期推动自主创新做出了系统部署。2007年2月，国家发展和改革委员会、科技部和教育部联合发布了《国家自主创新基础能力建设"十一五"规划》，对"十一五"时期我国加强自主创新基础能力建设做出了规划部署。2011年11月，工业和信息化部发布了《"十二五"产业技术创新规划》，明确了工业和信息化领域产业技术创新的五项重点任务：加强技术创新能力建设、构建技术创新服务体系、大力开发关键和共性技术、着力促进科技成果转化、培育与发展战略性新兴产业。同年12月，国务院印发了《工业转型升级规划（2011~2015年）》，明确提出了我国工业和信息化领域的自主创新推进目标和相关部署。

二是出台推动企业自主创新的综合性政策文件。2009年5月，工信部、科技部等四部门联合制定和发布了《国家产业技术政策》，成为产业技术发展和创新的指导性政策文件。这一文件提出要构建和完善技术创新体系，推动产业技术升级；发挥企业主体作用，促进产业技术研发与创新；健全法律法规体系，加强规划和政策的引导；构建技术标准体系，实施知识产权战略；广泛开展国际合作与交流，强化技术引进消化再创新；健全产业技术服务体系，实施创新人才战略。2012年9月，中共中央、国务院印发《关于深化科技体制改革加快国家创新体系建设的意见》，成为指导我国科技改革发展和创新型国家建设的又一个纲领性文件，标志着我国建设创新型国家的进程进入一个新的历史节点。

（三）促进自主创新的具体政策制度

"十一五"以来，我国出台和实施了大量具体的自主创新政策，这些政策也是促进区域创新政策体系的重要组成部分，具体包括：

一是加强技术创新平台建设的政策。技术创新平台是构建区域创新体系的重要组成部分，是提升区域自主创新能力的重要支撑。"十一五"以来，我国出台了多项政策支持技术创新平台建设，如表4-23所示。

表4-23 "十一五"以来我国加强技术创新平台建设的相关政策

政策领域	政策文件	出台时间
加强国家工程实验室、国家工程研究中心、国家重点实验室建设	《关于建设国家工程实验室的指导意见》	2006年7月
	《国家工程研究中心管理办法》	2007年3月
	《国家重点实验室建设与运行管理办法》	2008年8月
	《依托企业建设国家重点实验室管理暂行办法》	2012年6月

续表

政策领域	政策文件	出台时间
加强国家科技基础条件平台建设与共享	《"十一五"国家科技基础条件平台建设实施意见》	2005年7月
	《关于进一步推动科研基地和科研基础设施向企业及社会开放的若干意见》	2006年12月
	《关于进一步推动国家科技基础条件平台开放共享工作的通知》	2008年12月
	《关于开展国家科技基础条件平台认定和绩效考核工作的通知》	2011年7月
	《科研条件发展"十二五"专项规划》	2012年2月
加强企业技术中心与创新基地建设	《国家认定企业技术中心管理办法》	2007年4月
	《关于印发"十二五"国家重大创新基地建设规划的通知》	2013年3月

二是开发关键和共性技术的政策。大力开发关键和共性技术是加强区域创新的重要领域，是增强自主创新能力的重要环节。"十一五"以来，我国出台了一系列鼓励和规范管理政策，继续加强基础研究，加大科技重大专项实施力度，加快产业重大技术开发，如表4-24所示。

表4-24 "十一五"以来我国推动开发关键和共性技术的相关政策

政策领域	政策文件	出台时间
加强基础研究工作	《国家自然科学基金条例》	2007年2月
	《国家自然科学基金"十二五"发展规划》	2011年7月
	《关于进一步加强基础研究的若干意见》	2011年9月
	《国家基础研究发展"十二五"专项规划》	2012年2月
国家高技术研究发展计划（863计划）	《国家高技术研究发展计划（863计划）专项经费管理办法》	2006年10月
	《国家高技术研究发展计划（863计划）管理办法》	2011年8月
国家重点基础研究发展计划（973计划）	《国家重点基础研究发展计划管理办法》	2006年7月
	《国家重点基础研究专项经费财务管理办法》	2006年9月
	《国家重点基础研究发展计划管理办法》（修订）	2011年11月
	纳米研究、量子调控研究、蛋白质研究、发育与生殖研究、干细胞研究、全球变化研究六个国家重大科学研究计划"十二五"专项规划	2012年6月
国家科技支撑计划	《国家科技支撑计划管理暂行办法》	2006年7月
	《国家科技支撑计划专项经费管理办法》	2006年9月
	《国家科技支撑计划管理办法》	2011年9月
国家科技重大专项	《关于组织实施科技重大专项任务分工的通知》	2006年6月
	《组织实施科技重大专项若干工作规则的通知》	2006年9月
	《支持国家重大科技项目政策性金融政策实施细则》	2006年12月
	《关于抓紧做好科技重大专项启动实施有关工作的通知》	2008年3月
	《国家科技重大专项管理暂行规定》	2008年8月
	《国家科技重大专项知识产权管理暂行规定》	2010年7月
	《国家科技重大专项项目（课题）验收暂行管理办法》	2011年7月

第四章 构建区域创新体系的基本环境与支撑条件分析

三是推动产业技术创新战略联盟发展的政策。合作创新是自主创新的重要形式，而构建产业技术创新战略联盟则是推动合作创新的重要手段。"十一五"以来，我国积极推动产业技术创新战略联盟的发展，使其成为加强产学研合作、促进技术创新体系的重要举措，如表4-25所示。

表4-25 "十一五"以来我国推动产业技术创新战略联盟发展的相关政策

政策领域	政策文件	出台时间
总体性政策	《关于推动产业技术创新战略联盟构建的指导意见》	2008年12月
	《国家科技计划支持产业技术创新战略联盟暂行规定》	2008年12月
	《关于大力推进农口产业技术创新战略联盟构建的通知》	2009年8月
	《产业技术创新战略联盟部内审核工作程序》	2009年9月
	《关于推动产业技术创新战略联盟构建与发展的实施办法（试行）》	2009年12月
	《产业技术创新战略联盟评估工作方案（试行）》	2012年6月
试点政策	《关于推动产业技术创新战略联盟构建与发展的实施办法（试行）》	2009年12月
	《关于选择一批产业技术创新战略联盟开展试点工作的通知》	2010年1月

四是促进技术创新成果转化的政策。"十一五"以来，我国积极推动将促进技术创新成果产业化、商业化作为加强企业自主创新的重点，在《促进科技成果转化法》的基础上出台了一系列相关政策，如表4-26所示。

表4-26 "十一五"以来我国推动技术创新成果转化的相关政策

政策领域	政策文件	出台时间
规划引导与目录指导	《当前优先发展的高技术产业化重点领域指南（2007年度）》	2007年1月
	《高新技术产业化及其环境建设"十二五"专项规划》	2012年1月
出台多项支持性政策	《关于进一步加强金融与科技合作大力推进农业科技成果转化和产业化的通知》	2008年7月
	《关于促进自主创新成果产业化的若干政策》	2008年12月
	《国家科技成果转化引导基金管理暂行办法》	2011年7月
	《关于支持科技成果出资入股确认股权的指导意见》	2012年12月
加强产业化载体建设	《国家大学科技园认定和管理办法》	2006年11月
	《关于促进国家高新技术产业开发区进一步发展 增强自主创新能力的若干意见》	2007年3月
	《国家大学科技园"十一五"发展规划纲要》	2007年12月
	《关于开展国家大学科技园评价工作的通知》	2011年1月
	《国家大学科技园"十二五"发展规划纲要》	2011年8月
	《关于进一步做好国家高新技术产业化基地工作的通知》	2011年8月

续表

政策领域	政策文件	出台时间
加强产业化载体建设	《关于延长国家大学科技园和科技企业孵化器税收政策执行期限的通知》	2011年8月
	《国家高新技术产业开发区"十二五"发展规划纲要》	2013年1月
	《国家科技企业孵化器"十二五"发展规划》	2013年1月
实施产业化重大工程	《关于进一步加强火炬工作,促进高新技术产业化的指导意见》	2011年7月
	《关于印发科技服务体系火炬创新工程实施方案试行并组织开展科技服务体系建设试点工作的通知》	2011年8月

五是扩大自主创新产品需求的政策。"十一五"以来,我国制定和出台了一系列扩大自主创新产品需求的政策,不断增加对自主创新产品的采购,切实发挥自主创新产品采购对自主创新能力提升的激励作用,如表4-27所示。

表4-27 "十一五"以来我国扩大自主创新产品需求的相关政策

政策领域	政策文件	出台时间
政府采购	《实施〈国家中长期科学和技术发展规划纲要(2006-2020年)〉的若干配套政策》	2006年2月
	《关于实施促进自主创新政府采购政策的若干意见》	2006年6月
	《自主创新产品政府首购和订购管理办法》	2007年12月
	《政府采购进口产品管理办法》	2007年12月
	《重大技术装备自主创新指导目录(2009年版)》	2009年12月
	《重大技术装备自主创新指导目录(2012年版)》	2012年1月
对采购自主创新产品实施税收优惠	《研发机构采购国产设备退税管理办法》	2011年12月

六是构建技术创新服务体系的政策。"十一五"以来,我国积极支持技术创新服务体系构建与发展,有效整合创新资源,降低创新成本,提高创新效率,相关政策如表4-28所示。

表4-28 "十一五"以来我国构建技术创新服务体系的相关政策

政策领域	政策文件	出台时间
加快生产力促进中心发展	《生产力促进中心"十一五"发展规划纲要》	2006年11月
	《国家级示范生产力促进中心认定和管理办法》	2007年7月
	《国家级示范生产力促进中心绩效评价工作细则》	2007年10月
	《生产力促进中心服务产业集群、服务基层科技专项行动的实施意见》	2011年5月
	《生产力促进中心"十二五"发展规划纲要》	2011年6月

第四章 构建区域创新体系的基本环境与支撑条件分析

续表

政策领域	政策文件	出台时间
实施科技服务体系火炬创新工程	《关于印发科技服务体系火炬创新工程实施方案试行并组织开展科技服务体系建设试点工作的通知》	2011年8月
加强公共服务平台建设	《关于促进中小企业公共服务平台建设的指导意见》	2010年4月
	《国家中小企业公共服务示范平台管理暂行办法》	2010年5月
	《关于国家中小企业公共技术服务示范平台适用科技开发用品进口税收政策的通知》	2011年11月
	《国家中小企业公共服务示范平台认定的管理办法》	2012年5月

七是加强知识产权创造和保护的政策。"十一五"以来，在《实施〈国家中长期科学和技术发展规划纲要（2006~2020年）〉的若干配套政策》的总体指引下，我国针对性地出台了一系列知识产权创造和保护政策，全面加强了知识产权管理工作，如表4-29所示。

表4-29 "十一五"以来我国加强知识产权创造和保护的相关政策

政策领域	政策文件	出台时间
综合性政策	《实施〈国家中长期科学和技术发展规划纲要（2006~2020年）〉的若干配套政策》	2006年2月
掌握关键技术和重要产品的自主知识产权	《我国信息产业拥有自主知识产权的关键技术和重要产品目录》	2006年12月
	《关于提高知识产权信息利用和服务能力 推进知识产权信息服务平台建设的若干意见》	2006年12月
加强技术标准研究与制定	《科技计划支持重要技术标准研究与应用的实施细则》	2007年1月
加强知识产权保护	《关于国际科技合作项目知识产权管理的暂行规定》	2006年11月
	《国家科技重大专项知识产权管理暂行规定》	2010年7月
	《打击侵犯知识产权和制售假冒伪劣商品专项行动方案》	2010年10月
	《关于贯彻落实全国知识产权保护与执法工作会议精神 进一步加强科技创新知识产权工作的通知》	2010年12月

八是加强创新人才队伍建设的政策。"十一五"以来，我国高度重视创新人才队伍建设，出台了一系列创新人才培养、引进、激励的相关政策，如表4-30所示。

表4-30 "十一五"以来我国加强创新人才队伍建设的相关政策

政策领域	政策文件	出台时间
对创新人才队伍建设的总体规划和指引	《实施〈国家中长期科学和技术发展规划纲要（2006~2020年）〉的若干配套政策》	2006年2月
	《国家中长期科技人才发展规划（2010~2020年）》	2011年7月

· 111 ·

续表

政策领域	政策文件	出台时间
加强创新人才培养	《关于在重大项目实施中加强创新人才培养的暂行办法》	2007年1月
	《关于加强专业技术人员继续教育工作的意见》	2007年6月
	《关于进一步加强国家重点领域紧缺人才培养工作的意见》	2007年8月
	《高校学生科技创业实习基地认定办法(试行)》	2010年4月
加强创新人才引进	《中华人民共和国海关对高层次留学人才回国和海外科技专家来华工作进出境物品管理办法》	2006年12月
	《关于建立海外高层次留学人才回国工作绿色通道的意见》	2007年2月
	《关于进一步加强引进海外优秀留学人才工作的若干意见》	2007年3月
	《关于鼓励科研项目单位吸纳和稳定高校毕业生就业的若干意见》	2009年2月
	《关于进一步加强科研项目吸纳高校毕业生就业有关工作的通知》	2010年3月
加强创新人才激励	《关于企业实行自主创新激励分配制度的若干意见》	2006年10月
	《中关村国家自主创新示范区企业股权和分红激励实施办法》	2010年2月

九是支持特定企业自主创新的政策。"十一五"以来，我国出台了一系列政策支持中小企业、高新技术企业和创新型企业的自主创新活动，如表4-31所示。

表4-31 "十一五"以来我国支持特定企业自主创新的相关政策

政策领域	政策文件	出台时间
支持中小企业的自主创新	《科技型中小企业贷款平台建设指引》	2006年3月
	《关于纳税人向科技型中小企业技术创新基金捐赠有关所得税政策问题的通知》	2006年12月
	《科技型中小企业创业投资引导基金管理暂行办法》	2007年7月
	《关于支持中小企业技术创新的若干政策》	2007年10月
	《关于进一步加大对科技型中小企业信贷支持的指导意见》	2009年5月
	《关于进一步促进科技型中小企业创新发展的若干意见》	2011年5月
	《关于加快推进民营企业研发机构建设的实施意见》	2011年8月
支持高新技术企业发展	《中国高新技术产品目录2006》	2006年9月
	《关于商业银行改善和加强对高新技术企业金融服务的指导意见》	2006年12月
	《关于进一步支持出口信用保险为高新技术企业提供服务的通知》	2006年12月
	《关于加强和改善对高新技术企业保险服务有关问题的通知》	2006年12月
	《关于进一步发挥信用保险作用支持高新技术企业发展有关问题的通知》	2007年5月
	《高新技术企业认定管理办法》	2008年4月
	《高新技术企业认定管理工作指引》	2008年7月
	《关于科技部与中国银行加强合作促进高新技术产业发展的通知》	2009年11月
	《关于完善中关村国家自主创新示范区高新技术企业认定管理试点工作的通知》	2011年3月

第四章 构建区域创新体系的基本环境与支撑条件分析

续表

政策领域	政策文件	出台时间
支持创新型企业发展	《关于开展创新型企业试点工作的通知》	2006年4月
	《关于对创新型试点企业进行重点融资支持的通知》	2007年6月
	《关于开展创新型企业评价工作的通知》	2008年6月
适用于特定企业的一般性自主创新政策	《关于进一步加强技术创新工作的通知》	2009年9月
	《关于促进科技和金融结合加快实施自主创新战略的若干意见》	2011年10月
	《科技部关于进一步鼓励和引导民间资本进入科技创新领域的意见》	2012年6月

七、基本环境与支撑条件之社会文化

改革开放以来，尤其是加入世界贸易组织之后，我国的社会文化发展取得了显著进步，突出表现之一是整个社会的创新意识不断增强，创新文化日益浓厚，创业的社会环境明显改善，为我国构建区域创新体系奠定了良好的人文基础和提供了优良的社会环境。

（一）创新意识不断增强

无论是政府、企业还是社会各界，对于创新的重要性的认识越来越深刻，创新意识不断增强。以创新主要驱动力之一的企业家为例，近些年来，我国企业家的创新理念和意识明显增强。根据中国企业家调查系统的调查结果，2001年时企业经营者认为"勇于创新"最能体现企业家精神的比重为47.7%，①而2009年时企业经营者对创新意识的评价明显提高，表示"非常同意"或"比较同意""决策层重视研发和创新"、"在开发新产品方面领先竞争对手"、"决策层强调技术领先"、"企业战略注重探索和原创"的企业经营者占比分别为91.6%、84.4%、84.2%和69.6%。② 而2013年的调查结果也显示，企业经营者普遍认为，人力资本和创新是确保企业持续发展最关键的因素。③

---

① 中国企业家调查系统：《企业创新：现状、问题及对策——2001·中国企业经营者成长与发展专题调查报告》，2001年。
② 中国企业家调查系统：《企业经营者对企业家精神的认识与评价——2009·中国企业经营者成长与发展专题调查报告》，2009年。
③ 中国企业家调查系统：《经济转型与创新：认识、问题与对策——2013·中国企业家成长与发展专题调查报告》，2013年。

(二)创新文化日益浓厚

所谓"水有源,故其流不穷;木有根,故其生不穷",创新有"根",是既有文化土壤和血脉基础上的生成和发展。中华民族五千年的优秀传统文化饱含了创新思想,而具有中国特色的社会主义当代文化更是将创新置于重要地位。特别是在中共十八大提出实施创新驱动发展战略以来,全社会的创新文化氛围变得更加浓厚。除了国家整体层面外,我国各个区域的亚文化也都非常强调创新,甚至许多区域一直以来具有非常强烈的创新精神和浓厚的创新氛围,比如,北京就把"爱国、创新、包容、厚德"作为北京精神,其中创新是核心构成要素;多个省市的"十二五"国民经济和社会发展规划中都将创新发展作为主要的原则之一,充分体现了各地文化中对创新的重视。从微观层面来看,越来越多的企业在自身的组织文化建设中将创新融入其中,由此使得创新日益成为企业文化的核心要素。

(三)创业的社会环境明显改善

近些年来,我国创业的社会环境明显改善,主要表现在三个方面:一是社会对于创业的认识更加客观,更加能够容忍创业失败。二是政府对于创业出台了一系列支持性政策,使创业者更加具有创业的动力,也增加了创业者的创业便利性。比如2008年,国务院办公厅转发人力资源和社会保障部、教育部等11个部委《关于促进以创业带动就业工作指导意见》;2010年,人力资源和社会保障部、教育部、财政部等六部委联合开展"高校毕业生就业推进行动",实施"创业引领计划"。目前,这些创业扶持政策主要涉及融资服务政策、场地扶持政策、税费减免政策、开业专家指导政策、开业能力提升政策、鼓励科技创业政策、非正规就业孵化器政策等方面。除了国家出台的政策外,各地也都纷纷出台了支持创业的相关政策,如多个地方出台了促进全民创业的政策文件,全面鼓励创业。三是我国的教育、医疗等配套体系快速发展,特别是社会保障体系不断健全。2011年,全国城镇职工基本养老保险、城镇基本医疗保险、失业保险、工伤保险、生育保险的参保人数分别达到2.84亿人、4.73亿人、1.43亿人、1.77亿人、1.39亿人,比2001年分别增长100.2%、549.8%、38.3%、307.2%、302.1%,新农保和城镇居民养老保险参保人数达到3.64亿人,新农合参合人数达到8.32亿人,这些为创业提供了良好的社会环境支撑。

第五章 英、美市场主导型区域创新体系构建战略

在世界范围内，随着经济全球化和区域经济一体化的不断深入发展，区域创新能力已经成为区域竞争力强弱的决定性因素，并且是推动区域经济发展的重要动力。由于资源禀赋、技术条件、市场基础、文化传统等的差异，造就了各国不同的区域创新体系。英美两国在构建区域创新体系过程中，体现出了明显的"市场主导型"特征。本章从区域创新战略驱动因素、创新战略类型、创新组织结构、资源配置方式以及制度环境建设等几个方面，介绍英美两国在区域创新体系构建战略选择和实施中的典型经验，为我国区域创新体系构建提供参考和借鉴。

一、美国区域创新体系构建战略

从全球范围来看，美国是国家区域创新体系发育最为完善且运行效率较高的典型国家。富有创新精神的文化传统，适应自由市场经济的政治体制，规范完善的政策法规体系，科技、研发和教育的高投入，以及能包容多元文化、鼓励自由思考、独立创新的外部社会环境，使美国成为一个创新型科技强国，并形成了当今世界最为全面的国家创新体系。

（一）区域创新驱动因素具有典型"企业主体型"特征

1. 企业是美国区域创新战略的核心主体

美国经济是建立在资本主义私有制的基础之上的，大量的经济活动都具有私人性，受支配于私人的决策。美国的国民在自由市场经济制度下扮演着多重角色，他们既是消费者，又是生产者、投资者和决定他们自己命运的投票表决者。由于大部分企业是私人的，因此企业是主要的市场主体，市场是企业间协调的主要机制。各级政府主要是从国家和地区角度为企业技术创新创造环境，通过各种

直接或间接手段进行调控,而企业则根据自身发展的战略和在市场中所处的地位,来决定什么时候进行创新,以及在什么方面进行创新。因此,企业是美国区域创新体系的核心主体。

研究美国的区域创新体系不能不提硅谷,硅谷以其持续的创新能力和国际竞争能力成为美国以及世界的高科技典范区域。分析硅谷的创新体系不难发现,以企业为主体是其最突出的特征。根据美国小企业管理局 2001 年的统计,硅谷的高科技公司总数达到了 9324 家。自 1965 年以来,美国成立的 100 家最大的技术公司有 1/3 在硅谷。由于美国绝大多数的资源配置是通过市场进行的,为了在竞争中取得优势地位和追求利润的最大化,各企业一直把研发工作视为提高产品竞争力和企业生存的关键,企业的创新活动中尤以小企业最具活力。研究表明,美国有一半以上的创新发明是在小企业实现的,小企业的人均发明创造是大企业的两倍,而且小企业的研发回报率比大企业高出近 15%。

除此之外,美国的一些企业组织通过合作组建正式的研究机构从事基础研究,并且积极与大学及其他一些专门科研机构密切合作,联合建立科技研究中心,形成了一套融合"科研—生产—设计"的一体化体系,充分体现了企业作为区域创新体系主体核心的作用。

2. 核心驱动因素是"鼓励冒险、宽容失败、勇于创新和不断进取"的企业创新文化

企业作为创新战略的核心主体能够取得成功,除了美国政府部门提供的创新制度保障(产权、融资、税收等)和研究机构提供的科研保障外,充分发挥企业创新的主动性是其关键。而"鼓励冒险、宽容失败、勇于创新和不断进取"的创新文化,恰恰为企业创新提供了核心驱动力。仍以硅谷为例,美国《商业周刊》曾将"恰当的硅谷文化"归结为美国硅谷的四大成功要素之一,即鼓励冒险、宽容失败、勇于创新和不断进取。硅谷提倡自我抛弃和自我毁灭。以"抛弃创新"、"毁灭重生"谋求发展,是硅谷企业的创新精髓。硅谷从 20 世纪 70 年代不足 3000 家企业发展到现在的近万家,除了纯数字的变化外,其间企业的更替兴衰更是惊人。硅谷企业创新精神的另一个重要体现是风险投资的兴盛,美国风险投资企业约有 1/2 聚集于此。风险投资是美国很多企业成功的必要因素,许多有名的公司初期都是依靠风险投资发展起来的。大量的风险投资给硅谷企业创新提供了源源不断的资金供给,对于政府的资金依赖性减小,从而形成了以企业为主体的区域创新体系。

第五章 英、美市场主导型区域创新体系构建战略

（二）美国政府在构建区域创新体系战略中发挥"适当参与"作用

1. 政府在区域创新体系中作用重要但间接有限

美国人往往自称他们国家是一种混合经济，所谓混合经济的含义是，在美国绝大多数的生产资料和产品是私人拥有的，实行的是市场经济，但美国联邦政府在市场经济中扮演着极为重要的角色。区域创新体系建设是一个复杂的系统工程，在以企业为创新主体的自由市场经济制度下，美国政府主要从法律和政策等方面进行创新支持，主要包括：资助基础科学研究，为科技创新提供基础资源；制定鼓励创新的法令、法规，培育有利于创新的环境；通过税收政策、政府采购等方式，推动工业创新；加大对技术创新合作与成果转化的支持力度等内容。值得注意的是，虽然政府在技术创新中占有重要地位，但是与其他大多数工业化资本主义国家相比，美国政府在区域创新体系构建中所起到的作用仍然是有限的，扮演的是"适当参与"的角色。美国的区域创新体系在保留了产业创新的利润动机的同时，通过大学等有关机构和提供大量的政府资助，使技术的很大部分和很多方面成为共有，从而在很大程度上避免了私有化的损失。从这点看，美国国家和区域创新体系的最大成功就是在私有和公有之间建立一种适当的平衡，既能保持足够的私人刺激以鼓励创新，又能保持足够的公有性以促进技术广泛应用。

2. 政府的制度和机构安排是多元化的

支撑创新的制度安排，即约束个人和团体之间相互作用的一系列共同的习惯、常规、既有的经验和规则，对于创新体系的效率有很大的影响。制度是在社会发展过程中的一种基础性因素，它们形成了创新的选择环境，并影响着知识的储存和转移。在美国由于市场是企业之间进行交往和协调的主要机制，资源配置也几乎是采用市场的方式，企业的创新活动也都是由市场决定的。因此，美国各届政府都坚定地支持自由主义的立场。成熟的市场经济一个不可避免的缺陷是缺乏计划性，产业研究开发缺少协调，较之某种理想状态来说，不可避免地造成研究开发配置的低效，本可以通过研究开发协调获得的规模经济和范围经济，现在却丧失了。由于技术在很大程度上属于所有者，为了得到最好的技术，很多企业有时花费了高昂的代价却得不偿失，甚至一无所获。因此，如何控制私有技术带来的竞争方面的低效，是美国国家和区域创新体系非常重要的制度安排。美国的各级政府从供给、需求和环境保障等几个方面由不同的机构制定了多元的制度来促进国内技术创新活动的开展。这些制度安排可以归结为如下方面：

一是对研究开发的支持。政府选择性地支持研究开发，通常有三种类型：第一类涉及基础研究，第二类与政府自身需求有关，第三类是有计划地以提高某个特定产业或厂商群市场竞争力为目标。二是制定有关创新的法令、法规，加强基

础设施建设，为企业提供有助于创新的环境。三是通过税收政策（包括鼓励风险投资的税收政策）、政府采购、国防开支等政府行为推动工业创新。四是通过推出科技发展计划，促进系统要素，特别是政府与企业、研究机构之间的互动。

3. 政府在区域创新体系构建中的重点任务

美国在创新之路上走在前列，其创新战略具有先进性和示范效应，受到国际社会的广泛关注。通过研究发现，美国政府在区域创新体系构建中的重点任务具有鲜明的特点：

一是重视创新的关键基础建设，包括教育、基础研究和基础设施。在教育方面，美国将着重创建一流的早期教育，推动小学、中学教育质量改革，降低高等教育的费用，提升科学、技术、工程学和数学教育；在基础研究方面，美国将制定最庞大的研发投入计划，将 GDP 的 3% 用于研发；在基础设施方面，美国将加快高速铁路和高速无线宽带未来建设，并发展下一代航空交通管理。

二是重视为创新的主体——私有部门创造良好环境。为鼓励创新，美国提议将研究与实验的税收抵免永久化，通过专利审批改革计划提高专利审批速度，支持并保护有效的知识产权，为小企业拓展资本来源，通过创业计划使美国成为世界上最适宜进行高增长型创业的地方，形成更具创新性、开放、有竞争力的市场，并推动美国的出口。

三是重视公共投资在关键领域的推动作用。能源、生物、纳米、太空、医疗以及教育等关键领域被美国政府认为是分内事，提出了各种解决方案。在能源方面，美国政府将推动可再生能源领域内太阳能、风能、热能等技术的制造与相关投资部署，制定新能源标准，建立能源创新中心，投资新一代汽车技术；在生物和纳米方面，将完成主要疾病的 DNA 排序，推动纳米技术应用，对先进制造业的技术研发进行投资；在太空方面，将发展新一代的全球定位卫星，以及有着先进导航和定时作用的全球定位服务，完善太空观测和研究；在医疗方面，将推广医疗信息技术，促进医疗技术创新；在教育方面，通过宽带、云计算、数字设备和软件的普及，发展教育技术。

（三）"区域网络化合作创新"是美国区域创新战略的主要模式

1. 美国区域创新战略以"区域网络化合作创新"为主要模式

美国区域创新战略具有典型的网络化合作特征，企业创新活动普遍建立在网络化基础之上。其中的一些企业（成员企业）共同建立了一个一般性网络企业，通过这个网络企业的创新目标和创新活动，进一步实现成员企业的创新目的，或者引发成员企业的创新。"区域网络化合作创新"既是美国区域创新战略的主要模式，也是美国区域创新战略难以被模仿和超越的重要因素。

第五章 英、美市场主导型区域创新体系构建战略

以硅谷为例,"硅谷"是世界信息技术和高新技术产业的中心,是许多驰名大公司的发源地,也是美国个人收入最高地区之一。以硅谷为蓝本的模仿活动遍及全球,但真正实现建造第二个硅谷目标的基本没有。其根本原因在于:"硅谷"的区域创新体系是基于地区网络、活跃的地区文化及广泛的社会关系构成的创新生态系统,具有典型的区域网络化合作特征,并非各种创新主体和创新产业要素的简单罗列组合,这恰恰是最难被模仿和复制的。"硅谷"形成了一个发展创新的地区网络。政府、各行各业的企业、大学或学院、研究机构、培训机构以及与其发展密切配合的风险投资中心,还有银行和非银行金融系统、资本市场、人才市场和技术市场等都是这个网络的要素,这些要素相互作用、相互影响,不断地创新、发展和融合,从而形成紧密联系的地区网络。在区域网络化合作模式中,独特的创新文化逐渐形成,密集的社会网络和开放的人才市场激励着创业者们不断进行新的试验和创业,企业内各部门的边界互相渗透,企业之间以及企业与当地机构、商贸协会和大学之间密切关联,从而形成产业集群,产生集聚优势。

2. "区域网络化合作创新"使得产业集群效应具有内生优势

正是由于"区域网络化合作"的创新模式,从而使得美国区域创新产业集群效应具有内生性优势。企业在产业集群效应下内生性地造就创新能力。仍然以硅谷地区为例,由于该地区主要是高科技产业,产业发展初期过后,大量的技术企业迅速集聚,高成长的远景不仅吸引着中小企业,而且对大公司充满诱惑。一些大公司如惠普科技、英特尔、思科以及IBM等,或将总部迁移至此,或设立研发中心,将大量物质和智力资本投入到硅谷。大量企业加入所带来的是新科技和新知识的扩散效应,进一步带动了行业创新。在几十年的发展过程中,硅谷不断地累积各种创新资源,实现新的增长,再不断地吸引更多新的资源,如此循环,形成一个良性、高速运转的RIS。在这个系统中,各种资源既相互竞争又合作无间,发挥了极大的功效。不难发现,硅谷成功的根本原因在于"区域网络化合作创新"使得产业集群效应具有内生性优势,从而产生永不停息的创新活动,且一直都保持着持续不断的自主创新能力和旺盛的生命力。不难发现,硅谷产业集群具有很强的自我衍生能力,仅在1997年,硅谷区内2000家企业破产的同时,又有3500家新企业成立。

(四)"以市场为导向、以知识和技术为核心"的创新组织

在美国区域创新体系中,创新组织主要包括两类主体:一类是知识生产和扩散主体,以大学、科研机构和科技中介机构为主;另一类是知识应用和开发主体,主要以企业为主。大学、科研机构、科技中介机构和企业等创新组织通过复杂的网络系统和紧密顺畅的沟通渠道,构成了"以市场为导向、以知识和技术为

核心"的创新生态系统，除了在自主创新和合作创新等方面具有明显优势之外，在吸收模仿创新方面——从国外（主要是欧洲）获取知识方面——也极具优势。比如，虽然美国加利福尼亚州和马萨诸塞州的公共和私人出资的基础研究系统都在产生专利方面远不如英国，但是在创新方面（例如市场上的生物技术产品）却远远优于英国，这种优势源自美国自由的以市场为导向的调整政策，特别是经过强大的风险投资系统的严格筛选和市场放大，使得这种在开发方面的优势被大大地加强。整体来看，美国以市场为导向、以知识和技术为核心的创新组织生态结构，在自主创新、合作创新和吸收模仿创新方面都表现出很高的效率。

1. 以知识生产和科技创新为核心的大学

美国拥有世界上最发达的高等教育，在世界大学前 100 强排名当中，美国的大学要占到一半以上，这是美国科技领先于世界的重要原因。拥有 3500 多所高等院校的美国高等教育体系不仅是美国杰出人才的摇篮，也是高新科技成果重要的研究开发基地。大学和学院是知识的主要生产者，规模比较大的大学，如威斯康星州立大学、宾夕法尼亚大学、加州大学洛杉矶分校和明尼苏达大学都拥有大量的教员，他们的工作是进行科学研究和出版研究成果。大学教员进行科学、人文和社会科学方面的研究，其研究结果有些能够直接用于指导实践和解决社会问题，自然科学和社会科学研究经常是为企业和其他公共机构服务。它在科技进步和经济发展乃至国际竞争中起着越来越大的作用。

美国大学科研活动的迅速发展是第二次世界大战以后在科技革命的推动下展开的。20 世纪 80 年代以来，美国大学科研重心进一步变化，由比较注重理论研究转为更加重视实际问题的解决及其科研成果转化。大学的科研经费和科研人员迅速增加，他们承担了美国 3/5 的基础研究，所取得的成果远远超过了欧洲。根据美国国家科学基金会的调查，在数学、化学、天文物理和地理学四个关键领域，70% 的重大进步是大学科研的成果。美国大学的科研体系通过几十年的发展，在国家科学事业中稳固了自己的地位，形成了科研密切与社会发展相结合的传统和经验，呈现出以下鲜明特征：

一是从国外引进优秀人才。第二次世界大战后，美国为了占据科技优势，大张旗鼓地开展从国外"汲取才智运动"，吸引了大批国外优秀人才。据统计，1949 年以来，已有 30 多万名外国科技人才移居美国，1996~1997 年美国的注册留学生达到创纪录的 45.8 万人，目前美国的科学家和工程师中，在外国出生的已占 20%，每年获得博士学位的留学生中有 60% 左右留在美国工作，大大扩充了美国的科技队伍，推动了科研发展。

二是重视本科高年级和研究生参加科研工作。如果把学生参加科研的工作量改由专职科研人员承担，那么美国大学仅此就需增加 5 万名专职研究人员。美国

第五章 英、美市场主导型区域创新体系构建战略

尤其从大量外国留学生中得到了实惠。据估计，外国留学生每年可给美国带来33.5亿美元的财富，至于他们的科研成果所创造的潜在价值则无法估量。教学与科研相结合已成为美国发展科学事业和培养高级人才的一个重要经验。

三是突出研究成果的开发。为了使大学研究成果及时转化为生产力和商品，第二次世界大战后，美国对研究开发日益关注，加大了投入。20世纪80年代以来，美国研究与开发经费的平均增长率达3%以上。美国大学的科研成果向企业商品转化的力度在加强、速度在加快。

2. 定位明确、功能齐全的科技中介服务机构

科技中介机构从功能上大体可划分为三类：一是直接参与服务对象技术创新过程的机构，包括生产力促进中心、创业服务中心、工程技术研究中心等；二是主要利用技术、管理和市场等方面的知识为创新主体提供咨询服务的机构，包括科技评估中心、科技招投标机构、情报信息中心、知识产权事务中心和各类科技咨询机构等；三是主要为科技资源有效流动、合理配置提供服务的机构，包括常设技术市场、人才中介市场、科技条件市场、技术产权交易机构等。美国的科技中介服务业极其发达，科技中介服务机构种类繁多，组织形式多样，专业化程度高，活动能力强。从营利性质上看，其科技中介机构一般分为营利与非营利两大类型。组织上一般不隶属于政府或企业、事业单位，主要按市场方式运作，不论官办与民办大多均称不以盈利为第一目标。具体包括以下五类：

第一类，官方组织。美国小企业管理局（SAB）的职能是实行各种担保和贷款计划，帮助企业获取资金，例如：贷款担保计划、小额贷款计划和504贷款计划等；设立小企业发展中心（SBRC）、退休工商领袖服务团（SCORE）和商务信息中心（BIC），提供各种信息、咨询和技术服务；帮助小企业获得政府采购合同。小企业发展中心得到政府和各方面的高度重视和支持，它被明确为非营利性机构，运行经费来自联邦政府、州政府和其他收入，其中不超过50%的经费来自联邦政府，目前已形成庞大的全国性网络，共有57个州中心和904个分中心，成为促进美国科技成果产业化和经济持续增长的重要社会力量。

第二类，半官方性质的联盟和协会组织。这类中介机构由政府和民间合作组建，工作重点是帮助新兴高科技企业争取资金、改进管理、寻找商业合作伙伴和推动新科技发明尽快进入市场，它们还参与政府科技经济发展规划、措施的策划，负责政府部分科技项目的评审管理工作，如旧金山湾区科技联盟（BARTA）就负责加州技术投资合作项目的评审推荐工作。

第三类，高科技企业孵化器。美国著名的全企网络公司TEN就是一个高科技企业孵化器，这些孵化器通过提供全面有效的服务，为高科技企业的成长营造一个良好的环境。它们的服务业务有：出租场地、设备；帮助企业进行资金融通

和资金管理；提供企业接待、文秘、复印和传真等办公服务，帮助处理大量文书工作；提供法律、会计等专业服务；提供技术咨询、技术转让和技术指导服务；提供各种最新信息；提供"种子基金"、参股新建企业；等等。

第四类，特定领域的专业服务机构。圣荷西市软件发展中心（SCD）就属于这样一种专业服务机构，中心的软件测试设备和工具由IBM等大型计算机公司赞助。中心帮助小软件开发企业获得专利、资金，免费提供使用软件测试设备，组织企业主与风险投资家见面并举行有针对性的专题讲座。

第五类，大学里的技术转移办公室TOL。TOL的主要工作是进行技术转移，将大学的技术成果转移给合适的企业，同时把社会、产业界的需求信息反馈到学校，推动大学与企业的合作。

3. 以市场为导向、注重知识应用和开发的企业

知识应用和开发体系的主体主要是企业。以市场为导向的美国企业，具有激励创新的制度安排。美国的企业体制，是在传统的自由资本主义基础上发展起来的，因此具有与这种特定经济条件相适应的特点，可以称之为资本市场驱动型的体制。主要表现在以下方面：

从公司融资方式看，美国企业主要通过发行股票和企业债券的形式从市场上筹措长期资本，这一点是由美国的金融体制决定的。美国虽然有数量众多的商业银行，但是只能经营短期贷款，不能经营7年以上的长期贷款，因此公司无法通过银行的间接金融获得足够的长期资本，只能求助于发行股票和债券。公司外部长期融资中，约有70%来自外债，30%来自股票的发行。

从对企业的监督看，美国的公司主要是通过股票市场进行外部监督。美国公司的主要股东不是银行，而是共同基金、养老基金等其他机构投资者。根据美国的反垄断法，商业银行不能持有企业的股份，而小股东的股权十分分散，机构投资者虽然有较大发展，但它们并不是真正的所有者，而是机构的代理人。养老基金在机构拥有的股票中占2/3以上，但是美国法律并不鼓励其主动参与公司的治理结构，故在公司董事会中实际上没有任何代表。因此，他们只是被动的投资者，只关心短期红利收益，而非企业长期发展。绩效不好的企业，股票会被抛出，压低股票价格，很可能会导致敌意接管行为。因此，外部股票市场的高效监督对公司高管人员是一个有效的约束激励措施，使其努力工作，提高公司盈利水平以防止被接管。

从企业的经营目标看，美国公司一般是以股票价格最大化为经营目标，而且强调的是股东的控制权。这主要是因为股东对企业的收益拥有剩余价值索取权，承担经营风险，而债权人收益是固定的，雇员则事先协商确定工资，都不承担风险。

美国企业的这些制度特点决定了它们在创新方面具有以下几个显著特点：第一，由于技术的私有化特征，因此技术创新主要出于利润动机和市场压力进行；第二，激烈的市场竞争导致新技术有着多元的、独立的来源，这种来源既有一般性，同时也具有竞争性；第三，企业提供的创新严重依赖事后的市场力量选择，同时也严重依赖企业本身。

由于美国企业的私有化特征，使得创新的企业尽可能地保持其技术的保密性，在某些情况下，企业也采取积极的措施把它们私有的技术向别人公开。其中，专利许可是一种广泛存在的制度。与此同时，随着技术创新速度的加快和创新难度的提高，技术创新的知识密集型、资本密集型和合作广泛性的特征日趋显著，企业自有的技术创新资源投入不足和研发能力逐渐成为制约其快速发展的主要影响因素，传统的独立创新模式已经很难满足技术创新和发展的需要，因此，企业都希望在充分利用内部资源的基础上，进一步获得外部技术和相关投入资源的支持，随着传统竞争意识的转变，这些私有化的企业逐渐建立了密切的合作关系，以解决单个企业人才不足、技术彼此保密等一系列不利于创新的问题，"网络化合作创新"模式逐渐由此自然形成。

（五）区域创新体系内部各种资源要素具有充分的流动性

区域创新体系的构建，离不开各种资源要素的自由流动。对于大多数地区而言，最重要的财富是拥有（或创造）一种制度安排，该制度安排通过不断获取新的知识并将其应用到本地生产体系中，把战略性的商业机遇变为经济强势和竞争优势。一些学者认为，支撑一个地区经济成功的大部分知识都是从其他地方获得的，并且这种成功是建立在与知识和商业环境相适应的组织能力基础上的，关键是企业或知识机构植根于更广泛的经济和知识交流网络中的方式。在美国的区域创新体系中，作为创新主体的企业与知识生产机构、中介机构等的相互作用非常频繁，这些机构通过紧密的互动，促进了知识的快速流动。在其创新体系中，企业可以很快地获取创新所需的各种知识，从而促进了整体创新能力的提高。其中，企业之间的知识流动和企业与知识生产机构之间的知识流动与企业创新活动关系最为紧密。以下是美国区域创新体系中知识流动所广泛采用的方法和形式：

（1）群的方法。在美国，群被作为一种发展企业和知识组织之间战略联盟的工具，群的方法已被用来作为一种促进区域经济发展工具。以群为基础的政策被看做是一种把参与者结合起来，促进知识交流和转让的以市场为导向的商业开发战略。以群为基础的政策包括积极地组织"专题小组"之内的跨部门企业、本地知识基础设施和区域发展机构之间的对话和互动。政策制定过程也是一个高度互动的过程，焦点在于分析本地经济结构和知识基础设施的优势和劣势。

例如，在纽约州，通过专题小组中企业、知识基础设施和政府之间高强度的对话，确认了信息技术、生物医药技术、商业服务、旅游等几个产业群。通过咨询过程，各方就信息技术群的发展达成了一致。专题小组中战略网络的优势是，既改善和加强了企业间的沟通和知识交流，又确认了本地群结构中遗漏的联系以及吸引新企业弥补差距的机遇。

(2) 企业间的技术共享和研究开发合作。在美国的一些产业之间存在着默许专利合作的做法，其中的企业在表面上达成了一种约定，都不为侵权而相互控告。这种做法反映出企业之间的一种共识，即在某些技术上进行共同的大范围合作，要比都试图严格地保持各自为战好，都能从中收益。当然这种专利合作趋向限于积极从事研究开发，并对合作做出贡献的企业，对此合作没有贡献而只想从中渔利的企业，则很可能会遭到专利侵权的诉讼。

(3) 知识生产机构——企业之间的知识流动。企业与科研机构（大学）之间快速的知识流动，能够促进科技成果的快速商品化，提高了整个区域创新体系的知识配置力。美国的许多私营企业为了在竞争中取得市场优势和追求利润的最大化，越来越把研究开发工作视为提高产品竞争力和关系企业生存的关键，许多大公司都设立了研究开发部门，招聘大量的研究开发人员，不惜巨资进行研究开发活动。

20世纪70年代后，美国的私营企业由只注重与直接开发新产品有关的应用技术的研究转变为也开始注重基础研究，来自大学的优秀研究人员成为企业招聘的新目标。而且，美国私营企业的研究开发工作本身也发生了很大的变化，研究开发活动日趋社会化，私营企业开始打破传统的竞争意识而开始合作。除了在企业内部设立研究开发机构，从大学等研究机构聘请人才之外，美国的私营企业还与大学和研究机构密切合作，联合建立研究中心。近年来，2500家美国大学与企业合作建立了3500多个科技中心，这些中心已逐渐成为美国高新技术的密集地。

（六）区域创新体系具有高度完善的外部环境

首先，健全的科技立法体系为构建区域创新体系提供了完善的支撑服务。自20世纪80年代以来，美国国会制定和发布的与技术创新活动和技术信息服务有关的法律、法规近20个。"二战"以来，美国把"发展科技"作为一项基本国策，为提升科技对国家经济和社会发展的影响，主要依托科技中介组织在科技与经济、政府与科技之间建立起有效的联系渠道。政府通过立法、政策导向，推动引导科技中介关注科研机构和企业的技术创新；科技中介服务组织在技术成果与市场之间架起桥梁，沟通政府与创新主体的联系。美国政府还规定，凡超过100万人的城市都应建立起关系区域发展的科技中介综合机构及组织。不难发现，美国通过健全的科技立法体系，尽可能地为企业和个人营造创新的政策环境，大力推动美国产业的技术创新和科研成果的产业化。

其次，美国拥有完善的资本市场和创新基础设施。发达和完善的资本市场体系为创新企业提供了直接融资场所，促进了社会化的科技创新体系的形成和完善，并且有力地弥补了金融系统中间接融资与科技创新不能有效结合的制度缺陷。创新基础设施主要包括信息网络基础设施、大型科研设施、数据库和图书馆等。美国在创新基础设施方面凭借其巨大的投入和不断的积累，为美国创新型国家的建设奠定了重要基础。

最后，多元化的高投入为区域创新体系构建提供了保障。与美国的高技术产出相对应的是，美国拥有巨大的科技投入优势，其科技投入供给规模长期以来居世界各国之首。从20世纪80年代以来，美国的研发（R&D）投入占国内生产总值的2.3%以上，1999年高达2470亿美元，占GDP的2.7%。众所周知，美国企业是创新投入的主体，联邦政府对基础性研究投入最大，大学、州及地方政府和一些私人非营利研究机构也是研发经费的投入者。在高科技领域，如信息产业、生物医学等，社会化的风险投资也是其研发经费的一个得力的资金来源，大约90%的高科技企业都是在风险投资的扶持下发展起来的，比如著名的数据设备公司、英特尔公司、微软公司和苹果公司等。

二、英国区域创新体系构建战略

（一）区域创新战略驱动因素具有典型"知识带动型"特征

英国也是一个具有发达市场经济的国家，但与美国的文化传统不同的是，英国人注重稳健和忠诚等保守主义因素，悠久的历史也使英国有着浓厚的文化知识氛围。因此，与美国不同，英国的区域创新体系是以知识的生产和加工为主要推动力的，知识创新型企业和研究型大学是英国区域创新的支撑载体。为了推动知识和科技成果的转化，英国政府鼓励科研型大学建立科技园区。19世纪80年代，英国46所大学举办了近20个科技园，1987年发展到37个，2000年则达到了53个。一些著名的科技园，如剑桥工业园、赫利奥特瓦大学科技园、艾斯顿科学园沃里克科学园等，大大加强了知识的研究和应用之间的联系。

知识的生产和创新一直是英国政府在区域创新中关注的重点。为了鼓励知识

构建区域创新体系战略研究

创新，英国政府很重视对知识产权的保护。1993年发布的《科学技术白皮书：实现我们的潜力》，标志着英国的知识产权战略变自主研发为吸收扩散，强调知识的流动性，并通过加强技术扩散来降低知识价格水平。1995年又推出了《加速前进》白皮书，提出了"技术共享与转让的效益指标"四个要素七个指标，并制定出一系列计划来支持技术扩散过程。如政府无偿转让由公共投资形成的知识产权、政府及研究理事会退出知识产权保护的第一线、鼓励"大学与产业界共同承担R&D"，以及"通过物化的R&D流动和专利化知识的市场分布"促进技术扩散等。1996~1997年，英国政府用于技术扩散的花费超过5000万英镑。为解决知识创新型企业融资难问题，英国主管科技和工业政策的贸工部甚至考虑设立"知识银行"，通过基金或者政府担保的运作方式支持企业进行知识生产和创新。

剑桥工业园是英国区域创新体系的典型代表。1969年，为响应英国政府关于大学和工业界联合的呼吁，剑桥大学便开始于当年筹备建立剑桥工业园。2000年，剑桥地区约有1200家高技术公司，就业数为35000人，年贸易额达40亿英镑。该地区的公司以研究与开发为主，集中了大量的高技术公司，主要是计算机软件和硬件、科学仪器和电子工业，还有日渐增多的生物技术、医药化学、空间技术等方面的公司。剑桥工业园还集中了一大批大型跨国公司的研究基地和研究中心，如诺基亚、日立、甲骨文、施乐公司、斯坦福研究所、微软等。剑桥工业园的成功与剑桥大学不可分割，剑桥大学在计算机、信息、物理和生物等方面的学科优势和科研实力通过知识产品化和技术转让得到充分利用。

（二）以欧盟多级、多层次的区域创新体系为依托

欧盟作为目前世界上最大的区域经济一体化组织，是全世界区域创新体系建立时间较早且比较完善的地区。欧盟区域创新体系是一个典型的多级、多层次的体系，政策手段十分丰富。英国以欧盟构建区域创新体系为依托，积极进行本国范围内的区域创新体系构建。

一方面，欧盟作为一个区域，强调成员国区域政策与欧盟区域政策的聚合，有统一的规划和整体部署，重视整合欧洲的科研资源，建设一个创新的区域。为此制定了欧盟区域创新战略，出台了一系列政策与行动计划，推出了多项区域创新项目：在1994年出台了《创新绿皮书》，强调了区域创新的重要性，在1996年和1999年分别实施了多个区域创新项目，取得了良好的效果，于1998年开始展开了"欧共体国家工业竞争力弱化的对策研究"。经过四年的研究，明确提出了欧共体工业振兴的出路在于创建各国的国家科技创新体系和各自国家内部的区域科技创新体系。2006年初，由欧盟有关人士组成的一个独立专家小组向欧盟委员会递交了一份名为《建设一个创新欧洲》的报告，呼吁欧盟政治、企业、社会

第五章 英、美市场主导型区域创新体系构建战略

等各阶层领导人签署研究与创新公约,实现其对建设创新欧洲的承诺。

另一方面,欧盟 RIS 更具体地表现为在统一的战略下欧盟各国或各区域内的 RIS 建设,把区域进行划分,采取不同的发展措施。落后区域包括以农业为主的区域、地理位置边远的区域和自然条件较差的区域等,突出特点是收入水平低,地方财政拮据、资源利用水平很低;萧条区域主要是经济结构过度多样化,产业布局过度拥挤的区域,典型特点是:产业拥挤、生产成本高、结构趋于老化以及发展方向不明确。发展措施有:直接援助(如拨款、优惠贷款、税收减免)、改善投资环境(如基础设施建设、创建科技园区)、控制与许可证制度等。

以欧盟构建区域创新体系为依托,英国按照欧盟区域创新战略要求,结合英国区域经济的特色而提出本国的区域创新体系构建战略。比如,英国以欧共体工业振兴计划为突破口,采取自主创新和模仿创新相结合的模式,进行国家科技创新体系和区域科技创新体系的创建。与此同时,英国结合自己在历史和文化上的深厚积累,提出发展文化产业和创意产业的发展思路。目前创意产业已经成为英国产业体系重要的组成部分,从全球来看,英国成为仅次于美国的世界第二大文化产品生产国;就英国国内而言,创意产业已经一跃成为仅次于金融业的第二大产业,英国产业经济实现了从加工制造型向创意服务型的转变。

(三)充分利用比较优势进行区域创新体系构建

英国由于历史悠久、文化资源相对丰富,因此充分利用比较优势和区位优势,通过对本国的自然资源和历史文化资源进行合理开发整合及市场化运作,从而形成了具有地域特色的区域创新体系。创意城市的兴起和繁荣,就是由产业转移和产业升级推动、伴随城市更新和创意产业兴起而出现的一种新型的城市形态和发展模式。英国是世界上最早以政府名义提出文化战略和发展创意产业的国家,在构建创意城市中,英国各区域依据自己独特的区域文化背景和资源禀赋提出了不同的产业发展思路,从而形成了各具特色的区域创新体系。

从地域来看,英国是由大不列颠岛和爱尔兰岛东北部及附近许多岛屿组成的岛国,分英格兰、威尔士、苏格兰和北爱尔兰 4 个部分。由于各种有形和无形资源分布的差异性,英国各地区文化产业的发展状况和程度也有差异。如英国首都伦敦以电影节、时装节、设计节、游戏节为基础,发展艺术、演艺、电影、时装、设计、数字传媒、音乐等产业,成为全球"创意城市"的典型。距伦敦 100 公里的牛津城是著名的大学城,英国借助名校品牌深度开发了文化旅游资源。英格兰西北部利物浦是披头士摇滚乐团的故乡,现在发展成为英国音乐、艺术、博物馆、足球队等文化荟萃的名城,被誉为"创新之城"。苏格兰高原北部大峡谷的尼斯湖,利用水怪神话深度开发文化产业而闻名遐迩。北方之都曼彻斯特虽然

在第二次世界大战中受到重创，但通过一系列文化升级策略却保住了往日大城市的地位。不难发现，英国各区域充分利用各自独特的自然与文化资源上的比较优势，成功地打造了属于本土的文化品牌，推动了地区特色文化产业的发展，构建了充满活力和竞争力的区域创新体系。

（四）政府在构建区域创新体系中扮演重要作用

由于创新是一个多方要素共同推进的过程，创新主体间的沟通、合作和协调被认为是创新过程的必要因素，政府在创新网络中的作用就显得格外重要。英国是实施区域政策强有力的区域之一，长期以来英国有针对性的区域政策取得了显著效果，其在运作机制、运作层次、区域分别和措施选择等方面的区域政策经验十分成熟。

比如，为发展英国的创意产业，英国政府制定了一套完整的文化产业政策，出台了一系列相关的法律法规，从法律和制度方面提供强有力的保障。例如，1993年颁布的《彩票法》、1996年颁布新的《广播电视法》以及《著作权法》、《电影法》和《英国艺术组织的喜剧政策》等，从而在制度上确保了文化市场的健康持续繁荣。1997年5月，英国首相布莱尔提议并推动成立了创意产业特别工作小组。1998年，英国创意产业特别小组首次对创意产业明确定义，将创意产业界定为："源自个人创意、技巧及才华，通过知识产权的开发和运用，具有创造财富和就业潜力的行业。"1998年英国政府出台了《英国创意产业路径文件》，要求采取措施积极推动各区文化产业的发展。10年间，英国以文化创意产业发达区为核心，迅速带动了周边地区文化产业和相关经济的发展。

总体来说，在支持区域创新体系的构建上，英国政府着重于区域创新支撑体系的建设，各地制定了创新激励政策和发展计划，协调本地区科研机构、企业、商会、创业中心、技术中介中心之间的关系；重视RIS构建，制定有利于RIS发展的政策措施，鼓励大学、科研机构参与区域创新，大力发展孵化器、技术中介机构，完善创业投资机制和金融服务体系，促进园区建设与发展，形成了具有地区特色的创新体系。

（五）注重营造构建区域创新体系的良好环境

首先，作为西方发达的资本主义国家，英国具有适宜区域创新体系发育的良好社会土壤。以文化创意产业为例，英国经过多年的探索和发展，已经走出了一条成功的道路，形成了一套成熟的运作模式。在英国创意产业形成发展的过程中，在国家一系列政策法规的引导下，地方政府与各种专业性组织开展广泛的合作，积极营造良好的发展环境，为创意企业提供全方位的咨询和服务，从而为创

第五章 英、美市场主导型区域创新体系构建战略

意产业的兴起创造了良好的社会土壤。英国为创意产业的发展专门组建了跨政府部门的行动小组，重视部门之间的协调沟通，统一调动各部门掌握的有限资金和资源，形成合力，极大地提高了工作效率。据英国文化传媒与体育部发布的《文化与创意报告（2007）》在1997~2007年的10年中，文化创意产业在英国GDP中的比例已达到8.5%，平均年增长率为5.3%，是整个经济增长速度的2倍；文化创意产业所创造的外贸总额达115亿英镑，平均年增长率达到10%，占英国海外销售总额的5%；对国民经济的贡献仅次于金融业，并创造了200万个就业岗位。由此可见，英国政府通过完善系统的政策体系，为区域创新体系构建提供了制度保障，有效实现了通过区域创新来增强经济发展活力的目标。

其次，政府、中介组织等社会主体为构建区域创新体系提供了强有力的组织支撑体系。仍以英国创意文化产业的发展为例，在金融服务和企业融资方面，英国文化、媒体和体育部出台了《银行经营（业务）》手册，指导相关企业或个人如何从金融机构或政府部门获得投资援助；逐步推行促进创意产业发展的财政扶持计划，包括以奖励作为投资、成立风险基金、提供贷款及举办区域财务论坛等。在组织架构方面，1992年保守党政府建立了国家遗产部，统管艺术、博物馆、文化遗产、媒体、体育和旅游等领域；1997年工党政府将国家遗产部改名为文化、媒体和体育部，从国家战略的高度制定促进创意产业发展的文化规划，引导创意产业实现持续、快速、协调和健康发展。非政府组织有游戏开发商协会、英国电影学会、观光协会、英国文化资产协会、田野考古机构、苏格兰历史学会、历史建筑保存机构、文化建筑管理组织、博物馆协会等，官方与民间组织的相互合作为创意产业提供了便利和支持。此外还有半官方性质的英国当代艺术中心，由英国政府每年补助100万英镑，协助文化艺术与创意产业的发展。在国家战略的导向作用下，地方的各种专业性服务机构也应运而生，它们与地方政府开展合作，例如曼彻斯特的创意产业发展服务局，默西赛德郡的艺术、文化与媒体公司，西约克郡的创意产业发展局，伦敦哈姆雷特堡的创意产业发展推介中心以及康沃尔郡的创意Kernow公司等。这些组织或机构为所在地区提供的服务具有某些相似性，主要是为创意企业在创业、融资、经营和人员培训等环节提供咨询和服务。

最后，注重培养创新型人才，促进区域创新体系的良性发展。当今世界是知识的世界，当今的竞争是人才的竞争，特别是具有创新精神的高科技人才历来都是各国争夺的对象。仍以英国文化创意产业发展为例，早在英国创意产业特别工作小组成立之初，英国政府就制定了对文化创意产业发展至关重要的三项政府措施，其中第一项就是为有才能的人士提供培训机会，尤其注重对青少年的艺术教育和创造力培养。政府部门协力培养创意人才，在创意人才培养方面推出了一系

列举措。例如，政府实行博物馆、美术馆、艺术馆免费对学生开放。将英国数量众多、馆藏丰富的文化艺术遗产转化为取之不竭的艺术教育资源，让学生从中得到形象生动的艺术教育。英国产业技能委员会在大学为电影、电视和多媒体行业举办为期3年的人才再造工程，为这些行业的人士提供电影摄制、编剧、动画、导演、作曲、录音等10个专门学科上百门学习课程，使影视业66%和多媒体行业24%的从业人员达到研究生水平，有效地提高了这些行业的创新潜能。

三、英、美市场主导型区域创新体系构建战略对我国的启示

无论是企业主体型的美国，还是知识带动型的英国，尽管其区域创新体系各有特色，但都带有"市场主导型"的共性。我们发现，资源禀赋、市场基础、文化传统、技术背景等差异产生的竞争优势是区域创新体系构建的重大影响因素。英美两国作为当今世界上最成熟发达的市场经济国家，市场经济发展经历了长期的发展演进阶段，作为创新主体的企业与政府、研究机构、大学、金融机构、中介机构等相关主体之间经过长期磨合，资本、技术、人才等各种要素在创新主体之间的流动渠道比较畅通，加上强大的充满活力的中介组织，使得其国家创新体系和区域创新体系具有很高的效率。我国目前正处于经济转轨时期，许多地区和城市都着手构建本区域的创新体系，然而，由于对于区域创新的理论研究和实践摸索都是刚刚起步，我们发现有些地区几乎完全套用国家创新体系的基本结构和功能来形成自己的创新体系，导致操作性和体系效率等方面存在许多问题。因此，我们应借鉴英美区域创新体系构建战略的成功经验，为建立定位准确、目标清晰、措施得当、特色鲜明的区域创新体系提供解决思路和参考经验。总的说来，英美区域创新体系构建战略可以给我们以下几点启示：

（一）构建区域创新体系要依据竞争优势

哈佛商学院教授迈克尔·波特认为，一国竞争优势形成的关键在于优势产业的建立和创新，而要素条件是选择优势产业的重要依据之一。这一理论同样适用于区域创新体系。区域优势产业选择是区域创新成功与否的关键，也是区域创新特色或个性之所在，而这正要以区域要素条件产生的竞争优势为依据。美国市场经济发达，私人投资企业活跃，国民富有冒险精神，这些是其区域创新的竞争优势，因此美国的区域创新重点是以企业为主，结合大学、科研机构等，政府的创

第五章 英、美市场主导型区域创新体系构建战略

新环境供给和制度保障也是以企业创新服务为导向。因此，我国的区域创新体系也要以竞争优势为基础，选择合适的方向进行突破。比如，珠三角和长三角的私有经济比较发达，就可以采用鼓励私人企业进行创新的方法，用税收优惠、土地划拨和专利保护等方式保障其创新收益，以补偿其研发成本和外部性溢出。而在中部和北部，科研型大学比较多，则可以采用建立大学科技园的方式。特别要指出的是，促进有竞争优势的产业集群是带动区域创新的必要路径依赖。

（二）区域创新体系的重点是培养企业创新能力

不管是英国还是美国，其区域创新的路径选择各异，但区域内企业创新能力的培养都是重点。英国通过灵活的人事制度和对企业的倾斜政策刺激了大量创新能力极强的新型高科技企业的产生。美国商务部下设的小企业管理局和技术管理局，主要职责就是加强美国企业的技术创新能力。所以从长远来看，培养区域内企业的自主创新能力是区域创新体系构建的重点。就目前情况来说，我国企业的创新能力特别是自主创新能力比较低下，在外贸上表现为出口产品大都是资源型，高科技含量不足，核心技术依赖于国外；在科技上表现为企业科技投入低、科技创新水平低。虽然我国也采取了一些措施来增强区域技术创新（如20世纪90年代原国家科委启动的"国家火炬高新技术产业发展计划"等），但是我国目前的区域企业创新能力仍然比较低，特别是核心技术的自主创新能力严重不足。而且区域企业的创新能力存在层次性，即东南部高于中部，西部最低。因此，成立类似于国外中小企业管理局性质的政府机构或者中介机构，采取鼓励企业技术创新和风险投资发展的宽松政策等是培养我国区域企业创新能力的可借鉴之道。

（三）知识和技术是区域创新的核心因素

综观英美两国的区域创新体系，其共同的核心因素就是知识、技术的生产、传播和创新，企业、R&D机构、技术中介、政府、人员和资金围绕这一核心因素相互作用而组成创新网络。知识和技术的生产、传播、应用和创新离不开教育、科研机构、人才和产学研联合体等的作用，比如美国的硅谷与斯坦福大学之间的关系，而英国剑桥工业园直接由剑桥大学发起。对于我国来说，要把"提高自主创新能力"落实到区域创新体系构建中，就要充分利用后发优势，紧紧抓住知识和技术这两个核心因素。首先要加大对科技创新的投入，尤其是研究机构和研究型大学的建设。比如，中国社会科学院、中国科学院和中国工程院以及我国已经进行的"211"和"985"工程建设，将对我国知识和科技的创新发展产生重大影响。其次要加强职业技术教育，加强职业学校和各类科技知识培训机构的建设，这是知识和技术转化为实际应用并产生效益的重要路径。只有具备良好的知

构建区域创新体系战略研究

识和科技创新培养和教育体系，创新人才才能源源不断，知识和科技的生产、传播和创新才能不断进行。尤其重要的是，鼓励私人资本投资教育培训行业是知识和技术传播扩散的又一渠道。

（四）区域创新体系的建设离不开政府的适当参与

作为区域创新体系的重要部分，政府的作用不可或缺。"适当参与"是政府在区域创新体系中如何发挥作用的最好概括。例如，在英国的区域创新中，政府的政策倾斜是工业园区创新企业大量涌现的客观保证；在美国，企业是区域创新的主体，政府就是产权保护、创新企业的融资和发展上提供政策支持，如其实施的"小企业创新研究计划"。总的来说，政府在区域创新体系中的作用主要是提供区域创新环境的制度供给，这是政府"适当参与"的内涵所在。鉴于我国是发展中国家，市场经济体制不完善，区域创新需要的基础设施也不完备，因此，区域政府要在区域 R&D 机构建设、区域基础设施、技术创新、人才培养、企业融资和吸引跨国公司研发中心等方面为区域企业提供应有的保障。特别是在知识产权的保护和制度创新上，需要政府做出更多的努力，为区域创新提供一个良好的环境制度供给。当然，市场经济归根结底是市场主体的舞台，区域创新还是要依靠企业，政府只能适度参与，违背市场经济规律建设区域创新体系，只能适得其反。

总体来说，英美"市场主导型"的区域创新体系都是较为成功的典范。知识和技术的创新、企业创新能力的培养、竞争优势的利用以及政府的适当参与是构建区域创新体系战略中值得我国借鉴的地方。虽然我国的科技创新资金投入逐年增加，但与英美等发达国家比还是有一定的差距，在健全创新基础设施建设和改善创新的人文社会环境方面，虽然政府部门也引起了高度重视，但这些事情都不是一蹴而就的，需要一个逐步提高与改善的过程。我国应将区域创新体系构建工作纳入国家创新体系建设中去，深度结合我国国情和区域的现实基础，继续加大科技创新投入，分阶段地转变政府工作方式，大力推进科技体制改革，改善区域创新基础设施条件和完善创新政策法规体系；根据各地区的资源条件，确定科技创新重点领域，提高产学研一体化程度，完善创新服务体系，打造地区特色，避免资源重复建设的浪费；加强与国际间的合作与联系并能以变化的观点看问题，适时地制定各地区的发展战略，搞好政府宏观调控措施。同时也应看到，由于我国地域的巨大差异和文化的多样性及历史上各种沉淀等因素，区域发展极不平衡。因此，我国区域创新系统的建设应具有自己的特色，以区域竞争优势为基础，建立有特色的区域创新体系。

第六章 日、韩政府主导型区域创新体系构建战略

日本和韩国在构建区域创新体系的过程中,政府都发挥了相当重要的作用,体现出明显的"政府主导型"特征。本章从战略驱动因素、创新战略类型、创新组织结构、资源配置方式以及制度环境建设几个方面,介绍日本和韩国在区域创新体系构建战略选择和实施中的典型经验,并结合我国区域创新体系构建现状与问题,进一步讨论日、韩经验在中国的有效性和适用性。

一、日本区域创新体系构建战略

与西方发达国家相比,日本在技术创新方面属于"后发赶超型"。日本作为实现"跨越式"发展的典范,主要源于其确立了"技术立国"的战略方针,采取了"技术引进—消化吸收—集成创新—原始创新"的区域创新战略,构建了"研发驱动"的区域创新体系,搭建起高效的研发资源配置网络。与此同时,日本政府出台了知识集群和产业集群等激励政策,促进了知识和技术在各创新主体之间的充分流动。

(一)发挥政府在区域创新体系中的引导和推动作用

为了迅速发展经济,日本实施了"技术立国"的国家战略,致力于构建"研发驱动"的区域创新体系。在日本的国家和区域创新体系中,政府居于主导地位,对企业、高校和科研机构的创新活动起到了积极的引导和推动作用。日本政府在区域创新体系中的作用可以概括为以下两点:

第一个作用是制定创新战略、计划和法规政策。日本政府在各历史时期都制定了明确的科学研究、技术开发战略。现在执行的是安倍晋三内阁于2007年6月制定的《长期战略指针创新25》。该战略指针以2025年为期限,规定了包括

技术和社会系统在内的创新战略，提出要把日本建成"美丽之国"，具体就是要把日本建成"国民生涯健康的社会、安全·安心的社会、有着多样化人生的社会、为解决世界性课题做出贡献的社会、对世界开放的社会"。[①] 为了实现这些目标，要在与此相对应的五个领域推进创新。这些领域包括人体机能再生、应对灾害的全民信息系统、高龄者·患者·残疾者的先进居家治疗与看护、能为环境·能源问题的解决做出贡献的生物能源综合利用和语音翻译技术。

在国家创新战略的指引下，日本的创新活动由《科学技术基本计划》部署展开。该计划是根据《科学技术基本法》（1995年11月起实施）制定的关于科学研究的五年计划。现在执行的《科学技术基本计划》是自1995年以来的第三个五年计划。该计划对科学研究的实施重点做了明确的阐述。政策规定的重点领域有八个：生命科学、信息通信、环境、纳米技术及材料、能源、制造技术、社会基础（防灾、治安和交通方面的研究）、前沿领域（关于宇宙、海洋的研究）。依据"选择和集中"原则，《科学技术基本计划》选定了273个"重点课题"，并在其中选定了62个"战略重点"，进行大力度投资。

政府在创新体系中的第二个作用就是投入资金、组织研究开发。政府科研费的支出分两种形式：一是政府向公立的大学、研究机构投入科研资金。日本有86所国立大学（2007年）及数百所地方公立大学。中央政府各职能部门下面有99个独立行政法人，其中多数是研究机构。这些研究机构都属于国家行政系列，在经费和人事管理上与我国的事业单位类似。除此之外，还有一些公益法人形式的研究机构。政府每年都会以委托课题形式向这些大学、研究机构投入科研资金。二是政府向私立的大学、研究机构和企业投入科研资金。日本的科研课题很多是以招标形式面向所有大学、研究机构和企业的。所以，私立的大学、研究机构和企业也可以通过竞标从国家得到科研经费。

（二）采取"技术引进—集成创新"的区域创新战略

日本的区域创新战略经过了几个阶段的演化。早期，由于工业技术水平落后于欧美发达国家，日本采取的区域创新战略是以引进国外技术为主，在此基础上重点加强应用创新，通过对引进技术的消化、吸收，进而实现集成创新，最后才是原始创新阶段。日本政府每个阶段区域创新战略选择的依据，是根据当时所处的外部环境和自身的创新能力而动态调整的。在日本区域创新战略的演化过程中，体现出两个比较突出的特点：注重应用研究和集成创新。

[①] 日本内阁府：《长期战略指针创新25》，http：//www.cao.go.jp/innovation/innovation/decision/chapter1.html。

第六章 日、韩政府主导型区域创新体系构建战略

"二战"结束后,日本政府为了解决技术落后的状况,希望以较短的时间和代价追赶欧美发达国家,因此制定了"追赶型"、"倾斜型"的技术创新战略。日本政府根据当时的经济、技术发展情况确定了重点突破领域,有针对性地引进世界先进技术,从而使该领域的技术水平得以迅速提升。当时日本重点发展的领域包括电力、钢铁、石油化工等重工业。值得注意的是,在这个时期,日本并不是简单地引进和应用先进技术,而是充分结合自身经济和技术发展状况,对引进的技术加以改造,使其更加适合自身发展的需要。例如,通过对引进的新技术产品的分解,获得其中包含的关键技术知识,再改造成为具有日本特色的新产品,从而提高本国产品在国际市场上的竞争力。日本将这种在引进基础上的技术创新模式称为"借来的技术革新"。

这种创新模式最突出的特点是,绕过基础研究环节,将更多的资源投入到应用研究和开发研究环节,在引进国外先进技术的基础上进行再创新,然后逐步实现国产化,并形成规模经济。例如,日本索尼公司购买了美国西屋电器公司发明的晶体管技术后,不久就在此基础上开发出晶体管收音机和电视机,继而将市场拓展至世界范围。此后,几乎欧美国家每生产出一种工业品或家用大型产品,日本都能立即将其进行深度开发,实现产品的小型化、多功能化,并借此优势赢得市场竞争,打败原有的技术发明者。但是,这种模式在迅速提高应用型研发的同时,也带来了基础研究相对薄弱的问题。

经过"二战"后十年的"追赶型"创新,日本的技术水平得到了显著提高。此时,日本政府意识到了重应用研究轻基础研究带来的弊端,在技术创新过程中提高企业的消化吸收能力,并进一步转化为原始创新能力,才是实现可持续发展的关键所在。因此,日本政府在20世纪60年代转变了技术创新战略,将发展重心转向通信、航天、电子机械等知识密集型产业,同时重点研究技术专利以及一些基础性成果。

在这一阶段,日本区域创新战略又体现出一个明显的特征,即通过集成创新推动"技术聚变"。所谓"技术聚变",就是将多种技术结合在一起产生的杂交技术。例如,将光学和电子学结合从而产生光纤通信系统,将机械和电子技术组合产生了机电一体化技术。日本在对引进技术进行消化、吸收的同时,还非常注重多种技术的集成创新,由此带来的"技术聚变"和增量创新,通过市场转化为经济利益,是日本保持技术领先地位的重要原因。通过开展大量的集成创新,也促使日本跨行业、跨时期的技术融合更加紧密,全国的技术创新体系日趋完善,并产生了如夏普公司等一批占据全球领先地位的公司。

到了20世纪80年代,日本的技术创新能力得到了极大提升,并初步具备了自主研发和原始创新的能力,这主要得益于基于引进技术的集成创新和二次创

新。从日本的经验来看,日本政府长期推行的"技术引进—集成创新—原始创新"的区域创新战略,为日本赢得了日益明显的"后发优势"。据测算,早期以技术引进为主的模仿创新战略,使日本用 15 年的时间,以不到 60 亿美元的代价,掌握了全世界在半个世纪所有的发明、技术,使日本与欧美发达国家之间的差距缩短了 20 年的时间。

(三)以"综合科学技术会议"为顶端的创新组织结构

在国家和区域创新体系中,起主要作用的创新主体包括中央和地方各级政府、企业、高校、科研机构和中介组织等。如何将这些掌握不同资源和能力的主体充分调动起来,形成良性互动、有效运转的创新组织结构,是决定区域创新体系创新效率的关键因素。

日本科学技术政策的最高决策机构是"综合科学技术会议"。该会议是"内阁总理领导下的、推进科学技术政策的指挥塔"。该会议于 2001 年 1 月作为辅佐总理的"重要政策会议"而设立,由内阁府管理。其职责是"俯瞰科学技术整体,设定综合、基本政策,实施综合协调"。①

综合科学技术会议原则上每月举行一次。会议的议长为总理,会议成员分为两部分:一部分是各部委"大臣"(部长),另一部分是具有专业知识背景的"有识之士"。之所以选这些人,就是要听取他们基于各自的知识背景对国家政策的意见。此外,会议成员中还有一名是"日本学术会议"的会长。日本学术会议是直属总理管辖、在政府体系之外的国家机构,其职责是就科学技术政策的有关问题向总理建议及参与决策等。这个机构实际上是日本 82 万名研究者的最高权力机关(因为该机构会员参与课题设置、审批等)。

综合科学技术会议下面分设了"基本政策推进调查会"、"评价调查会"、"生命伦理调查会"、"宇宙开发利用调查会"、"知识产权调查会"五个部门,具体对各相关问题进行调查,提出建议。

在综合科学技术会议的指导下,国家政府的各职能部门负责制定具体的科学技术政策、产业技术政策,进行相关的预算分配。地方政府实施国家科学技术政策、产业技术政策,也根据本地特点制定一些自己的科学、产业技术政策,如图 6-1 所示。

具体的科研课题分布在国家各部门、国立研究机构和大学等进行,而关于这些单位的研究课题审批、经费调整、评价等,都由该局负责。2001 年以前,管理教育的"文部省"与管理科技政策的"科学技术厅"是两个组织。2001 年机

---

① 日本文部科学省:《科学技术白皮书》,日经印刷株式会社 2009 年版。

构改革时,两者合二为一,这对科技政策管理是很有利的,因为大学在科研中占有很大分量,同处于一个组织内可节省管理资源。该局每年编制的《科学技术白皮书》,从1958年开始,至今已有50多年的历史,它对国家科研政策及活动状况进行了时序性总结,不仅有利于决策者和管理者回顾历史,总结经验,也起到了向社会宣传国家政策的作用。

图6-1右侧的"独立行政法人研究机构"、"国立大学"、"私立大学"等是科研活动的实施者。它们从国家获得研究经费,根据国家战略、计划开展科学研究、技术开发活动。

图6-1中的"中介机构(技术转移机构、咨询机构、风险投资机构)"是指国家及地方政府设立的机构,它们的职责是将科研机构的研究成果市场化、事业化。"金融机构、资本市场"指商业银行和股票市场。通过中介机构流向企业的科研成果要成为批量生产的商品,还需要进行设备、市场宣传等的投资,这就需要金融机构、资本市场的力量。金融机构、资本市场与企业的关系是图6-1中唯一的"市场关系",即银行、股票投资者和企业是经济交易的双方,而图6-1中其他组织之间的关系则是"政府行为"性质的关系,即使用财政资源,按国家科学技术战略和计划而发令或执行。

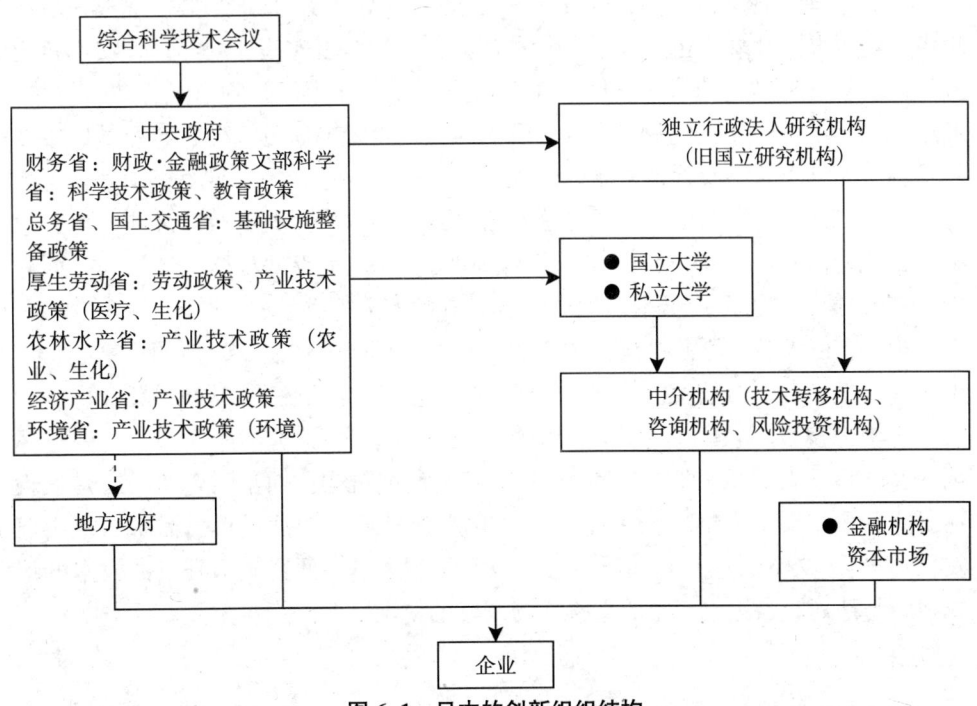

图6-1 日本的创新组织结构

资料来源:桥田坦:《国际社会论》,http://www.jaist.ac.jp/~gakusei/kyoumu/shuchu/012text2.pdf。

图 6-1 最下方的"企业"指实际进行着技术创新活动的数以百万计的企业。它们受政府战略、计划的影响，接受研究费资助而进行研究开发，同时也以敏锐的观察力从市场中捕捉信息来进行自主的技术开发。

（四）通过知识集群和产业集群促进技术融合

知识集群政策和产业集群政策是日本近年来推行的新一轮增强国家技术竞争力政策中的一个重要内容，其目的是要广泛构建"产学官"合作创新环境，加速技术转移和技术创新。

1. 促进大学与企业技术融合的"知识集群"政策

进入 21 世纪后，日本政府进一步认识到，振兴科学技术的基础工作，关键在于对研究开发资源进行整合和有效利用。为此，日本第二期《科学技术基本计划》（2001~2005 年）明确提出要在全国实施"知识集群"政策。所谓"知识集群"，是指在地区自主决策下，以拥有自主课题和开发潜力的大学、研究机构为核心，联合地区内外的企业参加，来共同进行技术开发的创新系统。①简单地讲，"知识集群"政策就是国家从科学技术费中拿出一部分资金、以项目形式支持大学、研究机构进行以企业需求为导向的研究开发的政策。

"知识集群"政策有三个特点：第一，地方主导性。"知识集群"政策采取各地申报"集群"计划（包括"集群"目标、研究课题、实施体制等）→文部科学省批准、提供补助金的形式（见图 6-2）。各地的"集群"计划由地方政府机构，通过汇集大学、研究机构和企业各方意见，根据当地的研发基础、产业基础以及技术种子的分布状况等因素来制定。地方政府机构要指定一个核心机构来负责实施"集群"计划。核心机构一般是公益法人或财团法人，既有政府事业单位，也有民营机构。核心机构下设"知识集群本部"，专门负责"集群"计划的全面管理。"知识集群本部"成员由当地产学官三方面人士组成。

第二，以大学、研究机构为核心的产学官合作研发体制。各地的"集群"计划实际上是由若干个研究开发项目组成的。这些研究开发项目都是采取以大学、研究机构为核心、联合企业共同研发的体制。以大学·研究机构为核心，一是体现在文部科学省的"集群"经费只拨向大学·研究机构，而不到企业，二是表现在研究开发主要由大学、研究机构来承担。②企业则主要通过提出需求（提出研发目标等）、交流信息（参加研讨会）以及利用大学、研究机构开发的技术的形式来参与计划。当然也有企业直接参与研发的情况。

---

① 日本文部科学省：《知识集群创成事业》，平成 20 年版。
② 图 6-2 中的虚线箭头表示资金流向。

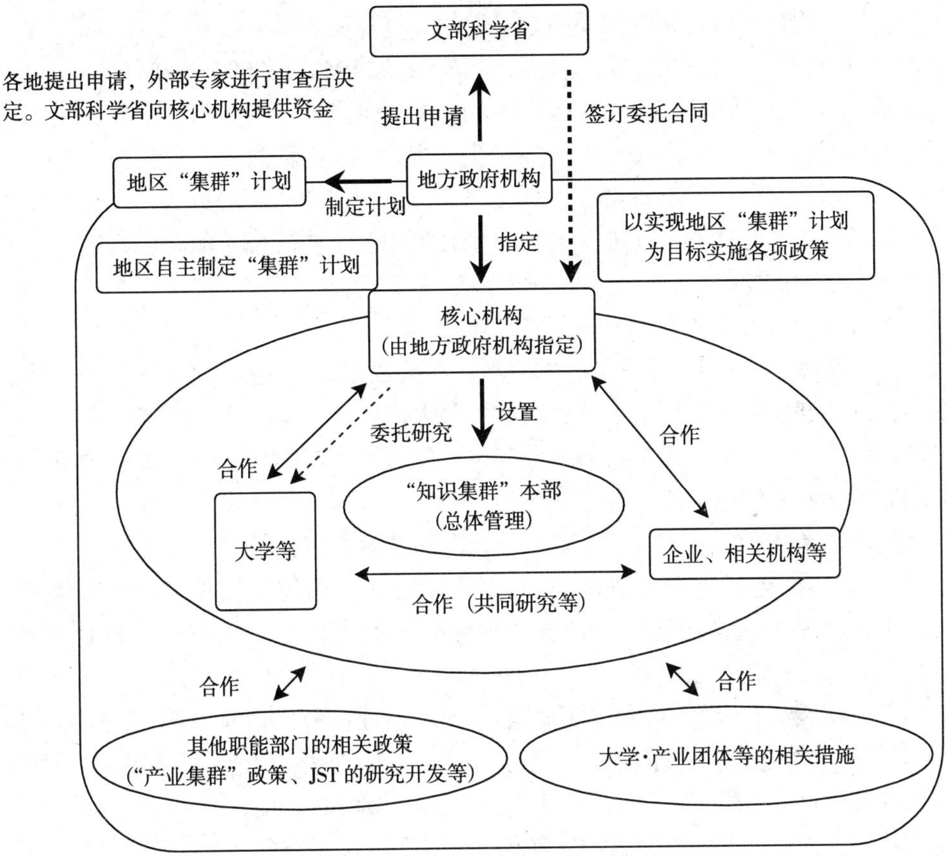

第六章 日、韩政府主导型区域创新体系构建战略

图 6-2 日本"知识集群"框架

资料来源：文部科学省：《知识创新创成事业》，2008年。

第三，研究开发以企业需求为导向。文部科学省认为大学、研究机构的研究开发和企业结合不紧密，影响了研究成果的推广使用，阻碍了新技术、新产业的创出，所以，才推出了"知识集群"政策。"知识集群"政策在实施体制上采取了一系列措施来加强大学、研究机构和企业的信息互动。一是"集群"计划的立项在大学、研究机构和企业两方面人士讨论的基础上制定。二是在大学、研究机构、核心机构配备高度专业化的"科学技术协调员"，负责大学、研究机构和企业的沟通，做好信息传递以及研究成果的事业化工作。三是"知识集群本部"组织实施研究成果发布会、技术交流会、商机洽谈会等，为大学、研究机构和企业提供交流、沟通的平台，促使它们之间尽早形成信息互动网络。另外，文部科学省还和经济产业省进行协调，尝试着把"知识集群"计划中的研究项目，与经济产业省实施的"产业集群"项目（以产业化为目标）进行结合，来打造从技术种子开发到实用化、产业化的无间断全过程的支持环境。

"知识集群"政策实施后,取得了比较明显的成效。2002~2007年,在"知识集群"计划中诞生了2543项国内专利、429项国外专利、998件事业化成果(新产品、新企业等)、2405篇国内杂志论文以及4503篇国外杂志论文,与"集群"计划相关的成果带来的收入达到约212亿日元。[①] 更重要的成效还在于形成了产学官之间的合作体制,促进了大学、研究机构和企业的技术融合,而这正是未来技术创新的重要方向。

2. 促进地区企业技术融合的"产业集群"政策

进入21世纪后,国际竞争愈发激烈,欧美国家通过实施"产业集群"政策,在科技创新和提高产业技术水平上取得了很大成效。日本经济产业省认识到,单纯的产业集聚并不必然带来技术融合和技术创新。当产学官之间、企业之间、行业之间建立起了信息沟通、合作开发的网络,并且这种网络顺利运行时,技术融合和技术创新才有可能产生。具有这种状态的产业集聚就是"产业集群"。所以,国家应该采取措施,积极推进以产学官合作、企业间合作、行业间合作为内容的网络形成。基于这样的认识,经济产业省从2001年起开始实施了"产业集群"政策。

经济产业省计划用20年的时间来实施"产业集群"政策。第一期(2001~2005年)为创建期,这个阶段的任务,是以国家为中心来启动20个"产业集群"政策项目,做好"产业集群"的基础工作,如形成产学官之间、企业间、行业间的信息沟通、合作关系,即所谓的"看得见脸的网络"。第二期(2006~2010年)为成长期,这个阶段的任务是继续推进信息沟通与合作网络的形成,并采取具体措施,来支持创建新产业和新企业、企业经营革新等。第三期(2011~2020年)为独立发展期,到了这个阶段,国家将减少"产业集群"政策的财政预算,而各地的"产业集群"则要逐步摆脱对政府的依赖,实现独立发展。

"产业集群"政策采取各地方申报"集群"计划→经济产业省批准、提供补助金的形式实施。经济产业省对如何实施"产业集群"政策没有具体规定,所以,各地的"产业集群"计划采取了多种多样的实施形式。但是,较为一致的做法,是各地都设置了"产业集群"的推进机构,下面设有"集群管理者",负责"产业集群"计划的全面管理。推进机构既有政府事业单位,也有民营机构。另外,各地方经济产业局(部)(经济产业省的下属机构)也有专人负责"产业集群"的实施。例如,静冈县"产业集群"计划的推进组织为"静冈产业创造机构",同时在静冈县经济产业部内还设置了新产业集群室。

[①] 日本文部科学省等:《地区科学技术的振兴》,2009年6月16日。

第六章 日、韩政府主导型区域创新体系构建战略

"产业集群"政策的实施关键依靠推进机构。该机构的工作特点可概括为"搭桥",包括:①在企业之间"搭桥",促成企业合作;②在企业和销售商之间"搭桥",为企业打开销路;③在企业和大学、研究机构间"搭桥",促成产学共同研发;④在企业和技术转移机构间"搭桥",促成技术转移;⑤在大学和技术转移机构间"搭桥",促成研究成果转化为专利。

具体的支持手段和内容包括组织层面和运作层面。在组织层面上,支持建设产学官间、企业间、行业间的合作平台,包括向推进机构提供资金支持和人力资源支持;向参与"集群"计划的关键企业、"产业支持机构"的相关活动提供资金、人力资源支持。在运作层面上,对在"集群"计划下的具体活动提供支持,例如研究开发产业化支持、创业支持、孵化器支持、行业间合作支持、经营革新支持等。另外,还支持企业与金融机构、贸易企业、流通机构、学校等教育机构进行合作。表6-1列出了关于产业集群的政策手段。可以看到,"产业集群"政策提供从研究开发到产业化的全过程的支持。

表6-1 "产业集群"政策的手段

	支持领域	支持内容示例
组织层面	网络形成 (合作基础的形成)	①"集群"推进机构的设立、相关机构间的网络化(据点机构化) ②向参与企业、大学派遣协调员 ③用主页、电子杂志发布信息 ④召开产学研合作交流会、合作成果发表会、论坛、研讨会、研究会 ⑤整理、编制与企业、研究者、支援机构有关的数据库
运作层面 A	研究开发支持 (合作的展开)	①用公共资金实施研究开发(地区经济产业局、独立行政法人新能源·产业技术综合开发机构、独立行政法人产业技术综合研究所以及其他政府机构的研究开发项目) ②推进研究成果的有效利用(成果发表会、技术对接、专家派遣) ③关于知识产权的保护、战略性利用的支持(设置地区知识财产战略本部等)
	孵化器 功能强化(创业支持)	①孵化器设施的建设 ②孵化器管理者的培育 ③孵化器机构、孵化器管理者之间的网络形成
	销路开拓支持 (产品市场化)	①商务对接会、产品展示会的组织实施 ②与专业商社的提携合作 ③设置销售代理制度 ④以协调员为中介的销路开拓 ⑤行业间合作业务支持 ⑥与海外市场的贸易交流促进(产业交流业务)
运作层面 B	与资金供给机构的合作 (经营支持)	①地方金融机构的合作(召开"集群"支持金融会议、设立业务合作融资、低息贷款、风险投资等) ②设立地区风险投资公司 ③召开业务计划发表会
	人才培育	培养高度专业化的人才(制造人才、技术经营人才、协调人才等)

资料来源:产业集群研究会:《产业集群研究报告书》,2005年。

"产业集群"政策从2001年起实施以来,已取得了一些成效。产学官间、企业间、行业间的合作网络已经基本形成。"产业集群"政策还为参加项目的企业带来了收益。据统计,参加项目的企业2005年的平均销售额比2000年增加了4亿日元,利润增加了3500万日元,与没有参加项目的企业相比,参加项目的企业2005年的员工人数、销售额和当期纯利润分别高出8%、10%和1.5倍。① 另外,在"产业集群"政策实施下,还诞生了一批新技术和新产品。

(五) 注重对技术创新主体的知识产权保护

知识产权保护既是技术创新主体获取预期收益的重要制度保障,也是调动各类创新主体研发积极性的关键激励因素。为了保护技术发明者的权益,调动研发主体的创新积极性,日本政府制定了多项技术专利相关的法律、法规。较早建立相对完善的知识产权保护制度体系,对于促进日本区域创新体系的快速发展,以及在较短的时间内跻身科技强国,起到了非常重要的促进作用。

日本在推进区域创新体系建设的同时,充分认识到,自主知识产权是企业、地区乃至国家竞争力的重要来源,因此,进入21世纪以后,日本继实施"技术立国"战略之后,又提出了"知识产权立国"的战略。该战略具体包括六点:一是强化知识产权创新机制的建设、管理;二是加快建设产业、大学、科研机构合作机制建设,鼓励三方进行创新合作,形成以知识产权为核心的产学研合作;三是加大对知识产权的研发力度,鼓励自主知识产权的研发,改善研发人员的创新环境;四是进一步完善知识产权立法;五是企业要重视知识产权战略的构建、运用;六是建设自主知识产权人才培养机制。

2002年,日本建立了知识产权战略委员会,从《知识产权战略大纲》的确立、《知识产权基本法》的发布、知识产权战略本部的成立,到具体而切实的《知识产权创造、保护、应用的推进计划》的出台,日本在短短1年间完成了其知识产权战略的全局性布置。这一战略的重点在于促进大学及研究机构的知识产权创新。知识产权战略的成功实施,带动了知识产权的持续创新,继而成为日本创新的源泉。可以说,这次重大的战略转型为日本继续保持高度的创新活力和丰富的创新产出奠定了坚实基础。统计数据显示,21世纪以来,日本每年新增专利近20万件,新增专利数连续10多年高居全球三甲。

在日本政府实施知识产权战略的推动下,日本企业也树立了强烈的知识产权保护意识,在创新过程中非常重视知识产权的开发和应用。一方面,企业将知识产权作为竞争获利的重要手段,拓宽知识产权流通渠道,增强市场竞争力;另一

---

① 日本经济产业省:《2008年产业集群计划》。

第六章 日、韩政府主导型区域创新体系构建战略

方面，企业设立专门机构，配备高素质专职人员，注入巨额研究开发资金，开发和保护自己的知识产权。同时，为了鼓励发明创造，企业都设立了报酬与贡献、效益挂钩的奖励机制，给予发明人或对知识产权有贡献的员工精神和物质奖励。除了单个企业对知识产权的重视，在日本企业之间也逐渐建立起一系列的专利联盟，并通过联盟合作方式，实现专利支持、标准共定、技术分享，并创造了国际标准。由于占据了技术标准这一技术创新的制高点，从而促成了日本区域创新体系的良性循环，使日本具备了长期引领国际前沿技术的能力。

二、韩国区域创新体系构建战略

韩国在构建区域创新体系中采取的是典型的政府主导型战略。韩国各级政府积极鼓励吸引外资和引进高新技术，并非常注重对引进技术的消化、吸收，不断提高企业的技术创新能力，从而实现了从模仿创新向原始创新的过渡。在韩国政府的大力推动下，韩国各地形成了"官产学研协同技术开发"模式，使韩国的区域创新体系取得了突飞猛进的发展。此外，韩国政府还非常重视高等教育与区域之间的互动发展，促使科学基础知识迅速转化为经济利益，创造出了举世瞩目的发展奇迹。

（一）坚持政府在区域创新体系中的主导作用

韩国政府在构建区域创新体系中处于十分重要的主导地位。正是由于韩国政府准确把握区域创新战略，及时调整科技创新方向，制定实施多项科技计划，并投入大量的研发资源，才带领韩国从一个完全依赖进口的国家变成一个拥有国际竞争力的新兴工业国，仅用了40年的时间就走完了西方国家花费上百年的工业化历程。概括而言，韩国政府最核心的功能和作用体现在：主导科技创新战略，把握技术发展方向。

20世纪60年代初，韩国刚刚进入大规模经济发展时期，受到当时经济和技术实力的限制，韩国采取的是"模仿创新"战略。具体来讲，就是首先引进国外先进技术，然后通过模仿、消化和吸收，不断提高自身的技术创新能力，实现了科技创新"从无到有"的转变。这种被称为"拿来主义"的区域创新战略，是依据当时所处的环境而做出的现实选择。在这个以技术引进和模仿创新为主的时期，由于韩国政府非常鼓励对引进技术的消化和吸收，促使韩国在模仿创新的同时，迅速积累技术知识和创新经验，为后来完成从"模仿创新"到"自主创新"

的转变奠定了基础。

20世纪80年代,为了顺应世界高技术产业发展的大潮,韩国政府决定重点推进高技术产业的自主发展。1982年,韩国政府确立了"科技立国"的战略,总统每季度都会主持召开一次"科技振兴大会",及时制定和调整国家科技发展方向。1982年初,借鉴发达国家的经验,结合本国具体情况,韩国政府主导确立了微电子、机电一体化、生物工程、精细化工、新材料、航空等高技术产业作为韩国的核心战略产业;1988年,韩国政府又选定半导体及计算机、精密化工、能源及资源利用、系统工程、生物化学、材料工程、纤维及高分子化学等9个领域、635项技术作为重点突破的核心技术。为了提升高技术产业在国民经济中的地位,韩国政府在1991年又制定了"核心先导技术开发计划"("G7项目计划"),选择了对提高韩国主导产业的国际竞争力有显著作用的技术作为发展方向。1999年,韩国议会通过了《科学技术革新特别法》,进一步强化了政府对区域创新体系的领导地位。随着一系列科技发展计划的实施,韩国的技术创新能力有了明显的提升,也催生了一批具有国际竞争力的主导产业和企业。例如,1993年开始实施的"半导体四年计划",旨在使韩国半导体技术水平赶上工业化七国集团,这项计划最终获得了巨大成功——三星公司已经成为世界上最大的芯片生产厂商之一。

进入21世纪后,全球技术竞争日益激烈,为迎接更加严峻的挑战,韩国政府适时调整了科技创新战略,把战略重点从模仿创新转向自主创新,加强了对关键技术开发的规划和引导。2000年,韩国政府编制完成了《韩国2025年构想》,这是韩国在21世纪的第一个长期科技发展规划,其中提到了一些需要重点发展的领域,主要集中在能源、生命科学、信息技术等领域,同时纳米技术、生物科学以及太空和平利用等领域也是重点考察的对象。同时,明确了韩国在2025年要实现的三个目标:一是科技竞争力超过所有亚洲国家;二是成为亚太地区主要的研究中心;三是在世界中的科技排名达到第七名。为了实现这些目标,韩国政府出台了多项科技发展计划,明确了各个时期重点研发的关键技术领域。例如,韩国政府2001年开始实施的《科学技术基本计划》,确定了信息通信、生物工程、纳米、航空航天等领域开展科技攻关;2003年,韩国政府又提出了《十大新一代成长动力产业》的科技发展工程,把智能机器人、未来型汽车、新一代移动通信、绿色新药等列为十大关键技术,并制定了一系列相应的政策措施;2005年,韩国政府组织各领域专家进行充分论证后,又提出了《未来国家有望技术21工程》,把核聚变、海洋领土管理、再生能源等21项关键技术确定为国家重点扶持项目,集中力量进行攻关。

综上所述,韩国政府对于区域创新体系的主导作用主要表现在,对于科技发展方向的前瞻性判断,通过在不同时期确立适当的科技发展战略重点,并出台相应的配套政策加以引导和激励,如税收优惠政策、政策性金融扶持和技术开发基金等。这是韩国成功创建区域创新体系并迅速提升创新能力的关键要素。

(二) 鼓励"引进—消化—吸收—再创新"的区域创新战略

根据不同时期创新情境和技术实力的变化,韩国的区域创新战略也经历了一个逐渐演化的过程,即从早期以技术引进和模仿学习为主的"复制模仿"战略到侧重消化、吸收和再开发的"创新模仿"战略,再到后来以自主研发和原始创新为主的"自主创新"战略。其中,韩国区域创新战略最值得借鉴的一点是,在技术引进和模仿的过程中,始终坚持对引进技术的消化和吸收,并在此基础上积极推动进一步的开发和创新。这也是韩国能够顺利实现几次创新战略转型的关键所在。

韩国从很早就立足经济全球化的背景,确立了开放式创新的发展思路。韩国各级政府积极鼓励企业吸引外资和引进国际先进技术,并先后出台了一系列激励政策,极大地推动了外商直接投资的发展,为韩国带来了大批资金和先进技术。例如,废除外商对股份投资的限制,放宽外商对国企投资的限制;制订新的《外汇法》,实现外汇交易自由化;制订"促进外商投资综合支持方案",大幅度简化外商投资手续,最大限度地消除外商投资的障碍。另外,韩国政府还于1998年底宣布扩充享受减免税待遇的外商投资项目的范围。

从韩国构建区域创新体系的历程看,引进发达国家的先进技术,然后加以消化、吸收和再创新,是韩国始终坚持的区域创新战略,贯穿了韩国经济腾飞的整个过程,促使韩国用较短的时间成功迈向新兴工业化国家。据韩国产业技术振兴协会统计,1962~1994年,韩国企业引进技术总计达9196件,支出金额90.86亿美元。在大规模引进国外先进技术的同时,韩国非常强调提高引进技术的使用效率,并通过加强"官产学研"之间的合作研发活动,大力推动引进技术的消化和吸收。

这里值得注意的是,韩国在技术引进的过程中,并不是盲目、随意地选择,而是非常注重调整引进技术的结构,提高引进技术的水平和标准。据韩国产业技术振兴协会的调查,20世纪90年代韩国企业引进的与产品有关的技术中,有65%是新产品开发技术,有30.8%是新产品设计,有27%是提高产品精密度的。这为韩国的区域创新体系奠定了良好的技术格局。同时,高标准的技术引进使韩国能够站在世界技术前沿,充分利用前人的成果和经验,占领了较高的技术创新起点,获得了创新发展的"后发优势"。

当然,即使再成功的技术引进,也无法保持一个国家和地区创新能力的持续提升。韩国政府充分意识到，可持续的经济发展和技术进步，绝对不能过分依赖技术引进，而必须尽早培养自己的独立研发能力。为此，韩国创新战略转型的重点是，在技术引进、消化和吸收的过程中，针对国内外产品市场需求特点，开展更进一步的开发和创新，从而占领世界市场和技术的制高点。这也是实现知识的先"内化"再"外化"的过程。

（三）政府主导的"官产学研"合作创新模式

在韩国"政府主导型"区域创新体系下，韩国的科技创新资源组织也是高度集中的。韩国于1966年成立了韩国科学技术研究院，这是韩国第一个综合性的产业研究机构。次年，韩国又成立了一个独立的名为"科学技术处"的政府机构，专门负责技术创新方面的部署工作。长期以来，韩国的重大科技研发项目都由政府确定，并大多由官办科研机构进行开发。在韩国，官办科研机构几乎占全国科研机构总数的一半以上。它们主要通过执行政府主管部门制定的各种产业技术政策，对韩国研究开发活动发挥着宏观主导作用。

然而，随着韩国经济和技术的快速发展，以及全球市场竞争的日益加剧，韩国政府意识到，仅仅依靠官办科研机构的力量，已经不能满足国家和区域创新发展的需要。只有调动企业、高校和科研机构各类创新主体，通过政府部门有效的协调和激励，使其在创新过程中发挥互动和协同作用，才能推动韩国技术创新水平得到跨越式发展。因此，韩国政府在继续发挥官办科研机构主导作用的同时，开始注重推广"官产学研协同技术开发"的创新组织模式，旨在优化科技资源配置效率，提高技术创新的投入产出效率。其中，研究机构主要承担基础研究平台和共性技术创新平台的功能；高校扮演着技术创新所需基础知识输出者的角色；企业作为技术创新活动的执行主体，并根据其需求确定合作研发项目方向。

为了促进"官产学研"的合作创新活动，韩国政府制定了一系列的法律法规和激励政策。例如，1993年开始实施的《韩国合作研究开发振兴法》，该法律规定，对于产学研合作的研究活动，政府优化提供研究经费、研究设施和信息等方面的支持。在政府的大力推动下，"官产学研协同技术开发"模式得到了广泛应用，并且取得了非常明显的效果。据统计，韩国政府近年来选定的近2000个研究开发计划课题中，有约85%的课题采取了合作研究模式。

在具体操作层面，韩国"官产学研"合作创新组织形式主要包括以下几种：一是组建产学研共同研究体，承担国家研究开发计划，通过政府提供经费，以公开招标的方式，促使产、学、研三方合作；二是采取委托开发研究方式，由企业确定研究开发内容，通过合同形式委托大学或研究院所进行研究；三是建立产业技术研究组合，企业与企业之间基于技术联盟的需求建立会员制研究团体进行正式合作，而与大学和研究院所进行非正式的技术开发合作；四是设立科学研究中心、工程研究中心和地区合作研究中心，促进基础研究与应用开发研究之间、地区之间、学科之间合作研究的开展；五是建立以大学为中心的"官产学研"合作研究园区，促进产学合作研究的开展；六是参与国外产学研合作，利用国外先进的研究设备和人才，韩国的企业积极在国外设立研究机构，与国外的大学和研究机构合作创新。

在众多的合作创新组织形式中，大学科技园区的形式获得了极大成功。经过多年的努力，韩国已经培育出多个具有代表性的大学科技园，例如首尔大学基础科学合作支持团、浦项工大的产业科学研究所、大宇高等技术研究院、延世大学的工学研究中心以及位于大田的大德科学城，等等。其中，大德科学城被誉为"韩国的硅谷"，在该园区内有30多个政府和民间研究所以及高等院校，包括三星等大企业集团的研究所和著名的韩国科学技术院，形成了政府、民间、大学共同开发科学园的局面。

（四）促进高等教育体系与区域创新体系的互动发展

韩国中央政府和地方政府历来十分重视高等教育的发展，将其视为区域创新体系重要知识的创造者和传播者。与此同时，韩国各级政府特别关注区域高等教育与创新体系、经济社会发展之间的关系，通过一系列法律法规和政策措施，促进两者的协调、互动发展。

2003年，韩国政府制定了《国家均衡发展法》，将高等教育与区域互动发展的问题提上议程，区域性高校的发展成为区域发展的关键。此后，韩国政府又推出多项政策措施，旨在推动高校在区域经济和社会发展中发挥核心作用。例如：韩国政府先后于2000年制定了《技术转让促进法》，2003年修订了《教育产业化和产学合作促进法》，为促进有效的产学合作活动奠定了体制框架。政府主导的合作项目包括四个部分：人力资源开发、技术开发、技术转让和创业支持。在政府的引导下，韩国各地都加强了区域性高校与当地企业之间的联系，从而形成了高校与区域经济共同发展的良性互动格局。

在一系列促进高等教育与区域互动发展的政策中，作用最为突出的就是2004年出台的"面向区域创新的新大学"计划（New University for Regional Innovation Project，NURI）（如图6-3所示）。该计划是韩国教育部加强产学联盟的重大举措，是为确保全国均衡发展的政府计划中的一项重要任务，其目的是致力于发展地方高校的创新能力，将投资集中在某些与区域发展相关的领域，从而促进区域和高校的共同发展。该计划的主要对象是首尔首都圈（包括首尔、仁川、京畿道）以外的其他地区的大学，采取绩效拨款机制。

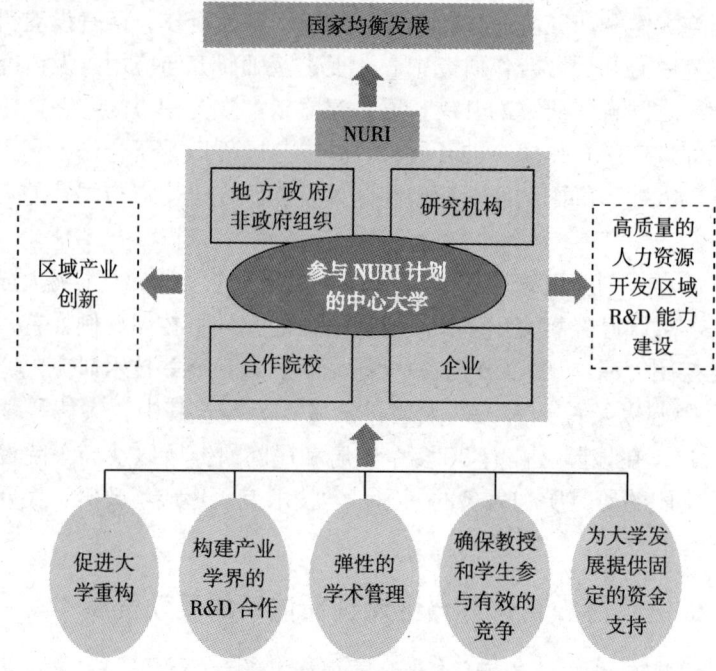

图 6-3 NURI 的概念模型

资料来源：田华：《韩国釜山高等教育与区域互动发展政策及启示》，《高等农业教育》，2008 年第 11 期。

NURI 计划的目标可归纳如下：①在计划期内，通过大幅改善办学条件，使得所有学生和 80% 的教师适应专业的发展，以提高地方高校的专业化水平和提升其竞争力；②通过建立各种实用的人力资源发展计划使毕业生掌握就业技能，并在计划期内将地方高校毕业生就业率提高 10%，以培育人才资源促进区域发展；③通过建立各种网络促进高校与当地政府、产业界、研究机构、新闻界和非政府组织之间的合作，为构建高效的区域创新体系奠定基础。

为实现上述目标，韩国政府投入了大笔资金。到 2008 年，政府投资高达 114 亿美元。当地高校、政府、产业界、智囊团、非政府组织和其他 NURI 计划的成员都可以就项目的范围、规模及其他细节问题，按照区域和高校的发展战略来进行决策，然后根据 NURI 计划在五年内稳定地接收到所需的资金。该计划独立于其他政府计划。每一年由项目小组通过一些关键业绩指标来衡量每个项目的绩效，其结果将直接关系到下一期是否得到、减少或暂停补贴。该系统将为企业、高校、智囊团和政府彼此间的研发、技术转移和人力资源开发提供一个战略工具。

除了 NURI 以外，韩国政府还陆续推出了其他一些促进合作的计划。例如，韩国国家均衡发展总统委员会联合推出了"连通韩国工程"，28 所大学和研究院所被选作"技术许可办公室",共同推动产学合作以及技术的转移和商业化。再比如,韩国政府推出了"高等教育—产业合作—中心大学计划"。通过公开遴选的方式选定最合适的大学,即那些最能支持附近的产业集群技术创新的大学。这些被选定的"中心大学"将获得超过五年的补贴。这些计划的成功实施,促使区域创新体系中的企业和高校之间建立起紧密的合作关系,实现了韩国高等教育体系和区域创新体系的互动发展。

(五)营造适宜科技创新和成果转化的制度环境

尽管企业是区域创新体系中技术创新活动的主体,但是,如果仅仅依靠企业自发开展创新活动,往往会存在企业创新意愿不足的现象。造成这种结果的原因有多种,一方面是由于技术创新活动本身高投入、高风险、长周期的特点,企业创新失败的比例较高;另一方面是由于知识产权保护不足等外部因素,而导致企业无法获得应有的创新收益。在这种情况下,就需要政府营造一个适宜科技创新和成果转化的良好制度环境,减少企业从事创新活动而面临的未来不确定性,降低企业投入大量资源而研发失败的风险。

韩国政府在构建区域创新体系的过程中,非常重视完善科技创新法律法规体系,为企业等创新主体创造一个良好的科技创新制度环境。早在20世纪60年代,韩国处于引进技术为主的区域创新战略时期,政府就及时颁布了《外资引进法》,加强对国外技术引进的管理和控制。其中的规定包括:不准引进与本国专利权、商标权形成竞争的同类技术,不准在引进合同中附加有损本国产业发展的不合理条款等。这样既可以保证引进技术的质量,又可以保护本国产业的健康发展不受影响。1972年,韩国政府又制定了《技术开发促进法》,采取设立技术开发准备金、政府出资和税收减免等措施,鼓励民营企业附设技术研究所,从而促进民营企业加快技术创新投资步伐,逐步成为技术研发和创新的主力。1992年,在"科技立国"战略的指引下,韩国政府制定了《科学技术振兴法》,新设立了由国务总理主持的"综合科学技术审议会",借此强化政府对于科技创新的领导地位。同时,还建立了科技振兴基金,以扩大对科技研发的资金支持。1997年,韩国政府又颁布实施了《科学技术创新特别法》。进入21世纪,韩国政府又颁布了《科学技术基本法》,使科技创新领域的法律制度体系更加健全。

在韩国政府不断完善科技创新制度环境的过程中,尤为重视科技创新成果的转化。因为这是新技术和新产品转化为经济效益的关键环节。从1993年开始,韩国政府就出台相关政策,规定企业在获得国家资助的时候,必须保证科研成果无偿转让,这就促使韩国企业大多数科技成果能够无偿转让与产业化。即使有部分科技成果需要有偿转化,受让方也只需支付成果开发费用的50%,另外50%由政府支付。与此同时，政府还建有科研成果商品化事业团、技术开发洽谈中心及新技术成果实用化支持机构，协助企业实现新技术成果商品化，正确引导了社会科技服务体系，使科技创新成果有了迅速转化的渠道和桥梁。此外，政府还加强了对科研人员的激励力度，设立了一系列科学技术奖项，鼓励在研究开发和成果转化方面做出突出贡献的科研人员，并且，把新的科研项目优先分配给研究成果获得实际应用的科研人员。以上这些政策措施收到了非常好的效果，为韩国长期保持创新活力提供了有效的制度保障。

【专栏 6-1】
韩国大德研究开发特区的成功要素剖析

大德研究开发特区（Daedeok Innopolis）是韩国国家级的研究园区，经过30多年的持续发展，已成为韩国最大的产学研综合园区，被称为韩国科技的摇篮和21世纪韩国经济的成长动力，被誉为世界八大科技园之一。

1. 成立背景

20世纪60年代，韩国在外国资本和先进技术的带动下，经济迅速发展，综合国力显著增强。从20世纪70年代以来，由于发达国家的技术保护，韩国难以保持经济的高速增长和国际竞争力的提高。为了加强本国科技力量，确保经济持续发展和增强国际竞争力，韩国决定从1973年开始在韩国的中部大田市建设大德科学城。

2. 发展历程

大德研究开发特区的发展主要经历了三个阶段：第一阶段是1973~1992年大德科学城的研发阶段。国有研发教育机构进驻，以纯粹的基础研发和教育为主，远离商业化运作。这个阶段又分为两个步骤：一是1973~1977年的基础设施建设阶段；二是1978~1992年的研发能力扩张阶段。第二阶段是1993~2004年大德谷的创新阶段，私人研发和教育机构、大量高科技公司开始进驻，除进行基础研究和教育之外，还有技术的商业化运作。这个阶段又可分为两个步骤：一是1993~1998年的创新产生阶段；二是1999~2004年的集群形成阶段。第三阶段是2005年至今大德研究开发特区的超一流国家创新集群飞跃阶段。此阶段除了进行基础研究、教育和技术商业化运作外，还有区域创新体系的构建。

3. 成功要素

第一，丰富的人力资源。在大德研究开发特区会聚了众多知名的高等院校和科研机构。在大德研究开发特区内拥有6所著名的高等院校，如韩国高等科学技术学院（KAIST）、大德大学（DDC）、忠南国立大学（CNU）、韩南大学、韩国情报通信大学（ICU）（2009年3月并入KAIST）、韩国科学技术联合大学（UST）。另外，在大德研究开发特区还集中了像韩国基础科学研究院（KBSI）、韩国电子及通信研究院（ETRI）等18家政府科研机构和38家私立科研机构。这些众多知名的高等院校和科研机构为开发特区提供了大量的高素质人才。

第二，合理的战略规划。30多年来，作为政府主导型的大德研究开发特区，在技术开发、产学研及与经济互动方面，政府遵循有计划、分阶段的规律，全面规划、分步骤实施，走过了一条从模仿到创新再到创造、从纯粹的基础研究到应用研究再到全面的高新技术研究、从构建区域创新系统逐渐上升为国家区域系统的道路。

第三，产学研一体化的运行机制。鼓励研究型大学和科研机构直接主持和参与国家及企业的重大科研项目，共享实验平台和构建信息交流平台，有更多的市场导向的研发活动和科研成果。当地政府建立了中小企业支持中心，高等院校和研究机构建立了技术商业孵化器TBI、区域研究中心（RRC）、技术创新中心TIC，加速了研究技术成果的商业化和产业化。

第四，完善的法律法规制度保障。从1973年建立大德科学城到现在的大德研究开发特区，相继颁布了一系列的法律法规来保障大德园区的发展。1986年颁布了《高技术工业都市开发促进法案》、1993年12月颁布了《大德科学城行政法》、1994年颁布了《大德研究中心管理法》、1997年颁布了《大德风险企业特别法》、1998年新修订了《外国人投资促进法》、1999年修订了《大德研究中心管理法》并颁布了《大德科学城管理法》、2000年颁布了《技术转移促进法》。2004年12月韩国国民议会通过并颁布了《大德研究开发特区法》，这给大德谷带来了新的发展动力。2005年韩国政府参照中国中关村立法将大德科技园的发展写入了国家法案，在国家法案第46条中明确提出：为促进研发的集群而建立大德科技园，其具体目标是促进科研成果转化、支持企业产品上市、增强国家经济竞争力。

资料来源：王伟、章胜晖：《韩国大德研究开发特区的投融资环境与模式研究》，《科技管理研究》，2011年第12期。

三、日、韩经验对我国的启示

日本和韩国的区域创新体系构建战略对于我国有很强的借鉴意义。因为日本和韩国与我国有相似的创新发展背景。20世纪50年代,日、韩也是落后于西方发达国家,后来通过长期的"技术追赶",才逐渐发展成为科技强国。但是,我们也必须清醒地认识到,日、韩区域创新体系取得成功最核心的一点,就是它们都保持了各自的特色,即根据不同时期的资源禀赋、市场基础、文化传统、技术背景等因素,动态调整区域创新体系构建战略,从而最大限度地发挥各地区的比较竞争优势。从这个意义上讲,我国在学习借鉴日、韩经验的同时,必须紧密结合自身的区域创新体系发展状况,有目标、有选择地制定适用性的战略措施。

(一)政府要"适当参与"区域创新体系构建

日本和韩国在构建区域创新体系过程中,都采取了"政府主导型"的战略。政府在区域创新体系中发挥了举足轻重的作用。但是,从日本和韩国的经验来看,政府并不是全面参与而是坚持"有所为,有所不为"的原则,都做到了在"政府主导"的同时坚持"市场规律"。具体而言,政府在日、韩区域创新体系中始终保持"适当参与",这是两国"政府主导型"区域创新体系构建战略取得成功的关键。从区域创新体系的规划,到公共创新平台的建设、投资方向的引导,再到创新的组织架构和制度安排,都需要政府管理部门在其中发挥重要作用。在遵循市场经济规律的前提下,政府虽然不能直接进入市场,但是可以通过协调区域创新体系中的各个主体和各个环节,促使科技资源实现合理配置,促进产、学、研之间的合作创新活动,最大限度地避免重复研究和资源浪费。同时,政府还可以通过制定激励创新的制度安排,如知识产权制度等,降低企业创新风险,确保企业创新收益。此外,政府在不同的时期确立重点创新领域,通过政策倾斜和资源配置,培育和促进区域优势产业的快速成长。

目前,我国还属于发展中国家,与日本和韩国相比,市场经济体制还不够完善。此时,就需要政府在构建区域创新体系过程中充分发挥作用。但是,我国地域面积广阔,各地区之间的经济发展程度差异较大。这就要求中央政府和地方政府根据各地资源禀赋和创新环境的现实条件,采取有针对性的参与方式和参与程度。例如,对于东部发达地区,应重点借助市场的资源配置与协调作用,政府只需给予必要的制度供给即可,可重点关注知识产权保护和国际创新合作等问题;

而对于中、西部欠发达地区，市场经济体制尚不完善，需要政府在资源配置和创新协调方面做出更多的努力，尤其是引导各主体将资源投入到重点创新方向，尽快培育该地区的优势产业，进而带动上下游及相关产业的发展，形成区域创新的比较优势。

在考虑地区差异的同时，也要考虑时间差异，即针对同一区域创新体系的不同发展阶段，发挥政府的"适当参与"作用。一般而言，在区域创新体系建设的初期，创新主体缺乏合作创新的主动性，需要政府通过联合攻关等方式，促进创新网络的形成。但是，当区域创新体系进入成长和成熟阶段之后，政府要从主导者的角色逐渐过渡到服务者的角色，重点提供适宜技术创新的制度环境。

（二）区域创新战略要以提升原始创新能力为目标

哈佛商学院的波特教授认为，一国竞争优势形成的关键在于优势产业的建立和创新，而要素条件是选择优势产业的重要依据之一。这一理论同样适用于区域创新体系。区域优势产业选择是区域创新成功与否的关键，而这正是以区域要素条件产生的竞争优势为依据。以上介绍的日本和韩国区域创新体系构建经验也印证了这一点。两国在发展初期尚不具备与发达国家竞争的实力，因此都是依靠技术引进开展模仿创新，并通过对引进技术的消化、吸收和再创新，逐渐寻求技术突破，过渡到原始创新阶段。值得借鉴的一点是，日、韩政府都非常重视根据不同时期、不同地区的比较优势，选择相适宜的区域创新战略和组织方式。在此过程中，不断提高自身的原始创新能力，逐渐培养出区域创新体系的优势产业，其中不乏一些具有国际竞争力的大企业。例如，早期采取大规模引进国外先进技术的创新战略，当具备一定的自主研发实力后，再调整至集成创新和原始创新战略。再比如，在高等教育资源丰富的地区，设立大学城、科技园等联合研发载体，促进产学互动与合作创新。

从我国的情况来看，区域创新也是从大规模技术引进开始的。这虽然是基于当时的环境做出的客观选择，但是，由于在技术引进方面存在着一定的盲目性，同时对技术引进后的消化、吸收不够重视，导致部分地区陷入了"引进—落后—再引进"的恶性循环，未能如日、韩一样，成功实现从"模仿创新"到"集成创新"和"原始创新"的战略转变。要改变这种局面，必须调整技术引进的方向，并及时将引进技术内化为自身的技术知识，然后进一步转化为原始创新能力。这就要求各地在实施对外开放、招商引资时，要注意引进国外的先进技术，而不是已经濒临淘汰的落后技术，特别要把产业关联度大、技术进步快的产业作为发展重点，有针对性地选择技术引进方向。与此同时，要注重加强对引进技术的消化、吸收，并通过对引进的技术进行改进和组合，推动技术的集成创新。最为重要的是,在技术引进、消化、吸收和集成创新的全过程中,必须始终把提高原始创新能力作为核心目标。因为我国过去的惨痛教训已经证明,真正的核心技术是无法通过引进得到的。

(三)通过产业集群促进区域创新网络的形成

日、韩区域创新体系还有一个成功的经验,就是通过某项技术的突破和某些产业的倾斜,建立和发展高新技术产业集群,从而促进区域创新网络的形成。这既是高新技术产业自身发展的规律,也是区域经济发展的需要。一般而言,区域创新网络早期的表现形式是产业集群。因为,产业集群具有强大的创新资源集聚能力,能够为区域创新网络的形成创造最基本的物质和非物质要素。同时,一个开放的区域创新网络,对网络外部的优质创新资源有很强的吸引力,反过来又促进了产业集群的进一步发展。可以说,产业集群与区域创新网络具有相互促进的作用,是构建区域创新体系不可或缺的重要载体。从日、韩的发展历程也可以看出,一个区域创新体系的形成和完善,往往是由一个或多个优势产业形成的产业集群带动的,经历了从产业竞争力提升向区域竞争力提升的过程。这就需要中央政府赋予地方政府充分的自主权,以便实现区域科技资源的优化配置。以韩国大田的区域创新体系为例,大德研究开发特区的设立,实现了高端科技资源的地区集聚,而《大德研究开发特区培育特别法》的颁布实施,又赋予了大田地方政府配置区域科技资源更大的自主权。

当前,我国大部分产业的集中度还比较低,产业在区域内的集聚效应未能充分发挥,导致区域内创新资源配置效率不高,技术创新活动的投入产出比较低。因此,在我国构建区域创新体系的过程中,作为创新主体的企业和政府要有意识地结合当地科技资源优势,加大规划的力度,提高产业的集中度,形成强有力的产业群体与竞争主体,打造具有较高知名度、掌握核心竞争力的强势品牌。只有这样,才能实现区域创新体系的可持续发展。具体而言,要依托区域特色资源,推动建立大学科技园、产业园区等多种类型的产业集群基地,鼓励民营科研机构、科技企业的参与合作,从管理体制、金融体制、中介服务、激励政策等多个方面,创造适合集群发展的良好制度环境。同时,在研发国际化趋势日益明显的背景下,还要积极创造条件,大力促进国际科研机构和跨国公司入驻,配套实施相应的人才引进计划与合作创新政策,加强区域研发资源的集聚,促进技术扩散与转移。最后,为了更好地发展各地区特色产业集群,中央政府应赋予地方政府在科技资源支配方面更多的自主权,加大国家科技战略在重点区域创新体系的部署,支持地方政府积极探索更有效率的支配科技资源的路径实现方式。

（四）推动区域创新体系内各主体间的协调互动

21世纪是知识经济时代，知识的更新和传播速度日益加快。而对于一个区域创新体系而言，知识和技术是区域创新的核心要素。从日、韩的区域创新体系来看，其共同的核心要素是知识、技术的生产、传播和创新，政府、企业、研发机构、技术中介等创新主体，以及人员、资金等创新要素，围绕这一核心要素相互作用而组成创新网络。日、韩两国的实践证明，区域创新体系能否取得成功，在很大程度上取决于各主体间在互动和合作过程中所形成的协同网络。从上面的分析可以看到，日、韩区域创新系统的一个共同点是，都在官产学研之间实现了良性互动，形成了灵活有效的创新网络，由此充分发挥了区域创新体系的合力和整体效应。在促进官产学研协同研发的过程中，中介服务机构的作用不可小觑。良好的创新创业服务体系，不仅可以提高创新效率，缩短创新周期，降低创新成本，加速成果转化，还可以提高创新能力，达到增强区域竞争力的目的。典型的科技中介组织包括企业孵化器、技术转移中心和风险投资机构等。

我国由于长期实行计划经济体制，条块分割、部门利益优先的情况比较严重，影响了不同创新主体的合作动力和效率。由于创新主体信息不对称，导致政府着力推动的科技项目成为"政绩工程"，无法真实反映市场和企业的需求；高校和科研机构的研究和开发也往往与实践脱节，难以将新理论和新技术转化为经济利益；企业即使有创新意愿，但却因为缺乏合适的项目和融资渠道而苦恼。我国政府必须认识到，区域创新体系的有效运转取决于创新主体之间的相互协调，否则，即使规划得再好，也难以落到实处。我国目前最为欠缺的，就是真正能够发挥实效的公共科技平台和科技中介服务。它们就像是区域创新系统运转的润滑剂，在企业、高校和科研机构之间搭建起合作的桥梁。更为重要的是，企业孵化器等中介服务机构为中小企业技术创新活动提供场地、设施和咨询服务的同时，能够迅速推动新技术的成果转化，使区域创新体系步入良性运转的轨道。今后，我国政府应当从政策上扶持各类科技中介服务机构及创新服务平台建设，尤其是大力促进民营科技中介机构的发展，改善区域创新的资源配置效率和投融资环境。

（五）努力培育适宜创新的市场和制度环境

区域创新体系的有效运转，需要一个适宜创新的外部环境。其中，最为重要的是市场环境和制度环境。一方面，日本和韩国在构建区域创新体系时都已经建立起完善的市场经济体制，政府和市场之间形成了很好的互补关系。它们的经验表明，区域创新体系的成功需要成熟的市场经济土壤。有效的市场运行机制能够在供需双方之间传递正确的信息，促进区域内科技资源的优化配置。相反，如果市场经济不够完善，或者政府干预过多，都会阻碍区域创新体系的正常运转。另一方面，日本和韩国在构建区域创新体系过程中，政府根据不同时期的战略重点，相应出台了一系列的法律法规和政策，从制度层面为区域创新保驾护航。其中，最核心的制度包括科技发展规划、知识产权保护制度、科技成果转化制度等。例如，日本政府为保护自主知识产权而制定的《知识产权基本法》；韩国政府先后出台的《技术开发促进法》、《科学技术振兴法》、《科学技术创新特别法》以及《科学技术基本法》等，对两国的区域创新体系构建意义重大。

当前，我国正处于经济社会发展的转型期，社会主义市场经济体制还有待进一步完善。在某些欠发达和落后地区，完善的市场经济体制对于区域创新体系建设的重要性还没有引起人们足够的重视。因此，我国各级政府必须首先转变观念，将市场作为推动区域创新和产业发展的主要动力，并按照市场规划实现科技资源的优化配置。在开展区域创新活动中，要推动企业作为技术创新的真正主体。一定要避免完全按照地方政府意志的计划经济方式，要让企业根据市场需要做出决策；高校和科研机构也要根据技术发展方向和市场实际需求培养人才、开展课题研究。从我国区域创新体系的制度环境来看，改革开放以来，我国已经制定并实施了多项政策法规，如《科学技术进步法》、《科技成果法》、《中小企业促进法》等。但是，与发达国家相比，与我国企业的内在需求相比，我国尚未形成一套完整的政策法规体系，政策的执行力度和执行效果也有待提高。而且，针对作为最大创新群体的中小企业，缺少包括技术创新在内的各种中小企业特别法，导致中小企业的创新积极性不足，创新成本和风险过高。因此，我国应尽快完善促进创新的制度和政策体系，并且要特别注重加强政策执行效果的评价与改进。

第七章 德、意传统工业区的区域创新战略转型

德国和意大利都经历了传统工业区的战略转型，两国的区域创新体系具有一些共同的特征。例如，中小企业在区域创新体系中都占据了非常重要的地位，产业结构调整与区域创新体系建设很好地融合在一起，区域创新战略都具有开放性和国际化导向，非常重视技术创新过程中的技术扩散和技术转移，等等。我国东北老工业基地与德国和意大利具有一定的相似性，它们的经验为我国东北老工业基地改造提供了很好的启示。

一、德国的区域创新战略转型

德国很早就在钢铁等工业领域保持着较强的国际竞争力。但是，随着以鲁尔工业区为代表的传统工业的衰败，德国经济和技术发展面临着很大的挑战。此时，实施传统工业区的战略转型成为生存和发展的前提。为此，德国大力发展新兴产业和现代服务业，同时为最大的创新群体中小企业创造良好的创新环境，包括金融支持、人才供给、技术转移等。经过多年的努力，德国的传统工业区焕然一新，实现了产业结构的多样化，促使德国再次站上世界创新型国家的舞台。

（一）三级政府各司其职的分散治理模式

在传统工业区的区域创新战略转型过程中，德国各级政府发挥了重要作用。与其他国家不同的是，德国创新体系采取了相对分散化的治理模式。这与德国经济发展的区域化特征相适应，反过来又强化了德国区域经济专业化的特殊结构。在政府管理方面，作为联邦制的德国，联邦政府与州政府在权能和职责方面不存在隶属关系。联邦政府与州政府各自有其独立的科技政策和创新政策，这是德国国家和区域创新系统的重要特征。联邦和州在研究和教育计划促进方面的合作则

通过2008年成立的"共同科学会议"(GWK)来实现。而由专家组成的科学咨询委员会负责就高等教育、科学和研究的内容和结构发展为政府提供咨询。

以著名的鲁尔工业区为例，在其区域创新战略转型过程中，联邦政府和州政府、区政府、市政府分别承担了不用的功能，针对不同层面的问题，出台了相应的政策措施。正是因为各级政府各司其职、协调互补，促使鲁尔工业区顺利完成了战略转型。

1. 联邦和州政府的职能与政策

为了缩小地区差距，促进地区平衡发展，德国政府加强了对老工业地区的改造。其中，联邦和州政府主要对老工业基地改造提供项目资助和政策引导。首先，联邦和州两级政府共同资助老工业基地的改造。资助老工业基地改造工作，主要由联邦政府经济部下设的联邦地区发展规划委员会和执行委员会负责。政府的资助采取项目招标的办法，由地方提出申请资助的项目，联邦政府地区发展招标委员会会同北威州政府进行审批。政府规定，鲁尔区的各县市凡失业率达15%以上、人均收入为西部人均收入75%的地区都可申请联邦政府的资助。凡得到批准的一般性项目，可获得占投资额28%的资金。对于可促进当地基础设施建设的环保和废厂房利用等项目，可得到占投资额80%的资金。资助金由联邦政府和州政府各承担一半。

联邦和州政府的另一个重要职能是引导产业调整方向。在老工业区改造初期，联邦政府一直对煤炭、钢铁、造船等传统工业部门进行补助，因为这些部门对鲁尔区老工业基地非常重要，曾经是当地的主导产业。但是，政府的补助并没有得到预期的积极效果，使这些传统工业恢复原有的竞争力。高资助并没能阻止鲁尔工业区的衰落，甚至情况更加恶化了。经过研究与讨论，联邦政府决定调整对老工业区的资助方向，减少了对煤炭、钢铁、造船等传统工业部门的资助，保留的资助也重点投向环保、废厂房利用等项目，把省下来的资金用于帮助该地区投资生产新产品，扶持当地的新兴产业、服务业和中小企业的发展，以创造新的就业岗位。同时资助再就业培训使从传统大工业裁减下来的人员能够在新的岗位上就业。由此，政府的资助带动了传统工业区的产业结构调整。

2. 区政府的职能与政策

区政府主要通过地区发展委员会和地区会议制度来推动老工业区的改造。首先，区政府为了加强对鲁尔老工业区的改造工作，专门设立了鲁尔区地区发展委员会。这个委员会主要的职责是，负责为那些在鲁尔区开展商务活动的人们提供咨询服务和各种帮助，包括投资、经营和市场销售等各个方面。

在地区发展委员会的基础上，鲁尔区政府还设立了地区会议制度。这一做法的初衷是，使地方政府的政策来源于基层，更多地根据市场需要来调整政府的行

第七章 德、意传统工业区的区域创新战略转型

动。地区会议由地方的政府机构、工会、政党和各种协会（如企业协会、工业贸易协会和手工业协会）等组成。地区会议每年召开2~3次，其主要任务是：对市场进行分析和研究，讨论当地的发展潜力以及有关劳动就业市场、基础设施、环保、能源、技术发展等问题，并根据这些问题制定相应的发展战略和目标，同时确定具体的措施并提出具体的项目。地区会议对需要优先处理的问题提出建议，由区长审核和评价，符合地区政策的项目由州政府直接进行资助。需要申请联邦资助的项目，交联邦地区发展执行委员会审核。在鲁尔工业区的改造过程中，地区会议制度发挥了积极的作用。

3. 市政府的职能和政策

鲁尔区的11个县市都对老工业的改造采取了许多措施。相比而言，市政府采取的政策措施比较具体，涉及的问题也非常广泛。以多特蒙德市为例，市政府在老工业区改造中主要采取了以下措施：第一，设立劳动和经济促进机构。1968年，多特蒙德市成立了劳动局和经济促进会，市政府与经济界、工会和政治界开展了密切合作，共同促进经济发展和增加就业。第二，吸引外地企业前来投资。市政府对当地土地的使用进行整体规划，为了吸引外来投资企业，向它们提供更为优惠的土地价格。第三，设立技术园。多特蒙德市从1985年起，分5个阶段，投资1.3亿马克，建设了一个技术园。这也是该市新技术的主要来源地，并创造了大量的工作岗位，解决了当地就业问题。第四，大力发展中小企业。多特蒙德市政府非常重视中小企业在创新中的作用，因此采取多种措施大力支持中小企业的发展，取得了良好的效果，并且带动了当地就业。第五，大力发展服务业。在当地政府的推动下，多特蒙德市的服务业发展很快，特别是保险业很发达。据统计，该市有将近70%的就业人员分布在服务业。第六，加强当地经济与欧洲及世界经济的联系。多特蒙德市在1995年设立了欧洲办公室，积极参加德国和欧洲的各种博览会，也曾到北京和西安参加博览会。另外，该市还举办了"欧洲经济论坛"，积极参与加强东西欧联系的活动。

（二）将产业结构调整与区域创新发展相结合

德国传统工业区战略转型的一个突出特点是，产业结构调整与区域创新发展紧密结合在一起。以鲁尔工业区为例，在其改造的三个时期中，始终以产业结构调整为主线，经历了从20世纪五六十年代以煤炭、钢铁为主的传统产业结构，到70年代以发展新兴产业为主的产业结构，再到八九十年代在不同地区发展优势产业的多元化产业结构。

1. 传统产业升级时期

20世纪五六十年代，由于占据明显的资源优势，煤炭和钢铁成为鲁尔工业

区的两大支柱产业。在国家宏观调控的引导下，鲁尔区建起了30多个发电厂，向全国乃至邻国输送电力。在政府一系列保护性政策措施的帮助下，20世纪50年代中期，鲁尔区的采煤业达到了历史最高纪录，年产1.49亿吨，占全国初级能源消耗的69.9%。而正在此时，采煤业高耗能、高污染的弊端日益明显，当地的产业结构迎来了第一轮调整期。1968年，北威州政府出台了第一个产业结构调整方案《鲁尔发展纲要》（以下简称《纲要》），该计划重点是对矿区进行清理整顿。《纲要》提出，对于能耗高、污染大的炼钢厂和煤化工厂，将采取改建、合并、转让等形式进行改造。在政策的推动下，鲁尔煤业公司于1969年正式成立，它也是当时西德最大的煤业公司。该公司通过收购私人煤矿、关闭低效矿井、实施采煤机械化等一系列手段，大大提高了煤矿的采煤效率。

与此同时，钢铁工业也面临着一场巨大的变革。政府大力推动钢铁工业的设备更新和技术改造，关闭、合并老厂，扩建新厂，同时加强企业之间的专业分工与协作。另外，与煤炭产业类似，通过行业内的兼并重组，全国最大的钢铁财团——蒂森钢铁公司诞生了。该公司的成立，促进了鲁尔区钢铁产业的专业化分工，调整一次性加工企业到交通便利、运费低廉的沿河各港口，使区位选择更加合理。经过长期的调整，煤炭和钢铁两大传统工业所占比重明显下降，同时，产业集中度和专业化水平显著上升。

2. 新兴产业发展时期

20世纪70年代，为了进一步调整产业结构，使鲁尔区的经济结构趋向多元化，联邦政府及鲁尔区煤管协会将目光聚焦到新兴产业，并出台了一系列产业政策，推动新兴产业的兴起和繁荣。首先，必须实现新兴产业"从无到有"的转变，这就需要积极改善鲁尔区的投资环境，从而吸引新兴工业企业的入驻。随着汽车、炼油、化工、电子等行业的大批中小企业迁入鲁尔区，第三产业开始迅速发展起来。在鲁尔区的各个城市，都逐渐建立起便利的服务网店，在一些地区还开辟了新的旅游点，后来发展成为著名的工业旅游路线。新兴产业的发展为鲁尔区带来了新的活力。

在扶持新兴产业方面，不得不提的是"鲁尔行动计划"。它是由联邦政府与各级地方政府及工业协会、工会等联合制定的，旨在通过提供经济和技术方面的资助，逐步在当地发展新兴产业，以掌握结构调整的主导权。随着该项计划的实施，鲁尔区出现了一批新兴工业，如电子工业、核电工业、信息和媒体产业等。为了优化投资结构，北威州政府规定，凡是从事信息技术、新材料等新兴产业的企业在当地落户，将给予大型企业投资者28%、小型企业投资者18%的经济补贴。这一系列强有力的扶持政策和措施，使信息、电信、生物技术等新兴产业在鲁尔区得到蓬勃发展。

第七章 德、意传统工业区的区域创新战略转型

3. 产业结构多元化时期

20世纪80年代后,为适应时代的潮流和发展的需要,政府产业结构调整的重点再次发生变化,开始注重因地制宜地培养各地的优势产业,从而实现鲁尔区产业结构的多元化。为充分调动有关各方的积极性和创造性,德国政府于1989年制定了"矿冶地区未来动议",之后又着手实施"欧盟与北威州联合计划"。其目的是,充分发挥鲁尔区内的区域优势,在不同地区形成各具特色的优势行业,实现产业结构的多样化。例如,多特蒙德依托众多的高校和科研机构,大力发展软件业;杜伊斯堡发挥其港口优势,成为贸易中心。

鲁尔工业区改造的成功经验之一,就是因地制宜地整合传统优势资源,在转型改造的同时,带动新兴产业和现代服务业的快速发展。新兴产业创造的经济利益可以反哺传统工业改造所需的资金,同时也增加了大量的就业机会,由此实现了传统资源与新兴产业的良性互动。随着传统产业的收缩与提升、新兴产业的发展与繁荣,以及产业结构的多元化趋势,鲁尔区的区域创新体系也逐渐完善。从传统产业技术改造与新兴产业技术发展相结合,再到多种产业技术的互动发展,也推动了区域创新战略的转型与升级。

(三)重视培养中小企业的技术创新能力

在德国的区域创新体系中,中小企业无疑是最大的一个创新群体。但是,中小企业在开展技术创新过程中却有着先天的劣势,主要体现在自身资金实力不足和融资困难。另外,信息不对称也是中小企业创新面临的阻碍之一。然而,区域创新体系的良性运转,在很大程度上取决于中小企业创新的活跃程度。为此,德国政府从体制机制、融资支持和信息服务多个角度,促使中小企业积极参与技术创新活动,并快速形成技术创新能力。

1. 在体制机制上营造有利于中小企业技术创新的良好环境

为促进中小企业创新和发展,德国政府设立了专门机构——中小企业局,与州政府一起提供"改善地区经济结构"的投资鼓励。联邦政府的经济技术部、财政部都下设专门负责中小企业事务的机构,经济部还在波恩设有中小企业研究所。另外,各州政府、德国行业协会、工商会也都设有专门负责中小企业发展的促进部门,在欧盟和驻外使团内也设有中小企业促进机构。

除了健全管理体制外,德国政府还为中小企业的健康发展提供了有力的法律保障。例如,德国政府通过颁布《反限制竞争法》,有效限制了大企业对中小企业的吞并,而对中小企业间的联合则给予支持。同时,德国各州政府也都颁布了自己的《中小企业促进法》,旨在提高中小企业的技术创新能力,扩展中小企业产品市场等。在引导和推动中小企业技术进步方面,德国政府还制定了专门的技术支

持政策，包括《联邦政府关于中小企业研究与技术政策总方案》和《中小企业技术研究与研制工作基本设想》等政策。在政府的大力倡导下，中小企业在德国的重要地位和作用得到了保障，社会各界也都建立起完善的中小企业服务网络。由此，中小企业在德国快速成长起来，技术创新能力得到了显著提升。

2. 通过多种渠道为中小企业技术创新提供融资支持

自有资金不足，融资渠道单一，是中小企业技术创新面临的主要障碍。为了破解这一难题，政府通过多种渠道，为中小企业技术创新提供资金支持。一方面，积极投入财政资金。在德国每年的联邦财政预算资金中，有相当一部分用于促进中小企业发展。据统计，在支持中小企业发展的全部资金中，政府的财政预算资金占到了70%。此外，德国政府还专门制定了面向中小企业的7年减税计划（1998~2005年），为中小企业减税150亿欧元，以保证中小企业有更多资金进行技术创新。与此同时，德国还建立了160多个技术研究协会，鼓励中小企业和研究机构共同承担研究项目，共享研究成果，联邦政府和州政府对这些合作均给予补贴。

另一方面，健全金融支持体系。除了财政资助的直接支持手段外，德国政府还通过强大的金融体系，为中小企业技术创新提供间接的融资支持。这些资金主要是通过两大政策性银行和各州的政策性银行、商会等组织，间接用于中小企业的技术创新活动，而政府则负责对资金的使用情况进行严格的监督。其中，两大政策性银行——德国清算银行和德国复兴信贷银行，每年从国家获得50亿欧元的资金，用于向中小企业贷款的银行提供利息补贴，补贴幅度在2%~3%。同时，德国在各州成立了担保银行有限公司，负责为本州中小企业、个体户、小工商业者提供担保。在德国，中小企业从创业、技术创新、再投资到培训、咨询、展览、出口等，均可得到金融贷款或担保的支持。处于创业阶段的中小企业，还可以得到欧洲复兴计划的自有资本援助计划、创业援助方案以及德国清算银行的创业援助计划等的支持。另外，德国还设置了特殊专项贷款，主要用于解决欠发达地区或发展迟缓地区及行业的中小企业的资金短缺，重点扶持中小型高科技企业发展。

3. 在信息咨询和培训服务上为中小企业提供帮助

与大企业相比，中小企业在信息获取方面并不占优势。由于信息不对称，往往错失了技术创新的市场机遇。同时，高科技人才和技术创新知识的不足也是中小企业必须克服的一大难题。为此，德国政府先后出台了500多种促进中小企业发展的具体措施和项目，涵盖技术创新、金融、贸易、职业教育等各个领域，并全部在互联网上公布，供广大的中小企业选择和参考。另外，联邦政府和各州政府还通过各种咨询机构举办技术创新投资研讨会、信息交流会等，并组织中小企

第七章　德、意传统工业区的区域创新战略转型

业参加国内外各种高科技博览会和交易会，帮助中小企业获取更多的技术创新相关信息。同时，联邦政府还规定，政府要承担咨询费用的1/2，最高不超过2000欧元，每个企业5年内可以得到4000欧元的各种咨询补贴。另外，在员工培训和进修方面，政府也给予中小企业一定的补贴，从而提高中小企业的管理水平和技术水平。

（四）广泛开展"双元制"职业教育制度

人才是区域创新体系最重要的创新要素。因此，人才培养对于一个国家和区域的创新能力提升至关重要。尤其是在传统工业区转型过程中，都会面临下岗工人的二次就业问题，对职业教育和技术培训提出了很高的要求。德国通过半个多世纪的探索，先后推出《职业教育法》、《青年劳动保护法》、《职业教育促进法》、《实训教师资格条例》等职业教育法律，逐步发展和完善了校企合作的"双元制"职业教育制度。现在，德国的"双元制"职业教育已经成为世界公认的"工学结合"人才培养模式的典范。

"双元制"的含义是指，学生不仅在职业学校学习理论知识，而且在企业通过实习掌握职业技能。它把学校与企业、理论与实践、知识与技能有机结合起来，以培养高水平专业技术工人为目标，是职前培训的主要形式。另外，德国也非常重视在职培训和转岗培训，几乎每年都会推出一些新的政策和培训计划。目前，德国有职业专科学校、职业提高学校、专科高中、职业高中、职业或专科完全中学和"双证制"学校等各种全日制职业教育学校，有职前培训、在职培训和转岗培训等多种职业培训形式。

德国"双元制"职业教育制度的历史十分悠久，可以追溯到中世纪的手工业行会的学徒制。20世纪初，政府通过手工业行会立法和推动各类进修学校的发展，并在此基础上，建立起了比较完善的现代型职业教育框架体系。此后，"职业学校"得到大面积推广，职业教育纳入了全国性的义务教育范畴。1953年，综合性的职业培训条例出台。1969年，《联邦职业教育法》正式颁布实施，"双元制"职业教育制度得到全面制度化和法制化。为顺应经济和社会发展形势，1981年，德国政府又颁布了《职业教育促进法》，第一次将职业教育和培训岗位需求相结合，推动"双元制"职业教育制度发展到一个新的阶段。

"双元制"职业教育制度具有几个典型的特点：第一，纳入义务教育范畴。德国各州均通过立法，将职业教育纳入义务教育范畴。法律规定，凡是完成了普通义务教育而没有继续升学的18岁以下青年，都必须接受义务职业教育。第二，理论与实践相结合。德国的职业教育，无论是中等还是高等职业教育，都普遍采用"双元制"教育培训模式。这个制度最核心的特点是，在教育培训中将理论与

实践紧密结合,突出职业能力的培养。第三,教育与市场接轨。在德国"双元制"职业教育制度中,各种职业指导与咨询机构发挥了重要的桥梁作用。通过它们与学校、企业的三方合作,使潜在的劳动力市场与职业劳动力市场直接接轨,令职业教育和培训更具有针对性。第四,覆盖面广量大。在德国,"双元制"职业教育覆盖面非常广,每年为60%以上的中学毕业生提供综合性的理论和实践培训,已经成为德国教育体系中不可或缺的重要组成部分,为德国源源不断地培养出大量合格的劳动力。第五,有力的财政支持。在德国,中等职业教育被列入义务教育范畴,高等教育也实行免交学费。德国政府为此投入了巨大的财政支出。同时,对于私立的职业教育机构,联邦政府和州政府也给予了强大的财政支持。

(五)建立多层次、专业化的技术转移体系

与世界上其他主要创新型国家(如美国、法国和英国)相比较,德国的创新系统是技术扩散导向的,而不是任务导向的。这主要体现在德国高效的技术转移体系。技术转移体系是国家和区域创新系统的重要组成部分,也是沟通和协调产、学、研之间技术供需的桥梁。德国的技术转移体系具有合理的层次结构和先进的运作模式,极大地促进了德国科技成果的转化,使创新投入能够快速转化为经济利益和竞争实力。

德国的技术转移体系与科研体系建立了紧密联系,这也是德国技术转移体系取得成功的最大优势。在德国,许多科研机构不仅从事技术研发活动,而且也深入到技术转移和推广的环节,弗朗霍夫协会便是其中的典型代表。德国技术转移体系的另一个优势是,与中小企业之间建立了广泛而深入的合作关系,彼此形成了一种优势互补。德国大多数企业都接受过技术转移服务,并且与技术转移机构保持长期的服务关系。最后,德国的技术转移体系具有非常高的专业化水平,聚集了各领域的科学家和工程师组成的专家团队,能够为企业提供高水准的专业咨询服务。

德国的技术转移服务机构主要包括:德国技术转移中心、史太白技术转移中心和弗朗霍夫协会。三者在定位和服务侧重点上有明显的层次和分工:德国技术转移中心是国家级的公共技术转移信息平台,提供最基本的技术供需、专利等的信息查询和简单的咨询服务;史太白技术转移中心是完全市场化运作的,并已在国内和国际上建立庞大的分支系统,其服务内容除了有深层次的技术咨询、研究开发、人力培训、国际性技术转移外,还涉及企业管理运营方面的服务;弗朗霍夫协会则是凭借自身的物质基础(实验室、仪器设备等)和高校的人力,形成了属于自己的研究所,直接为德国各中小企业提供技术创新和研发的服务。

德国技术转移中心是德国的一个全国性非营利公共组织,它分布在德国各

第七章 德、意传统工业区的区域创新战略转型

地,原则上每个州有一个分中心。各分中心是在各州经济技术和交通部指导下开展工作,其运行经费由两部分组成:一部分来自政府,即各州的科技基金会;另一部分来自工商协会,即各行业企业缴纳的会费。技术转移中心针对企业的主要服务职能包括:①技术交易、技术咨询、专利及信息等无偿服务,包括将企业和技术供需信息纳入技术数据网络,形成网上交易市场,为企业寻求合作伙伴,帮助企业查询专利信息以及申请专利的咨询等。②开展本地区产业和科技发展的前沿研究,引导企业和科研机构的技术创新方向,并从政府部门、科技基金会和欧盟组织中为企业谋求创新资金资助。③组织各种形式的学术报告会和展会,为产学结合、企业交流创造一个平台。

史太白技术转移中心成立于1971年,是德国最大的技术转移服务机构,是不依赖于政府的民间机构史太白基金会的子公司。现在,该中心已经从一个州立的技术转移机构发展成为国际化、全方位、综合性的技术转移网络,为政府、学术界与工业界搭建了一个相互联系的平台。史太白技术转移中心的服务领域包括:①各种咨询服务。由强大的专家网络提供的咨询服务,由于细分为很多领域,该中心的咨询服务更具有针对性。②研究开发服务。向企业提供新产品、新工艺和新系统的样机开发、测试、专利申请到生产实施,还有现有工艺、程序和产品的工业技术进行优化改进等服务。③国际技术转移。史太白技术转移中心已经在50多个国家设立了700多个分中心,可以为顾客提供国内外技术项目信息,尤其是帮助中小企业成功地进入未来有增长前景的市场。④人力资源培训。该中心还可以为企业提供前沿技术的专业知识和管理技能的培训,主要采取课题研讨会、在职培训、课堂培训等多种形式,其特色在于学术界与工业界之间技术工艺与科学知识的相互结合与转移。

弗朗霍夫协会是德国最大的科研机构,1949年由德国联邦政府设立,目前已经成为半官方半企业的全球性应用科学研究推广机构。协会为独立的法人团体,不隶属于政府或其他部门。协会的科研经费有70%来自企业和政府委托项目的收入,30%为政府负担。该协会致力于应用研究领域的技术开发,为中小企业及政府部门提供合同式的科研服务。协会的服务主要涵盖以下8个研究领域:信息、通信、生命科学、微电子、表面技术、光子、制造和材料。所提供的服务内容具体包括:新产品、新工艺的研发和引进;旧有制造技术和生产流程的改进;各种形式的与技术相关的咨询,包括技术的信息和数据、市场调查和可行性研究、质量和安全评估等。研发项目的具体实施单位是设立于大学中的研究所,一般由各研究领域的知名教授担任所长和技术骨干,同时有40%的员工为在读博士和硕士。这种人员结构既节约了研究所的支出,又使学生得到了实践的锻炼,受到了普遍的认可。

【专栏 7-1】
德国鲁尔区老工业基地改造的成功经验

鲁尔区是世界上最大的工业区之一。鲁尔区位于德国经济发展最发达的北莱茵—威斯特法伦州（简称北威州）的中部，是北威州的5个区之一，包括11个县市，其中有多特蒙德、埃森、杜伊斯堡等比较有名的工业城市。"二战"以后鲁尔区产煤量约占德国西部总产煤量的90%，钢产量占德国西部总量的70%。但是，从20世纪60年代开始，鲁尔区传统的煤炭工业和钢铁工业开始衰落。70年代末期，鲁尔区已全面进入了经济萎缩时期。之后，通过清理改造和产业结构调整，鲁尔工业区经济迅速走出了低谷，从以煤炭和钢铁工业为中心的资源型生产基地，转变为以煤炭和钢铁生产为基础、以电子计算机和信息产业技术为龙头、多种行业协调发展的新型经济区。鲁尔区老工业基地改造的成功经验主要包括：

（1）以传统工业为基础，充实、调整区域产业结构。长期以来，煤、钢两大部门一直是鲁尔区发展的两大支柱，因此这两大部门陷于危机便直接导致鲁尔区经济结构的老化，并使鲁尔区的经济发展速度明显低于全国平均水平。从20世纪60年代开始，在国家的资助下，鲁尔区首先采取了对企业实行集中化、合理化的改造过程。煤炭生产就集中在7个大煤矿中。钢铁工业也同期进行设备更新和技术改造，关闭和合并老厂，扩建新厂，进行企业内外调整，加强企业内部和企业之间的专业化和协作化。联邦、州政府及鲁尔区煤管协会都想方设法改善鲁尔区的投资环境，鼓励新兴工业迁入鲁尔区，这类企业已遍及全区，大多是技术精良的中小企业。现在，鲁尔区正朝着一个既有强大传统工业做基础，又有日渐壮大的新兴产业为增长点的多部门的综合工业区方向发展。

（2）合理调整区内生产力布局。鲁尔区早先的产业布局都以接近原料地为原则。在20世纪60年代区域总体规划中提出了划分三个不同地带、平衡全区生产力布局的设想，并规定在布局新企业时首先考虑安排在边缘发展地带，同时控制杜伊斯堡、埃森等大城市的发展，有计划地从核心地区向外缘迁厂。同时，对传统产业依据不同的情况实行关、停、并、转。

（3）科研与实践相结合，将科技优势转化为生产力。在世界科技史上，德国的工业技术占有重要的一席，而鲁尔区就是德国许多技术的发明诞生地，因此科研基础十分雄厚。面对新的形势，鲁尔区采取了以下措施：首先改革创新，加强科研界与经济界的合作，把区内的经济中心和科研中心联系起来，以加快科研成果的应用。其次，改革传统教育，创立新兴学科，并把高等院校的

第七章 德、意传统工业区的区域创新战略转型

教育与本地区经济发展相结合,州政府试图将鲁尔区建成"欧洲高等院校区"。在发展新技术的同时,对传统工业的全面改造,如建立科学技术革新的信息中心、政府帮助企业、优化向中小企业转让技术等,大大加快了将科研成果转化为生产力的步伐。

(4) 开发工业传统资源,拓展区域产业新功能。在逆工业化的过程中,鲁尔区开始对自身积淀的区域资源进行开发和利用的思考,尤其重视对工业遗产旅游资源的开发。借鉴英国、瑞典等一些国家的经验,鲁尔区从1989年提出"IBA"计划(即国际建筑展计划),经过长达10年的摸索,走过了一条从零星景点的独立开发到区域性统一开发的模式,工业旅游已成为鲁尔区的新时尚。从景点开发模式来看,大致有四种具体模式:①博物馆开发模式;②休闲、景观公园开发模式;③购物旅游相结合的开发模式;④传统的工业区转换成现代科学园区、工商发展园区、服务产业园区。1998年,区域规划机构制定了一条连接全区旅游景点的区域性旅游路线,这条被称为"工业遗产之路"的线路,几乎覆盖整个鲁尔区。

(5) 完善环境管理和建设,重塑田园都市风光。长期以来,鲁尔区企业各自为政,公害严重,环境污染大于国内任何一地。为了根除公害,治理环境污染,州政府投资设立环境保护机构,颁布环境保护法令,统一规划。第一个行动就是改造河流,建立了完整的供水系统,设立微生物净水站。另外,全区的烟囱自动报警系统已经全部建起,使大气污染得到了有效的控制。在区域总体规划中制定了营造"绿色空间"的计划,进行了大规模的植树造林。现在,鲁尔区所在的北威州拥有了1600多家环保企业,为欧洲领先的环保技术中心。

鲁尔区区域整治的经验表明,传统工业区的改造和建设只有不断创新,与时俱进,顺应时代发展潮流,才能充满活力,走上重新振兴之路。

资料来源:付天海:《德国鲁尔工业区经济振兴对我国东北老工业基地改造的启示》,《北方经济》,2007年第9期。

二、意大利的区域创新战略转型

与德国的情况类似,意大利的区域创新体系也是以中小企业为主体。在意大利产业区转型过程中,逐渐显现出几个明显的趋势,包括产业区内企业集团化发展模式、生产网络的外向化与国际化发展模式,以及中小企业"一区一业"的专业化发展模式。同时,在意大利的区域创新体系中,多个主体之间形成了协调互

补的网络。此外，多样化的中小企业融资体系，也是意大利成功转型的重要经验之一。

（一）产业区内的企业集团化发展模式

20世纪八九十年代，意大利产业区开始实施转型与创新。产业区内的企业集团化发展模式，是其转型与创新过程中的典型特征之一。早在20世纪80年代初，意大利产业区内就出现了企业集团化现象，进入90年代以后，"产业区集团"逐渐成为产业区发展的主导力量。这里的"产业区集团"是指，由产业区范围内属于同一产业的企业通过正式与非正式联系组成的商业集团。进入21世纪，"产业区集团"已经成为大部分产业区的普遍现象。2006年，TeDIS研究所对45个代表性产业区做了相关调研，结果显示，在年营业额超过250万欧元的企业中，属于某一集团成员的比例高达37%。

学者们对意大利产业区内的企业集团化现象进行研究发现，这种现象的出现并不是偶然的，而是有其必然性。首先，产业区内企业的不断发展，促使企业的平均规模逐渐扩大，其中包括少数规模较大的领军企业。这些企业为了保持长期、可持续的发展，需要与产业区内的其他企业建立稳定的经济关系，于是便促成了企业集团化现象的产生。其次，产业区内的企业大多具有高度专业化的特征，其产品差异化较大，因而产品的生产和营销模式也并不相同。这使得企业进行规模扩张时，倾向于选择新办企业或者兼并收购的方式，进而形成了企业集团。无论是哪种原因，"产业区集团"的发展都依赖于区内企业的长期合作与信任关系。由于产业区内企业与供应商、购买商以及竞争者之间非常熟悉，长期以来形成的信任关系增强了"产业区集团"形成的可能性。

在战略选择和运营方式上，"产业区集团"一般由一家领军企业主导发展战略，其他大多数企业仍保持较大的运营和管理自主性，往往也保留原有品牌。"产业区集团"的战略导向与产业区内部组织结构是相互作用的关系。具体而言，采取水平一体化战略的企业集团，将会提高产业区内的产业集中度；而采取垂直一体化战略的企业集团，则会加强区内企业间的"等级化"程度。例如，在Carpi的纺织服装产业区和San Mauro Pascoli的制鞋产业区，"产业区集团"主要采取垂直一体化的战略，将原来的分包合作变为等级制的合作关系。龙头企业为保证产品质量和供应速度，开始与有限的供应商建立稳定的关系，对产业链的各环节进行直接控制。相反，在Bologna的包装机械产业区和Modena-Reggio Emilia的农业机械产业区，"产业区集团"主要采取水平多元化的战略，通过扩大经营范围，形成不同产业领域间的协同效应。总之，企业集团战略的选择与演变，直接影响到产业区内部的组织结构和治理结构。

第七章 德、意传统工业区的区域创新战略转型

(二) 生产网络的外向化与国际化发展模式

近年来,随着经济全球化进程的不断深化,全球价值链重组也呈加速趋势。在此背景下,生产网络也从之前的"封闭式"逐渐向"开放式"转变。由于欧元的启动,降低了对外投资的相对成本,使这种现象在欧盟成员国尤为明显,而意大利产业区正是其中的一个典型代表。随着全球竞争的加剧,在意大利产业区转型与创新过程中,有一个非常突出的特征是,产业区越来越呈现出明显的外向化与国际化趋势,主要表现为,产业区企业向区外扩张生产网络、融入国际价值链条。从意大利产业区的变化来看,这一趋势一般是由产业区内的领军企业引领的,其目的是通过建立超出本地范围的更广阔的生产网络,不断合理化成本,持续优化生产能力。

意大利产业区企业实施国际化扩张、融入全球价值链采取了多种形式,主要包括:发展外部供应商网络;跨国外包,主要集中在印度、越南和中国;对外直接投资,主要集中在东欧、巴尔干和北非地区。其中,发展外部供应商网络的方式应用最为普遍,而且成效最为显著。意大利商会联合会对全国101个产业区内中小企业所做的调研结果显示,产业区企业的供应商网络在地域分布上已相当分散,2007年,仅有20.2%的供应商位于受访企业所在的产业区,另有27.4%的供应商位于受访企业所在大区,但不属于该产业区,35.2%的供应商位于受访企业所在大区之外,还有17.2%的供应商来自国外。近年来,开放性网络型企业越来越成为意大利各部门、各地区产业区变化的实质特征,标志着产业区模式不可逆转的发展方向。

意大利产业区内的领军企业在融入全球价值链的同时,逐渐从价值链低端向价值链高端转移,即将低附加值的生产环节转移到低成本的发展中国家,成为全球价值链中的购买者。这种转移有效地促进了产业区的功能升级。产业区内的企业在将低附加值的生产活动转移出去后,更加专注于研发、营销、物流等价值创造环节,从而创造了更高的经济价值。例如,在Montebelluna运动鞋产业区,本地企业将大量的劳动密集型生产环节转移到东欧国家,而设计、研发、营销、物流等环节仍然保留在产业区内,从而实现了产业区的转型升级。

意大利产业区生产网络的外向化与国际化发展模式虽然在一定程度上使产业区内的供应网络变得更加松散,但是,随着领军企业的国际化扩张,以及向全球价值链的高端移动,反而提升了产业区内部整体功能的提升。其中的原因是,领军企业在实施外部采购或者跨国外包的同时,会把产品设计等附加值更高的环节委托给本地企业,实际上是将最重要的合作关系留在了本地,同时也由于引入了外来竞争,而提高了本地企业的创新积极性。此外,国际化程度的提高对产品和

服务质量提出了更高的要求，这也促使区内企业向专业化方向发展，如产品设计、研发、物流、营销等领域的专业化水平不断提升，进而改善了产业区内的整体运营环境，增强了综合竞争力。

（三）中小企业"一区一业"的专业化发展模式

意大利与其他工业大国的发展模式不同，它是一个以家族式中小企业为主体的工业化国家。中小企业在该国经济中占有令人瞩目的地位，因此意大利有"中小企业王国"之称。在国际市场上享有盛名的意大利皮革、纺织、服装、玻璃、家具、卫生陶瓷、大理石等，绝大多数都是由这些中小企业生产出来的。中小企业持续不断的技术创新活动是其保持长久竞争力的重要来源。因此，意大利的区域创新体系，也是以中小企业为主体的。大量家族式中小企业的存在，使得意大利区域创新体系呈现出以下特征，即具有灵活性的网络组织形式和专业化的产业集聚区。

专业化的分工协作是意大利中小企业集群成功的经验之一。在技术创新过程中，意大利政府通过各种政策措施引导中小企业向专业化方向发展，促进产业集聚区内企业之间的分工协作，从而提高中小企业的技术能力和竞争优势。在政府的引导下，意大利中小企业的专业化水平逐渐提高，在组织形式上呈现出典型的"一区一业"特点，即每个工业区主要发展一种产业，区内的中小企业大多从事同一行业的生产活动。这里所谓的"区"，并不是一种行政区划的概念，而是由若干个小城镇自然发展形成的没有明确边界的区域。这种模式有点类似于我国浙江地区的"块状经济"。从技术创新的角度来讲，这种"一区一业"的组织形式有很多优势，既有利于新技术成果的快速扩散和推广，也有利于制定统一的生产和技术标准，还有利于建立起完善的产品销售和服务网络。同一行业众多中小企业的集聚比相对分散的形式更容易产生规模效益，从而在激烈的市场竞争中取得成功。

这种"一区一业"的专业化发展模式促使大量同类产业和相关产业的中小企业在空间上集聚，共同构成紧密的经济网络和社会网络。然而，对于技术创新而言，仅有中小企业的努力是不够的，还需要许多其他主体提供创新支撑。集聚区内的各种专业组织和行业协会便承担了这一角色。在意大利每个产业集聚区内，中小企业、商贸机构和专业技术中心（包括专业学校）三者相互依存、相互促进，形成了"三位一体"的产业组织体系。其中，中小企业根据市场需求进行生产和创新活动；商贸机构负责交流各种信息，开拓市场渠道，协调企业关系；专业技术中心则主要从事技术培训、技术开发、质量检测等服务，为中小企业的技术创新活动提供支撑。这样，就形成了协同合作的企业群体，以及社会化、专业

第七章 德、意传统工业区的区域创新战略转型

化的中小企业支撑服务体系，从而促进集聚区内技术创新活动的顺利开展。在这种模式下，中小企业技术创新的激励并不主要依赖于政府的优惠政策，而是依靠良性运转的适宜创新的产业环境，最终带动了意大利中小企业创新能力的提升。

（四）形成主体协调互补的区域创新网络

创新网络作为一种组织形式，是在参与创新的主体之间，通过交互作用集成各成员的资源所产生的一种网络关系，其目的在于实施新产品的创造或现有产品的改进。意大利技术创新成功的主要原因之一，就是创新主体之间形成了协调互补的区域创新网络。

首先是中小企业之间的协调互补。在意大利区域创新体系内，企业之间通过多种形式建立起相互依存的网络关系。这种关系是一种企业之间的合作与协调机制，一般是以比较松散的形式存在，企业之间依然保持独立，并不存在相互的管理和控制关系。常见的网络形式包括产业集群、产业链、战略联盟、合作契约等。以产业集群为例，同一行业的大量企业聚集在一起，可以获得一定的规模效益，并且以较低的成本获取信息、技术等创新资源，同时又不失自身的灵活性。这种中小企业的集群形式与单个大企业相比，又能够避免经营成本的增加。因此，产业集群成为意大利区域创新的典型组织形式。

其次，在意大利的区域创新体系中，大企业与中小企业之间也形成了协调互补的关系。在创新战略的选择上，根据不同规模企业的比较优势，大企业的创新以自主研发为主，而中小企业则以利用创新成果为主，即通过购买和使用新技术、添置新设备和旧生产线技术改造等方式实现技术创新。一项企业调查结果显示，意大利企业在技术创新方面的投资中，中小企业最大的支出是购买技术装备，占总投资的60%以上，而大企业在研发方面的投入比例较高，有时高达创新投入的一半左右。这样，大企业和中小企业之间形成了一种互补关系。实际上，中小企业不仅利用当地大企业的创新成果，还在更大的范围内引进先进技术，从而改进生产工艺，提高生产效率和产品质量。由此，工艺创新成为意大利中小企业技术创新的主要方式。与此同时，中小企业之间还广泛开展合作创新，从而克服单个企业规模小、竞争力弱的缺点，形成合力来获取技术优势。在意大利普遍存在的中小企业集群，就是中小企业合作的重要载体。产业集群有利于技术知识的扩散，中小企业凭借自身较强的学习效应，通过合作带动后进企业的技术创新。

最后是企业与其他创新主体和要素之间的协调互补。在意大利的区域创新体系中，除了作为创新主体的企业之外，还聚集了一大批服务性机构，如银行、保险公司、运输公司、客户代理、原材料和设备供应商等。企业与这些主体共同形成了一个机构完善、功能齐全的"生产—销售—服务—信息"网络。例如，伦巴

· 171 ·

第大区为了削弱区域经济发展和创新能力的不平衡，于1998年在经济发达的米兰市周边三个地区启动了"周边区域创新工程"，旨在充分调动、利用米兰地区的优势科研资源和大公司的创新经验，帮助周边的三个落后地区实施创新，取得了良好的效果。在伦巴第大区实施"周边区域创新工程"的过程中，加强创新网络中各要素之间的联系和信息沟通是该地区创新成功的关键要素之一。第一层次是作为技术创新主体的企业，直接从事产品的设计和生产；第二层次是创新咨询、服务、中介机构，一方面与地方企业建立了紧密的联系，另一方面与周边大学和科研机构建立了紧密合作联系，承担起重要的沟通桥梁作用；第三层次是大学和科研机构，从事知识和技术的创造。在创新网络中，企业的需求信息通过创新机构流向大学和科研机构，而大学和科研机构的技术成果又通过创新机构扩散到企业，形成一个闭环的"信息链"或"创新链"，有效地推动了创新的应用、实施和推广。

（五）构建多样化的中小企业融资体系

以中小企业为创新主体的意大利，同样面临着中小企业融资难的问题。为了解决这一难题，意大利构建了多样化的中小企业融资体系，为它们提供了多样化的融资方式。与其他创新型国家相比，意大利很少采用政府资助的方式支持中小企业创新，而是充分发挥社会力量和资本市场的作用，获得了很好的效果。

意大利中小企业融资主要包括以下几种方式：一是内部融资方式。除了企业自有资金以外，还包括天使投资、风险投资、养老基金、保险基金、中小企业间的互助机构的贷款等。二是直接融资方式。主要是指企业借助资本市场，以公开发行股票或债券的方式向社会筹资。但是，这种方式的门槛较高，只适用于少数中小企业。三是间接融资方式。主要包括各种短期和中长期的贷款。贷款方式包括抵押贷款、担保贷款和信用贷款。其中又以行业互助贷款为主。四是财政资金方式。在意大利中小企业技术创新过程中，政府提供的扶持资金所占比重最小，通常只占企业总资产的7%~8%。

意大利中小企业融资体系呈现多样化的特征，银行、基金和市场等各类主体通过不同的方式，出台有针对性的支持政策，为广大中小企业提供融资服务。这些服务主体包括：一是中小企业银行。意大利政府专门设立了为中小企业融资服务的中小企业银行，如合作银行、互助银行、国民银行等，以比较优惠的条件向中小企业发放贷款。银行业的发展降低了企业用于固定投资支出现金流的敏感度，尤其是科技型中小企业，从而促进了它们参与技术创新的积极性。二是中小企业基金。意大利政府和银行共同出资设立了中小企业基金，为一些发展前景较好、风险适中的中小企业提供专门的融资支持。三是信贷担保基金。由政府资金

第七章 德、意传统工业区的区域创新战略转型

建立,在借款人违约和拖欠的时候,以政府资助为放款机构提供补偿。但是,针对风险系数比较高的初创期的中小企业,要警惕道德风险的发生。四是互助担保制度。中小企业协会或手工业协会从社会公众和协会成员集资组建互助合作的担保基金会,然后将其基金存入参与担保基金的银行,银行则可向成员提供高于存款金额数倍的贷款。这种中小企业担保联合体形式,是意大利中小企业融资自救的成功尝试。五是意大利二级市场。由于中小企业的创新与发展受到了传统的间接融资方式的限制,意大利开始为中小企业建立"本地证券市场",允许中小企业通过资本市场进行直接融资,尤其是那些成长性、技术含量高的企业。

与此同时,意大利对从事风险投资业的中小企业给予大力支持。1991年,意大利出台了《扶持中小企业创新与发展法》,明确鼓励中小企业组成联合企业和联合公司,鼓励由集体担保的信贷合作社的发展,鼓励为小企业的创新和发展服务的金融机构和金融手段的拓展,支持小企业创新和投资。该项法律在扶持中小企业技术创新和小企业联合体的同时,还规定了对创新与开发金融公司进行扶持。创新与开发金融公司是以资金公司的形式建立的小企业进行临时性风险投资的投资公司。此类公司采用股份制形式,通过购买有限责任公司或股份公司的股票等途径向中小企业进行风险投资。创新与开发金融公司可享受一定额度的税收优惠,通过推动风险投资业的发展,间接地促进了中小企业的技术创新。

三、德、意经验对中国的启示

我国东北地区与德国鲁尔工业区非常类似,作为我国工业起步较早的地区,已经形成了以钢铁、煤炭、石油、化工等重工业为主的产业结构,是我国最重要的能源基地和重工业及装备制造业基地。但是,东北老工业基地改革开放和结构调整的步伐却滞后于其他地区。随着传统矿厂资源的日渐枯竭,资源型城市战略转型和产业升级的任务已经迫在眉睫。德国和意大利传统工业区战略转型的经验,对我国东北老工业基地改造有很强的借鉴意义。

(一)将结构调整作为传统工业区的转型重点

鲁尔工业区的转型经验告诉我们,政府对传统工业的过分补贴,并不利于地区经济的长远发展。因为传统产业一般已经进入生命周期的成熟期甚至衰退期,如果不及时寻求转型升级,再多的投入也难以获得较高的回报。政府在扶持传统老工业的同时,应当同步支持新兴产业的发展,尤其是那些依托原有资源优势的

相关服务业。鲁尔工业区借助传统资源而发展起来的工业旅游业便是其中的一个典型代表。在鲁尔工业区改造的三个阶段中,产业结构调整始终是一条鲜明的主线。这不仅包括传统产业内部的兼并重组、提升效率,还包括传统产业与新兴产业之间的结构调整,以及不同地区之间优势产业的多元化结构调整。正是循序渐进的产业结构调整,促使鲁尔工业区最终顺利实现了战略转型。

借鉴德国的经验,在我国东北老工业基地改造过程中,也应当把结构调整放在首位。只有结构调整合理了,才能充分发挥老工业基地的整体优势。这种结构调整主要包括三个方面:一是产业结构调整。与德国和意大利中小企业占主导地位不同的是,我国东北地区的发展和创新主体是大中型国有企业。因此,结构调整必须从国有企业入手。一方面,要促进产业集中度的提升,将优质的国有资本集中投入到国民经济的重要行业和关键领域,进一步提高国有资本的控制力。另一方面,要积极发挥市场机制的作用,使国有企业和非国有企业在市场上公平竞争、共同发展,并创造条件让双方进行合作,实现有进有退、优势互补。二是产品结构调整。东北地区是传统的重工业基地,要在发挥传统产业优势的基础上,选择经济效益好、发展潜力大的产业重点扶持,如汽车产业、大型成套设备加工业、机床制造业等。同时,大力发展相关联的新兴产业,如信息技术、通信业等。要特别注重传统产业和新兴产业之间的互动,从而形成一种发展的合力。三是企业组织结构调整。东北老工业基地的企业组织结构具有一些特点,例如,大型企业数量较多,中小企业数量较少;国有企业数量较多,民营企业数量较少;企业之间的分工协作水平较低;等等。要想重新获得改革和创新的动力,就必须大力发展民营中小企业,通过调整大、中、小企业之间的关系,建立完整的产业链和价值链。大企业作为区域创新体系的领军者,应当更多地向价值链的高端转移,而将附加值较低的零部件等业务外包给中小企业,在自身获得更高经济利益的同时,也为当地中小企业提供更大的发展空间。在此过程中,东北地区的专业化水平也将得到提升,企业之间的分工协作也能够得到较大改善。

(二) 推动区域创新体系的开放性和国际化

经济全球化是世界经济发展的一种必然趋势。尽管我国经济融入全球化的进程较晚,但是,市场竞争以及研发活动的国际化趋势日益明显。在这一不可逆转的潮流面前,我国必须尽快适应这种国际化竞争的环境。为了构建创新型国家,提升国家综合竞争力,我国应大力推动区域创新体系的开放性和国际化。意大利产业区企业向区外扩张生产网络、融入国际价值链条的经验,为我们做出了一个很好的示范。意大利产业区的转型经历告诉我们,眼光不能只是局限于区域内的企业,而是要放眼全球,从国际市场上寻求外部发展动力,并将其引入本地区的

第七章 德、意传统工业区的区域创新战略转型

创新体系内。传统的技术创新范式通常是把注意力集中在企业的内部创新上。但是,随着全球竞争的加剧,区域内外企业间的分工、合作形成的创新网络,正带动传统技术创新范式的革新。尤其是企业突破区域的界限,从更广阔的外部获取创新资源,这种"开放式"的创新模式,已经演变成现代企业技术创新的典型模式。

从我国目前的区域创新现状来看,技术创新的主要障碍在于,创新网络内的信息、知识等创新要素流动不畅,主体之间未能形成优势互补的合作关系,导致区域创新体系的整体功能无法充分发挥,甚至形成了创新网络内部的过度竞争。与此同时,区域内的企业与外部交流较少,尤其是与国际上的沟通合作更加匮乏,造成创新网络的相对"封闭",无法与世界技术发展保持一致。这就要求政府在制定区域创新政策时,运用"开放性"和"国际化"的思维,不要只是局限于让当地企业受益,而是应当更多地考虑如何吸引外部创新资源,形成区域内和跨区域的信息流动与分工合作。为吸引外商投资,要重视公共基础设施的建设,为国外投资者创造良好的投资环境。具体到东北地区而言,应充分发挥其优越的区位优势,加强东北三省与周边国家和地区的联系,政策的制定要有国际化和全局意识。应支持地区骨干企业与跨国公司合资合作,引导中小企业与跨国公司建立配套协作关系,推动优势企业与跨国公司建立战略联盟,提升重点骨干企业的国际竞争力。另外,还要努力推动我国企业嵌入全球价值链,支持和培育一批具有国际竞争力的企业集团,鼓励龙头企业实施国际化战略,在海外设立研发机构、生产基地和营销网络,逐渐向全球价值链的高端转移。最后,在参与国际竞争的过程中,尤其要注意提高产品品质,打造自有品牌,并争取占据技术标准这一创新的制高点。

(三) 发挥中小企业在区域创新体系中的作用

德国和意大利区域创新体系的一个共同特点是,为数众多的中小企业成为技术创新的主导力量。与德国和意大利相比,我国中小企业的发展仍然相对滞后。与大企业相比,中小企业在技术创新中具有一些明显的优势,如经营方式灵活、组织成本较低、产品转型较快等。但是,由于企业规模较小、自身实力不足,也存在融资渠道单一、创新资源不足等弱点。如何充分发挥中小企业的优势,同时通过一些手段弥补它们的弱点,是完善我国区域创新体系的重要任务之一。德国和意大利的经验表明,应当主要从以下几个方面提高中小企业的创新能力:首先,必须为中小企业创造良好的体制机制环境,包括建立服务中小企业技术创新的专门机构,为中小企业技术创新提供相应的法律保护等。其次,应当通过多主体、多渠道,为中小企业技术创新提供资金支持。除了政府直接的财政资助以

构建区域创新体系战略研究

外，银行、行业协会、基金会等各类组织也发挥了重要作用。最后，为中小企业技术创新提供完善的信息咨询和服务体系，这样可以帮助中小企业克服信息不对称和创新资源不足的问题。

针对我国中小企业的发展现状，融资难问题仍然是企业技术创新的最大障碍。为此，政府应当在财政和税收政策上给予中小企业大力扶持。一方面，可以利用财政资金设立中小企业技术创新基金，扶持处于创业期的科技型中小企业，重点是促进高新技术成果的产业化，从而提高中小企业的技术创新能力和市场竞争力。另一方面，可以通过对创新型中小企业减免税收的方式，支持中小企业从事技术创新活动。但是，政府财政资金和税收政策的覆盖面非常有限，与此同时，还应建立健全地方中小企业投资机构和投资担保机构，从根本上解决中小企业贷款难的问题。政府要采取财政贴息补助等间接支持措施，积极引导金融部门和投资机构，不断加大对中小企业的贷款额度，支持中小企业进行技术创新和技术改造的投资活动。

在解决融资问题的同时，另外一项重要任务是，建立健全中小企业技术创新的服务体系。中小企业相对灵活的竞争优势，必须以专业化生产和社会化服务体系的支持为前提。从德国的经验来看，建立健全中小企业技术创新的服务体系，是促进中小企业技术进步的重要环节。首先，应建立针对中小企业技术创新的信息服务系统。其中，不仅包括政府管理机构的信息网络，还应包括各种科技咨询机构及行业协会的信息网络。其次，应建立面向中小企业的技术开发和技术转移机构。要鼓励高校和科研机构建立面向社会的技术转移中心，并与中小企业进行紧密合作，向其转让成熟的研究成果，帮助中小企业进行技术开发和技术扩散，促进中小企业的技术进步。再次，建立科技型小企业的孵化器。企业孵化器的主要功能是，为科技型小企业提供设备、技术、管理、产品开发和营销等全过程的服务，为它们解决技术创新过程中的各种困难，同时鼓励和扶持更多的科技人员进行创业。最后，为中小企业搭建跨区域的交流平台。组织中小企业参加区域外的各种信息交流和产品展示活动，尤其是将中小企业推向国际化的沟通平台，使中小企业更快地与国际市场接轨，从而实现加速成长。

（四）加快构建完善的技术转移体系

德国发达的多层次技术转移体系，极大地促进了德国科技成果的转化，在其区域创新体系构建中发挥了积极的作用。相比而言，我国的技术转移体系起步较晚，服务科技成果转化的作用远远落后于德国等发达国家。目前，我国的技术转移机构主要包括以下几类：第一类是国家级常设技术市场。由科技部和各地市政府及其科技部门成立，大多采用会员制组建方式。第二类是国家技术转移中心。

由国家发展和改革委员会、教育部与地方高校或科研机构联合成立,以地方高校或科研院所为依托,整合科技、人力、科研设施等资源,推动本单位科技成果向社会转移。第三类是并不以技术转移业务为主业的兼营机构。主要为技术产权交易所,为科技型初创企业以及高新技术成果转化项目提供融资市场,并为创业资本提供退出市场。第四类是综合型网络服务平台。以上海市为例,主要有上海研发公共服务平台、上海国际技术转移信息服务平台和上海科技成果转化服务中心。与德国的技术转移体系相比,我国的技术转移体系还存在许多不合理之处。例如,技术转移体系机构种类繁多,但机构规模普遍较小,结构松散,彼此之间缺乏沟通,难以发挥整体优势,同时未能起到企业与科研机构之间的桥梁作用。

当然,我国技术转移体系存在的低效率问题与我国的科研体制也有一定的关联。比如,科研院所依靠国家拨款开展研发活动,科研人员并不享有科研成果的所有权,使得个人收益与所做的贡献难以挂钩,由于激励不足而降低了科研人员的积极性。而德国的弗朗霍夫协会却不同,其研究成果是归属于研究所的,这对于技术转移和创新激励都是非常有效的制度安排。此外,德国的三大技术转移服务机构定位清晰、分工明确,既有非营利性的德国技术转移中心,承担国家级公共技术转移信息平台的功能,也有完全市场化运作的史太白技术转移中心,提供全方位的专业性、国际化服务,还有半官方、半市场形式的弗朗霍夫协会。这种分层次的技术转移体系相互之间实现了很好的功能互补,增大了技术转移服务的覆盖面。我国在构建和完善技术转移体系的过程中,也不应当仅仅依靠政府单方面的力量,可以学习德国的成功经验,吸引其他各类社会组织的加入,形成一种优势互补。

(五) 大力发展和完善职业教育体系

德国采取了"双元制"的职业教育制度体系,它把学校与企业、理论与实践、知识与技能有机结合起来,为区域创新体系的发展输送了高质量的专业技术人才,已经成为世界公认的"工学结合"人才培养模式的典范。而德国职业教育立法的不断完善,是德国职业教育不断改革和发展的重要保障。特别是将职业教育纳入义务教育的范畴,对我国教育体制改革具有很大的启发性和借鉴意义。

我国职业教育体系的改革与完善,可以重点从以下三个方面入手:首先,应进一步加大对职业教育的投入力度。在德国,中等职业教育被列入义务教育范畴,全部由政府实行免费教育,德国政府为此投入了巨大的财政支出。同时,对于私立的职业教育机构,联邦政府和州政府也给予财政补贴。从我国目前的职业教育发展情况来看,在短期内达到德国的投入标准不太现实。但是,应当根据各地区政府的实际情况,在财政预算中增加职业教育发展专项,并逐渐提升其在财政支出中的比例。同时，政府还应对职业教育机构提供财政补贴，建议优先补贴产业结构调整需要优先发展的产业。为鼓励企业与学校、企业之间联合开展职业培训，对提供职业培训基地的企业和与学校联合进行职业培训的企业，政府可实行直接财政补贴或实行税收优惠等政策性补贴。对不参加培训的企业征收一定的职业教育培训费。

其次，强制扩大职业教育的覆盖面。在我国产业转型升级的过程中，有大批劳动力需要接受专业的职业教育。然而，目前我国的职业教育体系覆盖面还比较窄，无法满足社会上的实际需求。应借鉴德国的做法，即中学毕业生除了继续接受普通教育之外，都应该接受职业教育。同时，在制定学校招生计划时，应改变由教育部门单方面制定的做法，逐步扩大企业参与制订招生计划的覆盖面，最终实现企业与学校联合进行招生与培养的制度。

最后，尽快确立职业教育的重要地位。发展职业教育体系，必须先处理好职业教育与普通教育之间的关系。可以通过立法的方式，确立职业教育在我国教育体系中的重要地位，增加职业教育文凭的含金量，使其与普通教育文凭具有等值性。打通职业教育和普通教育之间的流通渠道，确保有职业教育的文凭者进入高等院校进修的可能性。同时，加强普通教育的职业教育性，使其承担部分职业教育功能。

第八章 基于产业集群的区域创新能力评价

区域创新能力是区域竞争力的核心,是一个国家应对经济竞争和产业发展的基础载体,也是统领世界各个区域未来科技发展的战略主导。因此,对区域创新能力的评价不仅是构建和完善区域创新体系的核心内容,而且是关系整个国家创新体系能否成功建设和有效发挥功能的重要影响因素。

一、区域创新能力评价的研究综述及研究视角界定

进入 21 世纪以来,尤其是最近几年,越来越多的国内外学者和机构开始重视对区域创新能力的评价研究,并构建了相应的评价体系。从国外来看,国际上公认的相对典型完善的相关区域创新能力评价体系主要包括《全球创新指数》的评价体系、《国际竞争力年度报告》的评价体系、《欧洲成员国创新计分卡》的评价体系、《全球竞争力报告》的评价体系、美国国家创新能力指数的评价体系、经济合作与发展组织(OECD)的"科学、技术和产业计分表"和《人类发展报告》的技术成就指数,具体如表 8-1 所示。

表 8-1 国际上比较典型的区域创新能力评价体系

序号	名称	来源	评价指标体系
1	《全球创新指数》	国际顶尖商学院英思雅德(INSEAD)	制度和政策、创新驱动、知识创造、企业创新、技术应用与知识产权
2	《国际竞争力报告》(《洛桑报告》)	瑞士洛桑国际管理开发学院(IMD)	国内经济、国际化程度、政府管理、金融、基础设施、管理、科学技术、国民素质
3	《欧洲成员国创新计分卡》	欧盟委员会与联合研究中心	创新投入:创新驱动力、知识创造、创新与企业家精神;创新产出:创新应用与知识产权
4	《全球竞争力报告》	世界经济论坛(WEF)	全球竞争力指标与企业竞争力指标两大类。从宏观经济环境、政府公共部门以及科技的准备程度角度评价

续表

序号	名称	来源	评价指标体系
5	美国国家创新能力指数	美国《创新指标》研究项目	公共创新基础设施、特定企业群的创新环境、联系的质量、关于政策等的评价项目
6	科学、技术和产业计分表	OECD	知识对经济发展的影响、知识对经济全球化和科技国际化的影响、知识对经济增长与国际竞争力的影响
7	《人类发展报告》	联合国开发署	由专利、技术许可收入构成的技术创造指数；由互联网用户、中高技术的出口构成的新技术扩散指数；由电话和用电消耗量构成的老技术的扩散指数；由入学年数和大学教育中科学专业的比例构成的人类技能指数

资料来源：作者根据相关资料整理。

从国内来看，一些学者和机构通过采用多因素分析的方法构建了区域创新能力评价体系，并主要包括基于横截面数据的静态评价和基于面板数据的动态评价两类，国内比较典型的区域创新能力评价体系研究成果如表 8-2 所示。

表 8-2 国内部分区域创新能力评价体系研究成果

序号	作者	年份	评价指标体系
1	罗守贵、甄峰	2000	区域综合实力、教育资源与潜力、科技资源与潜力、企业创新实力、信息条件、区域政策与管理水平
2	复海钧	2001	创新能力、经济实力、社会贡献、区位条件和国际化
3	唐炎钊等	2001	科技进步基础、科技活动投入、科技活动产出和科技对经济社会的影响
4	中国科技发展战略研究小组	2002	知识创造能力、知识流动能力、技术创新能力、创新的环境和创新的经济绩效
5	广东省科技厅	2002	创新能力、知识创新流动能力、企业技术创新能力、技术创新环境和创新经济绩效
6	谷国锋	2003	政策法规（数量）指标、科技投入（资源）指标、科技产出（效率）指标、科技实现（效益）指标和科技促进可持续发展（综合评价）
7	朱海就	2004	网络的创新能力（包括网络密集度、网络绩效）、企业的创新能力（包括创新投入、创新产出）和创新环境（包括创新环境的投入指标、创新环境的产出指标）
8	刘凤朝	2005	资源能力、载体能力、环境能力、成果能力、品牌能力
9	沈菊华	2005	科研开发能力指标、科技成果转化能力指标和科技支撑能力指标
10	殷晓莉	2005	科技创新潜力、科技发展能力、科技产出能力和科技贡献能力
11	任胜钢	2007	创新主体（大学与科研机构创新能力、企业创新能力、主体间联系）、创新环境（基础设施、需求状况、金融环境、劳动力素质、开放性与集聚性）
12	丁美霞、周民良	2008	创新投入能力、创新产出能力、创新配置能力和创新环境
13	许崴、林海明	2009	知识创新能力、技术创新能力、创新资源配置能力和创新环境优化能力

第八章 基于产业集群的区域创新能力评价

续表

序号	作者	年份	评价指标体系
14	褚立峰	2010	区域创新投入能力、区域创新支撑能力、区域创新管理能力、区域创新产出能力
15	甘蓉蓉	2011	区域创新投入、区域创新产出、区域创新环境
16	张庆滨	2012	区域创新环境、区域知识创新能力、区域技术创新能力、区域创新成果转化能力、区域经济发展水平
17	张群等	2013	主体因素、环境因素和资源因素

资料来源：作者根据相关资料整理。

从国内外学者和机构对区域创新能力评价来看，其评价的对象均是有特定清晰边界的地区，而隐含的前提就是边界划分十分清楚，往往指特定的行政区。然而，随着全球经济发展中的产业融合和产业集聚现象的大量出现，产业布局的跨界现象十分明显，有时甚至难以做出十分明确的区域界限划分。特别是，产业集群作为全球产业发展的重要趋势，已经成为区域创新体系构建的重要模式，而产业集群的布局往往又属于跨界发展，往往超越某一个特定的行政区。因此，突破传统视角对区域创新能力的评价，构建基于产业集群视角对区域创新能力评价体系，实现对包容产业发展的区域（可能是明确的特定行政区，也可能是不十分清晰的产业聚集区）创新能力进行科学评价具有十分重要的现实意义。

二、产业集群创新能力评价的理论基础、概念框架与指标体系

基于产业集群视角的区域创新能力评价很大程度上就是对该产业集群创新能力的评价。然而，从理论上来说，产业集群研究最核心的任务是回答什么是集群创新绩效的决定因素，这个问题涉及两个相关的特征化事实：一是产业集群之间存在持续的绩效差异，即便在同一国家、同一行业中也是这样；二是集群的创新绩效会动态变化，即有些集群的绩效在不断改善，而有些集群则在某一发展水平被锁定甚至被淘汰。近20年来关于产业集群的学术成果，无论是理论研究还是经验实证，无论是比较研究还是历史分析，都试图找到决定或影响"产业集群持续绩效差异"的关键因素。既有的关于产业集群的研究多强调影响集群绩效的某个方面，例如，一些学者从产业集群的主体构成（Membership Composition）的角度来解释创新绩效的差异（Storper，1989；Porter，1998），另一些学者则从企业的互动、学习和文化等视角解释集群的创新绩效差异（Cooke 和 Morgan，1994；

Saxenian，1994；Asheim 和 Isaksen，1996）。

不可否认，对产业集群创新绩效差异的单一视角的研究是重要的，这些研究试图找到决定集群生命力的"基因"，因而不断地推进我们对决定产业集群绩效差异的"终极原因"的理解。但对于中国这样的发展中国家来说，由于产业集群发展的时间短，部分产业集群虽然在某些方面形成了自身独特的优势，但统合性的、持续的创新能力还没有形成，因而在分析中国的产业集群问题时，除了对根本性解释变量的挖掘外，一个关于产业集群绩效差异的既具有解释力又具有诊断作用的综合性概念框架也十分必要。而且，由于创新能力是解释持续绩效差异的根本原因，因此我们试图通过"创新能力"这个概念来整合和拓展既有的关于产业集群创新绩效差异的各种解释，并将其应用于中国产业集群的评价和诊断。

（一）产业集群创新能力评价的理论基础

这里提出的关于集群创新能力的概念框架的最主要理论基础是区域创新系统和企业能力理论。本概念框架可以简单地概括为"环境—资源—意识—活动—能力—绩效"，其中，环境是产业集群的外生因素，集群的结构包括集群的创新资源和主体构成，创新意识是产业集群中主体对创新的认知，创新活动既包括个体独立的创新活动，也包括主体间的互动创新。我们的概念框架依赖于以下7个核心的理论命题：

命题1：创新能力是决定集群持续绩效差异的根本性因素

产业集群是具有技术相关性或市场相关性的、在空间上集聚的一个群体。我们在 Teece 等学者提出的动态能力概念的基础上（Teece et al.，1997），将企业动态能力概念延伸到产业集群层面和创新能力领域，提出了产业集群创新能力的概念。产业集群创新能力是指集群"作为一个整体"通过良好协调的（Well Coordinated）活动来利用、组织和更新集群内的资源，从而不断适应变化的市场和技术环境的能力。一方面，伴随着全球化和中国的制度转型，生产要素和科技要素在区域间流动的成本越来越低；另一方面，技术和需求的快速变化在不断强化竞争环境的不确定性，这两方面因素决定了集群而不是企业个体层面、动态创新能力而不是静态的资源变得越来越重要，并成为决定集群间绩效差异的根本性因素。

命题2：创新是嵌入在经济系统中的，因此创新环境是重要的

产业集群中的创新活动通常是嵌入在区域创新系统和国家创新系统中的，区域创新系统和国家创新系统的要素常常是产业集群创新的环境性因素。创新系统中的需求规模和结构、产业配套水平以及资金的可获得性等因素会影响产业集群中企业技术的可收益性（Appropriability），从而影响企业技术创新的路径选择和投入强度。在中国，由于地方政府官员的激励和政府治理制度安排的特殊性（周

第八章 基于产业集群的区域创新能力评价

黎安，2008），地方政府像企业家一样拥有创新活动的"剩余收益权"（Residual Claimants），政府具有影响企业创新活动的强烈动机，政府的产业集群政策对集群的主体构成（如招商引资）、创新资源（如资金扶持和融资）以及企业创新活动（如企业特别是国有企业的研发方向以及平台建设等）都有重要的影响，因此地方的集群政策是分析中国产业集群创新活动和创新能力时绝对不可忽视的因素。正因为如此，这里将地方产业集群政策、地区的风险资金发展水平、核心技术人才可获得性、核心生产设备可获得性、市场竞争水平、产业配套水平、高端客户结构等方面的指标纳入到了评价体系中。

命题3：集群文化和企业的抱负水平是影响集群创新能力的重要因素

创新能力通常是一个"程度"的问题，企业对创新投入的关注和资源决定了企业的创新能力的高低；而企业根据满意原则确定的"期望"的能力水平则是由企业（家）的抱负水平决定的：如果企业（家）的抱负水平低，则企业在创新能力水平较低的时候便会停止学习活动，从而抑制创新能力的提升（Winter, 2000）。因此，产业集群中企业（家）总体的抱负水平是影响集群创新能力的重要因素。除了个体企业（家）的创新抱负以外，产业集群创新作为一种集体性的活动，也会受到区域文化的影响，区域文化中关于对风险的态度、对机会的追求、对创新的推崇等元素，是形成区域内协调集体学习和创新活动的重要惯例。因此，企业所在区域的创业和创新价值观、企业的创业和创新意识、企业对市场和技术机会的认知度、企业对利用外部创新资源的认知度等"认知"性的因素是本评价体系中的重要内容。

命题4：集群创新能力是在主体的创新活动中形成和加强的

企业的创新能力的基础是系统性的、结构化的组织过程，而产业集群创新能力的基础则是探索导向的、集体性的学习活动。这种集体性的学习活动包括主体自身的学习和主体间互动性的学习两个方面的内容。企业作为独立主体的创新与互动性的创新是相互增强的（Cohen 和 Levinthal, 1990）。产业集群与企业创新能力的差异性主要体现在基于网络的互动创新。创新的实现不仅仅是科学—技术之间的简单的线性活动，而是企业、用户、科研机构等主体间的系统互动活动（Lundvall, 1988；Freeman, 1991）。产业集群由两类主体构成：第一类是区域主导产业集群中的企业，包括配套产业中的企业；第二类主体是制度性基础结构，包括研究机构和高等教育机构、中介服务机构、职业培训机构、行业协会、金融机构等（Asheim et al., 2000）。这些主体间的互动学习是形成产业集群创新能力诸多活动中最本质的内容。因此，我们的评价体系除了考虑企业自身的研究开发能力、研究开发水平、产品开发和商业化能力等个体性因素外，对企业所在区域的合作网络基础、企业合作创新参与度、企业合作创新深度等网络因素给予了更多的关注。从微观主体的活动来观察和分析产业集群整体的创新能力是本章采取的重要视角,也是我们概念提出和问卷设计的方法论基础。

命题5:创新环境、创新资源、创新意识和主体活动的协同演进共同决定产业集群的创新能力

环境、创新意识、创新资源、创新活动(包括个体的创新活动和个体之间的互动创新(Interactive Innovation))是产业集群创新"能力"的构件,是影响产业集群创新绩效的主要因素。这些"构建"影响创新能力和创新绩效的机理是复杂的,有些构件在特定的环境下直接影响创新能力或创新绩效,有些构件则是影响创新能力和创新绩效关系的调节性变量(Moderating Variables)。创新环境是影响产业集群创新能力的基本参数,创新意识是产业集群创新能力提升的根本动力,创新资源是创新能力构筑的基础,而个体及个体间的创新活动则是创新能力形成的过程。创新环境、创新意识、创新资源和创新活动之间并不是独立的,它们相互影响、协同演进,所以我们更愿意将关于产业集群创新能力的总体分析体系称为"框架"而不是"模型",这个框架为评价和诊断中国产业集群的创新能力的形成和提升,以及制定有效的集群创新政策提供了一个有意义的分析工具。

命题6:集群创新能力是创新主体在一定合作网络中学习能力和机制的体现

在集群中,由于各企业之间的技术类似性特征,企业更加接近所需要的知识环境,能够很容易获得其进行技术创新所需要的显性或者隐性知识。集群内的集体学习机制是其网络式创新的实现途径,产业集群内的跨组织的创新网络不仅有利于促进企业寻找发展所需的新知识,而且能增强企业的创新能力。

命题7:以企业合作为基础的集群创新网络有效性决定了产业集群的竞争力

传统的线性模型认为技术创新是单个企业或者企业内部的行为,随着国家和区域创新系统理论的发展,技术创新研究开始关注企业与外部环境的联系和互动过程,例如集群网络化创新、非线性技术创新,它们强调创新是一种区域内各个行为主体的相互作用过程,包括企业之间、企业与政府之间、企业与研发机构之间等。技术创新成为一个包含多层次、多环节、多主体参与而构成的网络。创新的效率则取决于网络中各个联结点之间的关系是否畅通,以企业为中心的网络创新效率和有效性决定了整个产业集群的创新能力和竞争力水平。

(二)产业集群创新能力评价的概况框架和指标体系

基于产业集群评价和诊断的研究目标、对产业集群根本问题的识别以及对产业集群7个核心命题的理解,我们在"环境—资源—意识—行为—能力—绩效"这一概念性分析框架的基础上通过细化和具体化提出以下产业集群创新能力评价体系,如表8-3所示。

表 8-3 产业集群创新能力的概念框架和指标体系

概念	指标	指标含义
创新环境	地方集群政策	享受地方集群政策的企业比重
	风险资金发展水平	引进风险资金的企业比重；对本地风险资金数量正面评价的企业比重
	核心技术人才可获得性	容易获得核心技术人员、技术工人的企业比重
	核心生产设备可获得性	容易获得核心生产设备的企业比重
	市场竞争水平	相同产品生产企业多的企业比重
	产业配套水平	产品配套企业多的企业比重
	高端客户结构	国外客户的比重
创新资源	企业研究开发基础设施	拥有专职研发机构、国家级试验室/技术中心的企业比重
	企业研究开发投入强度	研发投入占销售收入比重增加的企业比重
	企业平均研发投入强度	平均每个企业的研发投入占销售收入比重
	企业技术人员投入强度	本科以上学历技术人员占员工总人数比重增加的企业比重
	企业平均技术人员投入强度	平均每个企业的本科以上学历技术人员占员工总人数比重
	企业熟练技术工人投入强度	5年以上工龄技术工人占技术工人总人数比重增加的企业比重
	企业平均熟练技术工人投入强度	平均每个企业5年以上的工龄技术工人占技术工人总人数比重
创新意识	企业所在区域的创业、创新价值观	创业或创新的动机、意愿程度、社会评价程度
	企业的创业、创新意识	对创业或创新机会的敏感度、挑战精神、知识产权意识
	企业对市场和技术机会的认知度	对技术竞争环境、技术差距的认知度
	企业对利用外部创新资源的认知度	对利用外部创新资源的认知度
创新活动	企业研究开发能力	实施新研究开发项目、申请专利、国家级科研成果的企业比重
	企业平均研究开发水平	实施新产品生产、加工、新商品投入市场、样品上市的企业比重；拥有驰名商标的企业比重
	企业产品开发、商业化能力	企业平均新研究开发/专利申请/国家级科研成果件数
	企业平均产品开发、商业化水平	企业平均新产品生产、加工、商品上市、样品上市、驰名商标件数
合作网络	企业所在区域的合作网络基础	知晓以促进合作为业务的专业机构、地方政府合作研发项目、技术信息交流平台或场所、技术交流会、产品展览会的企业比重；未遭遇信用挫折的企业比重
	企业合作创新参与度	与区域内企业在共同开发、交易、提供融资方面有过洽谈的企业比重；在共同开发、产品与服务交易、融资方面有过合作的企业比重；与大学科研机构有过技术咨询、合作研发、技术转移的企业比重；从外部引进人才的企业比重
	企业合作创新深度	平均每个企业与区域内企业在共同开发、交易、提供融资方面的洽谈件数；在共同开发、产品与服务交易、融资方面的合作件数；与大学科研机构进行技术咨询、合作研发、技术转移的件数；从外部引进人才的人数

续表

概念	指标	指标含义
创新绩效	企业销售收入	过去1年中销售收入增加并且合作对此有"较大作用"或"稍有作用"的企业比重；过去1年中利润增加并且合作对此有"较大作用"或"稍有作用"的企业比重
	企业技术水平	过去1年中人均工时收入增加并且合作对此有"较大作用"或"稍有作用"的企业比重；过去1年中取得合作成果并且合作对此有"较大作用"或"稍有作用"的企业比重

三、产业集群创新能力评价的实证研究之一
——2010年对10个典型产业集群的调查评价

运用以上构建的产业集群创新能力评价指标体系，我们于2010年在全国选择了10个产业集群进行了问卷调查和针对性的评价，进而验证了这一评价体系的有效性。

（一）实证研究方法

1. 问卷设计

在工业发展过程中，参与经济活动的各主体，包括企业、政府、大学科研机构等在不断地调整各自的地位，整合相互的关系，创造出了超出各主体投入额单纯合计的产出，产业集群就是这种新关系的典型代表。在中国，发展较快的华南、华东等地区的产业集群已逐渐形成，在技术创新、扩大产业规模、开创新产业方面，发挥着越来越大的作用。为了调查中国集群发展的现状、不同集群发展水平的差异、集群效果以及集群发展要素之间的关系，我们根据前述概念框架，以参与集群的企业为对象，设计了问卷调查表和分析方法。

问卷调查表包括七个部分。在前六个部分，对企业所在区域及企业的创新意识、企业的创新资源、企业所在区域的合作网络基础及企业的合作创新、企业的创新活动、企业的创新绩效、企业的创新环境进行了调查，第七部分是企业的基本信息。

调查表中设计了六个一级指标，分别是创新意识、创新资源、合作网络、创新活动、创新绩效和创新环境指标。六个一级指标又分别用若干个二级指标来表示。

创新意识指标有四个二级指标：企业所在区域的创业与创新文化；企业的创

业与创新意识；企业对市场与技术机会的认知度；企业对利用外部新资源的认知度。由这些二级指标体现出来的创新意识，是企业建立与外部企业、大学科研机构、政府部门的联系的主观条件。

创新资源指标有六个二级指标：企业研究开发基础设施；企业研究开发投入强度；企业平均研究开发投入水平；企业技术人员投入强度；企业熟练工人投入强度；企业平均熟练工人投入强度。企业要参与或领导集群，自身必须首先拥有相应水平的研究开发资源，这样才能在与其他主体形成互助、互惠的关系。

合作网络指标包括三个二级指标：企业所在区域合作网络基础；企业合作创新参与度；企业合作创新深度。产业集群是一个包含不同要素的集合体，这集中体现在技术创新的合作网络上。企业可以从外部企业、大学科研机构获得技术信息，得到创新启发，也可因政府部门提供的资金、信息援助而加快技术开发的速度。在这样的合作网络中，会出现类似物理学"场"的现象，思路、信息、技术、资金、销路在这里融合汇集，产生出新的经济、技术、社会效应。

创新活动的二级指标是企业研究开发能力、企业研究开发水平、企业产品开发与商业化能力以及企业平均产品开发与商品化水平。企业自身的创新活动，是产业集群的基点，有相应数量、质量的研究开发项目投入、新产品的生产与加工等，是创新活动的重要内容。

创新绩效的二级指标概括为企业销售收入和技术水平。实际上，产业集群会产生所在地区经济效益的提高、公众意识的改变、政府指导能力的提高等效果，但是，本章为了更直接、准确地把握集群对企业的效果，特地设定了两个与企业有直接关系的指标。销售收入是企业经营活动的直接体现，技术水平是企业可持续发展的基础。有了这两个指标，就可以了解企业的现状与未来。

创新环境指标包括七个二级指标：地方集群政策、风险资金发展水平、核心技术人才可获得性、核心生产设备可获得性、市场竞争水平、产业配套水平、高端客户结构。对于产业集群，风险资金、产业配套化程度、政府的制度支持等是必不可少的外部环境因素。新技术的出现，需要充分的资金支撑。风险投资公司出于对利息收益、转手及上市的超额利润的追求，会选择最具有市场前景的项目进行贷款或投资，而这些将会加快企业的技术开发，最终带来社会经济效益。产业配套化程度高，会促进企业在产业链上形成互补关系。技术政府的信息提供、贷款担保以及减免税等手段，会为企业的创新活动带来有力的推动。如此公共力量的支持较之资本力量，成本低风险小，是承担着经营风险的企业的避风港。

在二级指标之下，我们设计了47个问题，供企业选择回答。在设计调查问卷时，我们根据社会统计学关于指标体系的明确性、全面性、准确性、结构性、可操作性等原则，对定性问题进行了定量化的处理，使整个调查问卷所得到的数

构建区域创新体系战略研究

据可以进行统计学处理与分析,并在此基础上得出理论意义。

2. 问卷计算方法

关于各指标的计算方法,采取了三级、二级、一级逐层计算的方法,即三级指标通过算术平均综合为二级指标、二级指标再通过算术平均综合为一级指标。关于三级指标的计算方法,除了"创新意识"采取的是对各问题分别赋值计算的方法以外,其他的五个一级指标都是采取计算回答企业数占有效回答企业总数的比率的方法。

在此基础上,对10个产业集群的现状,通过六个一级指标的偏差值进行了分析。关于偏差值的计算方法如下:

创新意识指标的偏差值。第一步计算每个集群创新意识指标的得分。第二步计算10个集群创新意识指标得分的算术平均值。第三步计算10个集群创新意识指标得分的标准方差,即方差的平方根,方差=$\sum i$(i集群得分－平均值)$^2\div 10$。第四步计算每个集群创新意识指标的偏差值。i集群创新意识指标的偏差值=50+10×(i集群创新意识指标得分－平均值)÷标准方差。

创新资源、合作网络、创新活动、经济绩效、创新环境,第一步分别计算每个集群七个二级指标的偏差值。第二步计算每个集群一级指标的偏差值。即对每个集群,把按照以上方法得到的七个偏差值加总,再除以7,得到偏差值的平均值。偏差值的定义与计算方法与"创新意识"相同。

通过上述计算,可以求出10个集群的六个一级指标偏差值的算术平均值,即综合评价值,描绘出10个集群的发展现状。

3. 调研方法

本次调研样本集群的选择是经过全国各地方政府主管部门、行业协会和当地大学科研机构的专家、学者推荐、评选而确定的。专家和学者进行推荐和选择遵循了以下三个标准:一是地理接近性;二是产业专业分工配套体系的系统性;三是与生产制造企业相关的支撑机构的完备性。

依据上述标准,经过两轮讨论,最终选择了符合上述标准的10个典型产业集群进行研究,如表8-4所示。

表8-4 2010年产业集群调研的总体一览

集群名称	有效问卷数量(份)	起步时期	聚集企业数量(2009年)	行业规模(2009年)
福建晋江鞋业产业集群	63	20世纪80年代初至90年代初	3016家(其中规模以上369家)	鞋类行业总产值479亿元
浙江玉环水暖阀门产业集群	61	1981~1988年	2796家	水暖阀门行业总产值近200亿元

· 188 ·

第八章 基于产业集群的区域创新能力评价

续表

集群名称	有效问卷数量（份）	起步时期	聚集企业数量（2009年）	行业规模（2009年）
浙江台州黄岩模具产业集群	51	20世纪50年代中期至70年代末	生产厂点2100多个，规模以上企业101家（2008）	黄岩模具企业共实现产值90多亿元（2008）
江苏丹阳高性能金属材料产业集群	60	1977~1989年	350家	销售收入230亿元
江苏扬州半导体照明产业集群	13	2003~2005年	核心企业近30家	实现产值近80亿元
湖南长沙高端工程机械产业集群	30	1978~1994年	3家龙头、21家主机、400多家配套	实现产值750亿元
湖南株洲高端轨道交通产业集群	25	1936~1978年	100多家（其中规模以上企业84家）	主营业务收入达到287.9亿元
沈阳铁西装备制造产业集群	27	2001年以前	规模以上工业企业600多户	铁西区规模以上装备制造业总产值为1230亿元
上海张江集成电路产业集群	30	1992~1999年	181家	销售额达201.2亿元
四川成都软件产业集群	75	1994~2000年	成都市规模以上企业595家（其中高新区250多家）	主营业务收入实现756亿元（其中高新区372.51亿元）

这10个产业集群同时具有了区位、产业、起步时期和规模分布上的代表性，能够在整体上反映中国产业集群的发展情况。从区位分布看，东部地区6个（上海市1个、江苏省2个、浙江省2个、福建省1个），东北地区1个（辽宁省1个），中部地区2个（湖南省2个），西部地区1个（四川省1个）。从行业分布看，所选取的10个产业集群涉及鞋业、金属加工、金属加工机械制造、工程机械、轨道交通、新材料、信息和软件等，既具有传统产业集群，又有战略新兴产业集群。从起步时间上看，主要在20世纪70年代以前起步的集群有3个，主要在80年代起步的有4个，在90年代起步的有2个，在21世纪起步的有1个。从集群规模看，集群的产值在百亿元以内的有2个，100亿~500亿元有5个，500亿~1000亿元有2个，千亿元以上有1个。

针对确定的10个产业集群，我们集合全国9家科研单位，成立了8个分课题组，课题组成员将近百名。2010年7月，按照总体组制定的调研方案，各分课题组于对产业集群的创新发展情况进行了集中调研，调研的内容包括同集群公共管理部门、集群内企业的座谈，针对重点企业的深度访谈，以及对集群内样本企业基本上采取了"一对一"、"定点"式的问卷调查，发放了528份问卷，回收了435份有效问卷，回收率为82.39%。由于对被调查企业基本上采取了"人盯人"的方式，所有有效地保证了问卷填写质量。

（二）实证结果与结论

通过对回收问卷的统计分析，我们从创新意识、创新资源、合作网络、创新活动、创新绩效和创新环境六个方面对被调查产业集群的创新能力进行了评价和比较研究。

1. 创新意识评价结果与主要结论

按照量表①来衡量，就产业集群创新意识得分而言，我们可以看到 A 级得分的有张江集成电路、丹阳高性能技术材料和成都软件产业集群；C 级得分的有株洲轨道交通和扬州半导体照明产业集群；D 级得分的有黄岩模具和长沙工程机械产业集群；E 级得分的有玉环阀门、铁西装备制造和晋江鞋业产业集群。具体如图 8-1 和表 8-5 所示。

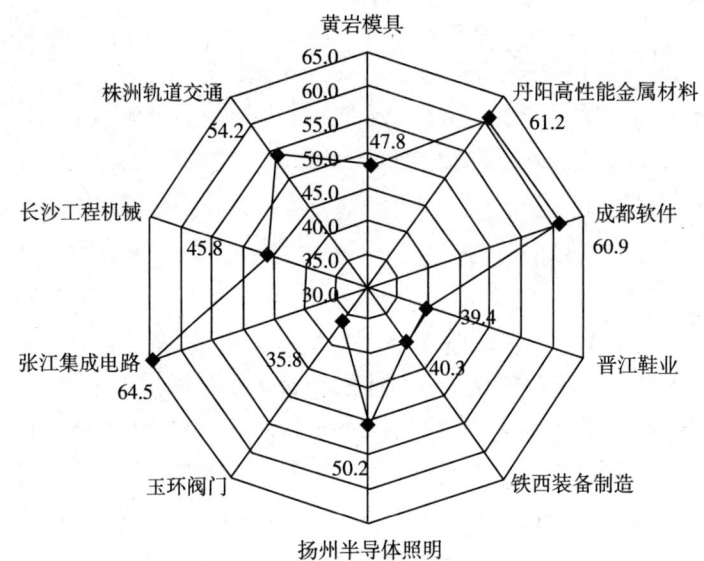

图 8-1 2010 年 10 个产业集群创新意识得分的比较

表 8-5 2010 年 10 个产业集群创新意识的分项比较

集群名称	企业所在区域的创业、创新价值观	企业的创业、创新意识（敏感度和挑战精神）	企业对市场和技术机会的认知度	企业对利用外部创新资源的认知度
黄岩	0.41	−0.12	0.47	0.17
丹阳	0.84	0.12	0.54	0.37

---

① 5 级量化评价标准初步定为：A：偏差值 60 以上；B：偏差值 55~59；C：偏差值 50~54；D：偏差值 45~49；E：偏差值 44 以下。相应得分小数点后位数进行四舍五入处理。

续表

集群名称	企业所在区域的创业、创新价值观	企业的创业、创新意识（敏感度和挑战精神）	企业对市场和技术机会的认知度	企业对利用外部创新资源的认知度
成都	0.71	0.10	0.62	0.41
晋江	0.47	−0.27	0.14	0.00
铁西	0.40	−0.48	0.53	−0.04
扬州	0.51	−0.15	0.54	0.20
玉环	0.52	−0.39	0.07	−0.10
张江	0.76	0.14	0.83	0.36
长沙	0.43	−0.03	0.25	0.14
株洲	0.64	−0.16	0.61	0.29

注：表中的指标得分是问卷中相关问题平均值，其中 1 为最高，−1 为最低。

通过图 8-1 和表 8-5 可以得到以下研究结论：

一是整体上 10 个产业集群创新意识得分的差异，主要来自于集群内企业对市场和技术机会的认知度的差异上。例如，玉环阀门和晋江鞋业产业集群所在区域内具有较强的创业和创新意识，但是企业的创业、创新意识，集群内企业对市场和技术机会，以及企业对利用外部创新资源的认知度都偏低，尤其是对利用企业外部资源的认知上。这说明，产业集群所在区域内较强的创业、创新文化价值观并不等同于企业的创业创新意识，企业对市场和技术机会以及利用外部创新资源较强的认知度，并出现了"强区域价值观、弱企业认知"的客观事实。

二是传统产业集群的创新意识上弱于新兴产业集群的创新意识。例如，在 10 个集群中，张江集成电路、丹阳金属新材料、成都软件产业集群中企业的创新意识更高。这说明，传统产业集群中企业竞争更加激烈，创业或创新机会更少，而新兴产业集群中企业的创业或创新机会更多，也愿意承担更大的风险。

三是产业集群中企业对于利用外部创新资源的认知度低于对于市场和技术机会的认知度。通过表 8-5 可以看出，无论是传统产业集群还是新兴产业集群，对于利用外部创新资源的认知度都相对较低，其中传统产业集群又要低于新兴产业集群在这方面的认知。

2. 创新资源评价结果与主要结论

按照量表①来衡量，就产业集群创新资源得分而言，我们可以看到 B 级得分有张江集成电路和黄岩模具产业集群；C 级得分的有成都软件、扬州半导体照明产业集群、株洲轨道交通、长沙工程机械和丹阳高性能金属材料产业集群；D 级

---

① 5 级量化评价标准初步定为：A：偏差值 60 以上；B：偏差值 55~59；C：偏差值 50~54；D：偏差值 45~49；E：偏差值 44 以下。相应得分小数点后位数进行四舍五入处理。

得分的有铁西装备制造产业集群；E级得分的有晋江鞋业和玉环阀门产业集群。具体如图8-2和表8-6所示。

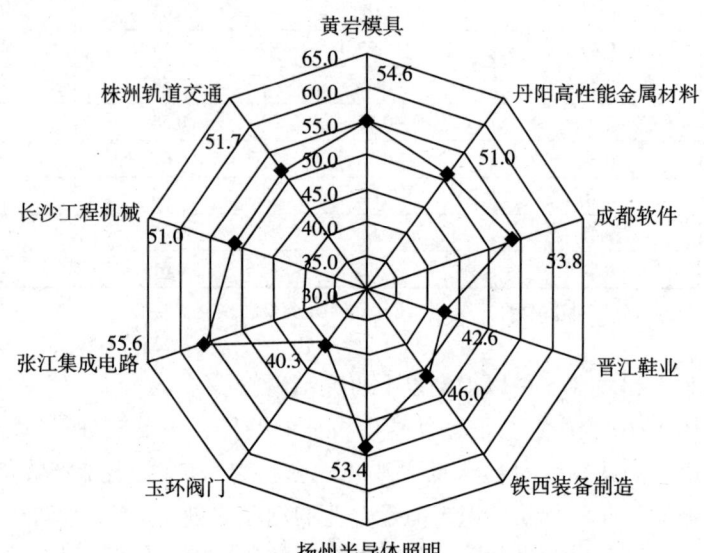

图8-2 2010年10个产业集群创新资源得分的比较

表8-6 2010年产业集群创新资源的分项得分情况

集群名称	企业的研发基础设施	研究开发投入强度	平均研究开发投入强度	技术人员投入强度	平均技术人员投入强度	熟练技术工人投入强度	平均熟练技术工人投入强度	总体得分
黄岩	33.88	57.61	62.07	60.60	47.92	66.76	53.45	54.61
丹阳	53.71	53.30	46.93	51.54	45.36	54.12	52.17	51.02
成都	57.79	51.99	67.32	50.18	55.28	47.84	46.37	53.82
晋江	46.24	41.21	54.27	35.98	45.94	36.78	37.51	42.56
铁西	51.53	44.82	47.18	38.63	44.41	47.54	47.83	45.99
扬州	61.51	58.69	43.01	57.52	49.98	55.65	47.39	53.39
玉环	31.73	35.52	55.61	34.48	43.04	38.52	43.08	40.28
张江	53.92	35.52	49.60	60.09	76.69	38.07	75.37	55.61
长沙	51.64	61.26	37.25	55.34	45.04	56.31	50.20	51.00
株洲	58.05	60.07	36.75	55.63	46.35	58.41	46.65	51.70

通过图8-2和表8-6可以得到以下研究结论：

一是提升研发机构的水平是当务之急。在10个产业集群中平均有65.53%的被调研企业设立了研发机构，张江集成电路和扬州半导体照明产业集群中100%的被调研企业都设计了研发机构，但是拥有市级以上的技术中心的被调研企业为

25.47%。同时，出现了"两极分化"的现象：一类是研发机构水平确实较低，达不到国内认定的标准；另一类研发机构水平较高，但没有申请国内相关认定，例如张江集成电路产业集群。铁西装备制造、株洲轨道交通和成都软件产业集群内的企业研发机构水平相对较高，这说明研发机构的建设需要有一个长期的过程。

二是提升集群内企业平均技术人员投入强度较为迫切。通过分析可以发现，企业对创新投入的意识较强。在过去的一年中，被调研企业中有66.41%的企业研发投入强度有所增加；66.25%的企业技术人员投入强度有所增加；57.72%的企业熟练技术工人投入强度有所增加。但是，就平均投入强度而言，提升企业平均技术人员投入强度显得较为迫切。就该项得分而言，在10个产业集群中，有7个集群的得分低于50分。

3. 合作网络评价结果与主要结论

按照量表①来衡量，就产业集群合作网络得分而言，我们可以看到B级得分的有成都软件、张江集成电路、株洲轨道交通、铁西装备制造产业集群；C级得分的有丹阳高性能金属材料、扬州半导体照明产业集群、株洲轨道交通产业集群；D级得分的有长沙工程机械产业集群；E级得分的有黄岩模具、晋江鞋业和玉环阀门产业集群。具体如图8-3和表8-7所示。

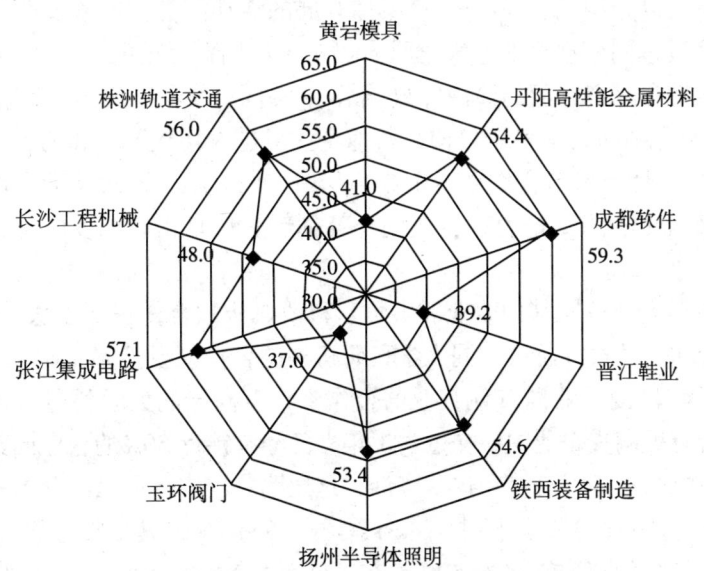

图8-3 2010年10个产业集群合作网络得分的比较

---

① 5级量化评价标准初步定为：A：偏差值60以上；B：偏差值55~59；C：偏差值50~54；D：偏差值45~49；E：偏差值44以下。相应得分小数点后位数进行四舍五入处理。

表 8-7　2010 年产业集群合作网络的分项得分情况

集群名称	企业所在区域的合作网络基础	企业合作创新参与度	企业合作创新深度	总体得分
黄岩	44.98	37.45	40.43	40.95
丹阳	61.37	57.62	44.24	54.41
成都	54.39	56.68	66.83	59.30
晋江	37.18	39.27	41.28	39.24
铁西	41.27	56.72	65.89	54.63
扬州	55.55	56.93	47.78	53.42
玉环	38.95	31.19	40.86	37.00
张江	67.40	55.03	48.79	57.07
长沙	45.61	52.24	46.22	48.02
株洲	53.30	56.87	57.69	55.95

通过图 8-3 和表 8-7 可以得到以下研究结论：

一是集群内企业合作创新深度不够的问题最为突出。通过表 8-7 可以看出，无论是传统产业集群还是新兴产业集群，在合作创新深度方面都需要加强。除了成都软件、株洲轨道交通和铁西装备制造产业集群外，其余产业集群在企业合作创新深度上的得分均低于 50 分。就具体开展的活动而言，10 个集群内所有被调查企业中开展过同其他企业、大学科研机构合作创新活动的企业，"同其他企业在开发、交易和融资方面的洽谈件数/合作件数/向大学科研机构咨询件数/合作件数/技术转移件数/向大学科研机构、其他企业引进人才数"总和的平均值为 3.68 件数（人数）/每个参与合作创新企业。其中，同大学科研机构的合作件数和技术转移件数就更少了。这说明企业同外部创新资源真正有深度的合作创新还非常少。

二是集群内企业同其他企业和大学、科研机构的合作正处于从"接触了解"到"开展合作"的过渡阶段，同大学科研机构的合作创新仍需加强。从合作参与度情况看，集群内企业同其他企业的合作参与度高于同大学科研机构的合作参与。集群所有被调查企业中，在过去 1 年，已经有接近 50% 的企业同其他企业以及大学科研机构进行过洽谈和技术咨询，这说明集群内企业已经开始一定程度的"接触了解"。10 个产业集群中有 4 个集群中的企业同其他企业合作的比重在 50% 以上，有 4 个集群在 30%~50%，有 2 个产业集群在 10%~30%；10 个产业集群中有 3 个集群中的企业同大学科研机构进行合作研发的比重在 10% 以内，有 2 个集群在 10%~20%；10 个产业集群中有 6 个集群中的企业从大学科研机构进行技术转移的比重在 10% 以内。同时，值得注意的是，株洲轨道交通、丹阳高性能金属材料、扬州半导体照明产业集群内都有 50% 以上的企业不仅同大学科研机构进行了技术咨询，相应的比例分别为76.00%、88.13%、84.62%；而且还开展了合作研发活动，相应的比例分别为72.00%、50%、84.62%。另外，引进技术人才仍然是产业集群内企业进行合作创新的主要活动，被调查企业平均有61.51%的企业采取了这种方式。

三是产业集群的合作网络基础设施已经具备了一定的基础，但促进企业之间和校企之间协调机构的建设还需要加强，政府支持的合作研发项目需要进一步向集群内企业告知。不同的产业集群在合作网络基础设施建设上存在一定差异。10个产业集群中，在协调机构建设和地方政府支持合作研发项目上差异最大，4个产业集群内有75%的企业认为本区域"没有"或"不清楚存在"促进合作的协调机构，有70%以上的企业认为本区域"没有"或"不清楚存在"地方政府支持的合作研发项目。

4. 创新活动评价结果与主要结论

按照量表①来衡量，就产业集群创新活动得分而言，我们可以看到A级得分的有铁西装备制造产业集群；B级得分的有株洲轨道交通和丹阳高性能金属材料产业集群；C级得分的有长沙工程机械和成都软件产业集群；D级得分的有扬州半导体照明和张江集成电路产业集群；E级得分的有黄岩模具、玉环阀门和晋江鞋业产业集群。具体如图8-4和表8-8所示。

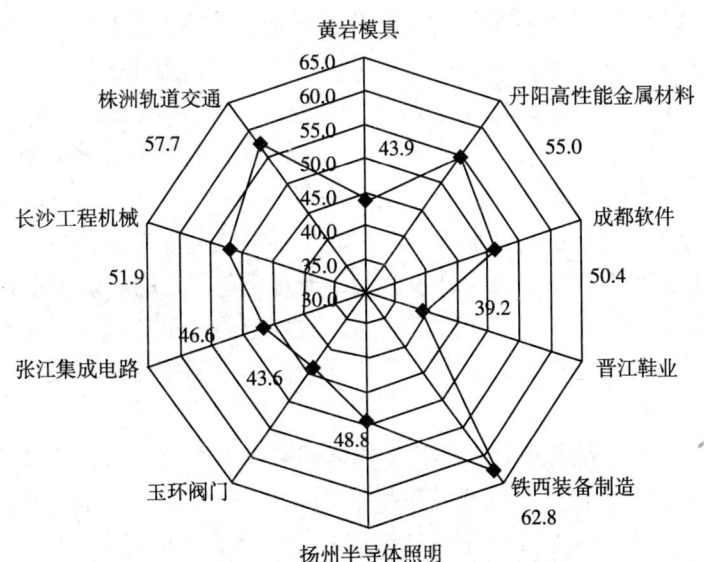

图8-4　2010年10个产业集群创新活动得分的比较

---

① 5级量化评价标准初步定为：A：偏差值60以上；B：偏差值55~59；C：偏差值50~54；D：偏差值45~49；E：偏差值44以下。相应得分小数点后位数进行四舍五入处理。

表 8-8 2010 年 10 个产业集群创新活动的分项比较

集群名称	企业研究开发活动能力	企业平均研究开发水平	企业产品开发、商业化能力	企业平均产品开发、商业化水平	总得分
黄岩	41.89	42.71	40.78	50.16	43.89
丹阳	52.09	56.17	63.95	47.90	55.03
成都	50.93	56.78	44.53	49.46	50.43
晋江	37.04	39.84	42.16	37.93	39.25
铁西	42.39	71.00	63.20	74.55	62.78
扬州	60.21	44.45	48.02	42.44	48.78
玉环	38.61	40.89	42.29	52.47	43.57
张江	58.52	47.51	37.96	42.57	46.64
长沙	51.12	43.30	58.47	54.79	51.92
株洲	67.19	57.34	58.64	47.73	57.72

通过图 8-4 和表 8-8 可以得到以下研究结论：

一是传统产业集群内企业研发能力和平均研发水平都弱于新兴产业集群，并有一定差距。黄岩模具、晋江鞋业、玉环阀门和铁西装备制造产业集群中开展研发活动①的比重基本上在 20%~35%，而其他的高性能金属材料（54.44%）、半导体照明（71.79%）、集成电路（68.18%）、软件（51.97%）、轨道交通（86.67%）和工程机械（52.38%）产业集群内企业开展研发活动的比重都在 50%以上。黄岩模具、晋江鞋业、玉环阀门和长沙工程机械产业集群的企业平均研发水平得分都低于 44 分。在这里，需要指出的是，铁西装备制造产业集群的企业研发能力得分低于企业平均研发水平的得分。这说明该集群内企业开展研发活动比重不是很高，但个别企业研发水平较为突出，从而提高了企业平均研究水平。另外，长沙工程机械产业集群虽然在产业属性上具有先进制造或高端制造的特点，集群内企业已经在半数以上范围内开展了研发活动，但是企业平均的研发水平有待提升。

二是成都软件、扬州半导体照明、张江集成电路和株洲轨道交通产业集群内企业的研发能力强于其产品开发和商业化能力。这说明这类产业集群未来发展具有较强的研发支撑。

三是黄岩模具、成都软件、扬州半导体照明、玉环阀门、张江集成电路和晋江鞋业产业集群内企业在产品开发和商业化能力上仍需进一步加强。通过表 8-8 可以看出，10 个产业集群中，上述 6 个产业集群的得分低于 50。

---

① 这里的研发活动指实施新研究开发项目、申请专利、国家级或省级、市级科研成果的活动。

5. 创新绩效评价结果与主要结论

按照量表①来衡量，就产业集群创新绩效得分而言，我们可以看到 A 级得分的有丹阳高性能金属材料产业集群；B 级得分的有株洲轨道交通、张江集成电路、扬州半导体照明和长沙工程机械产业集群；C 级得分的有黄岩模具产业集群；E 级得分的有铁西装备制造、晋江鞋业、成都软件和玉环阀门产业集群。具体如图 8-4 和表 8-9 所示。

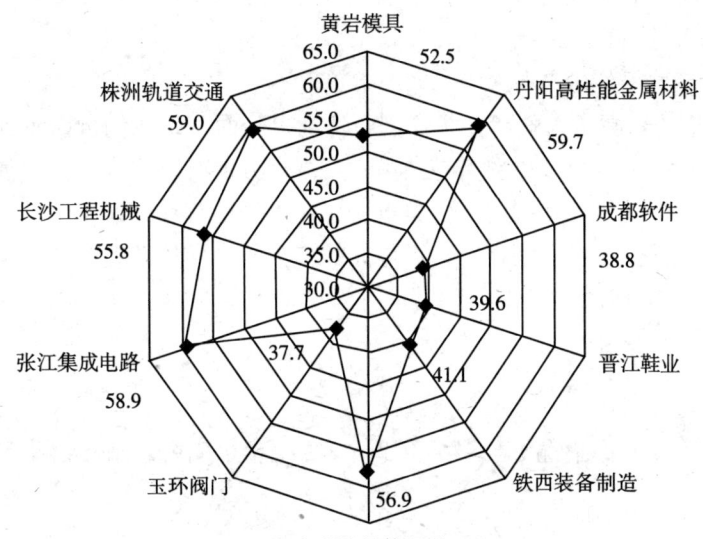

图 8-5　2010 年 10 个产业集群创新绩效得分的比较

表 8-9　2010 年 10 个产业集群创新绩效的分项比较

集群名称	企业销售收入	企业技术水平	总得分
黄岩	49.03	55.96	52.49
丹阳	59.16	60.24	59.70
成都	35.53	42.02	38.78
晋江	39.32	39.93	39.62
铁西	48.63	33.47	41.05
扬州	55.49	58.36	56.92
玉环	35.53	39.93	37.73
张江	59.30	58.44	58.87
长沙	58.10	53.52	55.81
株洲	59.91	58.14	59.03

① 5 级量化评价标准初步定为：A：偏差值 60 以上；B：偏差值 55~59；C：偏差值 50~54；D：偏差值 45~49；E：偏差值 44 以下。相应得分小数点后位数进行四舍五入处理。

通过图8-5和表8-9可以得到以下研究结论：合作创新对促进产业集群内企业销售收入增长和技术水平提升有较大贡献。通过表8-9可以看出，10个产业集群中，株洲轨道交通、张江集成电路、丹阳高性能技术材料、长沙工程机械、扬州半导体照明产业集群"企业销售收入"得分都超过了50分。就技术水平的变化而言，10个产业集群中，除了上述5个产业集群得分超过了50分之外，黄岩模具产业集群的得分也超过了50分。总体上看，有近70%的被调查企业认为合作创新对促进销售收入增长和技术水平提升有较大贡献，其中对新兴产业集群的促进更加明显一些。

6. 创新环境评价结果与主要结论

按照量表①来衡量，就产业集群创新环境得分而言，我们可以看到B级得分的有黄岩模具和张江集成电路产业集群；C级得分的有丹阳高性能金属材料、成都软件、晋江鞋业和玉环阀门产业集群；D级得分的有铁西装备制造、株洲轨道交通和长沙工程机械产业集群；E级得分的有扬州半导体照明产业集群。具体如图8-6和表8-10所示。

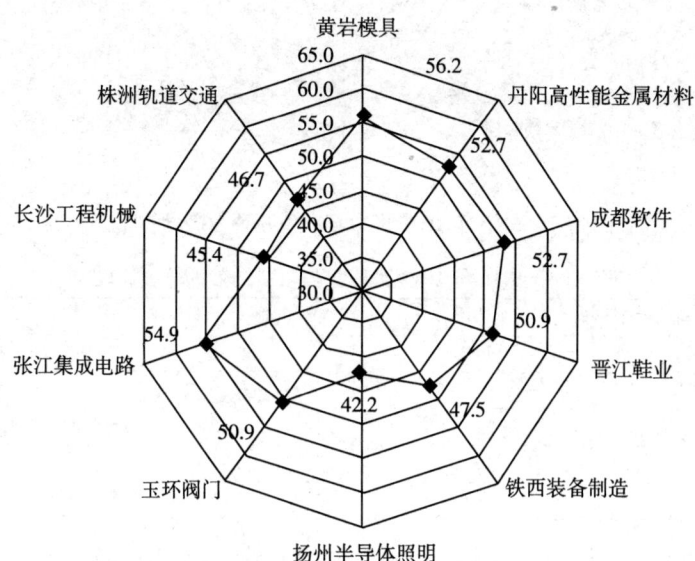

图8-6　2010年10个产业集群创新环境得分的比较

---

① 5级量化评价标准初步定为：A：偏差值60以上；B：偏差值55~59；C：偏差值50~54；D：偏差值45~49；E：偏差值44以下。相应得分小数点后位数进行四舍五入处理。

表 8-10 2010 年 10 个产业集群创新环境的分项比较

集群名称	地方集群政策	风险资金发展水平	核心技术人才可获得性	核心生产设备可获得性	市场竞争水平	产业配套水平	高端客户结构	总得分
黄岩	47.76	61.63	40.62	48.12	73.33	64.59	57.05	56.16
丹阳	52.90	52.51	60.62	57.02	47.54	39.70	58.93	52.75
成都	61.83	55.54	57.37	53.84	48.10	43.05	49.05	52.68
晋江	35.97	54.75	46.51	50.60	55.89	52.10	60.56	50.91
铁西	39.95	42.35	57.54	61.61	44.15	45.87	41.18	47.52
扬州	53.41	43.34	42.37	29.84	44.70	43.32	38.59	42.22
玉环	39.63	43.52	48.87	50.14	58.78	51.51	63.58	50.86
张江	68.10	67.62	61.21	35.70	43.01	69.62	38.91	54.88
长沙	51.16	42.84	30.69	57.02	41.12	41.13	53.54	45.36
株洲	49.28	35.91	54.21	56.10	43.37	49.11	38.59	46.65

通过图 8-6 和表 8-10 可以得到以下研究结论：

一是地区集群政策中最为薄弱的是合作研究开发政策和开放公共技术平台政策，其次是组织各种形式的技术交流政策。通过表 8-10 可以看出，晋江鞋业、玉环阀门和铁西装备制造产业集群的地方集群政策得分都低于 44 分，黄岩模具和株洲轨道交通的得分低于 50 分。

二是良好风险资本环境是集群创新的重要保障。通过表 8-10 可以看出，铁西装备制造、扬州高性能技术材料、玉环阀门、长沙工程机械和株洲轨道交通产业集群风险资本发展水平需要进一步提高。

三是产业集群已经初步形成了核心技术人才的洼地。通过表 8-10 可以看出，黄岩模具、扬州高性能技术材料和长沙工程机械产业集群中核心技术人才的获得相对较困难。

四是产业集群中企业核心生产设备较容易获得。通过表 8-10 可以看出，扬州半导体照明和张江集成电路产业集群中企业核心生产设备的获得较困难。

五是传统产业集群内市场竞争更加激烈。通过表 8-10 可以看出，黄岩模具、晋江鞋业和玉环阀门产业集群的得分都超过 50 分，说明该类产业集群中"同质化"的市场竞争更加激烈。

六是传统产业集群比新兴产业集群整体上具有更完备的产品配套。通过表 8-10 可以看出，黄岩模具、晋江鞋业和玉环阀门产业集群的该项得分都处在 C 级。另外，张江集成电路的产品配套最完备，得分高达 70 分。

四、产业集群创新能力评价的实证研究之二
——2011年对10个典型产业集群的调查评价

为了进一步完善所构建的产业集群创新能力评价体系,在2010年实证研究的基础上,我们于2011年继续推进和深化集群"创新能力"的评价研究,并对上述评价体系作了细节性调整和升级,同样选取10个典型性产业集群进行调查和评价。

(一) 实证研究方法

1. 问卷修订

通过2010年对回收问卷数据分析处理过程中发现的一些问题,结合企业在问卷填写过程中的一些反馈,并考虑到各个维度的内部有效性,对于2010年所设计问卷中的一些条目做出了调整。例如,对于创新资源条目中,考虑到产业集群创新的网络化趋势,在问卷中增加了"企业外部专家投入强度"条目。此外,对于"创新活动"和"合作网络"两个变量中的问题进行了简化。最后,在二级指标之下,我们设计了58个问题,供企业选择并做出评价。

本次调研的变化是在问卷设计中采用了5分制李克特量表,被试者根据自己对各条目的作用进行评估打分,以此表示其不同意和同意的程度。其中"1"表示最低分评价;"5"表示最高分评价。

2. 问卷计算方法

关于各指标的计算方法,采取了与2010年相同的计算方法,即三级、二级、一级逐层计算的方法,也就是三级指标通过算术平均综合为二级指标、二级指标再通过算术平均综合为一级指标。

3. 调研方法

按照选择标准,并经过专家和学者的推荐,最终选择了10个典型产业集群进行调查与评价研究,如表8-11所示。

本次调研的10个产业集群同时具有区位、产业、起步时期和规模分布上的代表性,能够在整体上反映中国产业集群的发展情况。按照集群的技术特征,这些产业集群可以分为产业转移型、工程聚集型、历史积累型和技术创新型。产业转移型创新集群如江苏无锡和常州的光伏产业,是典型国外技术在国内的生产转移;工程聚集型产业集群包括长沙工程机械、株洲装备制造和广东汕头新材料产

表 8-11 2011年产业集群调研总体一览

集群名称	有效问卷数量（份）	起步时期	聚集企业数量（2010年）	行业规模（2010年）
北京中关村软件园产业集群	13	2000年	216家	软件业总产值超过200亿元
辽宁大连软件和信息技术产业集群	37	20世纪80年代	800家	行业总产值超过500亿元
福建泉州德化陶瓷产业集群	61	20世纪50年代	1115家	黄岩模具企业共实现产值90多亿元（2008）
江苏常锡光伏产业集群	41	1998年	70家	销售收入100亿元
上海漕河泾集成电路产业集群	43	1984年	500家	行业总产值超过1000亿元
湖南长沙工程机械产业集群	27	1978~1994年	3家龙头、21家主机、400多家配套	实现产值750亿元
湖南株洲装备制造产业集群	25	1936~1978年	100多家（其中规模以上企业84家）	主营业务收入达到287.9亿元
山东青岛生物产业集群	40	2000~2004年	近300家	超过150亿元
广东汕头新材料产业集群	10	20世纪80年代	15家	超过1000亿元
浙江杭州滨江物联网产业集群	30	20世纪90年代	120家	200亿元

业集群，它们都是龙头企业带动或者围绕一个核心产业发展的集群；历史积累型产业集群体现了传统产业的路径依赖特征，比较典型的是福建泉州德化陶瓷产业；技术创新产业集群则包括北京和辽宁大连的软件产业集群、杭州滨江物联网以及上海漕河泾集成电路产业集群，它们还体现出政府规划或者推动形成的特征。

从区位分布看，东部地区有7个（北京市1个、上海市1个、江苏省2个、山东省1个、福建省1个、广东省1个），东北地区有1个（辽宁省1个），中部地区有2个（湖南省2个）。从行业分布看，所选取的10个产业集群涉及软件及信息产业、生物产业、新能源产业、工程机械、装备制造等，既具有传统产业集群，又有战略新兴产业集群。从起步时间上看，主要在20世纪70年代以前起步的集群有3个，主要在80年代起步的有3个，在90年代起步的有2个，在21世纪起步的有2个。从集群规模看，集群的产值在百亿元以内的有2个，100亿~500亿元有5个，500亿~1000亿元有1个，千亿元以上有2个。

针对确定的10个产业集群，我们集合全国10家科研单位，成立了10个分课题组，课题组成员将近百名。2011年7月，按照总体组制定的调研方案，各分课题组于对产业集群的创新发展情况进行了集中调研，调研的内容包括同集群公共管理部门、集群内企业的座谈，针对重点企业的深度访谈，以及对集群内样本企业基本上采取了"一对一"、"定点"式的问卷调查，发放了500份问卷，回收了 325 份有效问卷，回收率为 65%。课题组成员尽职尽责，有效地保证了问卷填写质量。

（二）实证结果与结论

与 2010 年类似，通过对回收问卷的统计分析，我们从创新意识、创新资源、合作网络、创新活动、创新绩效和创新环境六个方面对 2011 年被调查产业集群的创新能力进行了评价和比较研究。

1. 创新意识评价结果与主要结论

按照量表①来衡量，就产业集群创新意识得分而言，我们可以看到 A 级得分的有青岛生物产业集群；B 级得分的有长沙工程机械、汕头新材料产业集群；C 级得分的有北京中关村软件园、辽宁大连软件、湖南株洲装备制造产业集群；D 级得分的有江苏光伏、杭州物联网产业集群；E 级得分的有上海集成电路和福建德化陶瓷产业集群。具体如图 8-7 和表 8-12 所示。

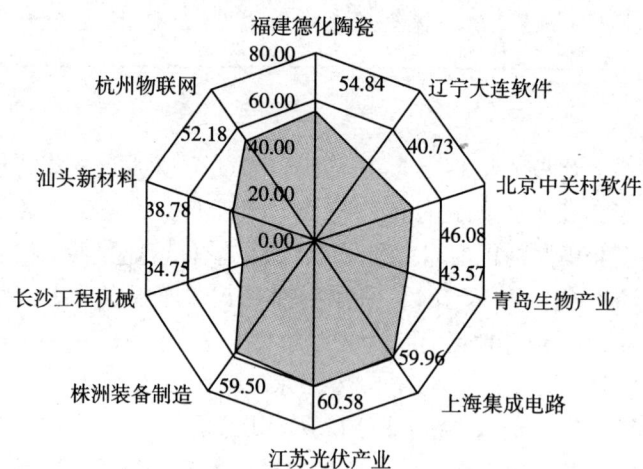

图 8-7　2011 年 10 个产业集群创新意识得分比较

表 8-12　2011 年各集群创新意识分项比较

集群名称	企业所在区域的创业、创新价值观	企业的创业、创新意识	企业对市场和技术机会的认知度	企业对利用外部创新资源的认知度	企业对创新活动目标的认知度
青岛	4.43	2.38	4.21	4.26	4.92
北京	3.23	2.23	3.64	3.63	4.54

---

① 5 级量化评价标准初步定为：A：偏差值 60 以上；B：偏差值 55~59；C：偏差值 50~54；D：偏差值 45~49；E：偏差值 44 以下。相应得分小数点后位数进行四舍五入处理。

第八章 基于产业集群的区域创新能力评价

续表

集群名称	企业所在区域的创业、创新价值观	企业的创业、创新意识	企业对市场和技术机会的认知度	企业对利用外部创新资源的认知度	企业对创新活动目标的认知度
大连	3.72	2.65	3.67	3.59	4.35
上海	3.82	2.36	3.82	3.83	3.33
株洲	3.83	2.19	3.78	3.88	4.54
长沙	4.04	2.70	3.63	3.87	4.50
江苏	4.02	2.73	3.68	3.68	3.25
德化	3.75	2.63	3.34	3.26	3.69
汕头	3.83	2.63	3.93	4.06	4.62
杭州	3.77	2.76	3.54	3.52	3.73

通过图8-7和表8-12可以得到以下研究结论：虽然企业高度认同创新的重要性，但普遍缺乏自主创新的意愿，主要是出于对于创新风险的担心。企业对于风险的承受能力比较差，并希望能够在较短的时间内收回投资。无论传统产业、新兴产业都表现出相对较低的创业或创新意识水平，反映了各产业集群企业对创业或创新机会的敏感度、挑战精神、知识产权意识并不很高。但是这些集群企业又希望能够利用集群中的外部创新资源，增加与其他企业、院校、科研机构合作创新的机会。知识作为一种公共产品，在集群环境中出现了"市场失灵"的现象，集群企业更加倾向于通过外部环境获得知识，而不是通过自主创新的方式。

2. 创新资源评价结果与主要结论

按照量表①来衡量，就产业集群创新资源得分而言，我们可以看到A级得分的有北京中关村软件园和上海集成电路产业集群；没有B级和C级得分的产业集群；D级得分的有江苏光伏、株洲装备制造、长沙工程机械、福建德化陶瓷、青岛生物、汕头新材料产业集群；E级得分的有杭州物联网、辽宁大连软件产业集群。具体如图8-8和表8-13所示。

通过图8-8和表8-13可以得到以下研究结论：

一是技术创新型集群中，集成电路、软件产业作为高新技术产业性质决定了园区大部分企业均设有专职的研发机构。增加研发投入、加快创新步伐是企业发展的重要动力来源，例如中关村软件园各企业研究开发投入占销售收入比重非常高。北京软件园由于其区位优势，集群企业在研发投入强度和熟练技术工人的投入强度上有一定的优势。

---

① 5级量化评价标准初步定为：A：偏差值60以上；B：偏差值55~59；C：偏差值50~54；D：偏差值45~49；E：偏差值44以下。相应得分小数点后位数进行四舍五入处理。

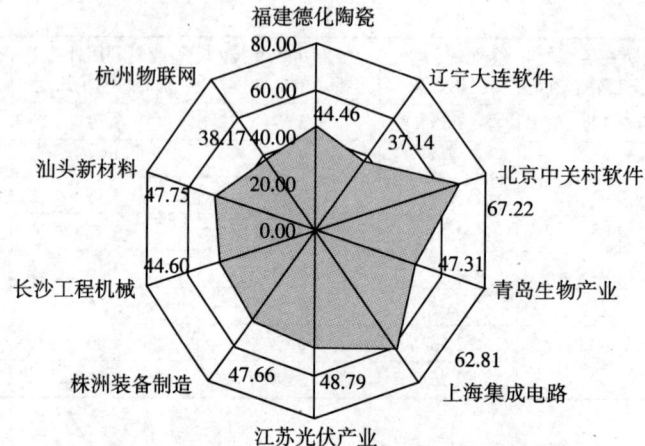

图 8-8 2011 年 10 个产业集群创新资源得分比较

表 8-13 2011 年各集群创新资源分项比较

集群名称	企业研究开发基础设施（%）	企业研究开发投入强度	企业技术人员投入强度（%）	企业熟练技术工人投入强度	企业外部专家资源
青岛	61	3.73	54	3.81	4.13
北京	23	4.23	62	2.46	2.31
大连	49	3.50	71	3.34	2.20
上海	55	4.21	72	4.12	3.44
株洲	57	4.22	60	3.85	3.70
长沙	70	3.74	88	3.73	3.30
江苏	58	3.31	61	3.22	2.33
德化	45	3.98	47	3.93	2.22
汕头	85	4.16	70	4.37	3.30
杭州	70	3.07	69	2.52	3.00

二是新兴产业集群研发基础设施状况较好，但企业持续研发投入、创新人才投入有待进一步加强。如江苏光伏产业集群中，在创新人才方面，集群内60.53%的企业在过去1年内核心技术人员比重有所增加，熟练技术工人占技术工人总数的比重平均为20%左右。

三是技术创新型和产业转移型的产业集群中企业投入加大，但是缺乏新技术能力和思维的引入，如北京中关村软件园、大连软件园、江苏光伏产业集群。一些发展比较成熟的产业集群，如上海集成电路、株洲装备制造、长沙工程机械能够保持一定的外部专家数量。

四是在一些产业集群中，企业规模比较小，很多企业都没有正式的技术和知识积累机构，人员流动性比较大，集群企业缺乏有效的知识积累，所以进行知识扩散和创新的能力减弱。

3. 合作网络评价结果与主要结论

按照量表①来衡量，就产业集群合作网络得分而言，我们可以看到 A 级得分的有株洲装备制造、杭州物联网产业集群；B 级得分的有青岛生物、北京中关村软件、汕头新材料产业集群；C 级得分的有辽宁大连软件产业集群；D 级得分的有长沙工程机械产业集群；E 级得分的有上海集成电路和福建德化陶瓷产业集群。具体如图 8-9 和表 8-14 所示。

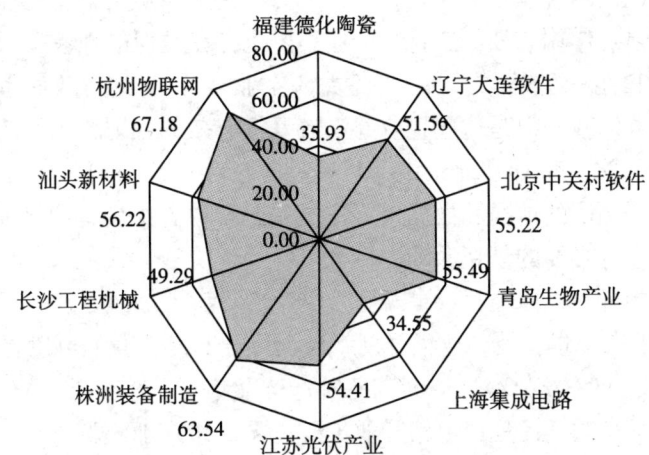

图 8-9　2011 年 10 个产业集群合作网络得分比较

表 8-14　2011 年各集群创新合作网络分项比较

集群名称	合作网络基础	合作创新参与度
青岛	3.06	2.72
北京	3.54	2.25
大连	2.98	2.60
上海	2.32	2.27
株洲	2.82	3.46
长沙	2.87	2.57
江苏	3.25	2.49
德化	2.60	2.07
汕头	2.96	2.89
杭州	3.50	2.98

---

① 5 级量化评价标准初步定为：A：偏差值 60 以上；B：偏差值 55~59；C：偏差值 50~54；D：偏差值 45~49；E：偏差值 44 以下。相应得分小数点后位数进行四舍五入处理。

通过图 8-9 和表 8-14 可以得到以下研究结论：

一是所调研的 10 个产业集群都有着良好的合作网络基础设施，集群企业对此也比较了解。但是，除了杭州物联网、汕头新材料和株洲装备制造业集群以外，各集群企业的合作创新参与度相对较低。这说明在集群中还没有形成较完整的、互补性强的产业链，未形成产业关联的外溢机制和协同效应，价值链整合度不够。集群企业之间的联系比较差，集群知识缺乏有效的扩散渠道。

二是株洲装备制造业集群已经具备全面较好的合作网络基础，企业间合作以及与大学科研机构的合作较为频繁，合作具有一定的深度，其主要原因在于核心企业的带动和辐射作用。汕头新材料产业集群也存在类似的现象。

三是虽然其他一些集群中也存在"龙头企业"，并且地方政府也希望这些企业能够带动集群创新，但是这些企业并没有发挥有效的辐射作用，为集群提供新技术和知识的来源。例如在北京中关村软件园中存在着 IBM 和 Oracle 的全球研发中心，但根据调研的情况和数据来看，这些研发中心并没有和集群中的其他企业开展合作，进行必要的创新活动。

4. 创新活动评价结果与主要结论

按照量表①来衡量，就产业集群创新活动得分而言，我们可以看到 A 级得分的有青岛生物、汕头新材料、株洲装备制造产业集群；B 级得分的有江苏光伏、杭州物联网、上海漕河泾集成电路产业集群；无 C 级产业集群；D 级得分的有长沙工程机械、福建德化陶瓷产业集群；E 级得分的有北京中关村软件园、辽宁大连软件产业集群。具体如图 8-10 和表 8-15 所示。

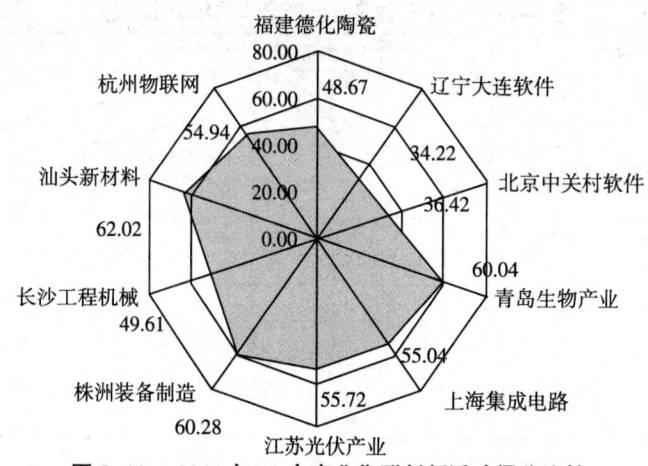

图 8-10　2011 年 10 个产业集群创新活动得分比较

---

① 5 级量化评价标准初步定为：A：偏差值 60 以上；B：偏差值 55~59；C：偏差值 50~54；D：偏差值 45~49；E：偏差值 44 以下。相应得分小数点后位数进行四舍五入处理。

第八章 基于产业集群的区域创新能力评价

表 8-15 2011 年各集群创新活动分项比较

集群名称	研究开发能力	产品开发、商业化能力	创新活动总得分
青岛	3.22	2.59	2.90
北京	1.71	2.59	2.15
大连	2.35	2.31	2.08
上海	3.15	2.34	2.74
株洲	3.25	2.57	2.91
长沙	2.77	2.37	2.57
江苏	2.96	2.57	2.77
德化	2.39	2.69	2.54
汕头	3.44	2.50	2.97
杭州	3.07	2.41	2.74

通过图 8-10 和表 8-15 可以得到以下研究结论：

一是各集群的研究开发能力普遍高于其产品开发、商业化能力。在所有的集群中，技术创新型产业集群的创新活动得分普遍不高，例如辽宁大连软件、北京中关村软件园等。新兴产业集群和工程聚集型的产业集群创新活动得分较高，例如江苏光伏、青岛生物、长沙工程机械、株洲装备制造产业集群。究其原因，新兴产业技术集群因为其技术转移的特征，在企业运行过程中不断实施技术创新活动。工程聚集型产业集群则是主要因为其产业聚集的时间比较长、规模大，有条件实施创新活动。一些技术创新型的软件产业集群，由于从事软件外包的企业比较多，这些企业的产品特征更多是由客户决定的，尤其在高端客户结构比较低的情况下，企业本身缺乏实施自主创新的意愿和行为，也没有开展外部创新活动。

二是工程聚集型产业集群在历史形成过程中，强调核心企业对于集群的带动作用，聚集企业的业务活动多是围绕着核心企业而展开，集群创新通常是采取网络合作，而不是内部研发的形式。新兴产业集群也存在类似的情况，在技术转移的大背景下，很少有企业能够通过内部的方式来进行创新活动。

三是企业技术研究开发能力、产品开发和商业化能力在提升，这可以从知识获取的角度来解释，因为增加外部技术和知识资源的利用，增加了企业知识获取、吸收、扩散和进行创新的能力。

5. 创新绩效评价结果与主要结论

按照量表①来衡量，就产业集群创新绩效得分而言，我们可以看到 A 级得分

---

① 5 级量化评价标准初步定为：A：偏差值 60 以上；B：偏差值 55~59；C：偏差值 50~54；D：偏差值 45~49；E：偏差值 44 以下。相应得分小数点后位数进行四舍五入处理。

的有株洲装备制造产业集群；B 级得分的有长沙工程机械产业集群；C 级得分的有汕头新材料、上海漕河泾集成电路产业集群；D 级得分的有江苏光伏、青岛生物产业集群；E 级得分的有北京中关村软件、辽宁大连软件、杭州物联网、福建德化陶瓷产业集群。具体如图 8-11 和表 8-16 所示。

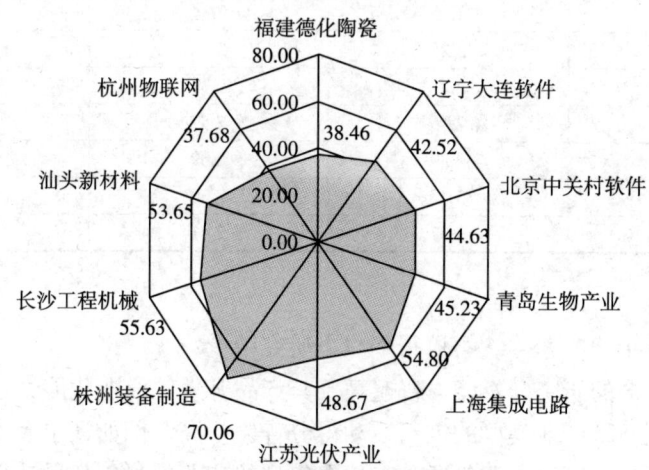

图 8-11　2011 年 10 个产业集群创新绩效得分比较

表 8-16　2011 年各集群创新绩效分项比较

集群名称	销售收入	技术水平	合作对企业绩效贡献程度	创新失败的原因
青岛	4.39	4.38	3.60	3.26
北京	3.92	3.77	3.67	3.78
大连	3.72	3.83	3.69	3.58
上海	4.05	3.72	4.06	3.70
株洲	4.53	4.44	4.42	4.67
长沙	4.46	4.48	3.83	3.96
江苏	3.82	3.58	3.93	4.04
德化	3.49	3.61	3.60	3.98
汕头	4.47	4.40	4.04	3.56
杭州	3.51	3.92	3.53	3.07

通过图 8-11 和表 8-16 可以得到以下研究结论：各集群企业在过去 1 年时间都取得了良好的创新绩效，无论销售收入和技术水平都有所提高，产业集群内企业间合作对企业销售收入的增长和企业技术水平的提高具有很强的促进作用。以得分最高的株洲装备制造产业集群为例，在"合作对企业绩效贡献程度"方面，有 92.59% 的企业认为与大学科研机构、其他企业合作创新对此有"较大贡献"

或"有贡献"。有85.18%的企业认为与大学科研机构对技术水平提高有"较大贡献"或"有贡献",有92.59%的企业认为与区域内其他企业合作对销售收入增加有"较大贡献"或"有贡献"。有96.28%的企业认为与区域外其他企业合作对销售收入增加有"较大贡献"或"有贡献",有96.29%的企业认为与区域外其他企业合作对技术水平提高有"较大贡献"或"有贡献"。

6. 创新环境评价结果与主要结论

按照量表①来衡量,就产业集群创新环境得分而言,我们可以看到A级得分的有江苏光伏产业集群;B级得分的有上海漕河泾集成电路和株洲装备产业集群;C级得分的有福建德化陶瓷、杭州物联网产业集群;D级得分的有北京中关村软件和青岛生物产业集群;E级得分的有辽宁大连软件、汕头新材料、长沙工程机械产业集群。具体如图8-12和表8-17所示。

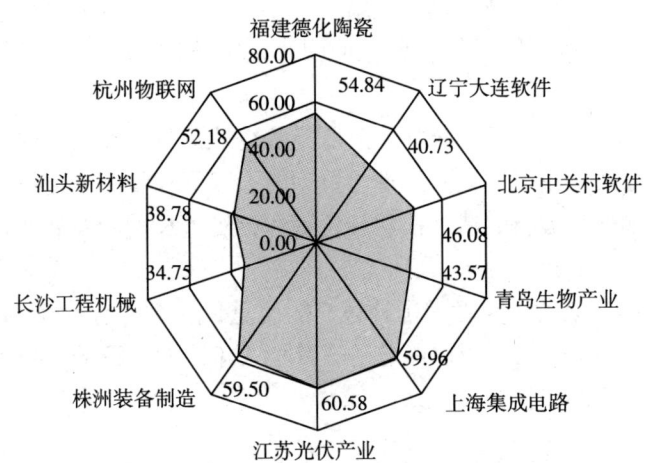

图8-12　2011年10个产业集群创新环境得分比较

表8-17　2011年各集群创新环境分项比较

集群名称	地方集群政策	风险资金发展水平	核心技术人才可获得性	核心生产设备可获得性	市场竞争水平	产业配套水平	高端客户结构
青岛	3.65	2.18	2.23	3.10	3.18	2.98	1.70
北京	3.26	2.92	3.23	3.62	2.77	3.08	1.62
大连	3.17	3.06	2.91	3.17	2.69	2.74	2.80
上海	3.24	3.51	3.12	3.12	3.28	3.26	3.37
株洲	4.06	3.37	3.30	3.48	3.15	3.22	1.33
长沙	3.07	2.88	2.59	3.15	2.59	3.30	1.64

---

① 5级量化评价标准初步定为:A:偏差值60以上;B:偏差值55~59;C:偏差值50~54;D:偏差值45~49;E:偏差值44以下。相应得分小数点后位数进行四舍五入处理。

续表

集群名称	地方集群政策	风险资金发展水平	核心技术人才可获得性	核心生产设备可获得性	市场竞争水平	产业配套水平	高端客户结构
江苏	3.79	3.13	2.75	2.98	2.59	3.05	2.03
德化	2.98	3.05	2.85	3.18	3.53	3.20	3.93
汕头	3.32	3.10	2.70	3.30	2.00	2.70	2.10
杭州	3.34	3.86	3.57	3.75	3.46	3.36	1.89

通过图 8-12 和表 8-17 可以得到以下研究结论：

一是除了汕头新材料、青岛生物和长沙工程机械产业集群，各地集群的创新环境都比较好。10 个产业集群都有着良好的地方集群政策，说明了地方政府对于产业集群发展的重视。历史积累型产业集群创新环境发展良好，如德化陶瓷和株洲装备制造产业集群。技术创新型新兴产业在人、财、物等诸生产要素中，面临高端人才、高端客户缺乏的现象，例如北京中关村软件园、青岛生物等产业集群。

二是江苏、大连、青岛、长沙的产业集群企业面临专业人才缺乏的现象。北京、上海的产业集群由于所处的地理位置，能够吸引大量的高端技术人才。传统的产业集群，如株洲装备制造、福建德化陶瓷，经过长期的发展，形成了一定的人力资本积累，人才流动性不大。

三是高端客户结构主要考虑国外客户的比重，在 10 个产业集群中，除了福建德化陶瓷和上海漕河泾集成电路之外，其他 8 个产业集群的得分都比较低，进而拉低了集群环境的整体得分。

第九章 "内生驱动型"区域创新体系构建战略

区域创新体系是国家创新体系的一个重要组成部分，是国家创新体系在区域层次上的延伸，也是区域经济发展和竞争力形成的重要保障。随着区域经济的不断发展和竞争的日益加剧，区域创新体系对区域经济发展的重要性与日俱增，区域创新能力已成为地区经济获取竞争优势的决定因素。目前在我国，区域创新体系无论在理论层面还是实践层面都还处于探索阶段。本章首先从理论上研究"内生驱动型"区域创新体系构建战略的基本理念、主要模式和运行机制；其次以长三角区域为例，从实践层面总结归纳"内生驱动型"区域创新体系构建战略的经验启示。

一、"内生驱动型"区域创新体系构建战略的理论分析

（一）"内生驱动型"区域创新体系的概念界定与战略构成

1. "内生驱动型"区域创新体系的概念界定

笔者认为，所谓"内生驱动型"区域创新体系，主要是指地区市场发育程度较高，科技资源禀赋中等或以上，以企业家精神为主要特征的经济内生驱动力量较强的区域创新体系。相对来说，此种类型的区域创新体系是一种成熟完备型的区域创新体系，主要表现在：创新体系内部市场化程度较高，资源配置方式主要以市场为主；科技资源禀赋丰富，具有知识和科技创新的良好基础；富有适宜于创新涌现的区域文化，内部互动创新活动频繁；各要素主体素质较高，具有流动顺畅的资源、知识、人才流动机制。从某种程度上可以说，"内生驱动型"区域创新体系是对具有"市场发育程度较高、知识和科技资源丰富、企业创新动力持

续强劲"这些特征的创新区域的简称。随着市场经济制度的完善、各地城市功能的转型以及产业结构的升级和产业链条的拓展，各种类型的区域创新体系都有可能向市场化程度高、科技资源丰富、内部互动创新活动频繁的完备型区域创新体系发展。可以说，"内生驱动型"区域创新体系是市场经济条件下国家创新和区域创新的发展方向。

需要指出的是，"内生驱动型"区域创新体系仅仅是对区域创新体系的简要归类。在理论分析上，基于不同分类标准对区域创新体系进行分类十分常见，任何区域创新体系的分类都不应过于死板，以确保各种类型区域创新体系能够灵活地运用到实践中。区域创新体系归类为"内生驱动型"，主要是立足于创新区域市场发育状况、科技资源禀赋和创新驱动因素特征而进行的大致概括，是有效识别创新区域基本特征的经验概括。在实践中构建区域创新体系时，必须结合具体区域的经济社会发展现状，借助一定载体，通过落实到具体的产业或区域上进行区域创新体系构建。因此，"内生驱动型"区域创新体系构建战略必须密切结合现实的创新区域进行研究，脱离具体创新区域的战略构建，注定会陷入"纸上谈兵"的尴尬。长三角地区人才荟萃，高等院校与科研院所云集，科教文卫事业发达，技术与管理先进，拥有良好的人文积淀和雄厚的智力资源，科技发展水平和科技创新能力均处于全国领先地位，具有较为典型的"内生驱动型"特征。因此，笔者以长三角地区为例，分析如何构建"内生驱动型"区域创新体系。

2. "内生驱动型"区域创新体系的战略构成

众所周知，区域创新体系是以推动区域内新技术或知识的生产、流动、更新和转化为目的的社会体系，它指在特定的经济区域内，各种与区域创新资源相关联的主体要素（创新机构和组织）和非主体要素（创新所需的物质条件）以及协调各要素之间关系的制度和政策网络。对于"内生驱动型"区域创新体系的结构，可以按照要素角度和地域角度进行分析。

（1）基于要素角度的"内生驱动型"区域创新体系结构。从横向角度来看，"内生驱动型"区域创新体系主要是由创新主体要素、创新资源要素和创新环境要素构成的。创新主体要素包括政府、高等院校和科研院所、企业、投融资机构、科技中介等；创新资源要素包括信息、知识、技术、资金、设备等；创新环境要素包括法律制度、法规、政策、基础设施、市场、文化等。这三方面的要素构成了知识创新体系（或称科学创新体系）、技术创新体系、中介服务创新体系和制度创新体系四个子系统。目前，国内知识创新体系的创新主体主要是高校和科研院所以及部分大企业集团的研究机构，它们主要从事原始创新以及具有地区比较优势的高新技术领域的基础性、前瞻性和探索性研究，满足国家的战略需求；技术创新体系的创新主体主要是企业，主要从事产业共性关键技术研究，直接面向市场，促进知识和技术的实际应用；中介服务创新体系的创新主体主要是技术产权交易所、科技中介、行业协会、技术转移协作机构等组织，为知识创新体系和技术创新体系提供专业服务；制度创新体系的创新主体主要是各级政府部门，联合制定、出台一系列有关政策、规定，签署各方面的合作协议，并积极贯彻落实。

（2）基于地域角度的"内生驱动型"区域创新体系结构——以长三角区域为例。一个区域的特点决定了一个区域的创新体系不可能与其他地区相同。事实上，影响区域创新体系战略构建的潜在重要因素和难点，基本上都是基于地域差异产生的。区域创新的文化环境和制度保障基本也都深深根植于不同的地域划分上。事实上，正是系统内各地区在地理位置上相邻近，并且具备便于资源频繁交流的基础设施条件；各行为主体融于同一个社会经济环境之中，才能够形成高信任度和文化认同。因此，构建区域创新体系战略，必须研究具体创新区域的地域范围及其结构特征，并深入分析探讨在此基础上的社会文化习俗等软环境。本章以我国长三角地区为例，分析"内生驱动型"区域创新体系的地域结构特征。

区域创新体系是由于地理上相互分工与关联的生产企业、研究机构和高等教育机构等构成的区域性组织体系，这种体系产生并支持创新。长三角地区地处我国东南沿海，同受吴文化的影响，有其地域文化上的相近性。上海、江苏、浙江的经济在全国都占有重要的位置，经济发展水平相似，各种信息的交流、知识的传播等都非常方便。总体来看，"沪苏浙"地域相连、人缘相亲、经济相融、文化相通，在政策、制度、法律等方面对接和贯通良好，具备创新的良好共同氛围。鉴于长期以来分属于三个行政区域，在自然、经济、人文、传统等诸多方面都存在着不少差异，经济社会发展水平并不同步，客观上可以把长三角"内生驱动型"区域创新体系划分为上海市创新子系统、江苏省创新子系统、浙江省创新子系统，三个创新子系统之间密切联系、相互作用。构建长三角"内生驱动型"区域创新体系战略，在很大程度上就是促使"沪苏浙"三个创新子系统相互影响、密切联系、共同促进发展的过程。

（二）"内生驱动型" 区域创新体系的功能主体和运行机制

1."内生驱动型"区域创新体系的主体及其功能定位

区域创新是指一个空间区域内的创新主体创新活动的总和，是特定层次的组织对创新活动依靠内部创新主体自身起主导作用的创新。构建区域创新体系战略，就是要研究区域中的各种因素如何组合才能够促成区域创新成功。反过来说，构建区域创新战略就是研究如何调动区域中的各个因素相互影响、密切配合以产生持续的创新能力和竞争力，并进而产生持续增长的经济效益。构建"内生驱动型"区域创新体系战略,首要的任务是识别创新区域内的各种主体,这是构建区域创新体系战略的前提和基础。

区域创新体系的主体构成一般包括:开展生产经营活动的企业群、培养创新人才的教育机构、研究开发新技术的科研机构、管理和支持创新活动的政府机构、创新金融和商业产品的服务机构等。各行为主体以各自不同的功能和优势,对区域创新体系的完善和发展发挥各自的作用,也就是说区域创新体系内的各个主体以其独有的功能对整个系统产生影响,且不同的主体之间也相互影响、相互作用,从而对创新体系整体效率产生影响,也反映出不同类型区域创新体系系统性的优劣。由于各区域的经济发展水平、政策环境、区域文化、产业集群等一系列因素都不同,在不同的区域创新体系中,主体的作用和地位是不同的。那么,"内生驱动型"区域创新体系中的主体,其作用和功能具有哪些共性呢?

(1)企业。在诸多行为主体中,企业是"内生驱动型"区域创新体系中最活跃的核心主体。在"内生驱动型"区域创新体系中,企业始终是技术创新的主体,即创新决策主体、创新投资主体、创新研发主体和创新风险收益主体。

(2)政府。区域创新体系建设是一个复杂的系统工程,政府作为体系中的一个重要主体,有着举足轻重的作用。政府工作适当,可以推进区域创新体系建设。"内生驱动型"政府工作对区域创新体系建设的作用主要是:营造环境、建设服务支撑环境、协调服务、组织领导、配置资源和直接对创新活动进行投入。

(3)大学和其他研究机构。研究机构从形式上可以分为两种:一种是独立的公共的研究机构,由国家提供主要的资金来源,其研究领域多为基础研究和对国民经济、社会发展、国家安全、国家综合实力等具有广泛影响的技术开发;另一种是从属的研究机构,从属于企业的研究机构主要面向市场和顾客进行研究开发。传统上从属于大学的研究机构的主要职能是进行知识创新、知识传播和知识转移,并从事与教育相关的基础研究。近年来,大学作为研究机构与企业以及政府的产学研合作正日益成为"内生驱动型"区域创新活动的重要形式。

(4)中介服务机构。科技中介服务的建设有利于增强和提高企业技术创新能力,加快信息资源的流通和社会资源的整合,实现创新资源的优化配置,促进科技成果转化。技术创新中介服务的重要功能是对技术创新成果持续不断地再利用,使创新产生多次效应,特别对有共享性和实用价值的技术创新成果进行广泛的推广使用。在"内生驱动型"区域创新体系中,种类完善、功能齐全的中介服务结构起了很大作用。

(5)金融机构。金融机构特别是风险投资机构为创新活动的发展提供良好的金融支持。这些金融机构不单具备为企业创新提供资金的功能,同时还起到了对创新风险和收益进行鉴别的作用。金融机构的支持是"内生驱动型"区域创新活动发展的重要保障。

在"内生驱动型"区域创新体系的主体中，各主体之间的创新活动是一个互动的学习过程，成功的创新不仅来源于企业内部不同形式的能力和技能之间多角度交流的反馈，同时也是企业与竞争对手、合作伙伴以及其他众多的知识生产和知识持有机构之间互动的结果。

2."内生驱动型"区域创新体系的运行机制

机制是通过主体行为发生作用的。建设区域创新体系的最终目标是促进区域创新能力的提升，区域创新能力的大小与区域内的各创新主体、创新资源、创新环境等存在必然的联系，区域内的经济基础、人力资源状况、政府的政策以及市场的发育情况都会极大地影响其创新能力的发展。根据实际经济发展的特点和我国区域创新的国情，"内生驱动型"区域创新体系构建的关键是各主体要素之间要相互结合成一个高效创新网络。高效创新网络的建设可以促进区域创新运行机制的有效运行，从而保障区域创新力度和创新成果的最终实现。在明确了"内生驱动型"区域创新体系企业、政府、高校、研究机构和科技中介机构以及金融机构等主体之后，"内生驱动型"区域科技创新体系运行机制的特征主要包括以下几个方面：

（1）利益驱动机制。它是指通过聚集优秀的创新人才、建立合理的人才激励机制，发挥其最大限度的创新才能，完善技术创新过程中产学研的利益分配机制，处理好利益分配的比例、方式等问题，调动各方面的积极性，充分发展创新的整体效应，实现高效率的创新活动。这与"内生驱动型"区域创新体系市场发育程度较高的特点是密不可分的。

（2）学习培训机制。它是指通过教育培训、研究开发等方式加强企业员工的人力资本投资。构建"政府投入为引导、企业投入为主体"的多元化人才投入机制，建立各级政府人才资源专项资金。重点培养造就一批有创新能力的科技领军人才和学科带头人。强化农民实用科技培训，造就一批建设新农村需要的生产能手、经营能人和科技人员。其中，继续教育工程、科普教育工程及全民素质教育工程是学习培训机制的核心。这与"内生驱动型"区域创新体系知识和科技资源禀赋丰富的特点是密不可分的。

（3）决策信息机制。它是指创新决策主体对整个区域创新过程中涉及的创新目标、创新方案选择、方案实施及措施与监控做出决定的过程，并通过网络信息反馈，综合分析提高创新主体的决策水平。考虑影响创新决策的诸多因素，决策与信息机制应包括四个基本要素：决策主体、决策权、决策信息和决策原则。决策是一个过程，基于成本最优化的信息收集与处理是这一过程的首要环节，信息的及时反馈是决策准确性的保证。畅通高效的决策信息机制是与"内生驱动型"

区域创新体系富于企业家精神的创新主体密不可分的。

（4）竞争协作机制。竞争协作机制可理解为竞争机制与协作机制的互动作用机制。竞争机制是市场经济最重要的经济机制，可以促使生产者改进技术，改善经营管理，提高劳动生产效率，促使生产者根据市场需求组织和安排生产，使生产与需求相适应。在经济全球化浪潮中，协作与竞争同样重要，超越竞争的协作与超越协作的竞争是市场运行的基本规则。建立竞争协作机制，打破部门和行业垄断，鼓励各类机构及个人平等参与承担国家及地区重大计划和任务，通过建立良好的制度环境、政策环境和科技基础条件平台，为全社会所有单位和科技人员提供成长发展的沃土，营造公平竞争条件下创新人才脱颖而出的良好环境。

事实上，除了上述显性机制之外，在区域创新体系中，各主体的地位、作用和它们之间的各种关系如合作、竞争等，是一个极其复杂的过程，是否能够实现区域内持续性的创新能力，取决于区域内部要素的组织构成及能力、知识的溢出效应、开放系统的构建及其知识整合，以及区域创新政策等或明显或潜在诸多因素的重要影响。在实际中，创新的起因和来源是多样的，也是复杂的：整体创新能力不仅依赖于特定机构的表现，而且更依赖于它们作为知识生产和使用系统中要素相互之间的作用，以及它们与社会制度（如价值、观念、法律制度等）的关系；创新不是按照完美的线性秩序发生的，而是通过创新体系中各要素之间的各种反馈回路发生的。区域创新体系的特征在很大程度上依赖于区域的制度基础，制度基础是指以法规或习俗方式建立起来的"游戏规则"，这些规则减少了创新过程中的不确定性，不同的制度安排将导致不同的创新行为和后果。在很多情况下，一种可以有效地促进创新的制度安排比在研究开发上投放更多的资本产生的系统效率更高，对经济增长的推动更有力。这也是为什么区域创新体系非常强调"制度"影响的原因。从某种意义上说，区域创新体系是从更为广阔的社会文化环境和社会经济的宏观角度研究不同企业和区域的创新行为和创新绩效差异的结果。

二、长江三角洲地区"内生驱动型"区域创新体系构建战略

改革开放 30 多年来，长三角地区的经济发展取得了举世瞩目的成就，其经济发展的数量和质量都居全国前列。与全国平均水平相比，长三角区域经济明显有着经济实力强、对外开放度大、市场化程度高的优势，在自主创新能力的提升

上走在全国前列，符合典型"内生驱动型"区域创新体系的特征。另外，长三角地区经济的可持续发展也面临着巨大的挑战，人口红利的消失，环境污染的加剧无不威胁着区域经济的健康可持续发展。因此，研究长三角区域"内生驱动型"创新体系构建战略，具有重要的理论意义和实践价值。

（一）长三角地区"内生驱动型"区域创新体系构建的基本情况介绍

作为"内生驱动型"区域创新体系的典型区域，长三角地区普遍具有其他地区不具备的创新要素，如经济和科技的基础好，教育水平较高；市场经济比较发达；吸引外资较多；创业精神较高，产学研合作水平较高等。简单来说，长三角地区创新体系的构建拥有三个方面的强大基础，对其区域创新活动的迅猛发展构成天时、地利、人和的有力支撑。

（1）长三角地区具有雄厚的科教力量与文化底蕴。长三角地区人才荟萃，高等院校与科研院所云集，科教文卫事业发达，技术与管理先进，拥有良好的人文积淀和雄厚的智力资源及科研实力，科技水平亦处于全国领先地位。在最新公布的《中国区域创新能力报告2012》中，江苏、上海、浙江区域创新综合分值分别居于全国第一、第四、第五位。其中，上海的知识获取能力排名第一，体现了其开放性、国际化以及长三角强大的资源集聚能力；江苏的企业创新能力和创新环境都排名第一，体现了其良好的创新环境激发了企业的创新活力。

（2）长三角强大的经济体量与竞争力。据统计，2007年长三角两省一市共实现地区生产总值56710亿元，占全国经济总量的23.1%，增幅高达14.7%；按常住人口计算的人均GDP为38994元，约折合5128美元（1:7.6040），整体上已经进入了工业化的高级阶段。其中，上海人均GDP已达8728美元，苏州和无锡分别达到8499美元和8468美元，杭州和宁波亦分别达到6858美元和7997美元。优越的经济基础和科技优势，使长三角成为我国重要的新技术研发中心、创新中心、扩散中心和新产品的制造基地。同时，长三角较大的市场容量，又为各种新产品、新技术、新市场运营及管理方式的引入与再创新提供了良好条件，使长三角具有较强的技术市场吸纳能力，成为我国重要的新市场开拓中心和国外先进技术的引进与二次创新中心。

（3）长三角经济一体化发展热潮的兴起与区域创新体系的构建。沪、苏、浙三省市地域相连、人缘相亲、经济相融、文化相通，自古以来就是一个不可分割的自然—经济综合体，共同组成了以上海为龙头、江浙为"两翼"的经济区域和"人杰地灵"的创新区域。始自20世纪末、21世纪初特别是2003年，长三角掀起了新一轮区域经济一体化发展（包括基础设施的一体化）的热潮，并一直延续和深入至今，从而使得长江三角洲区域与珠江三角洲、环渤海经济圈一起，成长

构建区域创新体系战略研究

为带动我国经济发展的三大主导力量之一。

(二) 长三角地区"内生驱动型"区域创新体系构建的SWOT分析

1. 优势和机会

长三角地区地域相连,文化接近,凭借"外通大洋,内连腹地"的优越的地理位置,该地区的经济蓬勃发展,人才荟萃,基础设施比较完善。江、浙、沪三地的创新文化源远流长,江南文化融合了吴越和中原文化,逐渐形成了开放包容、求真务实、合作创新的良好的格局,特别是在改革开放的浪潮中,江南文化以其独特的魅力影响着这一方土地的人民,开拓进取,锐意求新,相继出现的"温州模式"、"苏南模式"和"浦东开发模式"等一系列创新之举使得这片富饶的土地重新焕发出勃勃生机。

(1) 地理位置优越。长三角地区地处我国东南沿海,土地肥沃,气候湿润,环境宜人,吸引了大批仁人志士在此定居,繁荣了此地的经济,促进了文化的交流。长三角区域内有长江和京杭大运河流过,方便了区域与其他国内外地区的联系。上海作为国际性的大都市,受到来自世界各地区先进文化的熏陶,接受发达国家的先进技术和管理经验的转移,区域创新思想异常活跃,创新能力显著提高。江苏和浙江两省倚靠上海的辐射,享受知识的溢出效益,受到内地大量人力、物力的支持,其创新的条件也日趋成熟。

(2) 经济基础好,外向性程度高。经过30多年的发展,长三角已经成为我国经济发展最快、发展潜力最高的区域板块。目前长三角区域的经济发展的总体情况良好,工业基础雄厚,产业门类齐全,产业结构比较好,2010年长三角地区三次产业比为5∶50∶45,经济的外向性程度高,该地区的经济总量、科技水平、管理水平同国内其他区域相比遥遥领先,形成了以上海为中心,南京和杭州为次中心的区域一体化的经济发展态势。

(3) 人力资源丰富。创新人才是决定区域创新能力的关键性因素,包括科研型人才和技术型人才,创新人才的多寡与该区域经济发展状况和文化水平等因素有关。长三角人才荟萃,科学家和两院院士等科技资源均占全国总数的1/5左右,是我国科技实力最强的地区之一。2009年,上海市每万人高等学校在校生为439.29人,江苏为278.61人,浙江为230.30人,远高于全国同期水平212.84人。2009年上海市大中型工业企业研究与实验人员为60695人,江苏省为184542人,浙江省为95861人,全国为1306179人,长三角地区大中型工业企业研究与实验人员总量占全国总量的26%。

(4) 基础设施建设完善。基础设施建设包括交通基础设施、通信基础设施等,长三角地区形成了以上海为中心,江浙为两翼,公路、铁路、航空、港口四位一体的网络化交通基础设施。为了更好地发挥上海浦东国际机场的作用,江浙两省建设了一系列高速公路等基础设施,特别是近年来动车组和高铁的通车标志着铁路新时代的来临,从上海到南京只需要 70 分钟,大大缩短了通行时间;在港口方面,长三角通过"上海—宁波—舟山"组合港共同承担国内外的大批货物进出口要求;在通信基础设施方面,长三角地区已经实现了手机信号全覆盖、网络进村等区域一体化的基础设施建设。完善的基础设施建设方便了人们的交流与合作,为新知识、新技术的产生提供了优越的条件。

(5) 拥有良好的创新文化。文化主要是指具体区域的人在长期的生产生活中逐渐积累、沉淀而形成的思维方式、价值观念、生活态度、行为准则等。长三角地区在漫长的发展过程中,逐渐形成了崇尚创新、敢于冒险的创新文化,这一文化浸润着该区域的创新主体,塑造着创新主体的创新文化素养、创新文化底蕴、创新文化意识、创新文化境界。创新主体主观能动性的发挥,政府部门对创新活动的重视和支持,高校等研究机构对创新行为孜孜不倦的追求热情,社会组织对创新精神的大力弘扬,无一不体现着优秀的创新文化对创新主体、创新行为的影响。

2. 问题与挑战

长三角地区在经济高速发展 30 年的同时,也面临着巨大的问题。此地区历来资源短缺,其经济发展所需的资源绝大多数都来自其他区域,国际对资源的竞争、国内运输成本的提高都给区域经济的发展带来了不利影响。加之多年的经济发展惯性,使得长三角地区经济的发展主要依靠大量资金和劳动力的投入,随着我国人口状况的整体改变,这种发展模式的弊端日益显现。

(1) 经济效率不高,资源短缺。长三角区域发展明显经受着资源、环境的双重约束,沪苏浙"一市两省"基本上都缺油、少煤,属于典型的加工工业地区,日趋承受国际能源原材料供应趋紧、价格上升的压力,总体上加工工业密度较大、水平偏低,局部性的环境污染时有发生。

在能源方面,粗略计算,长三角地区每创造一美元 GDP 所消耗的能源是西方工业七国平均水平的 6 倍左右,长三角经济的持续高速发展需要更多能源的不断投入,但是长三角地区没有大型的油田、煤矿,能源匮乏,其经济发展所需要的能源大都来自我国的西部地区和其他国家,长三角地区对能源需求的日益增加与能源短缺之间的矛盾成为区域发展的瓶颈。

在土地方面,长三角地区土地肥沃,地势平坦,但是总量稀少,人均土地占有量更是大大低于全国平均水平,一直以来,土地的高密集开发使得长三角地区的土地资源严重短缺,继续依靠土地资源的投入来发展经济已经不可能。

在水资源利用方面,江苏和上海的水资源丰富,但是由于地势平坦,势差不足，所以水力发电业不发达，浙江虽然有一些水力发电厂，但是规模不大，主要供给当地使用，长三角用电需求的满足主要还是依靠煤炭的大量投入。

随着国内国际市场的资源价格持续走高，交通运输成本的不断提高，长三角的经济发展受资源约束的弊端越来越明显，因此，提高经济效率，减少资源投入，转变经济发展方式，是解决这一问题的根本出路。

（2）劳动生产率低，产业结构相对落后。作为我国经济最发达的三个区域经济组织，珠江三角洲地区、长江三角洲和京津环渤海地区三大城市群的劳动生产率平均为8900美元，大大低于以先进服务业为主导的世界发达城市的人均生产率。多年来长三角地区是典型的第二产业主导型的区域，2010年，上海市三次产业比为0.7：42.0：57.3，江苏省为6：53：41，浙江省为5：52：43，这与发达区域"以先进的服务业为主"的产业体系相比存在很大的差距。即使是在占据优势的制造业方面，长三角地区也仅仅是世界的制造中心，其产品技术含量低，产品附加值低，往往处于产业价值链的末端。尽管在经济发展的过程中，长三角为经济发展付出了巨大的代价，但是并没有得到相应的回报，以市场换技术的发展模式并没有显著提高长三角产品的竞争力，大部分国际大企业的研发中心并没有在长三角落户，长三角地区在国际分工中仍扮演着加工者的角色。

（3）劳动力优势逐渐丧失。丰富的劳动力资源是中国经济发展过程中非常重要的优势，也是吸引各国投资者到中国投资的重要一环，长三角地区也不例外。长久以来，长三角地区依靠低廉的劳动力成本，在国际市场的竞争中无往不利，但是近年来，长三角的劳动力优势正在逐渐丧失。

一方面，我国计划生育政策实施的效果开始逐渐显现，人口增长的势头得到了控制，老年人的数量开始增加，长三角是我国实施计划生育较早也是实施较严格的地方，在人口总量得到控制的同时，长三角的人口结构开始发生变化，老龄化趋势逼近，这给长三角区域进一步发挥劳动力优势带来了阻碍。

另一方面，国内其他区域的不断发展，对劳动力的需求不断增加，这些新兴区域靠近劳动者户籍地，生活成本普遍比长三角低，很多本来在长三角工作的劳动力逐渐转移到了这些区域，长三角地区的劳动密集型产业受到了挑战。劳动力数量的减少和劳动力结构的变化使得劳动力市场上的供求关系发生了变化，从事体力性工作的劳动力大多在40岁左右，甚至年龄更大，20岁左右的劳动力不再愿意从事单纯的体力性劳动，年轻一辈的劳动力对工作环境、工作待遇、工作保障和发展前景等方面有了更高的要求，企业的用工成本上升，利润空间变小，企业发展单纯依靠人口红利的年代已经过去。

（4）城市群对于国家财富积累的贡献率低，经济辐射能力相对较弱。城市群对一个国家的发展具有重要的意义，它不仅是国家经济发展的一部分，更是以其先进性带动了周边区域的发展,从而促进整个国家的全面发展,据估算,美国城市群(大纽约区、五大湖区、大洛杉矶区)的GDP占全国的67%,而珠三角、长三角、京津环渤海三个地区加起来,其GDP只占全国的38%,城市群的规模和经济总量都远远低于世界先进区域,不利于区域的聚集效应的发挥。

多年来,长三角区域一体化进程不断深化,基本形成了以上海为中心,南京、杭州为次中心,众多中小城市蓬勃发展的局面,但是由于各城市之间产业结构雷同,城市特色不明显,没能形成错落有致、优势互补的城市产业圈,区域优势不明显。上海对南京、杭州的辐射能力不强,上海、南京、杭州对周边城市经济发展的带动能力有限。距离成为长三角经济联系量的主要影响因素。对外而言,长三角整体对外的辐射能力也不强,与江苏省最近的安徽省近年来积极参加长三角一体化的建设,主动接受来自长三角的辐射,但是效果不明显。虽然长三角近年与西部地区也建立了对口支持关系,完成了部分产业转移,但发展的速度缓慢,发展程度有待于进一步提高。

(5)环境压力大。随着工业化进程不断加快,生态环境对经济的承载力越来越受到挑战,长三角地区在经济发展的早期过分强调经济效益的增长,长期实行传统的"高资本投入、高资源消耗、高污染排放"的粗放型经济发展模式,历经几十年的经济高速发展,环境污染的恶果开始显现。

长三角地区降水充足,水资源丰富,但是在快速发展的城市化进程中,人口大量增加,工厂相继建立,大量的工业生活污水需要排放,但是污水处理设备落后,数量不足加之人们对环境的重视不够,使得大量污水没有得到有效的处理,直接排放到了江河中,最终流入大海,严重污染了环境,并导致了此地区的水质性缺水。

长三角的大气污染也异常严重,大量的工业烟尘和二氧化硫的排放,使得空气中的有毒物质增加。苏南地区、浙江全省都成为酸雨污染区。长三角的大多数城市受到酸雨的威胁,长期水污染、大气污染和土地污染严重影响了人们的日常生活和生产,降低了长三角对高素质人才的吸引力。

(三)长三角"内生驱动型"区域创新体系构建战略的基本路径

1. 基本思路

长三角"内生驱动型"区域创新体系构建战略,就是要转变发展观念、创新发展模式、提高发展质量,充分发挥市场机制的基础性作用,优化政府宏观调控功能,合理配置创新资源,营造良好创新环境,以企业为主体,以高校和科研机构为知识源泉,以市场为纽带,以政府为引导,逐步建立起运行顺畅、布局合理、结构优化、区域特征鲜明的具有持续创新"内生性"的强大区域创新体系,为提高区域创新核心竞争力、全面建设小康社会打下坚实基础。

具体而言,构建长三角"内生驱动型"区域创新体系战略,就是要打造一个特色、合作、开放的区域创新体系。特色性要求根据长三角地区的特点,充分发挥本地区经济基础好、经济外向性高、各子系统之间梯度合作的优点,构建具有长三角特色的区域创新体系;合作性是指不仅政府、企业、高校之间要充分共享、互相合作,而且要充分发挥上海对南京、杭州的辐射作用,促使上海、江苏、浙江三地充分合作,紧密联系;促进上海、南京、杭州对周围地区的带动作用,提升周边地区对中心城市的支撑、辅助功能,形成错落有致、互相促进的区域创新体系;开放性要求在建设区域创新体系的时候要允许多方要素的参与,促进人才的流动,积极拓展国家科技合作,注意承接国际先进技术和管理经验的转移。

长三角"内生驱动型"区域创新体系构建战略就是要充分发挥三个地区的协同效应,鼓励各种创新,为创新营造良好的环境氛围。构建长三角"内生驱动型"区域创新体系战略的最终目的是转变经济发展方式,推动地方经济健康发展,促进产业结构升级,提升整个区域的综合竞争力,促进经济和社会的全面发展,提高人民的生活水平。

2. 实现路径

(1) 政府完善长三角"内生驱动型"区域创新体系的路径。

一是应优化合作创新的统一政策环境。沪、苏、浙三地政府必须联合进行制度创新,从非制度化协调机制走向以制度化协调机制为主,以非制度化协调机制为辅,通过改革和完善现行科技体制、财税体制和金融体制,优化科技合作创新的统一政策环境。

二是三地政府应联合制定长三角自主创新整体规划,明确各地区在科技自主创新方面的分工与协作内容,确立明确的合作目标、合作期限和合作规则。应在科技、教育、人事、房产、户籍、医疗卫生、社会保障等方面突破行政壁垒、部门分割、地方利益保护、传统偏见成见等因素制约,建立人才合理流动的长效机制,努力打造有利于人才成长的环境。

三是应加强区域科技信息服务平台建设,尽快实现科技资源开发共享,促进科技信息透明无碍地充分流动。实现科技资源优化配置,降低研发成本,为整个区域所共享。同时还要共同建设长三角乃至全国性的技术产权交易中心,促进知识产权和技术产权的交易,积极发展知识产权与技术产权的中介机构和业务,增强长三角作为技术中心的影响力,形成巨大的聚集和辐射效应。

四是应高度重视和加强知识产权保护,促进技术转移立法。为了保障技术转移规范、高效、顺利进行,保护技术专利权人在技术转移过程中获得合法权益,必须进一步落实《科技进步法》，完善技术转移方面的法律法规建设，从根本上维护科技人才自主创新的热情和动力，优化科技自主创新的法律环境。

五是应为企业技术创新开辟多元化融资渠道，从源头上确保企业的创新动力。加快建立健全沪苏浙民营经济自主创新信用担保体系，可以采用多家企业联合担保的模式或建立不同类型的担保公司，为广大中小企业的银行信贷提供担保。同时，放宽民间投资的准入限制，积极引导民间资金和海外资金设立一批地方性民营金融机构，专门从事针对民营企业的融资活动和资产管理活动，并健全和完善评估机制，给投资者提供保障。加大对民营科技创新的投入，联合发展高新技术风险投资业，鼓励跨地区技术与资本的融合，可以会同企业界和社会各界，建立两省一市风险投资创业协作网，共同建立创投风险基金和科技发展基金。

六是应加强高新技术产业园区联盟建设，提升区域高新技术产业整体创新水平。建设一批高水平，特色化的科技园区，搭建一批国家级创新平台，深入推进建设江苏省苏州市的生态纳米园，上海的张江高新区，上海杨浦国家创新试点城区，杭州信息产业国家高技术产业基地建设，充分依托苏州、杭州、上海杨浦等成为国家创新示范城区的机遇，大力推进基础设施建设和优化功能环境，增强创新的集聚和辐射功能，形成一批以信息产业、生物产业、软件产业、集成电路产业、文化动漫产业为主体的国家级创新园区。

（2）高校和科研机构完善长三角"内生驱动型"区域创新体系的路径。

一是应多渠道加强高等院校和科研院所及企业之间的沟通。建议建立多种形式的研发中心、研发联盟或产业联合项目，促使校企联合攻关，以市场为导向，确定研发的方向和重点，不仅帮助研究解决企业面临的紧迫课题，也同企业研发机构一起开展技术储备性的研发工作，促进企业技术水平的长效提升。

二是应探索科学的评估机制，逐步促进形成正确的科研管理导向。高校和科研机构应当在评估体系中加大对横向项目的重视，制定不同标准对科研人员职称的晋升和科研成果进行评价，以鼓励项目选择和人员配置有更明确的市场导向，对在从事技术转移方面有突出成就的人予以一定倾斜。

三是应积极探索转制后科研院所的成功模式，因地制宜加以适当扶持。建议对于经历了改制大潮依然坚挺、对业内共性技术和行业投入较多、贡献较大、行业地位较高的院所，政府应考虑区别对待、适当扶持，以中介身份为院所和企业牵线搭桥，促进产学研合作的良性循环，并为真空阶段的投入提供支持，以免这些在艰难条件下成功转型的院所再度陷入困境，宝贵的科技力量因一时难以适应市场而夭折，这些院所的行业领军地位是其他机构所不能替代的。

四是应调整教育培训方式方法，培养大量区域发展急需的创新人才。长三角地区应充分利用高密度的科技、教育资源为服务国家创新体系建设做出积极贡

构建区域创新体系战略研究

献。比如，通过老工业区的资源重组做大做强，培育熟练技术工人；面向农村转移劳动力有针对性地拓展职业技能培训，为农村剩余劳动力转移和产业结构优化提供智力支持；进一步通过各类高中级市场紧缺人才在职培训和专门培训的形式，进行跨地区技术咨询、继续教育、远程教育等，弥补区内科技资源分布不平衡的现状。

(3) 企业完善长三角"内生驱动型"区域创新体系的路径。

一是充分挖掘本土资源，拓展多元化渠道解决资金难题。应充分利用民间闲散资金，多方位拓展融资途径，利用本土人脉寻求合作渠道，并借助行业协会等中介组织取得当地政府的政策支持。继续发扬浙江民营经济机制灵活、生机勃勃的鲜明特色，以及江苏外资经济实力雄厚、充满活力的显著优势。

二是着力培育企业创新文化，建立自主创新的长效良性循环。区内企业要利用长三角对高级人才尤其是海外人才的吸引优势，培育求贤若渴的企业文化，以优秀人才为载体充分吸纳区域内技术溢出。本土企业家应树立以人为本的管理机制，把对人才的吸引和留用作为企业发展的重大战略之一。在管理中专门设立对优秀研发人员的激励制度，积极探索创新收益分成这一新的激励措施，并在企业的研发资金投入中专门设立对科研人员的奖励，以丰厚的物质回报吸引人才，逐步稳定和壮大自身科研力量，形成自主创新的良好企业文化氛围。

三是充分利用长三角优良的区位条件，积极融入区域科技创新网络。长三角作为拥有良好资源和发展基础的经济先行示范区，能为区内企业提供相对优越的发展依托。区内企业应积极主动地与科技中介保持紧密联系，寻求技术和能为企业所用的二次创新；积极向高校和科研机构寻求合作，通过人才联合培养等方式，共享国内先进科技成果；在研发外包的过程中不断提高产品的自主研发能力，争取早日实现产业链升级，完成资金原始积累，最终进入高投入、高产出的良性循环。

(4) 科技中介完善长三角"内生驱动型"区域创新体系的路径。

一是创办"科学家技术专家企业家"协会，推动两大领域联合。科学家和技术专家是高等院校和科研机构智力资源的代表，企业家则是产业资本的代表。创建"科学家技术专家企业家联合会"，可以成为推动产学研深入广泛合作的重要的新型主体，通过这样一种较为正式和长期的渠道加强两大领域的联系，互利互惠、共荣双赢，合力推动区域经济社会发展。

二是加大投入，完善科技中介服务功能。长三角地区是中国科技智力资源密集的地区之一，应进一步加大科技投入的力度，提高区域整体自主创新能力，将其打造为区域技术高地。应建立以上海技术交易所为依托，以其他区域性中心城市技术转移中心为节点的区域技术扩散网络。扶持和培育一批专门从事对创新成

第九章 "内生驱动型"区域创新体系构建战略

果进行二次创新的科技中介，使高校和科研机构的创新成果经过转化能符合企业大规模生产的要求，实现市场化。以上海技术交易所为中心的科技中介应逐步完善中介服务功能，使长三角区域的技术创新网络在企业与中介的紧密联系中不断得到拓展和强化。

三是抓住契机，先行先试，理顺行业协会的职能和机制。首先，以2007年5月国务院办公厅下发的《关于加快推进行业一协会商会改革和发展的若干意见》为契机，积极争取国家有关部门的支持，抓紧磋商，加快率先创建长三角区域性行业协会。其次，以《长江三角洲地区区域规划纲要》这一国内首个跨行政区的区域性规划为契机，确定行业协会发展的总体思路和规划，进一步加强行业协会各职能部门之间的工作协同，积极探索和改革行业协会的新体制。再次，以长三角区域经济一体化为契机，利用"非政府组织"的特殊身份突破行政壁垒，通过承担区际贸易、技术合作、企业联盟等职能，推动不同行政区间行业内企业的经济、技术合作及产权运作，促进区域产业结构优化升级。最后，多措并举提高长三角行业协会人员素质，通过专门化教育、加大规范化培训力度等手段不断提高工作人员的业务水平。

（5）"内生驱动型"区域创新体系破解资源环境瓶颈的路径。

一是促进循环经济、清洁生产技术的试用和推广。以贯彻实施《循环经济促进法》和《清洁生产促进法》为契机，研究制定能力建设、科技开发、税费改革、投融资机制等实施循环经济和清洁生产的配套政策和地方法规，建立以市场规律构建物质循环体系的经济和税收政策体系，推进循环经济和清洁生产的实施。

二是加强科技进步和基础研究的支持力度，依靠科技进步和技术创新促进循环经济和清洁生产的发展。重点关注提高能源和资源利用效率的关键技术与环境友好的制造业关键技术，研究和开发符合循环经济基本原则的新工艺和新技术，为实施循环经济提供技术支持。加强替代技术、减量技术、再利用技术的推广应用和再生资源的循环利用。

三是建立一整套包含经济增长、资源消耗、环境质量和人民福利的衡量可持续发展的综合评价指标体系和数据统计收集系统，大力培育绿色市场，鼓励和支持消费者改变消费意识和消费习惯，提倡反对奢靡浪费、节约自然资源的绿色消费观念。

四是进一步推广和规范企业对环境的有偿使用机制，加大企业违法成本。进一步推广和规范资源环境有偿使用制度和生态环境补偿机制，用"看不见的手"督促企业将环境成本纳入企业生产成本或服务价格，实现环境外部成本内部化、社会成本企业化。从政策激励、技术投入、市场保障、价格引导四个方面加大对绿色能源产业的扶持力度，完善可再生能源市场保障机制，降低企业新能源的成本和风险，形成连续稳定的可再生能源市场需求，从而加快新能源的产业化发展进程。通过地方财政措施，用"看得见的手"推进节能减排工作。加大对环境违法问题的查处力度，对违法排污企业实施"高限处罚"，加大企业违法成本；实施银行贷款"环境风险提示"，用金融手段限制环境违法企业发展；对环境保护开展公益诉讼，保障环境资源的安全和社会公众的健康，比如代表受污染的群体依法对违法排污企业提起民事公诉，追究污染赔偿责任。

五是重视新闻媒体的宣传教育作用。通过宣传教育提高民众的环境保护意识和企业的守法观念，对典型的污染赔偿案件加以宣传，在全社会树立违法排污将受到行政处罚和民事赔偿的观念，以对环境违法行为产生遏制和震慑作用。

（四）构建"内生驱动型"区域创新体系战略的经验启示

长三角区域创新体系构建战略的实践表明，对于"内生驱动型"区域创新体系构建战略而言，由于市场化程度较高、科技资源禀赋相对丰富、以企业家精神为动力的企业创新能力较强，因此应充分发挥市场的基础性作用，充分尊重和保护各种类型创新主体的创新积极性及创新成果，加强基础设施建设，完善适宜创新的体制机制，为创新活动保持持续"内生性"动力提供公共基础和制度保障。具体而言，长三角区域"内生驱动型"区域创新体系战略构建的经验启示如下：

1. 结合地区特色和区位优势，统筹区域创新体系构建

不同的区域，其自然资源禀赋、科技资源禀赋、人才资源禀赋和区域文化特点并不相同，构建"内生驱动型"区域创新体系，必须全面认识和深刻理解区域内各项资源的优势和不足，分析其在区域创新上的机会和威胁，准确定位、统筹规划、合理布局，从而发挥区位比较优势，构建具有"内生驱动性"的区域创新体系。

因此，"内生驱动型"区域创新体系战略应充分结合区域经济和社会发展的特色和优势，统筹规划区域创新体系和创新能力建设。重点需要在制度环境上下工夫，营造灵活适宜的体制环境，聚合本区域、全国乃至全球的科研机构和技术；积极营造区域创新网络，使官产学研金等更好的结合；以创建本区域内产业集群、企业集群为抓手，使创新资源区域化、黏性化。

2. 以市场为导向，提高区域创新绩效

创新的成果要合理地转化为生产力，才能有效地为区域的生产生活服务。市场是形成创新动力的外部条件，也是创新活动发生的动力，刺激着创新活动的发生。市场优胜劣汰的选择功能及其竞争性，使市场对创新的结果进行进一步的筛选，保留那些最合适的创新成果，淘汰那些不合适的创新成果，这就要求创新主体在创新活动的过程中要注意结合市场的要求，努力提高自身的生存能力，扩大

第九章 "内生驱动型"区域创新体系构建战略

生存空间，进一步优化创新资源的配置。

创新绩效是创新活动成果的总和，是在一定创新条件的基础上，通过创新主体的努力而产生的劳动成果。创新绩效的提高是区域创新活动发生的目的，活跃的区域创新活动带来了创新绩效的提高，大量创新成果的产生有利于增加区域创新的活力，优化创新环境，为区域创新体系建设奠定坚实的基础，从而提高区域的综合实力和竞争力。

3. 加强基础制度建设，优化区域创新环境

区域创新环境包括区域创新的硬环境和软环境。应优化区域道路基础设施建设，形成完善的道路交通网，缩短运输时间，降低运输成本；加强信息网络建设，促进通信网络业务，降低网络应用费用，提高网络质量，让网络成为资源流动的重要载体；应增加投入，加强城市建设，营造有利于吸引人才、方便生活的区域生活环境。

应进行制度创新构建区域内统一的政策环境。通过改革和完善现行科技体制、财税体制和金融体制，建立区域内制度化的协调机制，加强科技、教育、人事、房产、户籍、医疗卫生、社会保障等部门的区域协调。应加强区域科技信息服务平台建设，尽快实现科技资源开发共享，促进科技信息透明无碍地充分流动，为整个区域所共享，实现优化配置，降低研发成本。

4. 建立人才合理流动的机制，培养、引进创新型人才

加快人才市场等公共服务体系建设，促进人才合理流动。明确规定尊重人才合理流动的权利，联合制定相关的统一政策，以保障科技人才根据个人发展的需要以及区域科技事业发展的需要充分自由地流动，确保人尽其才，才尽其用。应在立足本区域现实的基础上，大量引进国内外其他地区的高端人才，引进创新创业领军人才，使其与本区域的人才相结合，从整体上提高区域的人才质量，提高区域人才的积极性，形成良好的相互学习、相互交流的氛围，为"内生驱动型"区域创新体系提供人才支撑。

区域内企业要培育求贤若渴的企业文化，以优秀人才为载体充分吸纳区域内技术溢出，应树立以人为本的管理机制，把对人才的吸引和留用作为企业发展的重大战略之一。建立突出贡献人才奖励制度、人才保障制度以及福利制度，引进采用人才使用和利益分配的市场机制，对高层次的科技人才分配一定的股权和期权，减少因人才不合理流动产生的损失，努力打造有利于人才成长的环境。

5. 加强知识产权保护力度和管理，扩大知识产权保护的范围

保护知识产权是鼓励科技自主创新的保障，知识产权保护直接关系到创新机构和个人原始创新的热情和积极性，直接影响着技术转移的高效、规范、顺利进行，从而关系着区域科技自主创新能力的提高和区域创新体系的建设。为了调动

区域内各种类型主体创新的积极性,应进一步改善知识产权法律环境,促进科技创新,加大知识产权保护和管理力度,采取有效措施健全以专利、商标和著作权为三大支柱的知识产权法律体系。

致力于扩大知识产权保护的范围,从信息、技术领域渗透到传统知识和民间文艺等非技术领域,鼓励企业创建和拥有自主知识产权。为了保障技术转移规范、高效、顺利的进行,保护技术专利权人在技术转移过程中获得合法权益,必须进一步落实《科技进步法》,完善技术转移方面的法律法规建设,从根本上维护科技人才自主创新的热情和动力,优化科技自主创新的法律环境。

6. 优化体制机制,加强企业、高校和科研机构之间的合作

在"内生驱动型"区域创新体系建设的过程中,把产学研三者密切结合,加速知识流动,是区域创新体系建设的工作重点。区域内政府要制定优惠的政策措施,鼓励和引导现有的企业、科研机构、高等院校及社会科技资源之间进行融合优化,形成科研、教育与产业紧密结合的运行机制。坚持优势互补、利益共享的原则,鼓励三者之间建立形式多样、机制灵活的双边、多边技术协作机制。

企业、高校、科研单位作为区域创新的主体,应该发挥所长,各有侧重。高校、科研单位密切合作,加强基础研究,联合开展重大项目攻关,全面提高区域的原始创新能力;企业作为市场经济的主体,要牢牢把握市场的方向,将创新活动与市场相联系,提高创新成果实用性和转化率。高校和科研单位要开放科技资源库,共享创新成果,企业在获取创新资源、实现企业利润的同时要加大对创新活动的投入,支持高校和科研单位的科研工作,形成产学研紧密结合、良性互动的格局。

7. 加强产业园区联盟建设,提升区域整体创新水平

应加强园区尤其是跨地区间的园区合作,培育区域间创新交流的良好气氛,为区域创新体系打造良好的交互学习网络。合作成立科技创新的实体或机构,鼓励和扶持区域内企业、高等院校和科研院所联合建立企业研发机构、技术创新中心、孵化器等,建立区域性或全球性研发中心或技术转移中心,提高区域创新的能力和水平。

加强区域合作和良性互动,培育和发展创新产业集群。充分利用区域的技术资源优势,有重点地组织对共性关键技术的联合攻关,促进高新产业技术的提升、创新、突破,推进传统产业的技术改造和新兴产业的技术推广。加速完善园区在人才、政策、管理等多方面的服务配套,以扶植和培育支柱产业和龙头企业为核心,逐步形成园区内上下游企业之间的纵向专业化分工协作和大中小企业之间的横向专业化分工协作,形成一批极具竞争优势的高新技术产业集群,成为产业高地和自主创新制高点。

8. 搭建区域创新融资平台,为区域创新体系提供金融支持

不断加大科技投入,十分有利于知识的创新和转化,为区域经济发展提供源源不竭的发展动力。目前,中小企业从金融借贷机构贷款难的境况并未得到根本改善,严重阻碍了企业的科技创新和产业化进程。应加快建立健全企业自主创新信用担保体系,采用多家企业联合担保的模式或建立不同类型的担保公司,为广大中小企业的银行信贷提供担保。同时,放宽民间投资的准入限制,积极引导民间资金和海外资金设立一批地方性民营金融机构,专门从事针对民营企业的融资活动和资产管理活动,并健全和完善评估机制,给投资者提供保障。

应进一步加大科技投入的力度,提高区域整体自主创新能力,打造其为区域技术高地。同时应加大对民营科技创新的投入,联合发展高新技术风险投资业,鼓励跨地区技术与资本的融合,应鼓励企业、社会各界建立风险投资创业协作网,建立创投风险基金和科技发展基金。应做好重点民营科技企业培育工作,以资本为纽带,以项目为抓手,建立战略联盟,培育一批在国内外有重要影响和较强竞争实力的科技型民营企业群体,使之成为民营科技企业发展的主力。

9. 鼓励创新中介组织发展,充分发挥润滑剂、黏合剂作用

努力营造有利于发展科技中介机构的政策和社会环境。首先,坚持市场化、产业化、社会化方向,对基本公共服务与非基本公共服务领域,实施分类引导与管理,建立公开、平等、规范的行业准入制度。其次,由于民营机制灵活,人员根据业务需要聘用,业务按照用户要求确定,经营根据市场规律运行,应积极发展民营科技中介机构。最后,应加强服务市场统筹协调和监管,完善服务业行业标准和管理法规,充分发挥行业协会、商会的作用,促进服务业规范发展。

创新中介组织作为企业、高校和科研单位之间联系的纽带,在促进区域创新体系建设中发挥着不可替代的作用。应努力构建一批管理规范,具有服务意识的创新中介组织,提供技术、信息、人才、财务、法律等方面的高质量服务。一要积极培育区域性行业组织,大力发展科技中介服务体系,推动科技中介联盟的迅速发展,促进科技成果的商品化和产业化。二要完善相应的科技服务基础设施,规范中介服务行为,促进科技市场的发展完善。三要加快组织创新,建立网络化的动态的服务组织系统,有效整合科技中介资源。

三、浙江玉环水暖阀门产业集群发展与创新体系建设

浙江玉环是中国最大的中低压铜制阀门生产出口基地。2009年,玉环阀门

行业实现产值近 200 亿元,是玉环工业第二大产业,占全国同行业产值的 50%以上;完成出口交货值约 10 亿美元,占全县出口交货值的 50%。玉环还被命名为"中国阀门之都"、"中国五金机械(阀门)出口生产基地"、"中国水暖、阀门精品生产(采购)基地"、"中国水龙头生产基地" 和"中国阀门产业集群升级示范基地",是浙江省阀门专业商标品牌基地。

(一) 玉环水暖阀门产业集群创新体系演进历程

玉环阀门行业起步于 20 世纪 80 年代,经过 20 多年的蓬勃发展,玉环阀门产业产品规格和品种日趋完善,企业规模不断扩大,管理水平大幅提高,基本形成了系列化、专业化的产业链。玉环水暖阀门产业集群发展基本上可以划分为初始创业、积累发展、调整提高和创新发展四个阶段,见图 9-1。

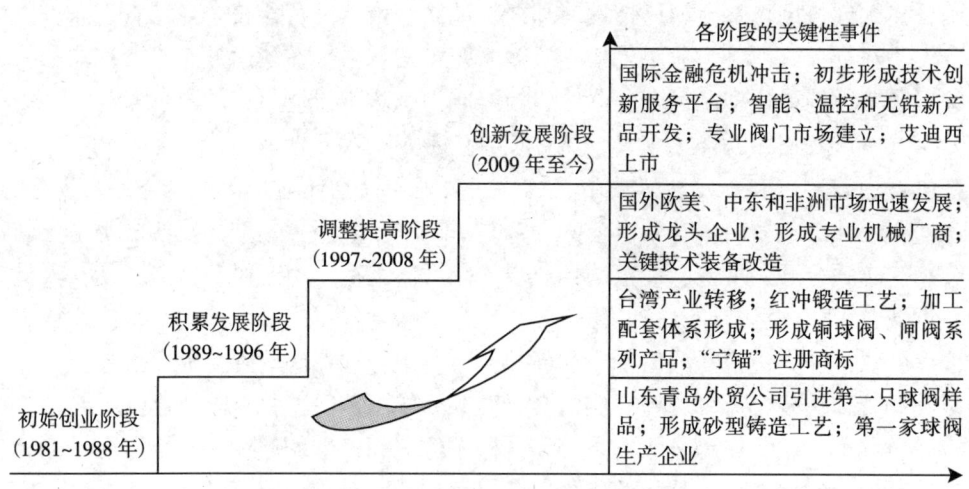

图 9-1 玉环水暖阀门产业集群发展历程

资料来源:由本课题组绘制。

1. 第一阶段:初始创业阶段 (1981~1988 年)

玉环水暖阀门产业发展始于 1981 年,从山东青岛外贸公司引进第一只球阀样品,在坎门水龙村形成砂型铸造工艺,诞生了第一家球阀生产企业——县水暖设备厂。

2. 第二阶段:积累发展阶段 (1989~1996 年)

玉环得益于与台湾地理相近,语言相通,较早地承接了台湾水暖阀门的产业转移。在这个发展阶段,阀门行业生产制造技术和工艺逐渐成熟,形成了包括各类模具制作、铜棒加工、锻造、电镀、抛砂、装配、包装等工序完整的专业化分工配套协作产业链,产品从单一的球阀发展为铜球阀、水嘴、闸阀和水暖器材等

第九章 "内生驱动型"区域创新体系构建战略

多个品种系列，出口产值和内销产值逐年扩大，涌现出一批年产值上千万元的企业，企业数量也从原先的十几家增加到上百家。一些企业初具商标意识，在出现"宁锚"第一个铜阀门注册商标后，"巨水"、"永得胜"等内销产品也相继注册，打响了玉环阀门产品的全国知名度。其中，值得强调的是，1996年，规模企业成功地引进热锻压工艺，促使系列产品整体质量实现了第一次历史性的跨越，并为产业配套体系的形成奠定了基础。

3. 第三阶段：调整提高阶段（1997~2008年）

这一阶段是出口带动了玉环阀门企业的发展。由于亚洲金融危机的影响，玉环的阀门生产企业积极调整市场结构，将出口重心向欧美、中东以及非洲地区市场转移，企业规模进一步扩张，企业数量也增加到千家以上，基本形成了以企业集团为龙头，以年产值亿元的企业为中坚，其他生产企业和配套生产企业为补充的水暖阀门产业集群。同时，在该阶段，本地的阀门专业机械制造企业得到了发展，为阀门制造企业提供了"适用"的制造设备和检测设备保障。

4. 第四阶段：创新发展阶段（2009年至今）

创新发展成为该阶段的重要特点。国际金融危机促进了玉环阀门企业积极在市场、产品、经营模式等方面进行创新。一些企业在稳住欧美市场的同时积极向南美和东南亚市场开拓；一些企业积极进行智能、温控和无铅新产品开发，进行家庭水系统的开发；一些企业还寻求上市，引入社会资本，如艾迪西已经在2010年6月通过国内上市审查。另外，政府也在技术创新服务平台建设、专业阀门市场建立、融资体系建设和鼓励企业参加展会方面做了大量工作。

（二）玉环水暖阀门产业集群各主体的特征分析

玉环水暖阀门产业主要集中分布在楚门、清港、龙溪三个乡镇，其中，楚门镇2009年的产值约为80亿元，占全县的40%，是玉环乃至全国水暖阀门的主要生产基地，见图9-2。玉环水暖阀门产业集群由生产企业、研发平台、原材料和终端产品交易市场，以及行业协会和商会共同构成，见图9-3。

1. 企业概况

目前，玉环县有水暖阀门生产和加工企业2796家，其中年销售收入亿元以上的企业47家，5000万元以上的企业88家，500万元以上的企业300多家，拥有自营出口权的企业200多家，进出口公司3家。玉环水暖阀门产业集群形成了以总装企业为中心，约占企业总数的43%，以铜棒加工、模具制作、配件、专用机械和包装企业为专业配套的产业分工格局，见图9-4。集群中总装企业的平均规模最大，平均就业人数约为120人；配件企业次之，平均就业人数约为85人；包装和专用机械企业平均就业人数都在50人左右；铜棒加工企业和模具制作企业的平均就业人数分别为 30 人和 20 人。见表 9-1。

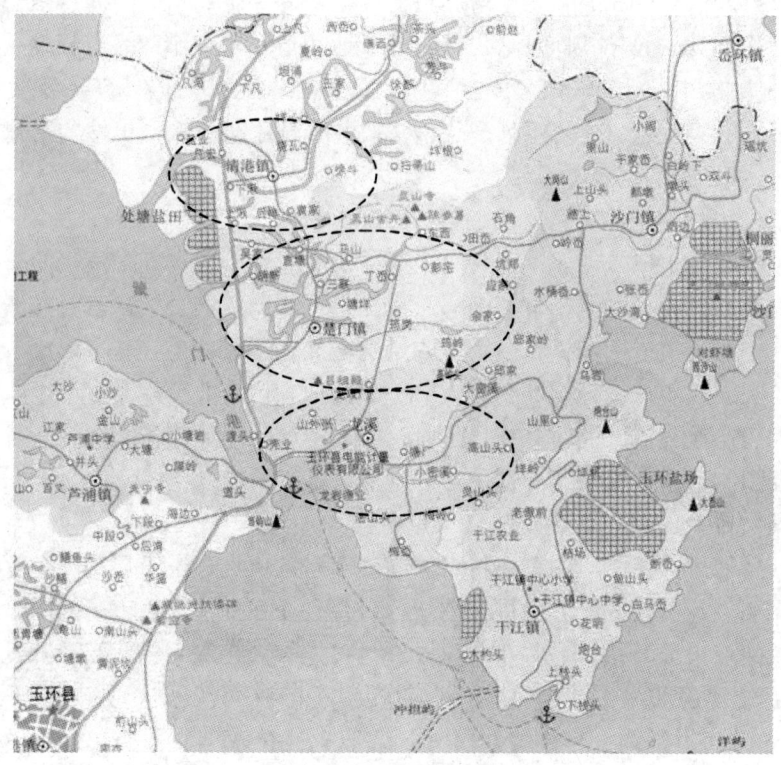

图 9-2 玉环水暖阀门产业集群的地理分布

表 9-1 玉环水暖阀门产业集群企业主体情况

企业类型	数量(家)	平均就业规模(人)	骨干企业名称	骨干企业在国内的地位	备注
总装企业	1200	120	台州华儒阀门；玉环艾迪西流体；沃茨水暖技术（台州）；台州世进水控；台州达宝水暖	中等	艾迪西上市；高新技术企业6家
配件企业	698	85	—		
模具制作企业	140	20	—		
铜棒加工企业	558	30	台州方正铜业；玉环精华铜业；台州蓝天铜业		
包装企业	140	50			
专用机械企业	60	50	玉环坎门机床厂 浙江海德曼机床有限公司	中等	

资料来源：由本课题组、楚门镇政府、浙江省水暖阀门行业协会共同调查整理。

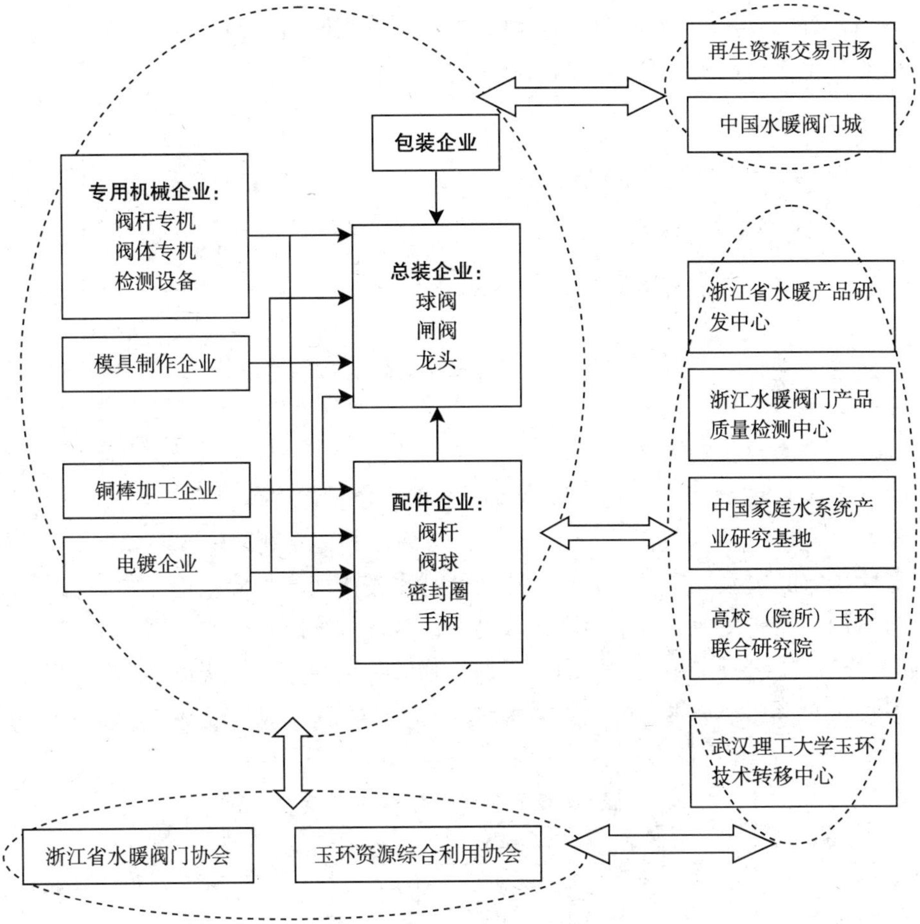

第九章 "内生驱动型"区域创新体系构建战略

图 9-3 玉环阀门产业集群结构图

资料来源：由本课题组绘制。

集群中也涌现出来一些骨干企业，具备了一定的规模，对集群的创新发展具有较强的带动作用。集群中有高新技术企业 6 家，其中有 1 家企业被列入国家火炬计划重点高新技术企业，2 家企业主持参与了 3 个产品的国家和行业标准的制（修）定；有省级科技型企业 3 家，省级新产品 3 项，省级重大科技专项和优先主题 1 项。例如，总装类企业中的台州华儒阀门（销售收入约为 6 亿元）、玉环艾迪西流体（销售收入约为 5.5 亿元）、沃茨水暖技术（台州）（销售收入约为 5 亿元）、台州世进水控（销售收入约为 2 亿元）、台州达宝水暖（销售收入约为 2 亿元），其中，世进水控股份有限公司参与了国家标准《滑紧卡套冷扩式铜管路连接件》的制定。再如，铜棒加工类企业中的台州方正铜业（销售收入约为 4 亿元）、玉环精华铜业（销售收入约为 3 亿元）和台州蓝天铜业（销售收入约为 3

亿元）。又如，专用机械制造类企业中的玉环坎门机床厂（销售收入约为1亿元）和浙江海德曼机床有限公司（销售收入约为1亿元）。

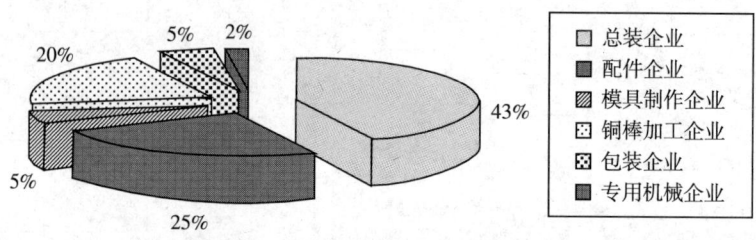

图 9-4　产业集群中各类企业所占比重

2. 相关支撑机构概况

2003年以来，玉环县还积极推进研发机构建设，强化自主产品开发。目前，全县水暖阀门企业拥有研发机构35家，与高校共建创新载体5家。同时，还建立了中国家庭水系统产业研究基地、浙江省水暖阀门产品质量检测中心和浙江省水暖阀门产品研发中心等系列平台。另外，玉环本地融资机构发展水平较高，在国内处于一流水平。相关的咨询、培训、物流和销售服务机构也得到了一定程度的发展，对玉环水暖阀门产业集群发展起到了支撑作用。见表9-2。

表 9-2　玉环水暖阀门产业集群相关支撑机构情况

机构类型	数量（家）	在国内水平	备注
研发机构	35	中等	省级研发机构2家；高校共建创新载体的5家
本地院校情况	1	中等	浙江江南理工学院
科技中介机构	4	中上	—
融资机构	10	一流	县国资出资5000万元成立中小企业担保公司，其他为小额贷款银行
咨询机构	5	中等	
培训机构	5	中等	
物流服务机构	20	中下	
销售服务机构	10	—	
其他商务服务机构	8	—	

资料来源：由本课题组、楚门镇政府、浙江省水暖阀门行业协会共同调查整理。

3. 集群公共管理概况

玉环县政府为支持水暖阀门产业集群的创新发展，出台了相关激励政策，并重点采取了构筑发展平台、拓展发展空间；致力科技创新，推进产业提升；加快品牌建设，提升行业形象；开拓两个市场，优化市场结构；强化人才支撑，增强

第九章 "内生驱动型"区域创新体系构建战略

可持续发展能力；优化政府服务，切实帮扶破解难题六个方面的措施。行业协会在参与国内外同行业的交流与合作；区域品牌的建设和推广；加强协调，规范行业行为；组织各类知识培训，引导行业规范化管理；开展行业信息、质量认证、知识产权保护和法律援助；组织行业调研和规划，参与行业标准的制订和实施；参与企业新科技成果和产品鉴定，推荐行业内新技术、新产品和名牌产品等方面开展了工作。见表9-3。

表9-3 玉环水暖阀门产业集群公共管理情况

机构类型	政府机构	行业协会	商会
管理目标	以创新谋发展	有序竞争、创新发展	—
相关激励政策名称	8项扶工政策	—	—
主要政策措施和行动	拓展发展空间；致力科技创新；加快品牌建设；开拓两个市场；强化人才支撑；优化政府服务	行业的交流与合作；区域品牌的建设和推广；规范行业行为；培训；质量认证、知识产权保护和法律援助；行业规划；行业标准的制订和实施；新产品推介	—
备注	具体行动：①4.72万亩沿海产业带；②2003年以来累计投入财政专项2亿多元，4届科技活动周；③2个中国驰名，120家四项认证；④组织3~5个国内外展，设立市场；⑤内培外学	浙江省水暖阀门行业协会	楚门镇商会、龙溪乡商会、清港镇商会

资料来源：由本课题组、楚门镇政府、浙江省水暖阀门行业协会共同调查整理。

（三）玉环水暖阀门产业集群创新体系构建的效果评价

本书将从创新意识、创新资源、合作网络、创新活动、创新绩效和创新环境六个方面对玉环水暖阀门产业集群创新体系构建的效果评价。为此，我们通过对玉环县楚门镇和经济开发区的70多家水暖阀门企业进行了问卷调查，共获得61份有效问卷。问卷调查的样本主要是规模企业，此次问卷填写质量较高，为了保证信息真实，各企业都加盖了公章。最后对样本进行分类统计处理和汇总，样本情况见表9-4。

1. 创新意识

对于集群创新意识情况的分析主要从企业所在区域的创业和创新价值观、企业的创业和创新意识、企业对市场和技术机会的认知度以及企业对利用外部创新资源的认知度四个方面进行分析。

就玉环水暖阀门"企业所在区域的创业和创新价值观"而言，该项的平均值

表 9-4 调查样本基本情况

企业性质			销售收入		
类型	样本数（家）	比重（%）	类型	样本数（家）	比重（%）
国有企业	2	3.28	1亿元以上	7	11.48
外资控股企业	5	8.20	5000万~1亿元	7	11.48
民营控股企业	54	88.52	1000万~5000万元	32	52.46
			1000万元以内	15	24.59
总计	61	100	总计	61	100

资料来源：根据调查问卷计算。

为 0.52。"人们对生活水平持有的看法"、"想创业或创新致富的人的比例"以及"成功人士获得的社会地位和尊敬"的指标值分别是 0.38、0.69 和 0.49。这些评价指标结果表明玉环人具有较强的创业和创新价值观。

就"企业表现的创业和创新意识"而言，得分相对较低，平均值为-0.39。但是，我们可以看到有相当数量的企业依然认为存在创新和创业机会，该项指标值为 0.20。同时，由于集群内惨烈的市场竞争影响到企业对"创新的风险承受能力"，所以该项指标值仅为-0.98，相当程度的企业能够接受"损失约 1/3"的财产风险。

就"企业对市场和技术机会的认知度"而言，集群内的企业具有一定的认知度，该项得分的平均值为 0.07。此外，水暖阀门企业对"利用外部创新资源的认知度"不是很高，该项得分的平均值为-0.10。在同非同行业、本地及外地大学科研机构合作而言，认为尤其需要加强同行企业之间的合作。

从整体上讲，集群当地具有浓郁的创业、创新文化，对创新风险具有一定的承受能力，对市场和技术机会具有较清晰的认知，需要加强对外部大学科研机构创新资源的认识。

2. 创新资源

对创新资源的情况分析主要从集群内企业的研发基础设施情况、企业研究开发投入强度和技术人员投入强度三个方面进行分析。

就"集群内企业的研发基础设施情况"而言，有 22.95%的公司设有专职的研发机构。但企业设置的研发机构水平却处于较低的层次，达到市级实验室技术中心水平以上的企业比例仅为 4.92%。

就"企业研究开发投入强度"而言，在过去一年中，集群内有 36.07%的公司研发投入占销售收入的比重有所增加，这些企业的平均研发投入强度为 14.68%。这说明集群内有 1/3 强的企业积极从事研发工作，并进行了一定的投入。

就"技术人员投入强度"而言，在过去一年中，集群内有 28.33%的公司核

第九章 "内生驱动型"区域创新体系构建战略

心技术人员占员工总人数比重有所增加,这些企业的技术人员投入强度为 4.97%。这说明集群内企业越来越重视在研发和核心技术人员上的投入。

从整体上讲,集群内研发投入和技术人员投入有所增加,但是需要激励更多的企业加强创新资源的投入。

3. 合作网络

对集群内合作网络的情况分析主要从企业所在区域的合作网络基础、合作的参与程度和企业合作创新的深度三个方面进行分析。

就"企业所在区域的合作网络基础"而言,玉环水暖阀门产业集群初步具备了合作的网络基础。其中,回答"经常有技术交流会、产品展览会"的企业比重为 53.33%,分别有 25% 的企业认为没有因对方不守信用而受挫折的情况,63.52% 的企业认为这种情况不太多。但是,知晓"以促进合作为业务的专业协调机构"、"地方政府合作研发项目"和"技术信息交流平台或场所"三项的企业比重分别为 27.87%、25.00% 和 37.70%,说明这些方面的合作网络基础工作还有待加强。

就"合作的参与程度而言",集群内企业对合作创新的参与度还需要加强,见表 9-5。其中,集群内部企业间合作参与程度又高于同大学科研机构的合作。同时,在过去的 1 年中,有 21.31% 的企业都从外部(大学科研机构和其他企业)引进了人才。

就"企业合作创新的深度"而言,集群内参与合作创新的"同企业洽谈/同企业合作/向大学科研机构咨询/同大学科研机构合作/从大学科研机构技术转移件数/引进人数"的平均数为 1.33 件。

从整体上讲,集群已经初步具备了合作网络基础,企业间合作好于同大学科研机构的合作,尤其需要加强同大学科研机构合作的参与程度和创新的深度。

表 9-5 集群内企业合作创新的参与程度

序号	合作创新网络结成方式	参与的比重(%)
1	与区域内企业在共同开发、交易、融资方面进行洽谈	18.03
2	与区域内企业在共同开发、产品与服务交易、融资方面进行合作	13.33
3	向大学科研机构进行技术咨询	13.11
4	与大学科研机构进行合作研发	4.92
5	从大学科研机构接受技术转移	1.64
6	从大学科研机构、其他企业引进人才	21.31

资料来源:根据调查问卷计算。

4. 创新活动

对创新活动的情况分析主要从企业研究开发能力和企业产品开发、商业化能力两个方面进行分析。见表9-6。

表9-6　集群创新活动情况分析

企业研究开发能力	回答"是"的比重（%）
在过去1年，贵公司是否实施过研发项目	39.34
在过去1年，贵公司是否申请过专利	36.07
在过去1年，贵公司是否取得过国家、省、市级研究成果	1.64
企业产品开发、商业化能力	回答"是"的比重（%）
在过去1年中，贵公司是否进行了新产品的生产与加工	70.49
贵公司是否拥有国家级或省级、市级驰名商标	24.59
在过去1年中，贵公司是否设立了经营新产品的部门或子公司	16.39

资料来源：根据调查问卷计算。

就"企业研发开发能力"而言，该集群内有一定数量的企业实施过研发项目和申请过专利，所占比重分别为39.34%和36.07%。但是，研发水平不是很高，仅有1.64%的公司在过去1年中取得过国家、省、市级研究成果。在过去1年中，集群内企业实施研发项目、申请专利和取得国家、省、市级研究成果的平均项目数为0.51。

就"企业产品开发、商业化能力"而言，有70.49%的企业在过去1年中进行了新产品的生产与加工，有近1/4的企业拥有国家级或省级、市级驰名商标。

整体上讲，集群企业的产业开发与商业化能力较强，好于企业的研发能力，集群的研发水平亟须提高。

5. 创新绩效

对集群创新绩效的情况主要从企业销售收入增长和技术水平提高两个方面进行分析。见表9-7。

表9-7　创新绩效情况的分析

企业销售收入	回答"增加"、"较大贡献/有贡献"的比重（%）
与前年相比，贵公司去年的销售收入有何变化	38.33
与大学科研机构、其他企业的合作对销售收入增加有多大程度贡献	32.76
企业技术水平	回答"提高"、"较大贡献/有贡献"的比重（%）
与同行相比，贵公司去年的技术水平有何变化	59.02
与大学科研机构、其他企业的合作对技术水平提高有多大程度贡献	38.98

资料来源：根据调查问卷计算。

就"企业销售收入增长"而言,面对金融危机的冲击,依然有38.33%企业在过去1年中销售收入增加,并且有近1/3的企业认为与大学科研机构、其他企业合作创新对此有"较大贡献"或"有贡献"。

就"企业技术水平的提高而言",有59.02%的企业认为过去1年中技术水平得到了提高,有38.98%的企业认为大学科研机构、其他企业合作创新对此有"较大贡献"或"有贡献"。

从整体上讲,集群创新促进了企业销售收入的增长和技术水平的提高,同时,有近40%的企业认识到加强同大学科研机构和其他企业合作创新对销售收入增加和技术水平提高的重要性。

(四)玉环水暖阀门产业集群创新体系构建的经验启示

1. 玉环水暖阀门产业集群具有四大独特创新能力

第一,玉环本地特别浓厚的创业、创新文化价值观。玉环地处海岛,水暖阀门产业集群是在一无自然资源、二无市场资源、三无技术资源的条件下发展起来的。在这里不仅较早采用了"红冲锻造"工艺,还发展了阀门专用机床和检测设备制造产业,促进集群企业的工艺和产品创新。这些都是玉环人"敢想、敢闯、敢学、敢干"创业、创新精神的体现。

第二,高端客户同本地生产制造企业的紧密互动能力。根据问卷调查显示,国外客户占销售额的比重在50%以上的企业占调查企业的71.67%,并且有相当数量的企业都是在给国外一流的企业提供产品。欧美高端客户对企业的产品质量具有更高的要求,这就促进了集群企业持续不断进行工艺创新,提升产品制造、质量管理水平。目前,集群内已经有200多家企业通过ISO9002、UPC、UL、KS等各类质量体系认证,拥有博民、艾迪西、达宝、时达、环宇、金源、永德信、丰华、苏尔达等在国际国内市场上享有盛誉的知名企业,"BH"、"TDB"、"SUERDA"等产品已全面进驻欧美发达国家市场。

第三,本地化的专用机床和检测设备厂商同生产制造厂商之间的紧密互动能力。玉环本地的专用机床和检测设备企业能够根据生产制造企业需求,不断创新生产制造设备和检测设备,为工艺和产品创新提供"最适用"的本地保障。本地企业主要生产设备也走过仪表车床—大型机床—专用数控机床的创新道路。由于地域的接近性,这种互动是经常和紧密的。有些专用机床和检测设备企业本身也是阀门的生产制造企业,它既能够根据生产需要,不断对设备进行创新,又能把这种设备创新扩散到其他的设备购买企业中。例如,浙江莱曼迪(RMD)就是个典型的例子。

第四,领导企业同产业集群内其他企业的紧密互动。集群内初步形成了一些具有"系统集成"特点的领导企业，例如台州金马铜业、弘日光科。这些企业的前身都是从事水暖阀门加工制造的，但近年来通过提供系统的家庭水处理产品和太阳能产品，不仅集成了"水处理技术"和"热能超导技术"，引入了新的技术来源，提升了产业的整体层次，而且通过采购相关的管件、阀门以及其他五金件，带动了集群内相关企业的发展。

2. 玉环水暖阀门产业集群创新能力培育具有三大独特机制

第一，地理区位的倒逼压力机制。玉环当地没有任何资源优势，这种先天资源的劣势就转化为企业持续不断的学习和创新动力。

第二，企业的互动学习机制。玉环水暖阀门产业集群发展过程中"干中学"、"用中学"、"专业化分工学习"这三种学习机制都曾发挥主要的作用。但在未来的发展中集群内企业同客户、专用设备企业同制造企业，以及领导企业同其他企业的互动学习机制将扮演更加重要的作用。

第三，政府的公共服务机制。玉环当地政府始终把"公共性"和"引导性"作为政府工作的出发点和落脚点。例如，水暖阀门城的建立和公共技术创新服务平台的搭建。

3. 玉环水暖阀门产业集群创新发展配套工作有序开展

第一，加强集群"领导企业"的培育和激励工作。在选择培育和激励对象时，以"创新能力"强作为优先判断标准。一方面从现有的大企业中选择具有"创新能力"的企业；另一方面从中小企业中选择"成长性好"、"创新能力"强的企业，并在土地、税收、技改等方面给予政策倾斜。

第二，为企业同大学科研机构合作创新条件。搭建集群公共技术创新服务平台，使企业通过大学科研机构的合作更加容易、便利，成本更低，成功率更高。

第三，为相关配套企业的生产制造和质量管理能力提升创造条件。相关配套企业的制造和质量管理水平直接决定了产业集群整体的水平。可以采取规范工艺流程、检测服务、技术培训、标准厂房提供等方式进行提升。

第四，提升"中国水暖阀门城"功能。专业市场应该除了具备交易功能外，还应具备技术创新服务（含检测、专利保护、技术中介、培训），以及其他金融、物流和商务服务的功能，应该成为水暖阀门产业集群的名片和各种创新要素的集散地。

第十章 "国资主导型"区域创新体系构建战略

我国地域广阔,各地区情况不同,市场发育程度也有差异,构建区域创新体系战略也有区别。对于我国东北和西部广大地区而言,依靠企业主体作用,发挥市场的影响,很难真正构建区域创新体系。对此,中央和地方各级政府要有战略思路,从政策供给、体制创新到公共服务平台建设,强力推动区域创新体系战略转型,使之能够为产业集群创新升级提供动力支持。

一、铁西区装备制造产业集群发展与创新体系建设

铁西区地处辽宁省沈阳市西南部,是比较典型的老工业基地,素有"中国装备制造部"之称。跟许多老工业基地一样,铁西区在20世纪90年代曾进入了一段极为困难的时期,企业大面积亏损,产业工人大规模下岗,城市几乎走到了"破产"边缘。在诸多不利的条件下,各级政府积极采取应对措施,抓住国家"支持东北等老工业基地振兴"的政策机遇,采取行政区划调整、企业兼并重组、异地搬迁改造、引入外资等调整振兴的策略,使铁西区工业经济逐步恢复了活力,形成主业突出、多元发展、结构优化和创新引领的发展新格局。经过十年的努力,铁西区如今已成功突围,用实践印证了"东北振兴看沈阳,沈阳振兴看铁西"。

据统计,2012年,铁西区实现地区生产总值1155亿元,较2011年增长12%;规模以上工业总产值2630亿元,增长16%;公共财政预算收入113亿元,增长13%;社会消费品零售总额441亿元,增长15%;新开工投资3000万元以上项目115个,竣工项目99个。近5年来,铁西区共实际利用外资47亿美元,吸引境内资金1200亿元,引进投资额3000万元以上项目1100个,吸引世界500强企业达54家。目前,铁西区装备制造业聚集区建设面积增至60平

方公里，规模以上工业企业达 506 家，其中规模以上装备制造业企业 297 家。核心企业带动了装备制造产业集群的发展。2012 年，沈阳机床集团销售收入稳居全球同行业首位，沈鼓集团等 6 家骨干企业主营业务收入超过百亿元，三一重装等龙头企业成功上市，机床数控系统、输变电设备、盾构机等大型成套设备研制取得重大突破，工业产品已发展到 90 大类 1000 多个系列近万个品种，具有世界领先优势的装备产品已达 51 个，有 44 个产品的国内市场占有率居同行业首位，有 18 种产品列居世界同行业前 10 名。①②

（一）产业集群与创新体系发展历程

1. 第一阶段（1916~1953 年）：烽火硝烟

铁西区装备制造产业集群发展有近百年的历史，是我国近代工业发展的一个缩影。1912 年沈阳站建成之后，便以长（春）大（连）铁路为界，把铁路线以西称为"铁西"，由此得名。③ 1916 年，日本人在铁西设立了第一个工厂——南满制糖株式会社，此后陆续设立了制陶、木材、冶炼、机械等工厂。到 1944 年，日资在铁西建厂 323 家，企业生产的产品主要供应日军侵华所需。在这些企业中，有机电冶金工业 140 家、建材工业 65 家、化学工业 46 家、食品制造 32 家、纺织工业 19 家，其他行业 21 个，可见装备制造业占据优势地位。1945 年 8 月，日本投降后，苏军接收了铁西日资企业，很快将企业生产设备及原辅料、制成品运回本国。1946 年 3 月，国民党政府接管了沈阳，再次将企业生产设备等变卖。到新中国成立前夕，铁西工业遭受到严重洗劫、破坏，几乎成了废墟。即使这样，铁西工业发展仍然培养了一批具有丰富经验并掌握诀窍的技术工人，他们为日后装备制造业的再次崛起奠定了良好的基础。

2. 第二阶段（1953~2001 年）：跌宕起伏

新中国成立以后，铁西工业再次迎来大发展的机遇期，国家在"一五"和"二五"期间把铁西区列为全国重点工业基地，安排了一系列的重大工业投资项目，从而很快形成了以装备制造业为主的大型工业基地。到 1963 年，铁西区占地面积不足 40 平方公里，却集中布局了 400 多家工业企业，其中，从业人员超过 1000 人的企业有 51 个。这些企业主要涉及航空、铁路、桥梁、柴油机、泵、铸造、锅炉、制药、皮革、冶金、化工、机床、冶炼、电缆、纺织、汽车、拖拉

---

① 金晓玲：《沈阳铁西主要经济指标持续领跑》，《辽宁日报》，2013 年 1 月 9 日。
② 毕玉才、刘勇：《"铁西制造"率先迎来艳阳天》，《光明日报》，2009 年 4 月 8 日。
③ "铁西"一词来源于 1906 年日本南满洲铁道株式会社确定了铁道的东侧为城市街区，西侧为工业地带。

机、纺织、食品等多个工业门类,形成了一个工业门类多、配套能力强、技术力量雄厚的工业体系,诞生了许多个我国工业产品"第一",如新中国第一枚国徽、第一台组合机床、第一台矿山挖掘机、第一台拖拉机、第一套大型输变电设备等。

改革开放以后,铁西区工业发展遇到前所未有的挑战,国有企业面临着日益突出的体制机制障碍,国有企业经营效益下滑得厉害。进入20世纪90年代,铁西区工业企业出现大面积亏损,许多企业迫于经营压力而处于不正常开工状态,大批工人下岗之后生活陷入困境,老工业基地步步走向衰落,铁西区成为城市贫困区。到2001年底,铁西区232家大中型国有企业共拖欠员工各种债务高达27亿元,90%企业出现亏损,90%企业处于停产、半停产状态,13万名产业工人下岗失业。

应该说,铁西工业发展"巅峰"得益于计划经济时期国家大规模、高强度、连续性的投资,然而,在市场经济的冲击之下,铁西区的工业地位明显下降。不过,我们也发现,铁西装备制造产业高度集中布局,产业集群发展处于起步阶段,集群技术创新体系并不完整,创新行为和创新资源仍然仅限于企业内部,只有为数不多的产学研合作,外部创新资源获取困难。

3. 第三阶段(2002年以后):调整振兴

2002年以来,在各级政府的强力推动之下,铁西区充分利用内外部条件,走出了一条内外联动、改革创新、多元发展的调整振兴之路,装备制造业产业集群不断壮大,"集群红利"逐步释放出来,创新体系日趋完善。

(1)稳妥推动行政区划调整。2002年,沈阳市委、市政府认真分析铁西区工业发展的深层次矛盾,统筹全市发展,大胆做出将铁西区和经济技术开发区合署办公的重大决策,赋予铁西区市级经济管理权限。在完成两个机构合署办公之后,可以有效整合两区优势资源,形成统一规划、统一协调和统一管理的新型行政管理体系,很快就释放出"1+1>2"的规模效应,也显著提高了决策效应。铁西区行政区划面积从原来的40多平方公里迅速扩大到128平方公里,解决了铁西区老国有企业发展的空间瓶颈;同时,新的铁西区政府立即启动了腾笼换鸟式"东搬西建"行动,积极推进大批老国企进行异地搬迁,迁入到经济技术开发区,腾出土地6平方公里,从而获得了"退二进三"带来140多亿元的土地增值收益,化解了当地老工业区改造升级的资金缺口,也使得城市生态环境迎来一次改造更新的机会,并解决了长期困扰着经济技术开发区发展的招商难问题。

(2)获得国家和地方政策有力支持。2003年10月,中共中央、国务院出台了关于实施东北地区等老工业基地振兴战略的若干意见;2006年2月,国务院又出台了关于加快振兴装备制造业的若干意见;2007年,国家发展和改革委员会和国务院振兴东北办公室授予沈阳市"铁西老工业基地调整改造暨装备制造业发展示范区"称号;2009年7月,国务院通过了《辽宁沿海经济带发展规划》,

使得铁西区部分区域也享受到一些特殊的政策照顾。2009年12月,《铁西装备制造业聚集区产业发展规划》正式获得国家发展和改革委员会批准,纳入到国家发展战略体系之中。2010年4月6日国家正式批准沈阳经济区设立为新型工业化综合配套改革试验区。并且,由于铁西装备制造业聚集区地处沈阳经济技术开发区,可以同时享受国家级经济技术开发区的优惠政策。

(3) 加快产业结构调整升级。一方面,继续深化国有企业改革,解决历史遗留问题。要抓住腾笼换鸟的时机,着力解决企业冗员、内债、办社会等问题,尽快解除企业债务,偿还职工内债35亿元,投入19亿元对40家重点企业的40亿元债权、股权进行缩水回购。逐步分离企业办社会负担,安置下岗职工13万人,促进再就业,并做好这个特殊人群的养老、医疗、失业保险工作。另一方面,支持企业兼并重组和对外收购,进一步壮大优势产业,如沈鼓与沈气压、沈水泵重组成沈鼓集团,进一步强化了沈鼓集团在通用设备制造领域的竞争优势;沈阳机床集团收购德国希斯集团,重组了云南机床、昆明机床等国内同行企业,积极打造全国最大的数控机床研发生产基地;沈重集团不仅收购了法国NFM公司,并与沈矿实现战略性重组,从而形成全国最大盾构机制造企业。同时,在"退二进三"的过程中,引入金融、现代物流等生产性服务业,改变了原先传统产业一枝独秀的状况,优化升级了产业结构。

【专栏 10-1】

甘肃西部的祁连山山脉中有一座小孤山,海拔2300米,当地农民关大爷常到这里放羊。一个雨季过后,他惊讶地发现,山顶那片空地上,竟然奇迹般地"长"出了一台巨大的变压器。这台重达240吨的变压器来自于特变电工沈阳变压器集团有限公司。该公司不仅研发出中国首台750万伏变压器,还将其改造成为中国首台大容量解体变压器,而且拥有国际性物流解决方案:把巨大的装置拆解后分成9批运送上山,在山顶盖厂房重新安装机械。"铁西制造"正向"铁西服务"升级。"聚集区的物流中心,将成为一个无与伦比的'超市',订购商看中一件产品,将以海陆空等多种物流形式运送,由专业人员安装。"沈阳经济技术开发区负责人说。随着香港招商局物流等10余户世界级物流企业入驻铁西,这里将出现"物流+会展"的产后服务,为骨干企业的世界级产品搭建永不落幕的展销会。"全方位的链接服务体系将逐渐成为铁西今后的发展优势。"该负责人表示。

资料来源:张冰鑫:《铁西制造向"铁西服务"升级》,《中国企业报》,2009年5月25日。

第十章 "国资主导型"区域创新体系构建战略

(4) 承接国内外装备制造业转移。一方面，发挥产业集群优势和产业配套能力，吸引了松下、宝马、三菱重工、普利司通等世界 500 强企业落户铁西区，大胆引入国外同行业巨头进入，以项目合作带动产业升级。其中，法国 NFM 公司和北方重工集团共同打造世界上最大的盾构机生产基地，美国西屋制动公司和中国北车集团合资建设世界最先进的铁路制动系统制造基地。① 另一方面，利用中小型国有企业改制调整机会，扩大民营企业发展空间，引进了中国台湾百大精密、北方交通重工集团、中国北车集团、三一重工、远大等国内知名大中型装备制造业企业建立生产制造基地，继续提高装备制造业整体水平，扩大铁西区装备制造业规模优势。据统计，近 10 年来，铁西装备制造业聚集区累计利用外资 62.68 亿美元，引进世界 500 强企业 45 家和跨国企业及国内知名企业 100 多家。

(5) 利用良好的国内外发展环境。2003 年以来，我国进入经济增长的上行阶段，对装备产品的需求非常旺盛，加上我国加入世界贸易组织之后，国际市场需求增长较快，装备制造业迎来了难得的发展机遇。同时，美国、德国、日本等发达国家的装备制造企业将加工制造环节转移到铁西区，使得铁西生产企业很快融入全球装备制造产业链。

在此阶段，铁西装备制造产业集群集聚优势明显，创新体系初步建立，国际地位显著增强。主要表现为：第一，产业集群规模不断壮大。到 2012 年底，铁西区已经形成以数控机床、通用石化设备、重矿机械、输变电装备、工程机械、汽车及零部件、新能源装备、农业机械和环保设备等九大产业为主导，以 20 家产值过百亿的企业为核心，以基础制造、公共研发、金融服务、现代物流、人才培养五大公共服务平台为支撑，带动机床功能部件、铸造件、模具、压锻件等 20 个基础产业发展的现代装备制造产业集群，并且，正向 20 家世界级企业和 100 个世界级产品目标迈进。第二，产业集群呈现同业集聚态势。经过近十年的调整振兴，铁西装备制造产业集群空间布局进一步优化，呈现出"一核、两带、十园"的分布格局。② 第三，产业集群创新体系逐步确立。在地方政府的大力推动之下，由地方政府搭建平台和提供优惠政策条件，逐步构建以企业为核心，以产业集群为载体，以中介机构和当地高校及科研机构为支撑，整合国内外创新资源的区域创新体系。

---

① 李醒：《老铁西的精转型》，《机电商报》，2012 年 10 月 22 日。
② "一核"：现有的 38.1 平方公里装备制造业核心区；"两带"：沿开发大路，打造聚集区主导产业带；沿沈辽路，打造聚集区基础产业带；"十园"：数控机床产业园、通用石化装备产业园、重矿机械产业园、输变电装备产业园、工程机械产业园、汽车零部件产业园、新能源装备产业园、轨道交通装备产业园、环保装备产业园、生产性服务业产业园。

（二）构建集群创新体系策略

1. 核心企业主导，关联配套企业协作

铁西装备制造产业集群创新是由少数几家行业骨干大型企业为主导，带动一大批关联配套企业进行协作。十年来，铁西区政府通过招商引资、搬迁改造、兼并重组等方式，在优势产业领域形成一批具有技术优势、产能优势和市场优势的大型装备制造企业，同时带动一大批产业链关联配套企业集聚发展。在数控机床行业，依靠沈阳机床集团的核心地位，已建成年产量 630 台的重大型数控机床生产基地，同时带动一批机床及配套关联企业发展，特别是在中高档数控系统、数控刀架、刀库、万能铣头、数控转台、数控机床防护件等产品方面不断扩大优势，也带动了日本精工 NSK 轴承、罕王精密轴承、罕王制钢等项目相继在铁西落地，为沈阳机床集团和其他企业就地提供丝杠、导轨、轴承和电机等配套产品。在通用石化设备方面，以沈阳鼓风机集团为核心，通过兼并重组等方式已经具备百万吨乙烯装置等大型成套装备设计和生产能力，同时大型空分压缩机等领域也在国内占据优势。此外，在重矿机械、输变电装备、工程机械、汽车及零部件等行业，龙头企业也具有强劲的竞争优势，许多产品已进入国际高端市场，并

表 10-1　六大传统优势产业的骨干企业情况

行业领域	龙头企业	主要产品	目标（2020年）
数控机床	沈阳机床集团	数控机床、锻压设备、激光加工设备、数控系统	年产值 1000 亿元，建成国家最大的数控机床研制基地
通用石化装备	沈阳鼓风机集团	大型炼油和乙烯装置、PTA/PX 装置、大型煤化工装置等	建成国际一流的通用石化装备研发制造基地
重矿机械	北方重工集团、三一重装公司	大型综采综掘、散料输送等成套设备、大型洗选煤设备、电站磨煤机等关键整机	建成国家重要的重型矿山机械制造基地
输变电装备	特变电工沈变集团、新东北电气集团	超高压、特高压交/直流输变电设备等	建成国际一流的输变电装备研发制造基地
工程机械	北方重工集团	全断面掘进机，道路养护机械、筑路机械、工程起重机等	建成世界一流的全断面掘进机研制基地
汽车及零部件	沈阳华晨宝马公司、沈阳华晨金杯集团、上海通用北盛汽车公司、广汽日野公司	发动机、车桥、变速箱、轮毂、汽车电子等汽车零部件产品，大中型客车、商用车以及专用汽车等整车产品	建成国家汽车零部件出口加工基地

资料来源：根据《铁西装备制造业聚集区产业发展规划》和王伟光等（2011）整理。①

---

① 王伟光等：《沈阳铁西装备制造产业集群技术创新体系研究》，《中国科技论坛》，2011 年第 6 期。

从区域创新体系中获得创新资源。

2. 创新服务支撑条件

近年来,铁西装备制造产业集群创新服务支撑条件不断充实,涌现出了一批以企业为依托的技术中心和技术创新联盟。到 2012 年底,铁西区装备制造聚集区分布着 2 所理工科大学、5 个国家级科研院所、2 个国家重点实验室(其中 1 个为企业)、5 个国家级企业技术中心、1 个国家级工程技术研究中心、20 个国家产品检测中心、16 个省级工程技术研究中心、13 个省级企业技术中心和 3 个省级重点实验室,拥有各类工程技术人员 5 万余人,技术工人 20 万余人。① 与此同时,全区 60%以上的装备制造业企业与科研院所、大专院校建立了长期稳定的技术合作或人才培养关系,沈阳机床、沈阳鼓风等大型骨干企业消除体制障碍,积极推动科研创新网络向企业外延伸,立足沈阳,面向全国,伸展到世界,与外部的研发机构建立技术攻关的战略伙伴关系或技术创新联盟,联合攻克产业发展过程中的技术难题,在国家重点领域重大技术装备本地化和关键技术已取得突破,开发研制出了一批国家重点建设工程中急需的重大技术装备,如在国家重点支持的 16 个装备制造业重大专项中,铁西装备制造产业聚集区已研制出百万吨乙烯压缩机、特高压变压器等 11 项重大技术装备,其中,数控精密机床、大型盾构机等 10 余项重大技术装备和技术填补了国内空白。另外,以研发、检测、金融等五大公共平台建设取得较大进步,② 有力支持区域创新网络建设。目前,装备制造业电子商务平台、中小企业服务平台、大连港产业基金、装备博览城等重点项目已开工建设或建成投入使用,装备制造产业集群已从制造向研发、制造、服务延伸。

3. 引进海外创新资源

2009 年以来,铁西区出台了一系列吸引高端科研团队的配套政策,制定了"双百工程"(从国外收购 100 个科技型企业和引进 100 个研发团队),已取得成效。目前,远大集团已成功引进了"风力发电关键系统"项目和"变频器制造"项目海外团队,北方交通重工集团引进了"无杆飞机牵引车等空港设备"项目海外团队,沈阳机床集团引进了"高档车铣复合加工中心动态综合补偿技术"项目海外团队,沈鼓集团引进了"年产百万吨乙烯等工程用大型透平压缩机"和"百万千瓦核电机组主泵"项目海外团队,北方重工集团引进了"硬岩掘进机关键技术联合攻关"项目海外团队,特变电工集团引进了"正负 800 千伏特高压直流输变电设备研发"项目海外团队,华利能源集团引进了"72.5 千伏、126 千伏新型

---

① 王伟光等:《沈阳铁西装备制造业聚集区产业发展规划》,《装备制造》,2010 年第 6 期。
② 张艾阳、金晓玲:《"三区"并进新铁西领军示范全面振兴》,《辽宁日报》,2012 年 9 月 11 日。

环保气体绝缘金属封闭开关设备"项目海外团队，沈阳铸造研究所引进了"高温合金叶片铸造技术研究"项目海外团队。①另外，有些企业也加大对具有行业技术优势的海外企业进行收购。如北方重工集团成功收购了法国NFM公司，确立自己在盾构机领域的领先优势。据统计，近年来，铁西装备制造产业聚集区共引进技术团队85个、高端人才1920人。②正是这些企业通过引入海外研究团队或并购国外企业的方式，不断壮大了铁西区的科技创新能力。

4. 参与行业标准的制订

行业技术标准的制订代表着一个企业在行业内的"话语权"，参与制订全国或国际行业标准是铁西装备制造产业集群技术创新体系的重要组成部分。以北方重工集团为例，近年来，北方重工集团已参与制定了多项行业技术的国家标准，其中带式输送机和矿山洗选设备国家标准都已超过了世界行业技术标准，意味着我国企业在这两个领域已经处于全球行业技术领先位置。其实，北方重工集团之所以能够取得如此骄人的成绩，跟其技术创新战略是分不开的。最初，该公司积极采用国际先进设计标准和制造标准，并依托国内外大型工程项目研制出宽带2400毫米矿用带式输送机、2万吨/小时港口大运量带式输送机等技术含量高的装备产品；在此基础上，公司参照借鉴国外最新行业技术标准，制定出我国带式输送机的国家技术标准。③这种从引入国际行业技术标准制造到制定国家标准，然后到超越国际行业技术标准的途径已经成为铁西装备制造产业集群技术升级路线，许多企业开始从加工制造、装配环节等全球产业价值链低端逐步攀升到产品开发、自主品牌、核心技术、技术标准等价值链高端。目前，沈阳机床、北方重工、沈鼓、特变电工沈变、远大、沈冶金机械等企业已经具有国家行业技术标准制定能力。④

5. 政府政策的强力推动

2008年以来，辽宁省和沈阳市抓住《铁西装备制造业聚集区产业发展规划》获得国家发展和改革委员会立项和审批机会，及时推出了一系列旨在鼓励企业创新和构建区域创新体系的优惠政策，同时主动跟国有商业银行、国家开发银行、渤海基金等各类金融机构合作，建立灵活多样的创新风险投融资机制，主要政策包括支持装备制造业发展示范区、高新技术企业、企业自主创新、并购或引进国外先进技术、企业上市融资等政策（见表10-2）。不仅如此，铁西区政府还重视提升自身的公共服务能力，苦练内功，努力搭建公共制造平台、公共研发平台、

---

① 赵国清、卞松林：《"铁西制造"攀登"微笑曲线"》，《沈阳日报》，2009年8月10日。
② 毕玉才、刘勇：《"铁西制造"率先迎来艳阳天》，《光明日报》，2009年4月8日。
③④ 卞松林：《标准制胜 沈阳铁西装备制造企业谋话语权》，《中国工业报》，2010年7月19日。

金融服务平台、现代物流平台、人才培养平台五个公共服务平台,千方百计服务企业发展,使企业融入铁西、深耕铁西和反哺铁西。

表10-2 铁西装备制造产业集群的政策支持

政策层次	关键内容
支持装备制造业发展政策	国家设立总额为200亿元的装备制造产业投资基金,对重大技术装备专项等给予15%的国债专项补助资金,加大税收返还力度(5年)等。沈阳市每年从设立的产业发展专项资金中安排不低于30%的资金,支持聚集区重点产业发展和重大项目建设。铁西区财政设立专项奖励基金,每年将安排5亿元资金作为入区项目发展奖励基金,根据入区项目投资额度大小,给予不同额度的固定资产、技术改造贷款贴息
支持高新技术企业政策	企业申请高新技术企业认定,辽宁省给予优先审批。对符合条件的高新技术企业,减按15%的税率征收企业所得税
沈阳市支持企业自主创新政策	对新认定的国家级工程研究中心、工程实验室、重点实验室、工程技术中心,沈阳市给予200万元奖励;对聚集区内承担国际、国家标准化技术委员会秘书处工作的企业,沈阳市分别一次性给予500万元、200万元奖励;对制定国际标准和国家标准的企业,沈阳市分别一次性给予50万元、30万元奖励;对新创中国驰名商标、中国名牌产品的企业,沈阳市一次性给予300万元奖励;对世界500强企业在区内独资或合资创办研发机构,沈阳市一次性给予500万元补助。鼓励研制国产首台(套)装备。对经国家有关部门认定的国产首台(套)重大装备,沈阳市给予研发生产企业1000万元奖励
辽宁省、沈阳市和铁西区支持并购或引进国外科技力量的政策	对并购国外科技型企业的企业,中国银行将给予并购实际发生额50%的贷款支持,辽宁省、沈阳市政府按实际并购额各给予20%、区政府给予5%的财政资金支持。对引进国外科技型团队的企业,辽宁省、沈阳市政府各给予100万元资金支持
沈阳市支持企业上市的政策	鼓励符合条件的企业在境内外上市,对在境内外上市的融资企业,沈阳市一次性最高奖励300万元。对上市后备企业实行分阶段补助,完成企业改制后与境外上市中介机构签约或通过辽宁省证监局备案登记的,沈阳市给予50万元补助。上市申报材料被中国证监会、境外证券管理部门或证交所正式受理的,沈阳市给予不超过150万元补助。对在科技"新三板"挂牌的企业,沈阳市给予一次性奖励50万元
集群内的特殊优惠政策	经济区设立企业发展基金,对特殊重大项目,根据项目贷款额度给予1%~5%的财政贴息;免收工商注册及工本费、土地登记费等费用;投资者按规定价格在开发区售让土地使用权时,符合条件的项目,给予土地出让价格10%~60%的财政补贴等

资料来源:根据《铁西装备制造业聚集区产业发展规划》和王伟光等(2011)进行整理。

(三)集群创新体系演进

铁西装备制造产业集群发展历程表明,产业集群创新体系从无到有、从功能分散走向功能完整、从松散联系走向协作网络、从封闭式创新走向开放式创新的过程,充分反映了当地政府利用政策强力推动以产业集群为载体的区域创新体系战略,并适时推动战略转型升级,以适应产业集群和龙头企业发展的需要。

第一阶段,封闭式自主创新战略。从新中国成立以后到2001年,在相当长的时间中，铁西装备制造产业呈现"群"而不"聚"的现象，大量国有企业在很小的空间尺度之内扎堆，然而，彼此之间由于隶属关系、行业门类不同等原因无法实现创新资源的共享，产业技术工人也受制于身份，很难打破"铁饭碗"实现自由流动。绝大多数的企业或科研机构依靠自有科研力量和有限技术储备及知识吸收能力，缓慢开展产业技术创新研发活动。所以，在此阶段，铁西装备制造产业集群并不是真正的"产业集群"，产业集群创新体系所处状态好像一个个分散的代孕个体。

第二阶段，半封闭式产学研创新战略。2002~2008年，铁西装备制造产业集群创新体系发生了质的变化，主要体现在破除了体制障碍。其实，从前一阶段向第二阶段并不是自然过渡，而是各级政府利用"有形之手"并出台许多有力政策才能达到的效果，国有企业破除了体制障碍，卸下沉重的社会历史包袱，改善或转变经营方式，有意识地将优质高效资源配置到科技创新环节，使得原先各家独自封闭的创新模式转向企业、高校或专业科研机构共同围绕个别项目进行联合攻关的创新协作关系，不过，主要产业创新活动仍然留在企业内部，这种现象在大型国有企业表现得比较突出。此时，铁西装备制造产业集群创新体系"骨架"才算建立起来，为下一阶段强身健骨做了很好的铺垫。

第三阶段，开放式平台创新战略。显然，半封闭式创新战略很难适应稍纵即逝的市场机会和日益多样化的市场需求，这种情形倒逼地方政府加快区域创新体系战略转型。2008年以来，在一系列强有力政策的推动下，铁西装备制造产业集群的"平台"作用开始凸显，沈阳机床集团、沈阳鼓风机集团、北方重工集团等行业龙头企业往往起着引领示范作用，它们发挥自身积累的技术优势和产能优

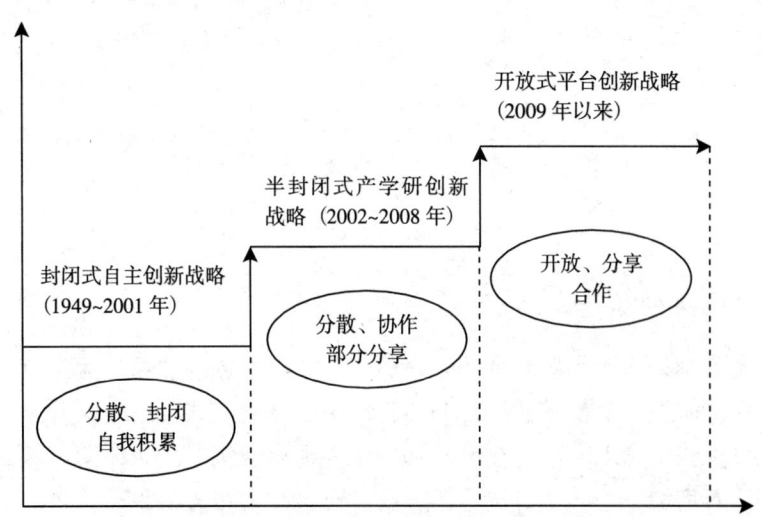

图10-1 铁西装备制造产业集群创新体系构建战略的演进

势，充分利用从各级政府中获得的各种政策优势，从全球视野整合优势科技创新资源，使之内部化为企业自身竞争优势，于是，当更多企业参与进来之后，整个铁西装备制造产业集群犹如一个无障碍的空间，领军型企业直接介入，先进技术、优秀人才、高额风险投资等高端要素不断流入，逐渐形成了以市场需求为导向，以价值链和资本为纽带，以技术创新为动力的开放式创新平台。当地政府除了提供财力、土地等支持之外，更是在公共平台、创新服务等方面下足了工夫，使得产业集群的红利不断释放。

（四）经验启示

铁西装备制造产业集群发展是我国老工业基地调整振兴历程的一个典型代表，依靠政策推动，实现产业集群创新体系先后经历了封闭式、半封闭式、开放式的三个阶段，每个阶段的集群发展绩效都得益于相应的创新体系的支持，产业升级驱动力来自创新体系战略调整。可见，铁西装备制造产业集群发展有许多经验值得借鉴。主要是：

第一，体制创新是打造开放式创新体系的制度基础。2002年以前，铁西装备制造企业长期受制于旧有的体制，无法实现知识流动和共享，也很难开展跨单位的创新协作，使得许多企业制造技术和工艺未能及时更新改造，生产产品在市场竞争中逐步处于下风，加之企业社会负担越来越重，已难以把优质资源集中投入到创新环节。而2002年以后，集群创新的境况却发生了积极变化，这主要是由于束缚企业创新的体制障碍逐步被消除，不同企业之间或企业和科研机构、高校之间科研联系增强，各种形式的合作不断建立，创新网络和氛围也开始出现，创新驱动了产业转型升级。

第二，政府政策是促进创新体系成熟完善的现实条件。如果没有特殊优惠政策的扶持，我们很难想象铁西装备制造企业能顺利脱困并走向强大，也很难想象众多扎堆在一起的企业能够形成一个具有竞争优势的产业集群。从中央到地方出台的政策看，这些政策针对性强，可操作性好，具有对症下药的功效，特别是有效解决了企业进行创新活动的资金压力和构建产业集群创新体系所需要的公共服务平台。同时，我们也发现，地方政府出台政策的战略眼光一定程度也影响了构建产业集群创新体系战略转换，有力地推动了产业升级。

第三，行业龙头企业是提升创新体系战略转型的主体。从铁西装备制造产业集群发展历程看，每个行业的龙头企业几乎都是国内同行"单打冠军"，有的甚至是"世界冠军"，它们具备跟国外同行领先企业同台竞争的能力，也具备整合国外先进科技资源的能力。并且，随着我国成为世界最大的装备制造产品主要市场之一，铁西装备制造龙头企业正在走向全球整合、平台创新、先进制造的道路,与之相适应,产业集群创新体系必将实现战略转型。

二、灵武市羊绒产业集群发展与创新体系建设

(一) 产业集群发展现状

我国是世界山羊绒最大的生产、加工和供应基地,羊绒年产量约10000吨,约占世界的70%,年加工羊绒衫2000多万件,占世界总产量的2/3以上,年出口量达1000万件。我国羊绒生产加工基地集中分布在宁夏灵武、同心,内蒙古的东胜,河北的清河等地。俄罗斯、蒙古、伊朗、阿富汗等国家也源源不断地向我国输入山羊绒,从而确立了我国羊绒资源的垄断地位。而宁夏这个羊绒产量不大的地区,[①]产业基础相对薄弱,却出现了灵武羊绒深加工基地和同心羊绒流通集散基地。据统计,2011年,宁夏回族自治区共有羊绒加工企业100多家,实现产值100亿元。

灵武市是宁夏回族自治区银川市下辖的县级市,立足农牧区的资源优势,经过十年来的迅速发展,已成为我国羊绒产业的深加工及出口基地。灵武羊绒产业集群发端于羊绒产业园区,该园区建于2003年4月,2008年被科技部火炬中心认定为国家火炬计划灵武羊绒产业基地;2011年,灵武羊绒产业园经国家批准,升级为国家级高新技术产业园区,即银川市高新技术产业开发区,成为宁夏回族自治区第一家国家级高新区,园区内共有企业43家,上市公司1家,高新技术企业2家,国家火炬计划灵武羊绒特色产业基地骨干企业5家,区级科技型中小企业33家,银川市"小巨人"企业6家,拥有自营进出口企业30家,"羊典"为羊绒行业中国驰名商标,收购原绒7200吨,生产无毛绒4900吨,羊绒条860吨,羊绒纱1350吨,羊绒衫340万件,实现年产值70亿元,出口创汇1.7亿美元,吸纳就业8000多人。[②] 目前,园区已形成羊绒集散、分梳、制条、纺纱、织衫、制呢等环节集于一体的完整产业链。

通过对灵武羊绒产业集群的历史考察,笔者总结出了其发展演进的路线(见图10–2)。

[①] 据估计,宁夏羊绒产量约为300吨。
[②] 《关于宁夏羊绒产业快速发展的调研报告》(内蒙古自治区经信委)。

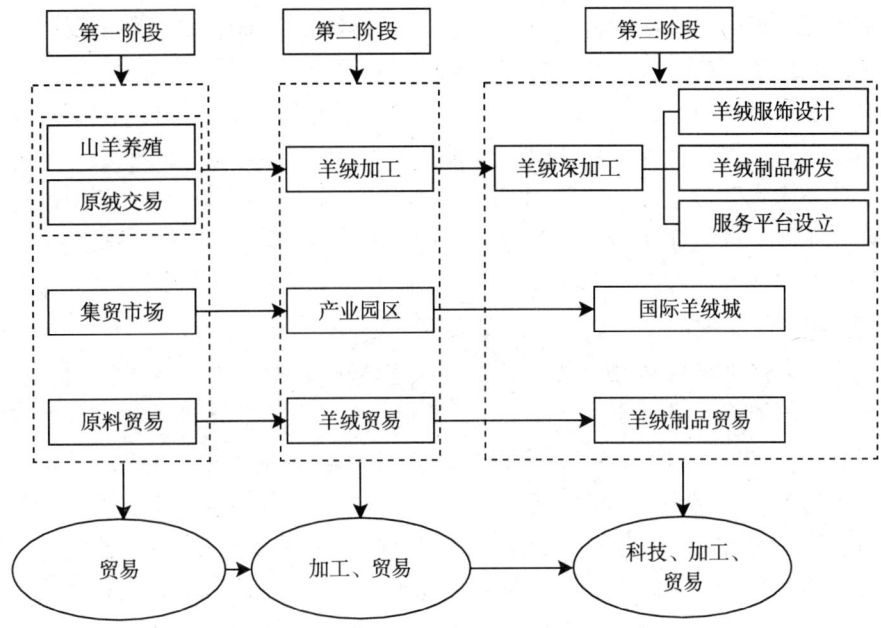

图10-2 灵武羊绒产业集群成长历程

(二) 产业集群发展特点

灵武羊绒产业集群是从羊绒收购起步的,主要以当地农民为主体的商业队伍到全国各地收购山羊绒,然后在同心和灵武两地形成专业性羊绒集散市场,其中同心羊绒集散市场规模很大。而羊绒产业集群真正形成规模也是进入21世纪之后才出现的,并且近年来发展十分迅猛,总体上看,该集群主要呈现以下特点:

第一,龙头企业带动效应好。灵武建设羊绒产业园区之初,就把引进龙头企业作为培育产业集群的突破口,于是引入了中银、嘉源、荣昌等龙头企业,依托龙头企业的资本、技术和市场优势,加快对羊绒分梳、制条、纺纱、织衫、制呢以及设计、物流等产业链上下游的整合。而同类企业迅速集聚也使得灵武羊绒产业规模显现出来,从而形成了以40余家规模以上企业为主体、依托当地相关配套企业和服务平台的羊绒产业集群。

第二,科技支撑条件进步快。跟国内其他羊绒生产加工基地相比,灵武羊绒产业集群发展长期注重科技支撑作用,尽管起步不高,但进步很快。在短短几年时间里,已建成国家级羊绒制品检测中心、宁夏羊绒工程技术研究中心等6个省级以上研发中心以及宁夏羊绒产业技术创新战略联盟等5大创新公共服务平台。先后共组织实施国家科技支撑计划1项、科技型中小企业创新基金19项,自治区科技计划12项,研制开发了一批高新技术产品及先进工艺技术,其中多项处于国内先进水平。① 2011年，嘉源羊绒制品检测国家级重点实验室建成投入使用，极大提升产业集群科技实力。同时，灵武羊绒产业集群发展也离不开专业技术人才引进和培养。园区建成以后，灵武市鼓励企业延揽各类专业人才，许多企业通过高薪聘请、联谊合作、专家理论授课、外出学习培训、现场实践锻炼等途径吸引专业技术人才超过1000名，聘请中国工程院院士姚穆担任灵武羊绒产业首席专家，邀请了黄翔等7名教授为灵武羊绒产业专家顾问团成员，委托西安高校举办纺织工程和纺织管理两个专科班，培训专业技术人才，从而形成由专家、工程师、高级技工组成的科技创新人才队伍。②

第三，产业链深度拓展加快。2010年以来，连续举办了四届中国宁夏（灵武）国际羊绒节，吸引了一大批海内外客商，成为灵武羊绒产业集群对外宣传的一张名片。同时，2012年，加大商务流通平台建设，建成拥有建筑面积近3万平方米的国际羊绒城，主要包括中国灵武羊绒电子交易市场、中国羊绒及其制品检验检测中心、科技服务中心和商贸区，通过平台叠加效应，使之成为国内羊绒重要的集散基地。同时，中银5000吨原料厂、银多组分特种纤维纺纱、荣昌1000吨羊绒分梳等重点项目先后建成，从而确立了灵武作为全国乃至世界重要的羊绒集散地、精品羊绒分梳基地和羊绒制品加工基地的地位。

第四，配套政策支持力度大。作为地方优势特色产业，宁夏回族自治区各级政府自上而下推动并积极支持灵武羊绒产业集群发展，出台了《宁夏回族自治区人民政府关于加快羊绒产业发展的意见》，明确提出发挥灵武羊绒产业园区的优势，充分利用国际国内两个市场、两种资源，发挥宁夏羊绒原料集散和精品无毛绒加工的优势，不断提高精深加工能力，培育壮大优势骨干企业，提升企业的整体实力和市场竞争力，力争把宁夏建成全国最大的原绒流通基地和羊绒制品加工基地。为了落实这项政策，宁夏回族自治区财政每年安排轻纺发展专项基金7000万元，主要用于羊绒产业技术改造等；每年安排羊绒收储贴息资金2000万元，用于企业原绒收购贴息，羊绒企业贷款只付2.88%的利息，其余利息由政府补贴。③在基础设施配套、园区规划、项目落地、科技创新等方面，自治区政府和银川市政府都给予大力支持，灵武市专门设立羊绒产业园区管理委员会，负责为园区招商引资、企业服务等。

（三）产业集群创新体系演进

目前，灵武羊绒产业园区已经国家批准升格为银川高新技术产业开发区，但

---

① 灵武市政府网。
②《灵武市羊绒产业吸引培育八百人才》，《宁夏日报》，2009年1月28日。
③《关于宁夏羊绒产业快速发展的调研报告》（内蒙古自治区经信委）。

第十章 "国资主导型"区域创新体系构建战略

令人困惑的一系列问题是,这个园区为何能够从当地羊绒生产加工技术几乎空白的状态一跃成为世界精品羊绒生产加工中心?灵武羊绒产业集群技术创新体系战略是如何实施的?集群创新知识怎么实现存量和增量"双收"?确实,对于一个边远地区的县级市而言,能成功打造出一个占据世界市场优势的产业集群是十分不容易的,关键之处在于地方政府适时地推动产业集群创新体系战略升级调整,在当地创新知识匮乏情况下,激发了企业家精神,依靠企业整合创新资源主体作用,利用优越政策条件,打造了以深加工为载体、内外联动的集群创新体系,产业集群技术创新体系演进路径主要包括以下阶段(见图10-3):

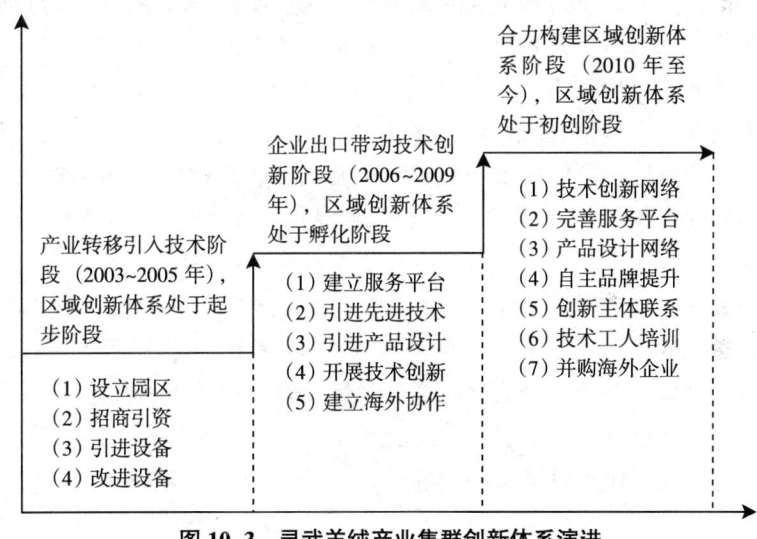

图10-3 灵武羊绒产业集群创新体系演进

第一阶段,产业转移引入技术阶段(2003~2005年)。2003年,灵武市建设羊绒产业园区,并设立园区管委会,通过招商引资、加工企业向园区集中等方式,吸引了一批羊绒加工企业。其中,有些企业是由回乡创业的本地人创办的,有些企业是从东部沿海地区(如浙江、江苏或河北清河)或内蒙古鄂尔多斯转移过来的。产业转移并不遵循梯度转移规律;相反,企业看中的是当地出台的优惠政策和周边原绒市场。很快,随着越来越多的企业选择落户到羊绒产业园区,灵武市羊绒产业集聚效应逐渐释放出来,创新资源也随着产业转移进入产业集群内部,并很快在当地企业中传播扩散,从而提升了产业集群的技术水平。由于园区处于起步阶段,当地没有相应的科研机构和公共服务平台,产业集群创新体系处于空白阶段,创新知识依靠转入企业从区外引入和自身积累,集群内部学习机制主要依靠企业之间非正式交流和产业技术工人流动。

第二阶段,企业出口带动技术创新阶段(2006~2009年)。如前文所述,灵武羊绒产业是一个非常典型的"两头在外"的产业，原料和市场都在区外，其中，欧美市场是重点市场，为此羊绒企业通过自主品牌出口、委托加工、第三方出口等形式把原绒及部分下游加工产品（如羊绒衫等）出口到国外。同时，为了适应欧美消费者的需求变化，国外合作企业和设计单位在发出委托加工或购销订单时，也愿意向加工企业转让或帮助它们获得行业更先进的加工工艺及生产装备、行业技术标准、设计理念等创新资源，这样，集群内越来越多的企业选择走出口加工道路，有利于带动整个产业集群创新升级，同时，倒逼加工企业、当地政府、行业协会等相关利益主体一起构建产业集群技术创新体系，以便于支持企业持续获得创新知识，也蓄积更强的实力向产业价值链高端攀升，并打破国外企业的市场垄断地位。尽管此阶段，羊绒产业集群技术创新能力有所增强，但集群技术创新体系处于孵化阶段。

第三阶段，合力构建区域创新体系阶段（2010年至今）。一方面，当地政府和企业也不甘于继续依靠低成本和破坏环境换取行业低附加值的高增长；另一方面，产业集群规模不断壮大对相关配套产业和利益主体的吸引力也越来越大。由此，当地政府大力实施"科技兴绒"战略，积极构建科技创新平台、产品检测平台、公共服务平台等（见表10-3），协助企业争取国家科技创新项目立项，帮助企业解决融资难问题，建设了院（西安工程大学）地产、学、研合作关系，确立了"山羊绒纤维理化性能及分梳设备优化设计"等4项重点科技合作项目。不仅如此，当地政府还进一步联合了西安工程大学、天津工业大学、中国纺织科学研究院、宁夏轻工设计研究院4家高校院所和自治区内9家龙头骨干企业共同组建了宁夏羊绒产业技术创新战略联盟。此外，宁夏回族自治区各级政府还出台了一系列特殊政策，支持企业成为创新主体，鼓励企业加大行业技术创新，积极引入国外先进加工设备，中银、嘉源、荣昌等公司先后引进意大利和日本纺纱生产线20条、德国斯托尔公司电脑横机350台，以及英国配色设备和瑞士染色设备。并且，行业龙头企业在前期技术积累的基础上，依托企业技术中心，从全球视野搭建创新研发平台，把创新网络从当地扩大到海外，在海外或北京、上海等地设立了产品设计中心、技术研发中心等，在分梳设备等领域已取得突破（如表10-4所示）。此外，相关金融投资机构、服饰设计机构、行业协会等相关组织和羊绒加工企业之间的联系更加紧密，增强了产业集群内在凝聚力和创新力。

（四）经验启示

宁夏虽地处西部内陆地区，地区发展水平不高，然而，灵武羊绒产业集群发展势头很好，拥有技术、市场和资金实力的龙头企业在激烈的市场竞争中生存下来，并带动了更多集群内部企业发展，成为继鄂尔多斯之后西部第二个羊绒生产

第十章 "国资主导型"区域创新体系构建战略

表 10–3 灵武羊绒产业集群创新体系的公共服务平台建设

名称	主要内容
产学研合作服务平台	与西安工程大学共建产学研合作基地；与天津工业大学共建研究生实习基地；区内9家行业龙头企业与西安工程大学、天津工业大学、中国纺织科学研究院、宁夏轻工设计研究院共建产业技术创新联盟
产业技术服务平台	国家羊绒重点检查实验室、宁夏羊绒工程技术研究中心、宁夏羊绒研究院
专家服务平台	由46名区内外专家组成的专家技术服务团队，为企业提供技术咨询、技术诊断、技术培训和项目申报等服务
企业电子商务平台	建立"中国羊绒电子商务平台"，主要用于企业原料收购、产品出口、对外信息交流
专业技术人才培养	建立灵武市纺织工业学校，每年为园区培养产业技能人才200名，重点培养专业技术工人；与西安工程大学合作开办了学制为两年的纺织工程、纺织管理两个专业大专班，重点培养中高层次科技人员和管理人员

资料来源：银川高新技术产业开发区（灵武羊绒园区）（工信部网站）。

表 10–4 灵武羊绒产业集群主要创新成果

企业	专利/设备/产品名称	类型	国内外水平
宁夏西部皮草有限公司	滩羊皮生态鞣制方法	发明专利	国内先进
宁夏中银绒业股份有限公司	山羊绒的加工工艺	发明专利	国内先进
宁夏中银绒业集团	46毫米精品白绒条	创新产品	填补国内空白
宁夏嘉源绒业集团有限公司	一种羊绒与罗布麻粗纺混纺纱线及其生产方法	发明专利	世界领先
宁夏嘉源绒业集团	罗布麻植物纤维提取技术	创新技术	世界领先
宁夏西部皮草有限公司	滩羊皮染色装置	发明专利	国内先进
宁夏西部皮草有限公司	低甲醛滩羊毛皮的无铬鞣制生产工艺	发明专利	国内先进
宁夏嘉源绒业集团有限公司	高支精纺羊绒绢丝混纺纱线及其制造方法	发明专利	国内先进
宁夏中银绒业股份有限公司	羊绒制条过程中和毛油的加油方法及加油装置	发明专利	国内先进
宁夏西部皮草有限公司	滩羊皮的印花方法及装置	发明专利	国内先进
宁夏西部皮草有限公司	滩羊皮生态鞣制清洁生产方法	发明专利	国内先进
宁夏西部皮草有限公司	山羊皮中空干燥机	实用新型专利	国内先进
宁夏西部皮草有限公司	滩羊皮生态鞣制装置	实用新型专利	国内先进
宁夏西部皮草有限公司	适应山羊皮自动染色方法的山羊染色装置	实用新型专利	国内先进
宁夏西部皮草有限公司	应用于胎牛皮耐刮检测方法中的胎牛皮耐刮度检测设备	实用新型专利	国内先进
宁夏荣昌绒业集团有限公司	羊绒分梳机	实用新型专利	国际先进
宁夏嘉源绒业集团	第七代羊绒分梳机	创新技术	国际先进
宁夏西部皮草有限公司	滩羊皮染色装置	实用新型专利	国内先进
宁夏西部皮草有限公司	滩羊皮鞣制绷紧装置	实用新型专利	国内先进

资料来源：国家知识产权局网站。

加工和出口基地。通过梳理产业集群成长和创新体系战略演进，除了遇到较好的国内外市场环境之外，还有一些经验值得总结。主要包括：

第一，承接加工基地转移。20世纪90年代，我国煤炭行业整体处于低谷时期，鄂尔多斯是我国重要的羊绒生产加工基地，而宁夏灵武和同心在当时也只是区域性羊绒集散市场，加工能力很小，不足以对鄂尔多斯构成竞争威胁。而进入21世纪之后，随着煤炭市场的繁荣，鄂尔多斯许多羊绒加工企业将资本投向煤炭采掘业，从事羊绒收购和加工的企业越来越少，这给了灵武一次产业转型升级的机会，设立羊绒产业园区，引入具有技术和市场优势的羊绒深加工龙头企业，带动同类和产业链上下游相互衔接的企业加入，实现了产业链整体转移和协同转移。

第二，产业升级遵循"贸—工—技"路线。为何原来比灵武羊绒产业做得更好的同心县却没能踏上产业发展"特快专列"呢？原因有两个：一方面，灵武设立羊绒产业园区，并以此为载体，吸引产业集群转移；另一方面，企业家和地方政府努力促成了羊绒产业转型升级，实现了由贸易转向加工，再向高科技含量的羊绒制品转型。每一步转换不仅代表了企业家的智能，也体现了当地政府支持羊绒发展的坚定决心。

第三，念好"内陆开放"的经。在调研过程中，我们也发现我国原绒质量不及阿富汗、蒙古等周边国家，灵武羊绒加工企业所需原料都要从周边国家进口，而这些年来，宁夏政府上下都在推动内陆开放这件事情，为企业创造了良好的对外开放环境，以便于能够把国外资源优势转为本地企业竞争优势。灵武羊绒产业集群借助同心羊绒集散市场的优势和东部沿海的技术、资金和市场方面优势，打通了原材料采购、羊绒深加工、服饰设计和羊绒制品出口等环节，从而实现了产业链的整合。

第四，适时推动技术创新体系升级。创新是产业集群生存发展的灵魂。灵武在发展羊绒产业方面之所以比同心走得远，关键在于重视科技对产业支撑作用，如上所述，"贸—工—技"产业转型升级路线已证明先进分梳技术和服饰设计理念在每次产业链跃升中的重要性。企业家作为创新策划主体，主要依靠核心技术和工艺的改造升级，不断提高产品的市场竞争力。地方政府则通过体制机制创新，激发市场的活力，以破除企业发展的制度约束，从而降低企业运营成本。同时，打造公共服务平台，支持企业进行科技创新，与企业、行业协会、银行等相关机构合作建设产业集群技术创新体系。

当然，灵武羊绒产业集群起步较晚，发展水平相对东部沿海地区成熟的纺织类产业集群而言较低，基础相对薄弱，集群技术创新体系尚处于初创阶段。然而，在以重化工业为主导的地区能够出现一个以中小企业为主体的轻纺产业集群着实不易。

第十一章 "科学基础型"区域创新体系构建战略

按照技术创新过程的"科学推动"理论,科学的进步是促进技术创新的主导力量(Dosi,1988)。我国的北京、上海、西安、南京等高校和科研院所密集分布的地区,在区域创新体系建设方面具有独特的科学资源优势。本章以北京为例,分析"科学基础型"的区域创新体系如何发挥其科学资源和人力资本丰富的优势,通过区域能力的构建,解决区域创新体系中的"产业化"缺口,将本地的科学资源转化为技术资源和产业资源。

一、北京构建科学基础型区域创新体系的优势

北京市拥有丰富的技术研发资源,与其他省份相比,科研机构和科技从业人员多,众多大型企业集团总部和研发机构、科研院所、中小型实验室及设计室构成了北京市多层次的研发体系,使得北京在国内具有领先的研发实力。

(一)高端科学资源优势

北京是我国产、学、研资源最为集中的城市。北京市共有普通本、专科学校87所,占全国的3.5%,其中有"985"高校8所,占全国39所"985"高校的20.5%;有"211"高校26所,占全国"211"高校总数(共116所)的22.4%。本科院校在数量上仅次于辽宁省和湖北省;北京市在校大学生20余万人,博士生超过6万人,硕士生约16万人。平均每年北京高校毕业研究生近8万人,博士毕业生近3万人,硕士毕业生超过5万人,博士和硕士毕业生占全国的比重超过20%和10%,是全国在校大学生和大学毕业生最多的地区。问卷调查显示,在受访企业中,34.3%的企业主要依靠招聘在京高校毕业生担任研发人员。从中可以看出,在京高校毕业生是企业最主要的研发人员来源。北京在人才培养方面的

优势,为推动工业"北京创造"奠定了雄厚的人力资本基础。

北京是我国最重要的研发中心之一。2010 年,北京 R&D 人员全时当量 193718.4 人年,占全国 R&D 人员全时当量的 7.59%,其中研究人员、基础研究、应用研究、试验发展的 R&D 人员全时当量分别占全国的 8.85%、16.97%、15.63%和 5.47%,在基础研究和应用研究人员方面占有绝对规模优势;R&D 经费内部支出 821.8 亿元,占全国的 11.64%,其中基础研究、应用研究、试验发展的 R&D 经费内部支出分别占全国的 29.46%、24.26%、8.72%,是全国最重要的基础研究和应用研究中心;北京 R&D 经费内部支出占 GDP 的比重为 5.82%,远高于全国 1.76%的平均水平,位居全国各地区之首(上海仅为 2.81%)。2011 年,北京专利申请受理数 77955 件,占全国的 5.18%,其中发明专利 45057 件,占全国的 10.84%;北京专利申请授权数 40888 件,占全国的 4.63%,其中发明专利 15880 件,占全国的 14.13%。北京有各级科研机构 370 家,是全国科研机构数量最多、从业人员最多、培养人才最多的地区。北京有中央企业等大型企业集团总部和研发机构。高校、科研院所和大型企业研究机构是北京技术研发的中坚力量。北京还拥有众多中小型的实验室、设计室。这些研发和设计机构共同组成北京多层次的研发设计体系,研发综合实力具有绝对的国内领先地位。

表 11-1　2011 年规模以上工业企业研究与试验发展(R&D)活动情况

地区	R&D 人员全时当量(人年)	R&D 经费(万元)	R&D 项目数(项)
全国	1939075	59938055	232158
北京	49829.1	1648538.0	7048.0
北京占比(%)	2.57	2.75	3.04
上海	79146.7	3437627	12378
上海占比(%)	4.08	5.74	5.33

资料来源:中华人民共和国国家统计局:《中国统计年鉴(2012)》,中国统计出版社 2012 年版。

北京市科研具有基础研发投入比重大的特点,具有更强的未来技术储备优势。2010 年,北京基础研究人员投入 2.95 万人年,基础研究内部经费支出 95.61 亿元(见表 11-2),基础研究的人员投入和经费投入分别占北京研发投入的 15.22%和 11.63%,显著高于全国 6.80%和 4.59%的平均水平,也高于东部其他经济发达地区的水平。基础研发虽然投入大、风险高、周期长、见效慢,对现有产品改进的作用可能低于应用研究和实验发展,但它更有利于通用技术和通用知识的增长,更容易形成未来技术储备。当技术和市场发展成熟到一定阶段,这些储备技术将转化为产业竞争力。此外,北京还是承担国家"863"、"973"项目最多的地区。

第十一章 "科学基础型"区域创新体系构建战略

表11-2 2010年研究与试验发展（R&D）经费内部支出

单位：万元

地 区	R&D 经费				R&D 经费内部支出占国内（地区）生产总值的比重（%）
	内部支出	基础研究	应用研究	试验发展	
全国	70625775	3244923	8937885	58442966	1.76
北京	8218234	956109	2168640	5093478	5.82
北京占比（%）	11.64	29.46	24.26	8.72	—
上海	4817031	310459	689890	3816677	2.81
上海占比（%）	6.82	9.57	7.72	6.53	—

资料来源：国家统计局、科学技术部：《中国科技统计年鉴（2011）》，中国统计出版社2012年版。

（二）创新网络的节点优势

北京是中国最大的技术交易市场和主要的技术交易流向地。2010年，北京技术市场成交合同数和合同金额分别为50847项、1580亿元，分别占全国成交合同数和合同金额的22.15%和40.43%。北京不仅技术交易繁荣，而且技术市场成交合同的单项金额也较大，交易的技术具有更高的商业价值。同时，北京也是全国技术交易的重要流入地。2010年，北京接收技术市场成交合同数和合同金额分别为33370项和498亿元，分别占全国总数和总金额的14.53%和12.75%。

北京已逐步融入全球技术创新网络，成长为国际主要的研发中心之一。过去，大多数对外技术合作只停留在购买国外成熟技术或专利阶段，至多是承担跨国公司交付的一些低端实验开发。而现在，北京对外技术交流已经实现了从"被动打工"到"平等合作"的转型，在全球创新资源地图中的战略地位不断提高。西门子、三星、诺基亚、LG等跨国公司都已在北京设立研究机构，实现与北京和中国技术研发、产品开发的对接。并且，中国籍工程师和研发人员在国外研发机构中的比例越来越大，且担任更为核心的职位，对国际高端人才的吸引力不断增强。同时，在京企业也加大了向国外的技术输出，北京正在成为跨国技术转移的集聚区、具有国际影响力的企业创新孵化中心。2010年，在北京工作3个月以上的外籍专家近2万人，全市技术进出口合同成交额584.6亿元，是2005年的7倍，占全市技术合同成交额的37%，国际专利申请（PCT）数量达1272件。

（三）高端人才集聚优势

北京具有人才培养和成长优势。北京拥有"211"工程大学、"983"工程大学均超过全国总数的两成；中国科学院98个科研机构中有39个坐落于北京，北京是中国培养高端人才最多的城市。同时，北京在促进人才成长方面也具有很强的优势。北京每年举办数千场学术交流、技术交流会议，举办各类竞赛和评比活动,为人才的培育和成长提供了良好的基础条件。

北京具有良好的工作条件和团队合作环境。北京市拥有市一级科学技术学会组织88家,涉及理科、工科、农科、医科和交叉类等科学技术研究方向。北京还有科研、设计专门基金会16个,资助专业技术研发的同时,也资助科技人才创业和学生创新活动、大众创新活动。此外,在京大学和企业还创办有各类科协组织18个。这些学会、协会、研究会、基金、促进会为在京科研人才创造了良好的工作条件和技术交流、合作研发环境,而这一优势是国内其他省市难以获得的。

(四)高端消费市场优势

北京本地消费规模大,需求层次高。到2011年末,北京常住人口已经突破2000万人,加上流动人口,实际在北京生活居住的人口更多,几乎相当于加拿大或大洋洲的总人口,庞大的人口数量形成巨大的消费市场。北京也是中国最富裕的城市之一。2011年,北京人均GDP 17653元,在全国城市排名第八,在特大型城市排名第三,仅略低于上海和广州。人均GDP高、高收入人群比重大,北京市不仅人均消费能力强,而且对新兴产品高价格的承担能力强。北京还是中国人口素质最高的城市之一。人口受教育程度高、市民素质高,使得北京消费者对产品科技含量、环保水平、使用效果有更高的要求,具有领导型消费群体的特征。同时,接受新产品的速度更快,也更能够通过各种方式协助企业改进产品质量、完善产品功能。北京还是著名的旅游城市和购物城市,每年接待超过500万人次的入境旅游者和超过2亿人次的国内旅游者,来京普通游客和商务游客也是北京消费的重要组成部分。

北京是全国公共产品采购基地和先行示范基地。全新产品在上市初期通常存在成本过高、技术不成熟、设计不合理、使用不方便、售后不健全的问题,对普通消费者的吸引力不大。公共产品一般能够承担较高的成本,并且能够对产品进行规模化的维护和保养,还具有更畅通的意见反馈信道,因此是新兴产品最重要的初期市场。北京是中国政治经济文化中心,也是全国最大的公共产品采购基地,北京制造的工业产品在华北、环渤海地区公共产品采购中有很高的市场占有率。同时,北京还积极推动新产品的示范工程建设,例如电动公交车示范工程、电动出租车示范工程、市政一卡通示范工程等,这些工程在改善首都市容市貌的同时,也成为集中展示北京新兴产业产品的重要平台。

二、北京科学基础型区域创新体系建设要解决的问题

北京是典型的科学基础型区域创新体系，这类创新体系面临的共同问题是，科学优势没有完全转化为技术优势，技术优势没有充分转化为产业优势。

（一）技术创新能力相对不足

科研院所、高等院校研发投入占比高，企业研发投入占比低是北京市创新投入的长期结构态势。根据北京市第二次全国R&D资源清查，2009年北京市工业百强企业和非工业百强企业中，开展R&D活动的企业分别仅占57%和39%，表明半数百强企业未开展研发活动。2009年，全市R&D经费支出668.6亿元，其中，科研院所、高等院校和企业所占比重分别为48.1%、10.5%和39.3%，与2000年第一次全国R&D资源清查相比，北京市企业研发份额提高了8.2个百分点，但仍大大低于全国约70%的比重。2010年，北京规模以上工业企业拥有R&D活动的企业仅为15%，其中，内资企业的比重还低于外商投资企业，这表明，北京市企业创新仍有较大提升空间。根据经合组织（OECD）在《奥斯陆手册》中的标准，企业R&D投入强度超过4%，表示企业创新能力较强；企业R&D投入强度在1%~4%，表示企业创新能力中等；企业R&D投入强度小于1%，表示企业创新能力较低。2009年中关村R&D投入强度为1.9%，其中电子与信息领域为2.4%，生物工程和新医药领域为2.2%，虽高于全市企业平均水平，但同期美国、瑞典、英国、日本、德国等国家的高技术产业研发强度分别高达16.41%、12.23%、11.04%、10.64%和8.34%。

（二）科技资源整合效率偏低

受长期以来计划经济和条块分割的影响，以高等院校、科研院所、国有企业为主体组成的丰富的科技资源，由于管理体制和运行机制不适应企业技术创新的需求，缺乏联合研发、集成创新的制度设计，无法满足创新主体在研究开发、技术创新、成果转化等各个环节的需要，北京强大的科技资源优势未能形成北京发展的竞争优势，在资源利用工作中仍然存在着封闭、分散、效率低下等问题，科技资源缺乏有效共享机制，共享程度不够，资源闲置现象比较突出；政府投入形成的科技基础资源不能广泛为社会共享；科技企业的需求与社会资源无法有效对接，企业的创新动力不足。另外，北京是跨国公司和省外大型企业研发中心集聚

地，西门子、三星、诺基亚、LG 等跨国公司都在北京设立研究机构，这类研发机构充分利用了北京的人才、技术优势，但是本地企业和研发中心较少与此建立联系。北京市企业不仅利用全球科技资源进行开放式创新的国际化程度不高，而且对于在跨国公司在本地的技术资源也利用较少，科技资源使用和整合效率的低下严重困扰企业技术创新工作推进。

（三）产业组织结构和层次不合理

一个良好的产业竞争环境如同良好的自然生态一般，有"适者生存"的竞争法则，也必须保持企业的多样性。目前，北京市工业产业组织表现为竞争过度而合作不足，大型企业通过垄断势力、市场力量、规模效应和各种不正当的竞争手段，严重挤压中小企业创新积极性和生存空间。相比较，美国硅谷、日本筑波、德国巴伐利亚等地区产业竞争非常有序，良好的产业生态和"双赢"、"多赢"的竞争文化保障了这些地区世界一流的科研能力和科技成果转换能力，可供北京市借鉴的经验主要有两点：一是对中小微企业，特别是创业企业的尊重和重视；二是拥有众多独立运转的产业联盟组织。北京拥有众多大型企业总部，同时也聚集了大量中小微企业和创业企业，但是产业组织缺乏凝聚力，企业与企业间的竞争多合作少，这严重破坏了北京的产业竞争环境，不利于北京工业整体实力的提升。

一方面，中小微企业创新、发展环境不佳。与大型企业相比较，中小企业的首要特征之一，即在于企业规模小、经营决策权高度集中，特别是一些创业企业，基本上都是几个合伙人自主经营，使资本追求利润的动力完全体现在经营者的积极性上。由于经营者对千变万化的市场反应灵敏，实行所有权与经营管理权合一，既可以节约所有者的监督成本，又有利于企业快速做出决策。其次，中小企业员工人数较少，组织结构简单，个人在企业中的贡献容易被识别，因而便于对员工进行有效的激励，不像大企业那样在庞大的阶层化组织内容易产生怠惰与无效率的情况。从先进国家的经验看，通过选择能使企业发挥自身优势的细分市场来进行专业化经营，走以专补缺、以小补大、专精制胜的成长之路，这是众多小微企业在激烈竞争中获得生存与发展的最有效途径之一。但是，由于小微企业生产规模小、品牌弱，如果遭遇大型企业的恶性竞争，其创新成果的产业化将严重受阻。这种情况在知识保护难度较大、消费网络效应明显、产品生命周期较短的互联网行业尤为严重。

另一方面，北京产业联盟发展与产业发展脱节，两者关系呈"两张皮"特点。国外成功产业联盟通常都具有三个特征：首先，产业分工是组建产业联盟的必要前提条件，网络状的产业分工体系最利于联盟发挥作用。其次，以创新为发展引擎的工业文明是形成有效产业联盟的必要环境。联盟的作用是利用各个成员通过创新获得的"专属性"资源,消除产业发展短板,获得发展合力。如果一个地区工业文明建立在粗放式的、以抄袭和简单模仿为特征的发展模式上,则难以形成有效的产业联盟。最后,和谐共荣的竞争生态是巩固产业联盟组织的必要条件。联盟应该服务于整个产业的发展和繁荣而不能为某个大企业服务,当联盟中实力较弱的中小微企业进行创新时,大企业应"包容"中小微企业的创新成果,而不是通过竞争"消灭"中小微企业,这是产业联盟能够持续和壮大的必要条件。从上述三个条件看,北京产业分工已经很细,第二、第三产业的融合程度也比较高,具备组建产业联盟的前提条件;北京企业创新积极性高,但受机制体制限制,创新尚未成为企业的主动选择和惯例化行为,创新的模式和方向选择上有待进一步与国际接轨;同业间的恶性竞争和行业垄断问题非常严重,严重挤压中小微企业和创业企业的生存空间,互联网等北京重点打造的新兴产业"弱肉强食"的竞争非常普遍。综合来看,北京目前缺乏成功有效产业联盟的症结在于:创新驱动不足的同时尚未形成和谐共荣的产业竞争生态。

笔者针对106家企业的问卷调查显示,在受访企业中,参加设在北京的产业联盟或技术联盟的企业比重达到63%,这一比重并不算低。产业或技术联盟存在的问题中,缺乏资源共享机制(31.2%)、联盟管理机构的服务能力弱(24.9%)是最重要的因素,反映了在京产业联盟难以协调联盟内企业间的利益分配,也缺乏实体型的能够为联盟成员提供服务的组织。

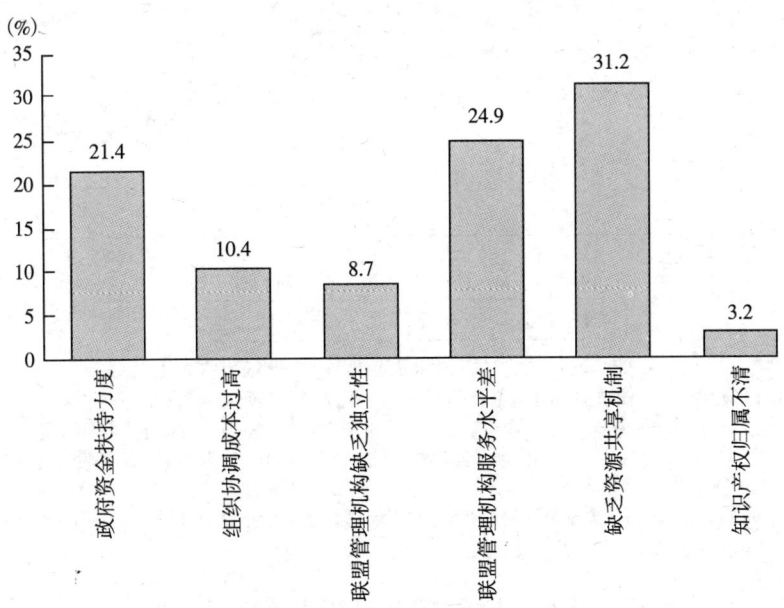

图11-1 联盟组织设在北京的产业联盟或技术联盟存在的主要问题

(四)产业化能力不足

虽然北京具有丰富的产、学、研资源,但是北京的价值创造能力不强,全国领先的科技、人才优势并没能很好地转化为经济价值。增加值率是从总体上度量投入产出效益的综合指标。从图11-2可以看到,尽管有工业统计口径的影响,但是北京工业的增加值率呈现不断下降的趋势。2000年,北京工业的增加值率为0.27,到2010年已经下降到0.20。增加值率的下降就是投入产出效益在下降。横向来比,北京的增加值率仍然很低。北京工业的增加值率仅高于浙江,处于全国倒数第二的水平。工业增加值率固然受到产业结构的影响,一般情况下,由于生产的迂回程度较低,重工业的工业增加值率要高于轻工业,而重工业中采掘工业的工业增加值率最高,远远高于原料工业、加工工业,但是这也在一定程度上反映了北京工业的价值创造能力不够。与发达国家相比,这一问题表现得更为突出。美国、日本的增加值率在0.55上下,德国、英国、澳大利亚的增加值率在0.47~0.5,均远远高于北京。

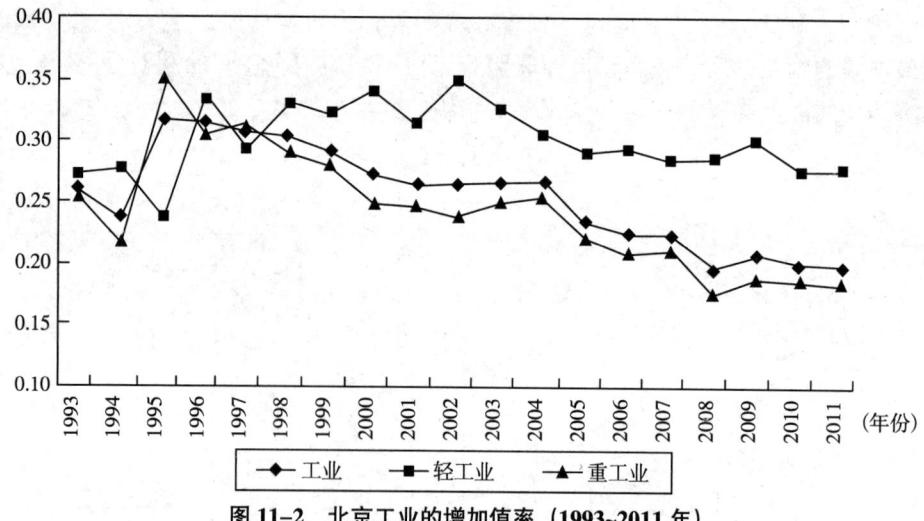

图11-2 北京工业的增加值率(1993~2011年)

注:工业增加值率=工业增加值/工业总产值。数据为规模以上工业企业数据,其中2000年以前各年为乡及以上工业口径,2000~2006年为全部国有及年主营业务收入在500万元及以上非国有工业口径,2007~2010年为年主营业务收入500万元及以上的全部法人工业企业,2011年为年主营业务收入2000万元及以上的全部法人工业企业。

资料来源:北京统计局、国家统计局北京调查总队:《北京统计年鉴(2012)》,中国统计出版社2012年版。

北京工业企业的经济效益指标在全国处于中等偏下水平。2011年,北京规模以上工业企业的主营业务利润率、总资产利润率和总资产贡献率分别为

7.17%、4.96%和7.59%，均低于全国平均水平，在全国30个省（市、区）中分别排第17位、第28位和第30位。为了避免工业结构差异对增加值率以及经济效益指标造成的影响，我们进一步对具体工业产业的上述指标进行比较。北京的工业结构以化学、机械、电子电器为主，"石油加工、炼焦及核燃料加工业"、"化学原料及化学制品制造业"、"医药制造业"、"通用设备制造业"、"专用设备制造业"、"交通运输设备制造业"、"电气机械及器材制造业"、"通信设备、计算机及其他电子设备制造业"8个产业2011年规模以上工业增加值占全部工业增加值的比重达到54.5%。从表11-3可以看到，北京上述8个产业的工业增加值率绝大多数均低于全国平均水平，半数产业的主营业务利润率和总资产利润率低于全国平均水平。如果与发达国家比较，增加值的差距就更为明显。从表11-4可见，美、日、德的制造业增加值率均在0.30以上，其中电及光学设备产业的增加值差距最为明显，该行业美国的增加值率高于北京水平0.30以上，日本、德国的

表11-3　2011年北京主要产业经济效益指标比较

产　业	工业增加值率		主营业务利润率		总资产利润率	
	北京	全国（2007年）	北京	全国	北京	全国
工业	0.20	0.29	7.17	7.19	4.46	5.84
石油加工、炼焦及核燃料加工业	0.14	0.17	-1.12	-0.50	-3.90	-1.15
化学原料及化学制品制造业	0.21	0.27	9.23	4.81	7.43	4.29
医药制造业	0.41	0.36	17.38	12.19	12.93	9.19
通用设备制造业	0.26	0.28	11.62	6.53	9.38	5.00
专用设备制造业	0.25	0.29	11.48	6.65	7.24	4.89
交通运输设备制造业	0.23	0.26	8.42	9.06	11.06	8.95
电气机械及器材制造业	0.18	0.25	7.85	4.67	5.41	3.65
通信设备、计算机及其他电子设备制造业	0.10	0.20	3.82	5.82	3.95	3.88

资料来源：根据《中国统计年鉴》（2008）、《北京统计年鉴》（2012）计算。

表11-4　主要发达国家的增加值率

产　业	美国	日本	德国
全部产业	0.57	0.55	0.48
制造业	0.36	0.32	0.30
化学和化学制品	0.35	0.25	0.33
机械设备	0.52	0.36	0.37
电及光学设备	0.56	0.35	0.38
运输设备	0.28	0.28	0.23

资料来源：OECD.StatExtracts。

增加值率高于北京水平近 0.20。

三、完善北京科学基础型区域创新体系的思路

我们从"技术、产业化和价值创造"三个层次的能力提升来讨论区域创新体系的完善问题。技术创新能力提升是指要提高区域的技术创新能力,产业化能力提升是指要提高区域将技术进行工程化和商业化的能力,价值创造能力是指通过管理、商业模式和产业政策的综合创新,实现创新体系和区域经济的互动发展。

(一) 创新能力提升的思路

1. 明确重点产业技术发展路径,加速"技术—产业"双链融合

(1) 以产业技术链的技术分析和知识产权战略分析为基础,结合区域企业发展的优劣势,明确产业发展技术路线,并进一步进行技术、经济的可行性分析,明确自主创新、合作创新和技术引进的不同重点领域,逐步确定切实可行的产业技术创新推进计划。

(2) 加大产业核心技术与主导设计的研发投入力度,建立自主技术标准体系并加强基础技术和战略专利方面的知识产权国际布局。

(3) 以技术链为基础加强产业链整合,实施产业链协同创新工程,构建产业技术体系完备、产业配套体系完整、拥有全球竞争力的或在国内处于领先地位的产业集群。

2. 实施"研发中心"和"现代工厂"建设战略

(1) 促进企业成为科技创新主体,推动大批规模以上企业加快技术研发中心建设步伐,激活内力,抢占技术创新制高点。在自主研发的基础上,注重借助外部力量,激活社会科研存量资源。

(2) 针对高科技成果产业化外流和制造业成本高企是北京市工业创新体系两大核心问题,借鉴日本"母工厂"模式,鼓励领先企业建设有北京特色的"母子工厂体系",与北京市既有的科研院所、中央企业中央研究院、跨国公司研究中心、北京市企业技术中心等创新主体共同构成完整的工业创新体系。

(3) 以在一流大学设置专门的"技术工程学院"等方式,加强"精英型"的实用技术人才和工程人才的培养。

3. 推动生产工艺和工业设计全面提升

(1) 加强工艺和产品相结合的全面创新是今后一段时期北京工业发展与技术

第十一章 "科学基础型"区域创新体系构建战略

创新的重要路径。在制约企业科技成果转化的内部因素中，企业工艺技术不成熟成为影响最大的因素。虽然工业企业的生产设备都是引进国外最先进的，但产品在稳定性和可靠性方面始终无法与欧、美、日产品竞争。

（2）加强对产业工艺创新的政策引导，加快工业技术装备更新改造，依托重点产业建设产业工艺创新服务平台。

（3）应大力加强专业化和产业化双轮驱动的设计创新，从而提升工业整体创造能力和工业设计水平，增强工业核心竞争力。

（4）加快工业设计服务业发展。大力发展以功能设计、结构设计、形态及包装设计等为主要内容的工业设计产业。加强重点产业设计服务平台与示范园区建设，形成设计企业、人才、资金等要素集聚效应。

4. 构建"政产学研金介用"长效机制

（1）以市场需求为导向，关注产学研成果的市场经济效益，形成"政产学研金介用"协同创新机制，着力引导企业与高校院所由短期、松散、单项合作向长期、紧密、系统合作转变。协助建立参与方利益共享和风险共担机制，激活合作各方自身的内在动力，调控合作风险，从而保障合作具有可持续性。

（2）依托中关村完善科技金融服务体系，解决企业融资困境。

（3）培育科技中介机构，发展中介服务保障体系。

5. 优化技术联盟和共性技术平台运作机制

（1）完善技术联盟创新的政策支持体系，促进技术联盟的相互信任和知识共享。

（2）区域共性技术平台是以共性技术创新中心为核心，通过资金流、信息流、人才流与地方政府、区域内企业、区域内外的大学和研究机构、中介机构、金融机构组成紧密联系的集合体。未来应积极培育多种不同主体的共性技术平台，并完善共性技术平台的诚信机制，丰富技术知识存量。

（3）进一步发挥工研院在共性技术研发的作用，在未来可进一步提高工研院对北京高校资源、企业和产业资源的整合力度，优化内部运作管理机制，从而发挥工研院的引导优势，形成开放高效的创新系统。

6. 加快中关村科学城建设，强化区域创新集群效应

（1）中关村科学城建设应加快盘活存量空间资源，加快释放科技资源转化效能，逐步集聚产业资源效应明显。

（2）应加强统筹协调，建立了多部门联合工作的机制，发掘筛选中央企业、高校院所的重大科技成果和基本建设需求并予以协调解决。

（3）推进产业技术研究院和特色产业创新园建设，整合高校院所及产业资源，完善配套政策，加大政府资金引导力度。

(4) 研究科学城空间再利用的相关政策，加强沟通协调，进一步争取国家相关部委支持。

（二）产业化能力提升的思路

1. 提升技术、创意的产业化能力

一是完善和优化工业技术工程化体系。要理顺北京市工业技术研究院体制机制，强化研究院的主体地位，最终实现研究院的独立运转。发挥其在形成工业化集成平台，为企业提供各种行政服务、公共资源、人才培训服务方面的作用。

二是加强工业和文化创意产业的融合发展，以工业技术实现创意的产业化，以文化产业的发展促进工业产品的升级。

三是促进在京军工企业产品、技术、工艺的民用转化。充分考虑到军工产品的成本是否适合民用产业，重点打造航空航天和电子信息两个军民两用平台。

四是借助重大专项，形成产业化重点突破方向。围绕大规模集成电路、新一代宽带无线移动通信网和重大新药创制等国家科技重大专项，会聚各方力量，推动成果小试和中试，使北京能够对全国制造业的发展和升级产生重要影响。

2. 形成开放的产业化系统

一是打造立足中国，面向全球的技术交易市场。形成一个立体化综合性的平台，能够实现参与各方从单纯的交易关系和竞争关系转变为合作和互惠互利关系。

二是推广开放式创新理念，推进"开源社区"建设和扩展。着力突破"开源社区"发展的人才培育和运营经费问题，并引导市场需求与社区资源的契合。同时推动"开源社区"向非互联网行业扩展。

三是加强对大型企业竞争行为的引导，提升其促进行业技术创新发展的责任感，维护小微企业创新收益和成长权利。加强竞争法规建设，加强知识产权的保护力度，对大企业的恶性竞争行为进行规制。引导大企业改变竞争态度，赋予大企业引领行业发展的责任感，尊重小微企业同行的创新成果。依靠政府公共资源和行政力量，为小微企业和创业团队提供一个创新"避风港"。鼓励和帮助小微企业、创业团队在创新过程中利用外部资源。

3. 孕育活跃的北京创业文化

一是推进创业社区建设，增强社区的服务功能，减少社区对创业者的干预。根据北京产业园区分布，打造若干创业社区群，公平对待每一个创业团队，提供完善的后勤保障服务，创造良好创业氛围，减少社区对创业团队创新和经营的干扰。

二是增强大学生创业者的市场适应力。一方面，减少封闭式教育制度造成的先天性缺陷，让大学生在学习期间就有机会洞察市场需求的变化、体会企业经营的困难、感受市场竞争的残酷;另一方面,减少对大学生创业公司的一次性资助,针对大学生创业公司在管理、财务、经营、人事、营销上的不足给予持续性的辅导。

三是建立创业退出机制,为创业失败者的再创业创造条件。努力降低失败创业者退出的行政性成本,同时形成再创业文化。

4. 提升高技术产品的规模化发展能力

一是推进示范应用工程,启动新产品初期市场。发挥首都公共产品采购量大的优势,启动新兴产品初期市场,并在使用过程中发现和修订产品缺陷,形成"新产品—示范应用—反馈信息—修正—改进新产品"的良好机制。

二是依托产业联盟,形成和巩固产业供应链、销售链。要改革联盟组织模式,明确联盟促进行业发展的目标,从三个方面增强联盟在形成和巩固产业供应链、销售链方面的作用:第一是协调联盟成员间的互补性,第二是形成联盟成员间的反馈机制,第三是实现联盟成员生产经营活动的正外部性。

三是瞄准需求发展前沿方向,布局国际高端市场。制定中长期规划,探索构建国际顶尖现代产业体系和高端市场销售网络,提前布局国际高端市场。一方面,利用北京作为中国对外开放窗口的平台优势,积极利用海外资源为北京产业发展服务;另一方面,鼓励北京优势企业发展海外业务,制定和实施"跨国公司"发展战略。

5. 加强高端要素对产业发展的引领

一是升级传统品牌,培育新兴品牌,打造地域品牌,孕育工业"北京创造"品牌文化。应积极利用老品牌的知名度,通过品牌再造和移植使得老品牌的影响力能够为新产品和新兴产业发展服务。在改造和提升传统品牌的同时,还要培育和发展一批新的品牌。此外,还要打造一批地域品牌,提高资源聚集程度。

二是促进技术标准与产业发展的协同推进。发挥北京的技术、市场和政策优势,尽快在下一代移动通信、工业数控系统、数字影音、短距离数字连接等领域培育技术标准,或在已有技术标准联盟中占有重要地位。一方面要紧跟全球领先标准联盟,降低国外标准壁垒对北京产业升级的影响;另一方面起到对国内自主标准的引领作用。大力支持技术标准联盟的工作,通过联盟的力量,使技术标准的研发、试用、推广与北京相关产业的转型升级紧密结合,实现在技术研发适度超前基础上,技术标准的产业化协同推进。

三是加速概念性平台的产业布局。抓住机遇,建设成为中国对接国外概念性平台的结点和国内概念性平台产业发展高地。在加速已有概念性平台产业布局的同时,北京还应利用技术和人才优势,在电子信息、新能源、新能源汽车、生物、新材料等新兴产业领域率先提出一些超前性的概念性平台,制定远期发展战略,提前进行基础科学研发和市场培育。

(三) 价值创造能力提升的战略和思路

1. 提升产业结构调整的连续性

北京的结构调整不仅是产业结构的转变,而且要在产业结构转变的过程中,通过坚持走新型工业化道路,提高产业的竞争力、可持续增长能力和价值创造能力。北京产业结构调整的主要方向是高端化、绿色化、轻型化、精致化、新兴化、融合化。

(1) 高端化:降低附加值的劳动密集型产业的比重,推进高附加值的资本、智力和技术密集型产业的发展,使高端农业、高端制造业、高端服务业成为北京产业的主体。

(2) 绿色化:减少"两高一资"产业,推进资源、环境友好型的绿色产业的发展,使北京的生产、生活环境明显改善,空气质量显著提高,成为天蓝地绿水净的国际化都市和美丽中国的一颗明珠。

(3) 轻型化:继续降低以钢铁、石化为代表的重化工业的比重,推进以研发、设计、创新、互联网、生产性服务为代表的轻资产产业的发展,使北京的发展减少对资源的依赖,而将发展的基础转移到高端要素上来。

(4) 精致化:加快制造业的改造升级,通过找差距战略(Bench Marking)缩小与世界先进水平的差距,使制造业更节约、更精致。

(5) 新兴化:逐步降低传统产业的比重,大力推进战略性技术的培育和战略性新兴产业的发展,使新兴产业快速成长并在未来成为北京经济的主体。特别是要积极推动在京实施的国家科技重大专项成果、中关村科学城战略性新兴产业的产业化关键核心技术在北京的落地,以此作为北京培育和发展战略性新兴产业的重要抓手。

(6) 融合化:高度重视产业融合发展,通过产业融合创造新的价值来源。

2. 鼓励商业模式创新

商业模式创新最活跃的是互联网领域以及互联网对传统商业模式的改造(Suleman 等,2013)。北京在互联网技术、新一代互联网领域具有很好的基础,同时拥有非常丰富的人才、信息、资金和市场资源,已经形成良好的产业发展环境。北京也应积极推动企业的商业模式创新,帮助企业将商业模式创新变为增强竞争力、提高经济效益的重要手段。初期可以在中关村科学城开展试点,在新一代信息技术、生物、节能环保、新能源汽车等领域以及针对科技孵化企业开展积极探索,制定支持企业进行商业模式创新的政策。

一是将企业的商业模式创新放到与技术创新同等重要的地位,对商业模式创新的企业在产业发展引导资金上给予支持、在税收方面给予优惠。

二是建立风投沙龙，经常性地开展风投讲座、经验交流、企业家见面等活动，帮助企业与VC、PE等投资机构建立联系，解决企业起步阶段的资金困难。

三是收集、整理国内外商业模式创新的经验与最新实践案例，开展商业模式创新方面的讲座，提高企业商业模式创新的意识和能力。

3. 控制关键价值链环节

北京应大力发展在岸外包（onshore outsourcing），本身聚焦于微笑曲线的高附加值环节转变为价值链的"链主"，而将低附加值、高消耗、高污染的加工制造环节外包到国内的低成本地区甚至周边成本更低的国家。通过生产活动的外包，链主企业能够以较少的资源控制成倍的外部资源为我所用，进而增强北京对产业的掌控力和价值创造能力。推进价值链升级，要与"母工厂"的实践探索相结合。完善母工厂在中试、生产工艺改进、先进制造技术应用、现场管理等方面的功能。建立在京企业与京外内部企业之间的模拟市场关系，通过工厂建设、管理输出、专利转让、生产绩效改进咨询、人员培训等多种形式，发挥母工厂的技术、人才和运营优势，将其从成本中心转变为新的利润增长点。推进价值链创新，要与总部经济发展相结合，大力引进和扶持本地链主企业的发展；要鼓励本地企业从垂直一体化企业向垂直专业化的链主企业转型，从价值链低附加值环节向高附加值环节攀升。

4. 努力开拓新的市场空间

市场创新就是要从过度竞争的"红海"转向开创无人争抢的"蓝海"。北京是全国综合生产和商务成本最高的地区之一，依靠低成本竞争的企业生存十分艰难。北京企业实施市场创新战略应从以下五个方面进行：

一是企业的R&D活动和生产活动要以市场为导向，充分考虑市场的需求，并能够创造市场需求。

二是实施低端产品向高端产品转换的策略，将技术含量或品牌价值较高的中高端产品作为未来发展的重点。

三是实施差异化策略，避开产能过剩较为严重的领域、减少同质竞争。

四是实施融合开发策略，即利用北京信息技术、互联网技术研究和产业发达的优势，积极开发信息化与工业化融合的产品，如卫星导航、物联网、智能机床等。

五是加快战略性新兴产业的发展，在战略性新兴产业产品的产业化方面尽快实现突破、抢占市场先机。

5. 促进总部集聚效应向经济效益的转化

未来北京仍应将总部经济作为产业结构调整和价值创造的重点，以高端企业总部和创业企业总部为两个抓手，以CBD、金融街、丰台总部基地、中关村科学城、未来科技城等为载体，力争将北京打造成世界领先的企业总部聚集之都。北京总部经济应重点发展以下几个方面：

一是继续吸引跨国公司和国际组织的地区总部、央企总部、银行总部和国内大集团总部入驻。

二是大力吸引大集团的运营总部、研发总部、采购总部、结算总部、客服总部等职能总部落户北京，将跨国公司的区域性研发总部和国内企业的全国研发总部作为重点。

三是积极吸引金融服务、信息服务、商务服务等总部经济配套职能的专业化企业总部入驻。

四是以重大科技专项和中关村科学城为主要抓手，大力扶持创新、创业型民营企业的发展，特别是为这些企业发展壮大后总部设在北京创造良好的条件。北京市各区域之间应形成总部布局的错位发展。

6. 拓展飞地经济模式

北京工业发展面临着土地供应紧张，人工成本高企，水、电供应和环境都存在很大约束，造成一些想进京投资的企业进不来，一些企业在北京难以生存但又舍不得离开。北京市各区、市、县之间存在着对项目、资源的相互竞争，一方面造成京内的重复建设，另一方面也减少了给当地带来的价值。通过积极发展飞地经济可以有效地解决上述问题。

一是在京内的土地供应相对充裕、适合工业开发的区（市、县）设立"飞地园区"，并按照产业集聚原则进行分类规划，促使各区县的新增招商引资项目根据产业类型向相应园区集中，招商引资的区县按一定比例获得项目投产后的产值和税收。

二是抓住中西部地区、北京周边地区发展的迫切需求和工业产业加快向中西部地区转移的机遇，与其他省（市、区）特别是河北、山西、内蒙古等资源与北京互补的地区签订"飞地经济"战略合作协议，由其他省市提供工业项目的建设和发展用地，北京帮助吸引投资项目、协助在京企业的向外转移和重大科技成果的落地，利税由双方共享。充分发挥中关村国家自主创新示范区的影响力和对高技术产业、战略性新兴产业的吸引力，总结并推广江苏中关村科技园区的发展经验，与经济发达地区地方政府共同建设开发高技术产业和战略性新兴产业园区。

三是与总部经济模式相结合，探索飞地的逆向投资模式，在北京设立"研发飞地"，吸引外地政府帮助当地企业在北京设立研发中心，加快壮大北京总部经济的发展。

四是促进产业援助合作模式向飞地经济转型。在帮助四川什邡、新疆和田、西藏、内蒙古赤峰等北京对口支持地区的开发区建设、发展中，一方面主动引导有转移意向的企业向这些对口支持地区转移，另一方面积极探讨在运营阶段两地利税共享的可能。

四、完善北京科学基础型区域创新体系的政策措施

针对科学基础型区域创新体系产业化能力不足的问题，重点应当从加强工艺创新和精细制造发展的角度，完善创新功能。

（一）重新认识制造在科学基础型创新体系中的战略地位

重新认识制造业对北京市可持续发展和城市功能定位的战略意义，促进形成北京市制造业创新发展的共识和舆论氛围。要跳出过去从"规模"看待北京制造业地位的小视角。虽然美国制造业占其国民经济的比重仅为18%左右，但美国68%的研发是由制造业部门完成的。也正因此，美国才提出了通过"再工业化"巩固其全球创新中心的战略。同理，北京不仅要做全国的科学技术策源地，也要争做技术水平高、生产效率优的产业高地；没有产业支撑，北京不可能成为具有创新活力的科技策源地。建议通过举办"中国制造业高层论坛"、"全球先进制造和先进制造业国际论坛"、"北京先进制造业宣传周"等形式宣传北京发展先进制造业、推进工业创造的战略意图和举措。

（二）实施"母工厂"建设工程，构建母子工厂体系

"母工厂"是日本跨国公司对其本国设置的先进制造技术工厂的称谓。能够体现现代化制造能级的现代工厂的缺乏，是北京市制造业成本高企和高科技成果产业化外流两大核心问题的根本症结所在。未来北京市政府应当在工业发展和技术创新中着力突出"现代工厂建设"的内容，在全国率先提出"协同推进'研发中心建设'和'现代工厂建设'的战略"，以"现代工厂建设"为抓手，从根本上解决产业化能力弱和要素成本高等北京工业发展的瓶颈问题。与此同时，通过促进形成研发和先进制造双轮驱动的工业发展和创新体系建设格局，大幅提升北京市在我国工业转型升级和创新型国家建设事业中的先行先试和引领示范作用。建议制定《北京市现代工厂建设计划》，依托京东方、北汽福田、联想、三一重工等主导产业中制造技术能力突出的优势企业，采取"遴选一批、培育一批、引进一批"的分阶段的"现代工厂"建设战略。以"现代工厂"为平台，加快人工智

能、数字制造、工业机器人等先进制造技术和制造工具的研发和应用；加强北京市工业产品在国内外高端市场的竞争能力；通过对科研院所、联合实验室等创新载体在小试、中试等环节的产业化支撑，从根本上解决北京市核心技术资源外流、产业化能力不足等问题。鼓励领先企业建设有北京特色的"母子工厂体系"。"第三次工业革命"背景下先进制造技术的发展（黄群慧、贺俊，2013）为北京市制造业复兴提供了难得的历史机遇，只要定位清晰、路径得当，北京完全可以走出先进制造业跨越发展的新路（刘湘丽、贺俊，2013）。

（三）加强技术突破方向、知识产权、技术标准的部署和组织

围绕主导产业技术路线发展的需求，建设北京市重点产业的专利池，加强重点知识产权的攻关。加快推进技术标准化的培育和发展，推进技术的标准化和标准的知识产权化。在推进战略性新兴产业技术标准培育发展的同时，对于4G、北斗等新兴技术领域，注重技术标准和产业化的协同推进，将北京市的技术标准优势切实转化为北京市的产业竞争优势和经济价值。

（四）推进工业技术基础设施建设

工业信息的计算和处理能力已经成为新的影响制造业竞争力的战略性资产。建议在"祥云工程"加强云计算基础设施建设的基础上，进一步建立北京市高性能运算研发中心和高性能运算服务中心，在加快高性能运算前沿技术突破的同时，重点加快促进既有的高性能运算技术储备转化为商业应用和公共服务。同时针对目前北京市制造业企业的质量管理缺乏系统工程数据支撑的问题，加快推进北京市重点产业工程数据库的建设。

（五）高技术创业和中小企业技术扶持

借鉴美国小型企业创新研究计划（SBIR）项目的经验，在中关村"瞪羚计划"下，从每年4000~5000家新创企业中，按照技术创新生命周期采取分阶段的、有竞争的、差异化的操作方式，遴选200~300家企业进行分阶段资助和扶持。第一阶段为技术可行性研究资助阶段，该阶段政府为企业提供相对小规模的资助。第二阶段政府对第一阶段取得初步成功的项目提供进一步的资助。前两个阶段的政府资助都是无偿的。不同的是，在技术可行性研究阶段，采取"小额普发"原则，即大范围资助，但单项资助额度相对低，这样既避免了对失败项目的过度投入，又可以广泛培育技术种子。一旦进入第二阶段的研究开发，资助就采取"大额集中"原则，以加快推进技术成熟。第三阶段是技术成果商业化的阶段，该阶段政府对企业的资助不是必然的，而是根据技术产业化的市场条件和企

业能力相应给予,政府的主要功能是为技术产业化提供各类服务(罗仲伟、贺俊,2013)。

(六) 合作创新项目和政策

通观全球的技术创新组织,技术联盟仅在日本、韩国等少数具有独特合作文化的亚洲国家取得了成功,在美国、欧洲都不是重要的组织形式。无论是理论还是实践都表明,合作研发这种以"双边合作"为主的合作形式,要较"技术联盟"这种以"多主体参与、多边合作"为主的形式更加有效。建议设立"北京市先进制造合作项目",项目对企业、科研机构、社会服务组织等在符合北京市产业规划和政策重点支持的技术研发、产品工程化、投资、市场等领域的合作项目提供资助。在合作项目下建设"北京市先进制造业技术与产业合作网",为各类主体之间自愿的市场化合作提供技术和市场信息。

(七) 构建符合技术创新的科技金融体系

建议依托北京市金融局,整合工商、金融、工业等管理部门数据,建立"北京市企业信用数据库",为科技金融提供信用基础。依托中航工业、联想等中央企业和大型企业,建立专业性的产业投资基金,为战略性新兴产业发展提供专业性的金融支持。大力发展创新知识产权投融资方式,积极参与建设统一监管下的全国场外股权交易市场,完善非上市科技企业股权交易市场,完善非上市科技公司股份转让途径,以及未上市股份公司股权集中托管、转让、市场监管等配套制度,构建具有北京特色的科技金融体系。借鉴以色列等国家的优势,设立"北京市政府(全资)创投基金",对符合区域工业发展方向的高技术创业企业和创新项目提供股权投资。在投资条款中明确政府投资的退出机制,如在企业创立后的两年或三年后优先向创业者出售持有股份等。

第十二章 国家层面构建区域创新体系的战略构想与政策建议

我国区域创新体系的构建应当遵循产业链和创新链协同部署、科技推动和市场拉动互动作用的基本战略,在区域创新体系建设中,突出以企业为主体来整合区域内外部创新资源的基本原则。在区域创新体系建设的过程中,着力提升区域的网络合作能力、技术扩散能力、高技术产业化能力和创业能力。在区域创新平台的建设过程中,既要根据自身的市场机构和技术资源基础,选择符合本地现实基础的模式,也要根据技术创新和产业升级的要求,不断促进平台制度模式的动态变化。通过区域层次的能力提升和平台建设,构建具有多样化、动态性的创新生态。

一、构建我国区域创新体系的总体战略

从总体上看,为构建各具地方特色、服务本地经济、连接国家创新体系的区域创新体系,我国的区域创新体系构建应当从各区域的功能定位和产业创新发展的要求出发,充分考虑国内外产业、技术发展的最新趋势,坚持"协同创新、市场化创新、互动创新、融合创新和开放创新"的总体战略。协同创新是加强区域创新能力和产业化能力的切入点和突破口;系统创新是完善区域创新体系、形成可持续发展能力的基本保障;互动创新是整合利用区域经济技术优势资源、实现科技驱动和市场拉动双轮驱动的有效路径;融合创新是发挥各地方产业优势、形成高端创新要素集聚效应的独特优势;开放创新是提升区域技术创新和工业发展层次的必由之路。

(一)创新链、价值链和产业链相互衔接的协同创新体系建设

目前各地方政府支持的科技项目的分布很多只是创新链和产业链上的某一

点,忽视了产业的发展需要技术集成,需要构建创新链,形成技术体系。这种政策组织方式严重影响了地方的产业创新能力:一是"技术孤岛"难以集成;二是集成的主体很难明确。未来要以加强各地方重点产业的竞争力为目标,强化创新链"线"状和产业整体"面"状的群体性突破。在创新战略的设计和实施中,应当针对本区域的重点产业,编制相应的创新和产业发展路线图,重点安排重大创新和产业工程,并分别把这些项目落到优势企业、技术联盟、合作研发和高技术创业等具体的主体上,最终以产业链、价值链和创新链的相互衔接为抓手,整合各地方的创新资源,提高创新能力转化为产业化的能力。

(二)以企业为主体的市场化创新体系建设

北京、上海等科学基础型的区域,集中了我国最优秀的研究型大学和公共科研机构。这类区域的创新体系建设所要解决的主要问题是,由于区域内的大学和研究机构主要是针对"国家"的科学技术发展而不是区域的产业发展需求设置的科技基础设施,因而必然形成这些科研机构的科学技术供给与区域的产业发展需求脱节的现象。针对这种情况,一方面,要在促进本地产业与国家科研机构有效合作的过程中突出本地企业的主导作用,凡是以工程集成技术突破为主要目标的,凡是企业更具技术优势的,都要建立企业牵头实施的工作机制。另一方面,要加快完善针对区域产业发展需求的地方公共科研机构的建设和机制完善,构建符合区域产业发展需要的产业技术创新支撑体系。对非科学基础型的区域,由于本地科学和技术资源的缺乏,应当以企业为主体,以开放式的创新平台搭建为突破口,促进本地技术资源和区域外科学资源的对接、本地产业资源和区域外技术资源的对接,通过构建有效的激励机制和利益分享机制,以企业的创新和产业化活动来整合区域内外的创新资源。

(三)科学技术推动和消费需求拉动相结合的互动式创新体系建设

区域的经济技术优势不仅体现在汇集了全国的高技术人才、高水平研发机构和高质量知识产权成果,同时也体现在该区域所集聚的收入水平高、消费意识前沿的个人消费者、对技术装备要求苛刻的企业用户以及对产品的安全性、环保性和技术性具有特殊要求的政府用户。在区域创新体系建设的过程中,应该充分发挥区域的用户优势和市场优势。依托"智能城市"、新能源汽车应用示范工程、三网融合、开放源社区建设等工程和项目,加快推进应用示范工程建设和高技术产品商业化。通过"科技驱动"和"市场拉动"的共同作用,形成科技优势和市场优势相互补充、相互增强的态势。在地区应用示范工程建设的过程中,尤其要避免示范工程变成"形象工程"的错误做法,通过新产品和新技术的应用示范,

第十二章 国家层面构建区域创新体系的战略构想与政策建议

在实际应用过程中,加强企业和用户的交流和互动,真正解决高新技术和高新技术产品的技术缺陷和工程化难题,实现高新技术的工程化和产业化。

(四) 科技、服务、金融、文化交互渗透的融合创新体系建设

互联网和先进制造技术的发展不断促进服务与硬件产品的融合,从而促进了服务业和制造业的融合,区域创新体系建设应当发挥自身在不同类型生产性服务业领域的独特优势,通过发展"专业"的服务市场和服务产业,提升区域对先进制造要素的集聚能力。同时依托区域的金融体系和金融服务优势,加快促进金融资本向产业资本的转化,为高技术创业和创新提供强有力的金融支持。工业发展的过程不仅是一个物质财富创造的过程,同时也是文化积淀和升华的过程,区域的创新体系建设应结合工业创新发展战略实施的机遇,加快以精细制造和商业信用为核心的工业文化建设,营造发展实体经济和高端制造业的文化氛围,改善政府的服务大环境和企业所在"社区"的服务小环境,在要素成本快速上升的情况下,大幅提升区域的技术创新和产业发展的软环境竞争力。

(五) 集聚、吸收、整合、对接区域外创新资源的开放创新体系建设

为了增强区域创新体系中创新主体和创新活动的多样性,区域创新体系建设应当尽量吸收和集聚区域内外的各类科技资源,包括优化服务环境吸引全国性和跨国公司研发中心落户本地,优化商业和生活服务环境,吸引区域外的优秀技术人才和海外留学人才在本地创业、就业、创新。整合区域内外和全球科技资源,支持本地企业通过设立全国或海外研发机构、对外直接投资、并购、合作等多种方式走出去,直接利用区域外和海外的科技资源。对接区域外和全球科技资源,促进国家创新体系和跨国公司及其研发中心与本地企业和科研院所的产业合作和技术合作,鼓励全国性公司和跨国公司及国外科研院所参与区域的技术联盟和产业联盟,加速推进全国性公司和跨国公司科技信息和要素在本地的流动。吸收全国和全球科技创新能力,积极帮助企业引进国内和海外高端技术人才,加强外地和海外研发能力向本地的转移。

二、我国区域创新体系构建的基本思路

区域创新体系的本质是区域创新能力,即不依赖于任何个体的区域层面的创

新能力（Asheim，1997、2005；Cooke，1998）。区域创新能力降低了个体的创新成本和风险，提高了个体创新的可能性和收益能力，从而促使各种创新要素向该区域集中。区域创新能力是一个组合的概念，它包括一系列的能力，如网络能力、配套能力、技术扩散及应用能力、新技术产业化能力、创业能力等方面。

（一）提升区域创新体系的网络合作能力

区域创新体系是一个网络组织系统，是在某一特定区域内互相联系的、在地理位置上相对集中的企业和机构的集合，包括共处一个竞争环境中相互关联的产业和其他实体。形成区域创新体系的重要因素是企业间相互关联协作，资源能进行集成整合，实现"1+1>2"的竞争优势。区域创新体系的网络结构不仅取决于聚集企业的性质、位置、角色，更取决于纵横交织、相互关联的企业之间的配套合作关系。在一定程度上，区域创新体系的组织接近与组织关联特性比区域创新体系的空间地理接近或专业化分工更为重要，区域内企业和机构间的连接关系对于区域发展和群内企业行为有着重要作用。区域创新体系网络组织形式及其产生的组织关联能促使区域内企业获得网络经济效应。

当前，我国区域创新体系网络能力不高，区域内企业之间的产业关联度低，相互之间的协作与专业化分工不充分，效率得不到提高，整体处于较低层次。因此，提高区域创新体系能力首先要提升区域的网络能力，即提升企业区域内各企业间的网络组织形式及组织关联度，提高区域创新体系内企业之间的合作能力。合作不仅是同行之间建立合作创新的关系，还应该在区域上下游企业之间进行合作。通过区域创新体系企业形成的合作创新关系，企业之间的协作关联加大，专业化分工加强，从而增强区域创新体系的网络能力。

1. 促进企业间的横向合作

区域创新系统内的很多企业往往都面临相同或类似的问题，问题的解决也具有明显的规模效应，可以由企业共同合作。例如，共同采购原材料、共同建立销售产品的批发或零售机构、共同引进新的生产设备、共同完成一份大的定单的生产、共同开发一项新技术、共同使用一个商标、共同组成集体担保机制向商业银行贷款、共同使用某些生产设施、共同开展教育培训计划、共同治理环境污染等。以温州桥头镇纽扣产业集群为例，桥头镇拥有中国乃至世界最大的纽扣市场，被誉为"世界纽扣之都"，主要生产中低档各类纽扣，品种达上万种，企业数超过400家，从业人员有1万多，生产方式主要以小批量生产为主。区域创新体系内部除了纽扣生产企业外，围绕纽扣生产还集聚了一大批半成品材料加工企业和配套企业，其中各类树脂、电镀企业超过100家。通过打造以市场为核心的企业合作网络，把处于不同生产环节的相关企业连接起来，为区域创新体系内部的企业提供了一个有效的、辐射面广泛的销售网络，降低了企业的交易费用和信息搜寻成本。

由于企业间的横向联系常常牵涉到数量众多的企业，因此区域所在地政府常常需要承担网络经纪人的功能，为企业创造共同行动的机会。同时，这也是一个促进企业间、企业与地方政府间逐渐建立信任关系的过程。通过地方政府与企业家之间的互动，能够较准确地判断出各个参与者的能力以及他们对共同行动的责任感。

2. 促进企业间的纵向联系

随着新技术的迅速发展以及企业所面对的消费市场的多样性日益增强，大企业垂直一体化的发展趋势受到质疑。为了减少技术锁定、劳动力囤积以及生产能力过大的风险，大企业开始倾向于将产品大部分的非核心部件进行外包生产。区域中的其他企业如果能与大企业建立起纵向分工联系，不仅可以避免直接与大企业进行竞争，还能在发展起长期合作关系的基础上获得大企业的技术指导设备改进、资金援助等帮助。

以全国最大的低压电器生产地——柳市低压电器区域创新体系为例，大企业集团处于中心支配地位，主要生产技术难度高、附加值大的核心产品，企业处于外围从属地位，生产专业分工度高、批量较小的各种零部件和半成品，形成"中心—外围"式生产分工协作体系。正泰集团是柳市低压电器区域创新体系中的核心企业之一，它生产的低压电器产品是由1000多个企业协作完成的。在区域中打造以生产性企业为核心的企业合作网络，就是要将关键性企业委托的生产业务根据专业化分工要求，分包给其他企业，从而形成多层次的分工协作体系。这种分工协作体系使核心企业与各类企业形成共存共荣的亲密合作关系。

（二）提升区域创新体系的技术扩散和应用能力

区域创新体系的能力提升离不开区域内各企业整体技术水平的提高，技术水平的提高无外乎两条途径：自己研制和外部获取。由于企业普遍资金缺乏，抗风险能力薄弱，而研发新技术存在周期长、风险大的特点，因此大部分企业难以像主导企业那样自己投入资金并承担风险去研究新技术，只能从外部获取技术。技术扩散是指一项技术从首次得到商业化应用，经过大力推广、普遍采用阶段，直至最后因落后而被淘汰的过程，不仅仅指对生产技术的简单获取，更强调对技术引进方的技术能力的构建活动。区域创新体系与技术扩散之间存在着相互促进与增强的关系。

目前，我国区域创新体系普遍存在技术扩散和应用不足的问题，一些产业共性技术推广困难、企业效率得不到提高，企业急需的技术又找不到扩散源。各种技术扩散和应用过程中的问题困扰着企业，也阻碍着区域创新体系技术能力的提高和竞争力的增强。

1. 加强共性技术扩散

产业共性技术是对整个行业或产业技术水平、质量和生产效率都会发挥迅速的带动作用，具有巨大的经济和社会效益的一类技术。在产业共性技术研究成果上，企业可以根据自己的生产或产品需要进行后续的商业化研究开发，形成企业间相互竞争的技术或产品。

加强共性技术的扩散，首先，改善信息环境。信息是技术创新扩散中最活跃的因素，扩散活动离不开供需双方充分的信息交流。因此，需要建设完善的技术信息网络，培育发达的信息流通体系。可以利用计算机网络改善扩散的信息环境，技术推广部门将待推广应用的技术成果汇总成集，建立起技术创新扩散的信息网，使创新的潜在采用者可以方便快捷地了解技术信息。

其次，建立规范的中介服务市场体系。中介服务可以加速技术信息的沟通，促成技术贸易，实现技术创新扩散。为了从中介组织入手，挖掘其转移、推广技术创新的潜能，需要建立职业规范，提高中介信誉，加强中介组织与企业的合作，提高中介组织的效率和质量，营造中介组织运作所需要的良好外部环境。

再次，健全技术市场，规范技术市场行为。技术市场是技术的供给方和需求方交换技术的平台，建立技术市场后可以使得技术从一个企业流向另一个企业、从一个区域流向另一个区域，促进技术的扩散。技术市场发达的地区，其技术扩散就快；反之，则技术扩散慢。地方政府应该主动承担起建设技术市场的责任，加强对市场的监督和管理，保证技术市场的规范运行。

最后，放松市场管制，消除地区间、部门间的扩散障碍。地区间阻碍技术创新扩散的因素很多，其中最主要的有两个：①创新拥有者的地方政府对技术跨地区的转让实行阻挠、封锁等地区垄断政策；②地区间的市场割据，限制了市场机制在促进技术创新扩散方面的作用。在解决第一个问题时，可以采取"补偿和强制"相结合的扩散政策：一方面对技术转让方实行优惠政策以补偿转让技术的损失，另一方面通过地方行政体制改革消除技术流动的行政壁垒。打破地区封锁，打破那些对跨地区技术促进作用大的重点产品的市场封锁，建立全国的统一市场，充分发挥市场机制在技术创新扩散中的作用。

2. 促进技术人才流动

技术扩散是一个社会过程，是在企业之间、人与人之间交流和互动基础上发生的活动。作为隐含经验类知识的载体，专业技术人才在地域内能否自由流动、能否获得地方正式或非正式制度的支持成为提高区域扩散能力的关键。

促进专业技术人才流动，一方面，政府要健全人才服务体系。加快区域创新

第十二章 国家层面构建区域创新体系的战略构想与政策建议

体系的人才服务网络体系建设，加大政府所属人才服务机构之间的联系，通过信息共享，方便专业技术人才流动时办理档案、社保等事项；提高人才服务机构从业人员的素质，保障人才流动时能够享受专业化的服务。只有全面提升人才服务水平，才能使得专业技术人才流动的成本最小化，促进它们的正常流动。另一方面，政府要健全人才流动相关法规，建立人才诚信机制。规范人才流动中介机构特别是猎头公司的行为，加强人才流动中国家秘密和商业秘密的保护，保障单位和个人合法权益，确保人才流动有法可依。完善劳动人事争议仲裁制度。做好案件受理、调解仲裁、监督执行等工作，妥善解决人才流动争议，切实维护人才与单位的合法权益。借鉴信用体系成熟国家的经验，着手研究建立人才流动诚信机制。一是建立人才个体的流动诚信档案；二是建立人才中介机构的诚信档案；三是建立用人单位的用人诚信档案。同时，在完善立法的基础上，建立失信的惩罚机制。

（三）提升区域创新体系的新技术产业化能力

完整的创新过程不仅包括新产品的发明，而且包括将新产品进行工程化和商业化的过程。只有通过工程化和商业化，技术创新才能转化为产品和最终商品。作为完整的区域创新体系的一部分，产业化能力对于提升区域创新体系的技术创新能力具有重要的作用。

1. 加强与科研机构的合作

在我国，一方面，科研力量主要集中在高校和科研机构，每年这些地方都会产生大量的新技术，但是由于它们主要是学术性机构，缺乏对市场的了解，所以大多数的新技术很难转化和应用。另一方面，广大企业身处市场却缺乏足够的科研力量。科研与市场的结构性矛盾长期存在，使得只有当企业、高等院校、科研院所聚集在一起形成一个创新系统，形成合力，区域创新体系的创新能力才有可能得到显著提高。世界上著名的高新技术产业聚集区大多是围绕科研力量雄厚的地方形成的，例如美国的硅谷、128号公路，英国的剑桥科学园等。

研究机构与企业的联系和合作主要是运用研究机构较强的科学技术力量、实验手段和企业的研制条件，共同研究解决生产建设中提出的关键技术问题。这种合作能够在较短时期内取得成果，并大大缩短从研究到生产应用的周期，使科学成果转化为直接的生产力。研究机构与企业合作，一般有单项合同、长期协作和研究机构—企业联合体三种形式。

单项合同和长期协作一般是企业为了产品的更新换代、采用新技术和进行企业的技术改造而向研究机构提出协作要求，或者由研究机构将自己的研究成果拿到有关的生产企业去进行中间试验或推广。例如，华中工学院的机械制造专业和

构建区域创新体系战略研究

湖北孝感机床厂协作研制成功的高速曲轴磨床达到了先进水平,通过了鉴定,先小批量投产,成为孝感202机床厂20世纪80年代的新产品。在此以后,他们又协作研制曲轴颈磨床和曲轴平衡自动线,对发展生产的贡献很大。

研究机构—企业联合体是两者协作的高级形式。一般是围绕一个较大的综合性课题,由高等学校、企业和研究单位分别派人参加,进行较长期、较全面的协作研究。它能更好地发挥学校、研究机构和企业各自的长处,既有利于直接为国民经济服务,取得较好的经济效益,又有利于促进学校实验室的建设,进一步提高教学质量和科研水平。例如,华中工学院电力工程系水电站自动化教研室与湖南省电力系统的几个单位(既有运行生产单位,也有研究设计单位)所组成的联合体,协作研究的课题是"湖南水电站(群)优化调度及实时控制",是湖南省和国家的重点课题之一。

2. 构筑科技企业孵化培育体系

孵化器是公益性的创业基地,通过提供研发、生产、实验室、通信、网络与办公、经营等共享设施以及系统的培训、咨询、政策、融资及市场推广等方面的支持,向创业者提供良好的创业环境和条件,创业者带着头脑和技术来无需太大的投入,孵化器帮助创业者把发明和成果尽快转化为商品并进入市场。企业孵化器在推动高新技术产业的发展、孵化中小科技型企业等方面具有重要作用。在区域内构筑有效科技企业孵化培育体系可以采取以下措施:

第一,不断完善创业服务体系,建设科技企业孵化基地。深入探索和实践如何完善孵化基地的管理体系,强化其服务功能,更好地引导企业健康发展。

第二,创办专业孵化器,走"一区多园"发展道路。为了发挥高新技术的辐射作用,延伸和扩展创业服务中心的孵化功能,利用大型企业闲置厂房、设施、设备和大专院校、科研院所的资源优势,各创业服务中心要积极探索总结在联合企业共建专业孵化器方面的经验教训。通过专业孵化器和"一区多园"的形式,力求将分散的企业集中成群,营造局部优化的软硬件环境(包括政策、资金、通信、生活设施、检测手段、实践条件、经历与竞争等),更深层次、更专业、更有效地孵化高新技术企业,以求达到培育产业的目的,同时提高孵化项目和成果的能力。

第三,积极探索筹建大学科技园。为更好地整合、依托大学和高新区优势资源,营造局部优化的特色环境,吸引高校更多的科研成果进入孵化器转化创业,提升高校与企业的合作创新能力,政府要积极探索以市场机制为导向的企业管理方式,高起点、高标准、高水平地建设大学科技园,以提高核心竞争力为中心,打造孵化器品牌。

3. 增加企业创新基金投入

企业创新基金作为由政府设立的一种引导性资金，其目的在于通过吸引地方、企业、科技创业投资机构和金融机构对企业技术创新的投资，逐步建立起符合市场经济客观规律、支持企业技术创新的新型投资机制，扶持、引导企业进行技术创新活动，增强其创新能力。促进科技型企业技术创新基金发展的措施包括：

第一，加大对创新基金投入力度，构建多层次的创新基金体系。一方面，中央政府要继续加大财政对创新基金投入的力度；另一方面，要充分发挥地方的优势和积极性，有条件的地方加大对科技型企业的投入。鼓励有条件的地方设立地方科技型企业技术创新基金，共同促进本地区科技型企业的发展。此外，应倡导创新基金受惠企业在步入成熟期后反哺基金，在基金与受惠企业之间形成良性循环，以支持更多的科技型企业的发展。

第二，充分发挥创新基金的政策引导作用，凸显创新基金的杠杆效应。引导地方政府加大对科技型企业的支持，引导金融机构、风险投资公司将资金投向这块极具发展潜力的科技企业群体，以期吸引更多的社会资金，使政府的创新基金起到一个放大器的作用。通过对科技型企业的扶持，促进企业发展，创造新的税源和更多的就业机会，从而推进整个高科技产业的发展。

第三，拓宽创新基金资助渠道，增强创新基金对科技型企业的支持功能。目前创新基金主要是通过无偿资助、贷款贴息和资本金注入三种方式对科技型企业予以扶持和支持。鉴于创新基金规模数量有限，今后可考虑增加贷款担保、票据承兑或出资组建专业性企业创新担保公司等方式，把基金资助与政策性金融、商业性金融和风险投资有机结合起来，以进一步增强基金支持和引导功能。并针对科技型企业种子期、初创期、成长期和成熟期等不同阶段的风险和特征，建立一套优化科技型企业发展环境的综合配套机制和多层次融资体系。

4. 建立健全风险投资机制

第一，需要完善风险投资的法律法规。高新技术风险投资是由筹集资金、评估项目及投资、退出投资等环节组成的系统工程，交易主体众多，交易关系复杂，其生存发展要靠风险投资公司的精心运作和政府创造的良好外部市场环境，最重要的是法律环境。因此，政府需要完善风险投资相关法律法规，保障风险投资在投资企业的各个环节有法可依、规范运作。

第二，要鼓励投资主体多元化、投资行为市场化。充分发挥包括个人、企业或者非银行金融机构等极具投资潜力的社会力量的作用，形成投资主体多元化。规范风险投资管理，使投资行为市场化和理性化，按市场规则办事，使我国的高新技术风险投资活动成为一种真正基于市场化运作的商业投资行为。

第三，要发展和完善风险投资的金融服务体系：①相关评估机构。其主要职

构建区域创新体系战略研究

责是对风险企业或科技项目知识产权的评估,对风险企业或科技项目未来市场前景的测评。既可以为拥有自主知识产权、版权或可转让技术的中小高新技术企业提供具有说服力的评价,又可以为风险投资者对项目的风险收益比提供一个参考标准。②专业融资担保公司。企业尚处于成长阶段且不易获得银行贷款,需要风险投资的支持,但风险投资机构也需要短期融资支持,而担保公司介入能有效分散和降低风险,政府对高新技术企业和风险企业进行扶持则有成立为风险投资机构和风险企业提供融资担保服务的中介机构的必要。③行业协会。行业协会是由风险投资机构和风险企业自发组织的行业自律组织,风险投资发展的初期对制定行业规范、培育市场、传播知识、交流经验、培养风险投资人才作用重要。

第四,要拓展风险投资退出渠道。企业技术产业化的风险较大,而风险资本为了自身的收益和安全考虑会有一定的退出机制要求。建立健全风险投资需要积极探索风险投资内在的规律性,创造条件发展我国的风险投资业,以风险投资为主,不断拓宽科技成果产业化的融资渠道,逐步形成国家拨款、银行贷款、风险投资、大公司投资以及个人投资相结合的多元化投融资体系,这样一方面可以增加高新技术产业化的资金来源,另一方面又可以通过投资主体多元化来分散和降低风险,从而达到较好的效果。

(四)提升区域创新体系的创业能力

创业是一个国家企业的主要来源,也是区域创新体系生命力不断拓展的途径。企业区域能力的提升离不开创业能力的提升。优秀企业的不断涌现需要一大批具有创业能力的企业家;创业能力越强,所创立的企业的竞争力越强。因此,提升区域创新体系创新能力,首先要努力提升区域的创业能力:

1. 鼓励创业尤其是高新技术创业

第一,在本地区建立健全创业教育培训体系。加强对培训机构的资质认定和培训市场的监督和管理,合理设计培训内容,全面提升创业者的素质和创业能力;政府部门可依托学校、社会机构和企业,邀请各级领导、国内外专家学者、企业家、企业高管和创业者代表组成强大的师资阵容,开设有利于提高企业家创业能力的课程;组织内容丰富的创业专题讲座、培养创业者创业意识和创新精神,有计划地开展大规模的创业培训工程,培养一大批创业者。针对企业经营管理的实际需要,面向国内外聘请高水平的企业家培训师资队伍,尤其要聘请一些知名的、成功的创业者和企业家,通过授课、交流、讲座使创业者接受先进的管理理念和成功经验,不断提高他们的经营管理水平。

第二,设立针对本地技术创新和产业发展的创业基金。创业是具有很大风险的事情,创业之初资金的匮乏是很多初创企业面临的共同难题。为了解决初创企

第十二章 国家层面构建区域创新体系的战略构想与政策建议

业资金缺乏的问题,增强其抵御风险能力,应该设立专门的创业基金专门用于创业培训和创业项目。

第三,在区域内构建创业者和成功企业家沟通交流的有效平台。在企业的创业过程中,前辈企业家的经验和教训对初创企业具有重大意义。因此,要充分发挥行业协会、商会和校友会的功能,使其能更好地发挥创业者的榜样、企业家的摇篮、创业者与企业家桥梁的作用,为培养更多的创业者和促进企业家成长发挥重要作用。

2. 提升民营企业的再创业能力

再创业即二次创业,是民营企业以一次创业的成功经验及成就为依托,实现新一轮转型升级,由量的积累转向质的飞跃,再创企业发展活力,以摆脱困境,在更高起点上实现振兴。

改革开放后,我国民营企业取得了巨大的发展,为我国的经济发展做出了卓越的贡献。但是进入21世纪以来,随着金融危机的爆发,民营企业也面临一些困境。提升企业的再创业能力成为应对经济危机、增强民营企业竞争力的必然之路。

第一,必须坚持自主创新,实施品牌战略。民营企业坚持自主创新实施品牌战略,这是企业增强竞争力的基础。在经济危机大潮中,只有科技含量高的品牌才具有抢占国际市场的强有力竞争优势地位。而民营企业只靠自身资源丰富、劳动力低廉优势,凭借粗放经营、低端产品的一次创业基础条件,不可能支撑一个新发展阶段,尤其是难以抵御国际金融危机的挑战。民营企业走二次创业之路,必须增强自主创新能力,坚持品牌战略,实施以质取胜,从而为企业经久不衰,实现新突破、新跨越奠定坚实的基础条件。

第二,为区域企业再创业提供融资支持。改革信贷结构,提高对民营企业信贷融资的投向幅度。目前,我国各类金融业几乎由国家银行独家承揽,其信贷往往热衷于国企大户。为此,国家必须首先对央行投融资的信贷结构加以调整,提高对民营企业信贷融资幅度,为其二次创业实现新一轮经济腾飞提供宽松的融资环境。其次,要创建民营企业金融服务体系及扶持制度和措施。在当代世界经济体系中,美国、德国、日本、法国等发达国家都积极创建为民营企业提供金融服务的体系和机制。我国也应积极创建为民营企业提供保障的金融服务体系和融资机构,建立和完善金融服务体系,建立金融发展专项资金,建立小企业贷款风险补偿金及核准兑现等制度,为民营企业实现二次创业出台融资优化措施。最后,要开拓多元化融资渠道。政府要放宽地方非金融机构的设置限制,允许建立民间融资机构、小额贷款公司、融资担保公司、典当行,要积极推进地方将基层符合条件的小额贷款公司改制为村镇银行,吸引民间资本进入经济实体,缓解民营企业二次创业中融资难的问题。

三、我国区域创新平台建设的基本模式和思路

目前我国的区域共性技术平台的建设模式主要有以下四种（贺俊，2012）：

一是主导企业供给型。由区域中的某个具有较好技术基础和相对技术优势的企业进行共性技术研发是目前我国大多数区域中普遍存在的共性技术供给方式。该企业不仅技术水平领先，而且通常也是区域中规模最大、管理水平最高的企业。规模最大决定了该企业具有技术创新的规模经济优势，管理水平最高意味着该企业具有较强的将新技术工程化和商业化的能力，因而能够将技术创新收益尽可能内部化，这两个方面的因素使得主导企业成为区域中进行共性技术研发激励最强的经济主体。当然更为直接的原因是，其他企业可能根本不具备进行共性技术研发的能力，因而只能采取跟踪模仿的技术战略。正因如此，优势企业供给型的共性技术供给机制在寡头型市场结构的区域中更为常见。

二是技术联盟型。当区域的市场结构为垄断竞争型且优势企业间的技术能力较为对称时，由某个优势企业单独进行共性技术的生产和供给就会缺乏经济上的合理性：首先，无论哪个企业可能都不具备独自进行共性技术研发的能力；其次，外部性使得供给者的选择变得更加困难；最后，共性技术创新主体更不愿意新技术在企业之间的扩散。这时，由区域内具有技术优势的企业组成共性技术联盟、合作进行共性技术研发会呈现出诸多良好的经济学特征：①可以利用企业之间技术知识、设备和非技术能力之间的互补性，实现创新的范围经济；②技术创新的风险可以在联盟内的成员企业间分担，从而降低每个企业的创新成本；③由于有足够数量的企业直接参与了共性技术的研发过程，避免了事后企业为吸收共性技术进行投资的成本，因而技术扩散变得更有效率。针对区域不同的产业结构，技术联盟通常有"垂直技术联盟"和"水平技术联盟"两种形式，前者是上下游供应链上企业组成的技术联盟，技术的互补性是促进这类联盟形成的主要原因；"水平技术联盟"是同业企业组成的合作研发形式，风险和成本分担是企业参与这类联盟的主要考虑。

三是独立的共性技术研发机构型。当区域内企业没有能力进行共性技术研发或者区域内企业虽然具有研发能力但合作成本太高时，由地方政府出资成立独立公共研发机构（如省级工业技术研究院）直接进行共性技术的研发和供给成为一种可能的替代性制度安排。在以独立公共研发机构为核心的区域共性技术创新网

第十二章 国家层面构建区域创新体系的战略构想与政策建议

络结构中,独立公共研发机构是共性技术的生产者和促进共性技术在区域内扩散的加速器。

四是外部获取型。当区域中企业或公共技术平台都没有能力从事共性技术研发或者技术联盟和公共技术平台的制度成本都太高而无法组织时,区域的共性技术通常从区域外部的科研院所或企业购买。区域技术平台并不承担主要的共性技术研发职能,区域中的某种非企业组织(通常是地方行业协会或商会,也可能是地方政府)成为本地企业与外部共性技术供给者的"中介"(Intermediary)。中介的本质功能是帮助本地创新系统接入国家创新系统,帮助区域内的企业利用国家的科学和技术基础设施,从而获得国家或产业层面的公共技术服务,并实现技术扩展。

我们从有利于共性技术创新和扩散的角度出发,从有利于区域共性技术生产和供给的角度提出以下六个评价区域共性技术平台模式的效率评价标准:①投入强度标准:对共性技术研发项目投入资金和人力的积极性;②投资效率标准:使用研发资源的效率;③互补性标准:有利于利用不同主体间知识的互补性;④项目选择标准:在项目的先进性和适用性的选择以及研发过程中投资方向的选择方面,是否有利于区域整体的收益最大化;⑤共享标准:技术成果在区域内扩散的有效性;⑥持续性标准:共性技术研发的连续性包含技术连续性和经济持续性两个方面,前者指的是技术知识在时间上的累积性和互补性,后者指的是制度设计要具有稳定性,如果机会主义等因素导致的制度成本足够高,制度安排就缺乏经济上的持续性,制度持续性是技术连续性的必要条件。其中,前三个标准是有利于共性技术创新的标准,第四、第五个标准是有利于共性技术推广和应用的标准,最后一个标准是有利于实现技术累积、保证共性技术持续供给的标准。

表12-1 共性技术供给的制度比较

制度安排	制度效率					
	投入强度	投资效率	知识互补性	项目选择效率	成果共享性	持续性标准
主导企业供给型	强	高	弱	低	弱	较强
技术联盟型	较强	较低	强	较高	较弱	弱
独立的共性技术研发机构型	强	低	弱	较高	强	强
外部获取型	不确定	不确定	弱	较高	较强	弱

对区域共性技术各种网络结构和供给机制的比较分析表明,并不存在理论上绝对占优的网络治理机制,最优的网络治理机制一定是相机的。影响最优共性技术供给机制的因素很多,其中最重要的两个因素是市场结构和技术范式:①区域

构建区域创新体系战略研究

的市场结构。当区域的技术能力主要分布于少数企业时,优势企业供给和技术联盟就成为可行的共性技术供给方式,当区域缺乏有足够技术能力的企业时,共性技术供给就必须依赖公共技术平台供给或外部获取,当区域整体缺乏技术能力且缺乏形成合作所必需的制度条件和社会资本时,共性技术供给失败就会发生。②共性技术的技术范式。当共性技术主要体现为具有排他性的技术设备时,优势企业具有提供共性技术的激励,当共性技术主要体现为隐含性的知识时,技术联盟或公共技术平台等有利于交流和互动的网络形式更有利于技术创新和扩散,且公共平台或地方政府在共性技术供给中的活动和参与会更加积极。

需要注意的是,目前国内各地区普遍采用的优势企业供给型和外部获取型的共性技术供给方式虽然符合我国市场结构相对分散、多数企业技术研发水平落后的现状,因而具有经济上的合理性,但是从多维度的经济效率判断,这两种模式存在诸多效率上的损失——在前一种模式下,优势企业在项目选择上更有利于企业自身私人收益而不是区域社会收益的最大化,共性技术研发过程缺乏本地区企业的充分交流和互动,共性技术扩散受到优势的策略性阻碍;在后一种模式下,由于缺乏技术投资的连续性和制度的持续性,区域创新能力的培育和提升受到制约。因此,无论从共性技术创新还是从共性技术扩散的角度看,优势企业供给型和外部获取型都存在严重的缺陷,我国区域共性技术供给策略需要根据竞争环境的要求逐渐向适合自身条件的技术联盟型或独立研发主体型模式转变。

从不同的行政区域角度看,我们认为,省级层面区域在供给和协调技术资源、技术应用领域范围等方面都具有明显优势,因此更加适宜采用独立研发主体的共性技术供给方式。目前,各省正在大力建设的工业技术研究院正是该理论合理性的呼应和践行。在市、县层面,由于可以投入的资金和技术资源有限且产业规模相对有限,因此更应当根据本地区的经济发展阶段采取更加多样、灵活的共性技术供给方式。对于这些地区,地区共性技术机构应该以整合外部科技资源、促进技术扩散和服务本地企业,而不是共性技术研发本身为核心功能。

四、我国区域创新体系构建的实施路径与政策保障

(一) 一般路径选择

走中国特色自主创新道路,就要按照自主创新、重点跨越、支撑发展、引领未来的思路,大力推进制度创新和科技创新,促进各种创新要素在区域空间内合

第十二章 国家层面构建区域创新体系的战略构想与政策建议

理流动,形成若干特色鲜明的区域创新体系。当前,中国特色区域创新体系建设处在工业化、信息化、城镇化、市场化、国际化的迅速推进过程中,处在全国上下努力实现中华民族伟大复兴的时代征程之中。在我国现有制度和技术基础上,区域创新体系构建的一般路径可以概括为:定中心—促协调—建平台—保投入,即以定位区域创新增长极为突破口,以建立跨区划、跨部门的区域创新协调机制为切入点,以建立共性技术研发和公共科技服务平台为抓手,以改革科技资源投入体制为保障,促进各种官产学研用的创新资源在区域空间内有效融合,推动区域创新体系从政策引导型向自主发展型转变。

(二) 政策保障

从公共管理角度来看,我国区域创新体系建设的薄弱之处不在于各类政策工具的缺乏,而在于各种政策之间的统合性不够,针对具体运作的制度创新不足,政策的适配性有待提高。因此,我们的政策建议主要围绕制度创新的四个层次,而不是具体的政策本身。

1. 在统筹区域协调发展的框架下,制定区域创新体系建设规划

具体到每一个地区,都有三大类政策同时发挥作用,即区域政策、产业政策和科技政策,这三类政策同时受到中央和地方政府的调节,以"条块交会"的方式同时作用于特定区域的创新主体。然而,在区域层面,这些政策还没有形成培育区域创新能力的合力;在操作层面,地方政府与中央政府的政策要求还存在脱节的情况。究其原因,主要是因为在国家层面还未形成明确的区域创新体系建设规划,科技政策和产业政策难以体现区域创新的需求。各省市的创新体系建设规划往往各自为政,将行政边界作为创新体系的边界,从本位主义出发,无疑会忽视国家整体的创新战略目标。

国家层面区域创新体系建设规划可以通过"国家技术地图"的方式,理清知识和技术资源的区位分布以及隐性知识流动的半径,以具备辐射功能的大城市为中心,规划特色创新区域。在具体操作层面,可以将区域创新体系分为两大类:国家战略支撑型区域创新体系和适用性技术主导的区域创新体系,前者主要贯彻国家的技术战略,培植具备比较优势的产业或新兴产业、战略性产业,占领国际技术前沿阵地。这些产业不一定具备现实的市场需求,但关乎将来中国的产业实力和国家竞争力,承载这些产业的区域,需要倾斜性的科技政策进行引导;后者主要关注就业、民生和现实的市场需求,这一类区域创新体系关乎中小企业的生存和人民生活水平的提高,是经济、社会发展的重要基础,国家应该鼓励这些地区的企业在低成本基础上进行渐进创新。

2. 将区域创新环境改善纳入领导干部政绩评价指标体系

长期以来，增长一直是我国经济发展的主题。即使是在调结构和转变经济增长方式的压力下，经济增长也一直是考察各级领导干部的首要指标。在科学发展观的引领下，政绩的成本分析已经逐渐纳入考核范围，环境保护指标受到了相当程度的重视，然而，在领导干部的政绩评价指标体系中，还没有引入能够反映政府改善区域创新环境工作的指标。受 GDP 政绩观的影响，地方政府热衷于招商引资等短期行为，而对创新环境改善这类能够带来长期经济发展的行为缺乏动力。因此，要发挥地方政府在建设区域创新体系中的积极作用，改革领导干部政绩评价指标体系是根本。唯有建立创新导向的政绩评价指标体系，才能从根本上引导政府行为方式转变，例如，从鼓励资源型投资转向创新型投资；从同质化投资转向差异化投资，从被动接受外商投资转向主动吸引、选择具备创新带动力的投资。

3. 有效集中民、官资本，建立共性技术研发和公共科技服务平台

建设共性技术研发平台和公共科技服务平台是促进知识流动和共享的有力手段。共性技术研发平台的建立可以以公共财政投入为基础，多种方式运营。如可以视企业使用情况提取公共维护费用，也可以由企业出资购买大型设备，由中心代为管理、维护、出租。在人员安排上，也可以借鉴博士后工作站的形式，采取弹性工作制度，除了日常维护、服务人员以外，以研究项目的形式，由企业和大学、研究机构共同派出研究和技术人员进行关键、共性技术的研发。公共科技服务平台则可以结合当地企业家协会、商业协会等行业组织，建设基于信息化的科技服务平台，对企业提供从科技信息、技术选择到产品销售全过程的信息服务，及时掌握企业在创新过程中的问题与障碍，为政府完善区域创新环境提供依据。

加快建设专业的、覆盖广泛的、公益性的、综合性的中小企业服务机构。建议以已有的中小企业服务中心或中小企业促进会为基础，在省、市、县三级设立中小企业综合服务机构。综合服务机构自身可以不直接提供服务，但必须能够提供其他政府、社会和商业机构有关中小企业服务的有效信息。以综合服务平台为主体，汇总和统计服务机构、服务平台和服务业务信息，搭建服务信息综合管理平台，征集和聘任各领域专家，加强中小企业服务智力支持，促进实现全社会中小企业服务资源的统一配置。通过建立热线电话、网上咨询、网络订购和速配等便捷信道，加速服务与中小企业需求的对接，从而将综合服务机构建设成为整合和调动各类社会资源、实现中小企业服务需求"分诊"和快速响应的"门户"，建设成为国家、省、地、县四级服务体系纵向贯通、不同类型服务机构横向联系的关键节点。

第十二章 国家层面构建区域创新体系的战略构想与政策建议

4. 建立区域创新导向的科技投入体制，理顺基础研究、应用研究和试验发展的关系

从全国来看，2007年全国研究与试验发展经费支出在基础研究、应用研究和试验发展领域的分配比重分别为4.7%、13.29%和82.01%。从趋势上来看，前两项之和逐年减少，而试验发展的比重逐年增加。从国际比较来看，美、日等国家投入到试验发展阶段的经费一般在60%左右。我国投入到基础研究的经费越来越少是一个值得重视的问题。这种情况有可能导致大学和研究机构有非常高的意愿与企业合作，以获得研究的资金支持，但这种研究无益于基础研究水平的提高。从我国科研机构和人员分布不均衡的现实出发，国家可以建立区域创新导向的科技投入体制，在科技人员密集的地区，例如北京，大力增加对基础研究的支持力度，应用性研究的资金优先投入有产学研合作的项目，促进科研机构研究成果的转化意识和转化概率。在产业集群基础好而大学、研究机构相对较少的地区，主要通过创新型产业基地等项目的资助，鼓励应用性研究和试验开发。

5. 重视人力资源技能的提高，建立"精英型"实用技术人才培养体系

通过人的技能提升和现场管理的综合改善，将先进、适用的生产技术最大可能地转化为产业竞争力。20世纪90年代当美国企业家大规模涌入日本学习日本企业的先进管理经验时惊奇地发现，日本企业的生产设备根本就没有美国先进，是日本企业内部研发部门、生产部门的密切合作以及终身雇用制下日本员工的持续技能积累和多技能能力，使得日本的适用制造技术和设备发挥了更大的潜能。反观国内很多地区的企业虽然生产设备都是引进国外最先进的，但由于技术部门和生产部门没有参与生产线研发和设计，同时与先进设备相适应的生产管理流程和员工技能不能同步跟上，使得产品在稳定性和可靠性方面始终无法与欧、美、日生产的产品竞争。应针对先进制造的人才要求，加强"精英型"的实用技术人才和工程人才的培养与培训。法国、德国等国家有大量的旨在培养"精英型"技术人才和工程人才的大学（有时也称为"技校"），这些学校的生源基本上都与研究型大学一样是一流的。考虑到我国教育体制和教育观念的现实情况，建议在各地的一流大学设置专门的"技术工程学院"，学院招收的人才的知识结构应当针对现代工厂中的班组长或车间负责人的工作要求来设置，填补"低端职业教育"不能满足区域创新体系建设技术创新和"高端制造"发展要求的空白。

6. 借鉴日本区域创新体系建设经验，试点"A+B"型创新体系运作机构

如前文所言，区域创新体系是一种介于市场和官僚机构之间的中间组织形态，市场化手段和官僚手段都容易导致系统运作失灵。制度创新不足是造成我国区域创新体系发展缓慢的重要原因。因此，探索有效的治理方式是提高区域创新效率的关键。在此方面，日本进行区域创新治理的经验值得我国借鉴。日本的区域创新体系基本上以产业集群为依托,具体的内部交流、合作研究、资金分配是通过"中核机构"来运作的。这一机构内生于这一体系,是由"A"和"B"两部分人组成的,"A"即Academy,"B"即Business,即分别来自于学界和商界,这样一个机构本身就是产学研合作的表现形式之一。为保持中核机构的独立性,其负责人即"事业总括"通常由退休的知名教授或企业家担任。国家财政的创新支持资金也通过中核机构进行项目式运作,而非直接投入单独的企业。

7. 建立差别性科技政策,提高政策工具的"区域适配性"

区域经济发展的差别政策、市场化程度的差异以及科技资源分布的不均衡,造成了我国区域创新体系的层次性。同时,我国产业体系比较完备,各地形成了一些特色的主导产业。这些因素综合起来,形成了不同类型的区域创新体系。针对各种创新体系的发展程度和面临的主要障碍,科技政策应该体现出差异化,提高对特定区域的适配性。在科学基础型区域,增加创新孵化器,培育创业型创新环境,引导学院研究向应用成果转化,应该成为区域创新体系建设的主要任务。对于政策基础型地区,完善市场激励机制,增强区域的开放度和外向度,加强系统要素之间的互动是主要方向。而在集聚制造地区,增加公共研发平台,增强制造部门与知识创造部门的联结是关键。在市场交易型地区,需要提高区域的外向关联度,建立与产业基地的联系,培育各种中介组织,进一步降低市场交易费用。

8. 建立全过程协同的产业和区域创新支持政策

在产业升级路径的规划方面,协同推进产品设计、开发和制造工艺创新。目前国家科技部、国家发展和改革委员会、工信部等管理部门设立的各类科技扶持项目具有明显的"重产品、轻工艺"的倾向,这是导致各地区新技术产业化能力弱、科技资金使用效率低下的重要原因之一。战略性新兴产业的培育和发展不仅仅是新产品技术突破的过程,同时也是与新产品技术相适应的新的生产工艺跟进突破的过程。美国硅谷一家名为Tesla的公司已经制造出全球最先进的纯电动汽车(一次充电续航已经达到500公里),而实现其新产品设计能力的工艺技术是"工业机器人和人工智能",而不是传统的汽车生产方式。在技术改造资金的使用中,突出现代生产管理方法的推广和应用,切实提高技改资金的使用效率。目前由工信部牵头管理的企业技术改造资金,主要用于激励企业进行既有生产设备的改进和新型生产设备的引进。我们建议,在技术改造扶持的同时,借鉴日本政府的"技术咨询师"和澳大利亚的"管理顾问"做法,各地区建设专门的包含生产管理咨询和培训的管理服务专家队伍,为企业提供质量管理、现场管理、流程优化等方面的生产管理指导和培训,切实提高北京市制造业企业的生产制造水平。

9. 弘扬创新精神,构建区域创新文化系统

创新精神是区域可持续发展的灵魂和基石,区域创新文化是区域创新体系的

第十二章 国家层面构建区域创新体系的战略构想与政策建议

软支撑。凡是创新能力比较强的地区,无一不是创新文化活跃的地区。虽然文化与历史积淀密不可分,但也并非不可培育和改造。地方政府可以从树立创新价值体系、宣扬创新典型企业和个人、举办各种创新文化论坛等方式入手,引导企业和科研单位建立创新机制。地方政府还可以通过引入内、外资企业,充分发挥鲶鱼效应,增进当地企业的竞争,激发创新意识。尤其是一些知识密集型跨国公司的进入,能够很大程度上改善区域的创新氛围。构建区域创新文化系统,还要坚决破除阻滞创新的传统文化因素,在全社会形成勇于创新、乐于创新的精神风貌。

参 考 文 献

[1] Asheim, B. Differentiated Knowledge Bases and Varieties of Regional Innovation Systems. Innovation, 2007, 20 (3).

[2] Asheim B. and Gertler M. The Geography of Innovation: Regional Innovation Systems. In Fagerberg J., Mowery D. and Nelson R. (Eds) The Oxford Handbook of Innovation, pp. 291–317. Oxford University Press, Oxford, 2005.

[3] Asheim B, Isaksen A, Nauwlaers C and Totdling E. Regional Innovation Policy for Small-Medium Enterprises. Edward Elgar, Cheltenham/Lyme, 2003.

[4] Asheim, B.T. and Isaksen, A7. Location, Agglomeration and Innovation: Towards Regional Innovation Systems in Norway? European Planning Studies, 1995 (3).

[5] Asheim, B.T. and Isaksen, A. Regional Innovation Systems: the Integration of Local 'sticky' and Global 'ubiquitous' Knowledge. Journal of Technology Transfer, 2002 (27).

[6] Asheim B and Cooke, P. Local Learning and Interactive Innovation Networks in a Global Economy. In Malecki, E.J. and Oinas P. (Eds) Making Connections: Technological Learning and Regional Economy Change. Ashgate, Aldershot, 1999.

[7] Archibugi, D. & Michie, J. Technological Globalization and National Systems of Innovation: An introduction.In: D. Archibugi & J. Michie (Eds) Technology, Globalization and Economic Performance, pp. 1–23. Cambridge: Cambridge University Press, 1997.

[8] Baba, Y., Shichijo, N., Sedita, S.R.. How Do Collaborations with Universities Affect Firms' Innovative Performance? The Role of "Pasteur Scientists" in the Advanced Materials Field. Research Policy, 2009, 38 (5).

[9] Bathelt, H. & Depner, H. Innovation, Institution und Region. Zur Diskussion über nationale und regionale Innovations systeme, Erdkunde, 2003, 57 (2).

[10] Belussi, F., Sedita, S.R.. Life Cycle Vs. Multiple Path Dependency in

Iindustrial Districts. European Planning Studies, 2009, 17 (4).

[11] Belussi, F. Sammarra, A. Sedita, S. Learning at the Boundaries in an "Open Regional Innovation System": A Focus on Firms' Innovation Strategies in the Emilia Romagna Life Science Industry. Research Policy, 2010, 39 (6).

[12] Belussi, F., Gottardi, G. Model of Localized Technological Change. In: Belussi, F., Gottardi, G. (Eds.), Evolutionary Patterns of Local Industrial Systems, Aldershot: Ashgate Publishing Ltd., 2000.

[13] Braczyk J, Cooke, P and Heidenreich, M (eds). Regional Innovation Systems. London: UCL Press, 1998.

[14] Burt, R.S. Structural Holes, Cambridge, MA: Harvard University Press, 1992.

[15] Cooke, P. Knowledge Economies. Clusters, Learning and Cooperative Advantage, London: Rouledge, 2002.

[16] Cooke P. Regional Innovation Systems: Competitive Regulation in the New Europe. Geoforum, 1992 (23).

[17] Cooke P. The New Wave of Regional Innovation Networks: Analysis, Characteristics and Strategy, Small Business Economics, 1996 (8).

[18] Cooke, P. Regional Innovation Systems: Origin of the Species. International Journal of Technological Learning, Innovation and Development, 2008, 1 (3).

[19] Cooke P, Uranga M G, Etxebarria G. Regional Systems of Innovation: an Evolutionary Perspective. Environment and Planning A, 1998, 30 (9).

[20] Cooke, P, Schienstock, Gerd. Structural Competitiveness and Learning Regions, Enterprise and Innovation Management Studies, 2000, 1 (3).

[21] Cooke P, Boekholt P. and Todtlin. The Governance of Innovation in Europe. London: Pinter, 2000.

[22] Cooke, P. Regional Innovation Systems, Clusters and the Knowledge Economy. Industrial & Corporate Change, 2001 (10).

[23] Cooke, P. Economic Globalization and Its Future Challenges for Regional Development. International Journal of Technology Management, 2003 (26).

[24] Chesbrough, H.W. Open Innovation: the New Imperative for Creating and Profiting from Technology. Harvard Business School Press, Boston, 2003.

[25] Courvisanos, Jerry. Innovation. in King, J. (ed.), The Elgar Companion to Post Keynesian Economics, 191-196. Cheltenham UK, Edward Elgar, 2003.

[26] Capecchi, V. A History of Flexible Specialization and Industrial Districts

in Emilia-Romagna. In F. Pyke, G. Becattini, and W. Sengenberger (eds), Industrial Districts and Inter-Firm Co-operation in Italy, 20-36. Geneva: International Institute for Labor Studies, 1990.

[27] Capello, R. Spatial Transfer of Knowledge in High Technology Milieux: Learning versus Collective Learning Processes. Regional Studies, 1999, 33 (4).

[28] Crevoisier O and Camagni R (eds). Les Milieux Urbains: Innovation, Systemes de Production et Anctage, EDES, Neuchatel, 2009.

[29] Cohen, W., Levinthal, D. Absorptive Capacity: A New Perspective on Learning and Innovation [J]. Administrative Science Quarterly, 1990 (35).

[30] Doloreux, D. What We Should Know about Regional Systems of Innovation. Technology in Society, 2002 (24).

[31] Doloreux, D. Regional Innovation Systems in the Periphery: the Case of the Beauce in Que'bec (Canada), International Journal of Innovation Management, 2003, 7 (1).

[32] Doloreux, David. Regional Innovation Systems in Canada: A Comparative Study. Regional Studies, 2004, 38 (5).

[33] Edquist, C. Systems of Innovation. Perspectives and Challenges. In: Fagerberg, J., Mowery, D., Nelson, R. (Eds.). The Oxford Handbook of Innovation. Oxford University Press, Oxford, 2005.

[34] Freeman, C. Technology Policy and Economic Performance: Lessons from Japan, Pinter Pub Ltd, 1987.

[35] Freeman, C. The National Innovation Systems in Historical Perspective. Cambridge Journal of Economics, 1995, 19 (1).

[36] Feldman M. and Desrochers, P. Research Universities and Local Economic Development: Lessons from the History of the Johns Hopkins University. Industry and Innovation, 2003, 10 (1).

[37] Fromhold-Eisebith, M. Effectively Linking International, National, and Regional Innovation Systems: Insights from India and Indonesia.In: B. Lundvall, P. Intarakumnerd & J. Vang (Eds) Asia's Innovation Systems in Transition. Cheltenham: Edward Elgar, 2006.

[38] Galli, R. and Teubal, M. Paradigmatic Shifts in National Innovation Systems. In: Edquist, C. (ed): Systems of Innovation: Technologies, Institutions and Organizations. Pinter Publishers. London, 1997.

[39] Giuliani, E. Cluster Absorptive Capability: An Evolutionary Approach for

Industrial Clusters in Developing Countries. Paper Presented at the DRUID Summer Conference, Copenhagen/Elsinore, 2002.

[40] Giuliani, A., Bell, M. The Micro-determinants of Meso-level Learning and Innovation: Evidence from a Chilean Wine Cluster. Research Policy, 2005 (34).

[41] Giuliani, E. The Selective Nature of Knowledge Network in Clusters: Evidence from the Wine Industry. Journal of Economic Geography, 2007 (7).

[42] Glaeser Eward, William R. Kerr. Local Industrial Conditions and Entrepreneurship: How Much of the Spatial Distribution Can We Explain? Journal of Economics and Management, Strategy, 2009, 18 (3).

[43] Hotz-Hart, B. Innovation Networks, Regions and Globalization, in G.L. Clark et al (eds). The Oxford Handbook of Economic Geography. Oxford University Press, 2000.

[44] Hobday, M., Davies, A., Prencipe, A.. Systems Integration: a Core Capability of the Modern Corporation. Industrial and Corporate Change, 2005, 14 (6).

[45] Howells, J. Intermediation and the Role of Intermediaries in Innovation, Research Policy, 2006, 35 (5).

[46] Kirat, T. and Lung, Y. Innovation and Proximity Territories as Loci of Collective Learning Processes, European Urban and Regional Studies, 1999, 6 (1).

[47] Lam, A. Tacit Knowledge, Organizational Learning and Societal Institutions: An Integrated Framework. Organization Studies, 2000.

[48] Lundvall, B. A. (Ed.). National Systems of Innovation. London: Pinter, 1992a.

[49] Lundvall, B. A..Introduction, in: B. A. Lundvall (Ed.) National Systems of Innovation.London: Pinter, 1992b.

[50] Lundvall, B. A.National Innovation Systems: History and Theory. Paper Presented at the NSTDA-JICA Seminar on Innovations Systems in Asian Economies, Bangkok, 2003 (4-5).

[51] Lundvall, B. A. & Maskell, P. Nation States and Economic Development: From National Systems of Production to National Systems of Knowledge Creation and Learning, in: G. L. Clark, et al. (Eds) The Oxford Handbook of Economic Geography, 353-372. Oxford: Oxford University Press, 2000s.

[52] Malecki E J and Oinas P. Malecki, E.J. and Oinas P. (Eds) Making Connections: Technological Learning and Regional Economy Change. Ashgate,

Aldershot, 1999.

[53] Maskell, P. & Malmberg, A. Localized Learning and Industrial Competitiveness, Cambridge Journal of Economics, 1999, 23 (2).

[54] Michaela Trippl. Development Cross-Border Regional Innovation Systems: Key Factors and Challenges. The Royal Dutch Geographical Society KNAG, 2008, 101 (2).

[55] Malerba, F. Sectoral Systems of Innovation and Production, Research Policy, 2002 (31).

[56] Martina Fromhold-Eisebith, Bridging Scales in Innovation Policies: How to Link Regional, National and International Innovation Systems. European Planning Studies, 15 (2).

[57] Niosi, J. & Bellon, B. The Global Interdependence of National Innovation Systems: Evidence, Limits & Implications, Technology in Society, 1994, 16 (2).

[58] Marjolein C.J. Caniëls and Herman van den Bosch. The Role of Higher Education Institutions in Building Regional Innovation System. Papers in Regional Science, 2011, 90 (2).

[59] Nelson, R. National Innovation Systems: A Comparative Study. New York & Oxford: Oxford University Press, 2003.

[60] Nuur, Cali. Gustavsson, L. Laestadius, S. Promoting Regional Innovation Systems in a Global Context, Industry and Innovation, 2009, 16 (1).

[61] Oerlemans L.A.G, Meeus M.T.H and Boerkema, F.W.A. Innovation and Space: Theoretical Perspectives, Working Paper, 1999.

[62] Oinas, P. & Malecki, E. J. Spatial Innovation Systems, in: E. J. Malecki & P. Oinas (Eds) Making Connections: Technological Learning and Regional Economic Change. Aldershot: Ashgate, 1999.

[63] Padmore, Tim, and Hervey Gibson. Modeling Regional Innovation and Competitiveness in J. de la Mothe and G. Paquet (eds.), Local and Regional Systems of Innovation. Dordrecht: Kluwer, 1998.

[64] Potinecke and Rogowski. A Review of SME Clusters and Networks in Europe, in A Road Map to the Development of European SME Networks, Springer, 2009.

[65] Pavitt, Keith. Sectoral patterns of technical change: Towards a taxonomy and a theory. Research Policy, 1984, 13 (6).

[66] Porter, M.. On Competition. Harvard Business School Press, Cambridge,

MA, 1998.

[67] Radosevic, Slavo. Regional Innovation Systems in Central and Eastern Europe: Determinants, Organizers and Alignments. The Journal of Technology Transfer, 2002, 27 (1).

[68] Ruud Smits, Stefan Kuhlmann. The Rise of Systemic Instruments in Innovation Policy. International Journal of Foresight and Innovation Policy, 2004 (1).

[69] Stefan Kuhimann. European/German Efforts and Policy Evaluation in Regional Innovation. Tokyo: NISTEP. Working Paper, 2004r.

[70] Sang-Chul Park and Seong-Kenn Lee. The Regional Innovation Systems in Sweden: A Study of Regional Clusters for the Development of High Technology. AI & Society, 2005 (19).

[71] Sue Kipatrick and Bruce Wilson. Boundary Crossing Organizations in Regional Innovation Systems. Regional Science Policy and Practice, 2013, 5 (1).

[72] Thomson G. Between Hierarchies and Markets: The Logic and Limits of Network Forms of Organization. Oxford: Oxford University Press, 2003.

[73] Todtling Franz & Alexander Kaufmann. Systems of Innovation in Traditional Industrial Regions: The Case of Styria in a Comparative Perspective. Regional Studies. 2000, 34 (1).

[74] Wiig, H. & Wood, M. What Comprises a Regional Innovation System? An Empirical study. Regional Association Conference. Regional Futures: Past and Present, East and West. Gothenburg, Sweden, 1995.

[75] 彼得·德鲁克. 创新与企业家精神 [M]. 蔡文燕译. 北京: 机械工业出版社, 2007.

[76] 陈柳欣. 产业集群和区域创新体系互动分析 [J]. 重庆大学学报 (社会科学版), 2005 (6).

[77] 陈天荣. 韩国政府在科技创新中的主导作用及其启示 [J]. 科学管理研究, 2008 (4).

[78] 陈耀. 打破资源依赖陷阱 实现新形势下资源富集地区科学发展 [J]. 中国城市经济, 2007 (11).

[79] 陈伟. 典型国家或地区区域创新系统演进研究 [J]. 当代经济, 2002 (10).

[80] 陈秀山等. 中国区域经济问题研究 [M]. 北京: 商务印书馆, 2005.

[81] 冯革群, 陈芳. 德国鲁尔区工业地域变迁的模式与启示 [J]. 世界地理研究, 2006 (3).

[82] 冯之浚. 完善和发展中国国家创新系统 [J]. 中国软科学, 1999 (1).

[83] 付天海. 德国鲁尔工业区经济振兴对我国东北老工业基地改造的启示 [J]. 北方经济, 2007 (9).

[84] 葛竞天. 从德国鲁尔工业区的经验看东北老工业区的改革 [J]. 财经问题研究, 2005 (1).

[85] 谷建全. 构建区域创新体系的理论思考 [J]. 中州学刊, 2003 (6).

[86] 辜胜阻. 构建区域创新体系, 实施自主创新战略——《河南省自主创新体系建设和发展规划 (2009~2020 年)》评析 [J]. 创新科技, 2010 (1).

[87] 顾新. 区域创新系统论 [M]. 成都: 四川大学出版社, 2005.

[88] 龚荒, 聂锐. 区域创新体系的构建原则、组织结构与推进措施 [J]. 软科学, 2002 (6).

[89] 郭庆然. 区域创新体系的国际比较及对我国的启示 [J]. 科技管理研究, 2009 (12).

[90] 贺俊, 黄阳华, 邓洲. 美国复兴制造业的最新战略部署与政策安排 [R]. 中国社会科学院要报, 2013.3.

[91] 胡佳, 郝小龙. 长三角区域创新体系中的地方合作机制探析 [J]. 江南论坛, 2009 (5).

[92] 胡艳. 欠发达省份区域创新体系的建设 [J]. 宏观经济管理, 2007 (3).

[93] 黄泓. 重庆特色工业园区与意大利产业区比较与启示 [J]. 重庆工商大学学报 (西部论坛), 2008 (6).

[94] 黄丽华, 张丽兵. 德国鲁尔区老工业基地改造过程中政府作用分析 [J]. 哈尔滨工业大学学报 (社会科学版), 2005 (6).

[95] 黄群慧, 贺俊. 第三次工业革命与中国发展战略调整 [J]. 中国工业经济, 2013 (1).

[96] 黄群慧, 贺俊. "第三次工业革命"——制造的重新定义与中国制造业战略调整 [J]. 工程研究, 2013 (2).

[97] 黄群慧, 贺俊. "第三次工业革命": 科学认识与战略思考 [N]. 光明日报, 2012-12-14.

[98] 加拿大国际发展研究中心、国家科委. 十年改革: 中国科技政策 [R], 1996.

[99] 贾蓉, 柳卸林. 长江三角洲跨行政区域创新体系的研究 [J]. 科学学与科学技术管理, 2006 (8).

[100] 江建云. 意大利中小企业及其创新研究 [J]. 湖南科技大学学报 (社会科学版), 2007 (5).

[101] 姜磊,戈冬梅,季民河.长三角区域创新差异和位序规模体系研究[J].经济地理,2011 (7).

[102] 梁洪波,吴振刚.意大利的区域创新系统[J].全球科技经济瞭望,2002 (3).

[103] 林迎星.区域创新优势[M].北京:经济管理出版社,2006.

[104] 林思达.基于区域创新体系的长三角科技合作思路研究[J].宁波大学学报(社科版),2010 (6).

[105] 刘建丽."十二五"时期创新导向的区域协调发展政策研究[J].中国经贸导刊,2010 (21).

[106] 刘建丽.新型区域创新体系:概念廓清与政策含义[J].经济管理,2014 (4).

[107] 刘湘丽,贺俊.日本的"母工厂"实践及其对我国的启示[J].中国社会科学院要报,2013.

[108] 刘志彪等.长三角发展与区域经济一体化[M].北京:中国人民大学出版社,2010.

[109] 刘助仁.韩国强化国家科技创新体系的举措[J].科学与管理,2002 (6).

[110] 柳卸林.构建区域创新体系新思维[J].人民论坛,2006 (4).

[111] 隆宏贤,张赛飞.韩国大田区域创新体系建设及其启示[J].科技管理研究,2012 (10).

[112] 路耀华.日本、韩国的技术创新特点[J].经济纵横,2000 (2).

[113] 路甬祥.国家创新体系建设呼唤知识创新工程[J].中国科技信息,1999 (15).

[114] 吕铁,贺俊.技术经济范式协同转变与中国战略性新兴产业政策调整[J].学术月刊,2013 (4).

[115] 罗天强,俞长春.日本的技术系统创新策略[J].科技进步与对策,2000 (9).

[116] 毛艳华.区域创新系统的内涵及其政策含义[J].经济学家,2007 (3).

[117] 史世伟.从国家创新系统角度看集群的创新作用——以德国为例[J].欧洲研究,2011 (6).

[118] 孙彦红.试析近年来意大利产业区的转型与创新[J].欧洲研究,2012 (5).

[119] 田华.韩国釜山高等教育与区域互动发展政策及启示[J].高等农业教育,2008 (11).

[120] 涂成林. 关于国内区域创新体系不同模式的比较与借鉴 [J]. 中国科技论坛, 2007 (1).

[121] 涂成林. 国外区域创新体系不同模式的比较与借鉴 [J]. 科技管理研究, 2005 (11).

[122] 王缉慈等. 创新的空间——企业集群与区域发展 [M]. 北京：北京大学出版社, 2001.

[123] 王经亚, 陈松. 德国技术转移体系分析及借鉴 [J]. 经济研究导刊, 2009 (8).

[124] 王伟, 章胜晖. 韩国大德研究开发特区的投融资环境与模式研究 [J]. 科技管理研究, 2011 (12).

[125] 王周杨, 魏也华. 意大利产业区重组：集团化、创新与国际化 [J]. 地理科学, 2011 (11).

[126] 吴贵生. 区域科技论 [M]. 北京：清华大学出版社, 2007.

[127] 夏成满. 德国"双元制"职业教育制度及其启示 [J]. 江苏高教, 2005 (1).

[128] 谢富纪. 长三角都市圈创新体系的运行机制研究 [J]. 中国浦东干部管理学院学报, 2010 (2).

[129] 熊彼特. 经济发展理论 [M]. 孔伟艳, 朱攀峰, 娄季芳译. 北京：北京出版社, 2008.

[130] 熊彼特. 经济发展理论 [M]. 何畏, 易家祥译. 北京：商务印书馆, 1990.

[131] 胥伟华. 尚德. 区域创新体系建设的典范 [J]. 科学新闻, 2008 (6).

[132] 徐雯斐, 王晓鸿. 我国区域创新体系构建分析 [J]. 经济问题探索, 2009 (1).

[133] 许琦. 德国扶持中小企业技术创新的措施及启示 [J]. 安徽科技, 2004 (4).

[134] 袁昱明, 兰娟. 长三角区域创新体系的构建和培育 [J]. 商业经济与管理, 2004 (7).

[135] 张钢, 倪旭东. 从知识分类到知识地图：一个面向组织现实的分析 [J]. 自然辩证法通讯, 2005 (1).

[136] 张网成, 刘畅. 区域创新体系中的创新层次与主体问题 [J]. 经济师, 2008 (1).

[137] 张伟峰, 万威武. 企业创新网络的构建动因与模式研究 [J]. 研究与发展管理, 2004 (3).

[138] 张晓鹏,梁晨.基于美国硅谷的创新型中小企业研究[J].企业物流,2010(10).

[139] 张志鹏.长三角创新之谜:基于文化资本视角的诠释[J].中国经济转型与发展研究,2007(5).

[140] 赵树宽等.典型国家创新体系的对比分析及启示[J].工业技术经济,2008(3).

[141] 赵涛.德国鲁尔区的改造——一个老工业基地改造的典型[J].国际经济评论,2000(Z2).

[142] 赵颖,戴淑芬.意大利模式对促进我国家族企业技术创新的启示[J].现代管理科学,2005(6).

[143] 中国科技发展战略研究小组.中国区域创新能力报告(2001)[M].北京:中共中央党校出版社,2002.

[144] 中国科学院.迎接知识经济时代建设国家创新体系[J].世界科技研究与发展,1998(Z3).

[145] 祝东伟.国外产学研合作典型模式的研究与启示[J].中国科技产业,2006(12).